ほかにも的中問題が続出！

2024あてる行政書士		
第3回	問題5	肢3・2
第1回	問題6	肢オ・ア・イ・ウ
第1回	問題9	肢エ・ウ・オ・イ
第2回	問題10	肢2
第3回	問題8	肢ア
第3回	問題12	肢イ
第2回	問題15	肢2
第3回	問題16	肢イ
第2回	問題16	肢オ
第3回	問題18	肢4
第2回	問題17	肢4・2
第3回	問題18	肢5・4
第3回	問題19	肢4・3
第1回	問題21	肢ア
第1回	問題20	肢3
第1回	問題24	肢5
第2回	問題22	肢ア
第3回	問題30	肢1
第3回	問題32	肢1
第1回	問題34	肢2・3
第1回	問題28	肢オ
第3回	問題38	肢ア
第1回	問題48	肢2
第1回	問題53	肢イ
第3回	問題53	肢イ
第1回	問題57	肢3・1

令和6年度本試験		
問題5	肢3・4	
問題7	肢1・2・3	
問題9	肢2・3・4	
問題10	肢1	
問題10	肢3	
問題13	肢1・3	
問題14	肢4	
問題15	肢2	
問題16	肢イ	
問題16	肢ウ	
問題17	肢2・4	
問題18	肢イ・オ	
問題19	肢1・2・3	
問題21	肢2	
問題21	肢5	
問題23	肢3	
問題24	肢2	
問題30	肢4	
問題31	肢5	
問題32	肢1	
問題32	肢4	
問題37	肢ア	
問題51	肢1	
問題52	肢2	
問題52	肢3	
問題57	肢1・2	

2025年度版 本試験をあてる 行政書士
読者限定特別Web講義

小池 昌三 講師

西野 翔志 講師

学習効率と記述式の本番力をさらに引き上げる、ここでしか聞けない特別講義です。
Web配信なので、24時間、何回でもご視聴いただけます。

配信日程	2025年6月上旬
講義内容	① 業務関連法令 総まとめ（西野）　② 科目別重要ポイント・イチ押し論点（小池） ③ 令和6年度 記述式問題 解説講義（小池）

『2025年度版 本試験をあてる TAC直前予想模試 行政書士』を
ご購入いただいた読者様限定のウェブコンテンツです。

本書読者限定　ウェブコンテンツ

2025年度版　本試験をあてる行政書士 読者限定特別Web講義	アクセス用パスワード 251111479

TAC出版　検索 ➡ 書籍連動ダウンロードサービス にアクセス ➡ パスワードを入力

※本サービスの提供期間は、2025年11月30日までです。

CONTENTS

講師オススメ解き順＆時間配分……………………………… (3)

最新！法改正総まとめ…………………………………………… (4)

業務関連法令総まとめ…………………………………………… (10)

科目別重要ポイント！〜イチ押しテーマ＆ミニ予想問題も掲載〜… (16)

本書の特長と利用法……………………………………………… (38)

試験案内…………………………………………………………… (40)

シリーズ紹介と活用法…………………………………………… (42)

問　題

第1回 ……………………………………………………… 別冊

第2回 ……………………………………………………… 別冊

第3回 ……………………………………………………… 別冊

令和6年度本試験 ………………………………………… 別冊

解答解説

第1回

解答一覧……………………………………………………… 2

解　説………………………………………………………… 4

第2回

解答一覧……………………………………………………… 66

解　説………………………………………………………… 68

第3回

解答一覧……………………………………………………… 130

解　説………………………………………………………… 132

令和6年度本試験

解答一覧……………………………………………………… 194

解　説………………………………………………………… 196

本試験でも使える！講師オススメ解き順＆時間配分

担当講師：小池昌三講師

受講生から、「どこから解いていくのがよいのでしょうか」「わかっていたのに時間が足りず、何問か残してしまいました」というご質問をよくいただきます。

問題1から解き進めるのは、「マークミスを防ぐ」には合理的な方法ですが、反面、時間切れで「解ける問題」を残すリスクがあります。このような失点リスクを避け、解ける問題を確実に得点するために、解き順を変えることは受験テクニックの1つです。

「解ける問題」を確実に得点すること、逆に言えば、「解けない問題」をどうやって時間をかけずに避けるか、という観点から解き順を考えます。人によって「解ける問題」「解けない問題」はさまざまです。

そこで、誰でも共通で本試験でも使えるオススメの解く順番は、得意なところから解くことです。「解けない問題」を後回しにすることで、解ける問題で失点するリスクを最小限に抑えます。例として、行政法が得意なパターンと、基準点以下を避けるために基礎知識から解くパターンの時間配分を紹介します。本書『2025年度版　本試験をあてる　TAC直前予想模試　行政書士』の3回分の予想問題と最新本試験を使いながら、自分の得意不得意を見極め、あなたに合った解き順を確立してください。

ただし、順番を変える場合には、マークミスには細心の注意を払うようにしましょう。

得意科目から解く！
（最大配点の行政法から攻略）

行政法は、多肢選択式2問と記述式1問を加えると、法令科目全244点中の約半分にあたる112点（約45％）を占めます。

行政書士試験に合格するためには、行政法を得意科目にすることが重要ですので、ぜひ得意になっていただきたいとの願いも込めて。

目標タイム

① 40分（1問2分）　行政法（5肢択一式）
　行政法の5肢択一式からスタート
② 15分（1問3分）　憲法（5肢択一式）
　同じ公法系で思考がスムーズ
③ 10分（1問3分）　憲法・行政法（多肢選択式）
　ここで多肢選択式をまとめて
④ 25分（1問8〜10分）　行政法・民法（記述式）
　記述式にもまとめてチャレンジ
⑤ 36分（1問4分）　民法（5肢択一式）
　民法も配点が多いので早めに
⑥ 12分（1問2分）　基礎知識（業務関連法令・情報）
　やはり基準点以下は怖いので
⑦ 18分（1問6分）　基礎知識（文章理解）
　あせらずに時間をかければ解ける
⑧ 10分（1問2分）　基礎知識（一般知識）
　知らない問題は飛ばすorあきらめる
⑨ 4分（1問2分）　基礎法学
　2問中1問正解できれば十分
⑩ 10分（1問2分）　商法
　苦手な人が多い商法は最後

基礎知識科目から解く！
（確実に基準点をクリアするために）

やはり、14問中40％（6問）以上という基準をクリアできないのは怖いので、先に基礎知識科目から始めるパターンです。その中でも確実に正解しやすい、情報通信・個人情報保護と文章理解から始めます。

そして、一般知識と業務関連法令を解いて基準点をクリアした実感を得て、法令科目に入ります。

目標タイム

① 12分（1問2分）　基礎知識（業務関連法令・情報）
　暗記しておけば得点できる分野
② 18分（1問6分）　基礎知識（文章理解）
　あせらずに時間をかければ解ける
③ 10分（1問2分）　基礎知識（一般知識）
　ここで基準点クリアを実感
④ 25分（1問8〜10分）　行政法・民法（記述式）
　配点も多く時間もかかるので早めに
⑤ 40分（1問2分）　行政法（5肢択一式）
　5肢択一式の中で一番問題数が多い
⑥ 15分（1問3分）　憲法（5肢択一式）
　同じ公法系で思考がスムーズ
⑦ 10分（1問3分）　憲法・行政法（多肢選択式）
　ここで多肢選択式をまとめて
⑧ 36分（1問4分）　民法（5肢択一式）
　民事系に突入で頭を切り替え
⑨ 10分（1問2分）　商法
　わからない問題は飛ばしていこう
⑩ 4分（1問2分）　基礎法学
　頭から解かなくてもいいことを実感

行政法

（地方自治法） 令和6年9月26日施行

　DXの進展を踏まえた対応や、大規模な災害・感染症のまん延その他その及ぼす被害の程度においてこれらに類する国民の安全に重大な影響を及ぼす事態における特例を設けるなどの改正が行われました。背景には、2020年に新型コロナの集団感染がクルーズ船において発生した際、国の権限が明確でなかったことから、地方公共団体をまたぐ患者の移送の調整に時間がかかったことなどがあります。

大規模な災害、感染症のまん延その他その及ぼす被害の程度においてこれらに類する国民の安全に重大な影響を及ぼす事態における特例	①国による地方公共団体への資料または意見の提出の求め →事態対処の基本方針の検討等のため、国は、地方公共団体に対し、資料または意見の提出を求めることを可能とする規定を設ける（252条の26の3）。 ②都道府県の事務処理と規模等に応じて市町村（保健所設置市区等）が処理する事務の処理との調整 →国民の生命等の保護のため、国の指示により、都道府県が保健所設置市区等との事務処理の調整に関する規定を設ける（252条の26の4）。 ③国の地方公共団体に対する補充的な指示 →適切な要件・手続のもと、国は、地方公共団体に対し、その事務処理について国民の生命等の保護を的確かつ迅速に実施するため講ずべき措置に関し、必要な指示に関する規定を設ける（252条の26の5）。 ④応援要求、職員派遣に係る国の役割 →国による応援の要求・指示、職員派遣のあっせん等を可能とする規定を設ける（252条の26の8、252条の26の9）。
情報システムの利用に係る基本原則	普通地方公共団体は、その事務を処理するに当たって、事務の種類および内容に応じ、第2条14項および15項の規定の趣旨を達成するため必要があると認めるときは、**情報システムを有効に利用**するとともに、他の普通地方公共団体または国と協力して当該事務の処理に係る情報システムの利用の最適化を図るよう努めなければなりません（244条の5第1項）。 普通地方公共団体は、その事務の処理に係る情報システムの利用に当たって、**サイバーセキュリティの確保、個人情報の保護**その他の当該情報システムの適正な利用を図るために必要な措置を講じなければなりません（244条の5第2項）。

行政書士試験は、実施年の４月１日時点での施行法令によって出題されます。
以下、2024年（令和６年）４月２日～2025年（令和７年）４月１日の改正などの動きをお伝えします。

2025年度（令和７年度）本試験対策の改正は、基礎知識が中心です！

基礎知識

（改正入管法） 令和６年６月10日施行

　従来、難民認定申請中は、強制送還は停止するものとされていましたが、その例外規定が創設され、難民申請認定中でも３回目以降の申請者の強制送還が可能となりました。なお、３回目以降の申請でも、難民と認定すべき相当の理由のある資料を提出すれば強制送還は停止となります。その他、３年以上の実刑前科者やテロリスト等も難民申請中でも強制送還できます。

　また、退去するまでの間、施設に収容する仕組みを改め、監理人の監理の下で収容しないで生活できるようにして退去強制手続を進めることができる措置も創設されました。

改正前	改正後
①難民認定申請中は強制送還は停止	①**３回目以降**の難民認定申請の場合、申請中でも**強制送還可能**になりました。 ※ただし、３回目以降の難民認定申請者でも、難民や補完的保護対象者と認定すべき相当の理由がある資料を提出すれば、強制送還は停止されます。
②退去すべきことが確定した外国人については、退去までの間、収容施設に収容する。	②本人の監督等を承諾している者を監理人として選任し、その監理の下で、収容しないで退去強制手続を進める制度（監理措置制度）を設けました。

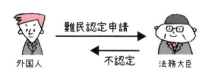

難民認定申請を繰り返すことで強制送還を不当に免れることが可能になることを問題視

難民認定手続中の送還停止効に例外を設けることにした

● 関連知識 ●　難民認定

　難民とは、人種、宗教、国籍、特定の社会的集団の構成員であること、政治的意見という難民条約で定められている5つの理由のいずれかによって、迫害を受けるおそれがある外国人のことをいいます。
　日本にいる外国人から難民認定の申請があった場合、法務大臣が難民であるか否かの審査を行い、難民と認定したときは、原則として定住者の在留資格を許可するなど難民条約に基づく保護が与えられます。また、難民には該当しない場合であっても、法務大臣の裁量で、人道上の配慮を理由に日本への在留を認めることも可能です。

(改正児童手当法)　令和6年10月1日施行

　児童手当制度は、児童を養育している者に児童手当を支給することにより、家庭等における生活の安定に寄与するとともに、次代の社会を担う児童の健やかな成長に資することを目的とするものです。今回の改正により、所得制限の撤廃、多子加算の拡充を中心とする支給額の見直し、対象年齢の拡大などが行われました。

改正前	改正後
①こども2人と配偶者の年収が103万円以下の場合で、主たる生計者の年収が960万円以上の場合などには受給に制限がありました。	①所得にかかわらず全額支給されます。
②中学生以下（15歳の誕生日以後の最初の3月31日まで）が支給対象でした。	②高校生年代（18歳の誕生日以後の最初の3月31日まで）が支給対象になりました。 ※手当月額は、3歳未満の第1子と第2子は月額1万5000円、3歳以上高校生年代までは1万円、第3子以降は全期間で3万円。
③4か月分ずつ年3回支給されました。	③2か月分ずつ偶数月年6回の支給に変更されました。

(特定受託事業者に係る取引の適正化等に関する法律)　令和6年11月1日施行

　特定受託事業者に係る取引の適正化等に関する法律（フリーランス新法）が新たに制定されました。同法では、個人で働くフリーランスに業務委託を行う発注事業者に対し、業務委託をした際の取引条件の明示、給付を受領した日から原則60日以内での報酬支払、ハラスメント対策のための体制整備等が義務付けられました。

特定受託事業者に係る取引の適正化	特定受託事業者に対し業務委託をした場合は、特定受託事業者の給付の内容、報酬の額等を書面または電磁的方法により明示しなければならない。
	特定受託事業者の給付を受領した日から60日以内の報酬支払期日を設定し、支払わなければならない。
	特定受託事業者との業務委託（政令で定める期間以上のもの）に関し、以下の行為をしてはならない。 ・特定受託事業者の責めに帰すべき事由なく受領を拒否すること ・特定受託事業者の責めに帰すべき事由なく報酬を減額すること ・特定受託事業者の責めに帰すべき事由なく返品を行うこと ・通常相場に比べ著しく低い報酬の額を不当に定めること ・正当な理由なく自己の指定する物の購入・役務の利用を強制すること
	特定受託事業者との業務委託（政令で定める期間以上のもの）に関し、以下の行為によって特定受託事業者の利益を不当に害してはならないものとする。 ・自己のために金銭、役務その他の経済上の利益を提供させること ・特定受託事業者の責めに帰すべき事由なく内容を変更させ、またやり直させること
特定受託業務従事者の就業環境の整備	広告等により募集情報を提供するときは、虚偽の表示等をしてはならず、正確かつ最新の内容に保たなければならない。 特定受託事業者が育児介護等と両立して継続的業務委託に係る業務を行えるよう、申出に応じて必要な配慮をしなければならない。 特定受託業務従事者に対するハラスメント行為に係る相談対応等必要な体制整備等の措置を講じなければならない。 継続的業務委託を中途解除する場合等には、原則として、中途解除日等の30日前までに特定受託事業者に対し予告しなければならない。 公正取引委員会、中小企業庁長官、厚生労働大臣は、特定業務委託事業者等に対し、違反行為について助言、指導、報告徴収・立入検査、勧告、公表、命令をすることができる。

（情報流通プラットフォーム対処法）令和7年4月1日施行

　「特定電気通信役務提供者の損害賠償責任の制限及び発信者情報の開示に関する法律」（プロバイダ責任制限法）が、「特定電気通信による情報の流通によって発生する権利侵害等への対処に関する法律」（情報流通プラットフォーム対処法）に改められました。

　改正法では、誹謗中傷等のインターネット上の違法・有害情報に対処するため、大規模プラットフォーム事業者に対し、対応の迅速化や運用状況の透明化を図る規定が設けられています。また、総務大臣の是正命令に従わなかった場合の罰則規定も設けられています。

（改正育児介護休業法） 令和7年4月1日施行

　少子高齢化・人口減少の進展を背景に、子の年齢に応じた柔軟な働き方を実現するための措置の拡充や、介護離職防止のための仕事と介護の両立支援制度の強化を支援する内容とする改正が行われました。

残業免除	一定の年齢に達するまでの子を養育する労働者は、事業主に対する請求により、所定労働時間を超える労働（残業）が免除されます。 **従　来**　3歳以上の子を養育する労働者が対象 ↓ **改正後**　**小学校就学前**の子も対象とする
子の看護休暇等	子の看護休暇は、負傷や疾病による子の世話などを行うための休暇制度です。 **従　来**　小学校就学前の子を養育する労働者は、子が1人だと年5日、2人以上だと年10日を限度に看護休暇の取得可 ↓ **改正後**　看護のための休暇だけではなく行事参加のための休暇も取得可能になり、**小学校3年生**までの子を対象とする また、勤続6カ月未満の労働者を、労使協定に基づいて取得対象外とすることができなくなる
公表義務	一定の事業主には、毎年1回以上、育児休業の取得状況を公表する義務が課されています。 **従　来**　常時雇用する労働者の数が1,000人を超える事業主が対象 ↓ **改正後**　常時雇用する労働者の数が**300人**を超える事業主が対象
介護休暇	要介護状態にある家族の世話を行うための休暇です。 **従　来**　対象家族のいずれかが要介護状態にある労働者は、1人だと年5日、2人以上だと年10日を限度に介護休暇の取得が認められています。 ↓ **改正後**　勤続6か月未満の労働者を、労使協定に基づいて取得対象外とすることができなくなる
テレワーク措置	3歳未満の子を養育する労働者が育児休業をしていない場合、事業主には、在宅勤務等（テレワーク）の措置を講ずることが努力義務として課されるようになりました。また、要介護状態にある対象家族を介護する労働者が介護休業をしていない場合、事業主には、在宅勤務等（テレワーク）の措置を講ずることが努力義務として課されるようになりました。

(住民基本台帳法改正) （令和6年5月27日施行）

　令和6年5月27日から、住民基本台帳法の改正により、戸籍の附票に住民票コードが記載できるようになりました。戸籍の附票に住民票コードの記載を希望する場合は、申請書に記載するか窓口で申し出ることにより請求できます。なお、請求できるのは、本人、その配偶者、直系尊属、直系卑属になります。

　また、戸籍の附票の記載事項に国外転出者の場合の規定が追加されています。

改正前17条

　戸籍の附票には、次に掲げる事項について記載（前条第2項の規定により磁気ディスクをもつて調製する戸籍の附票にあっては、記録。以下同じ。）をする。

　一　戸籍の表示
　二　氏名
　三　住所
　四　住所を定めた年月日
　五　出生の年月日
　六　男女の別

17条

　戸籍の附票には、次に掲げる事項について記載（前条第2項の規定により磁気ディスクをもつて調製する戸籍の附票にあっては、記録。以下同じ。）をする。

　一　戸籍の表示
　二　氏名
　三　住所（国外に転出をする旨の第24条の規定による届出（次号及び第7号において「国外転出届」という。）をしたことによりいずれの市町村においても住民基本台帳に記録されていない者（以下「**国外転出者**」という。）にあっては、国外転出者である旨）
　四　住所を定めた年月日（国外転出者にあっては、その国外転出届に記載された転出の予定年月日）
　五　出生の年月日
　六　男女の別
　七　住民票に記載された住民票コード（国外転出者にあっては、その国外転出届をしたことにより消除された住民票に記載されていた住民票コード。第30条の37及び第30条の38において同じ。）

令和6年度スタート **業務関連法令 総まとめ**

令和6年度の行政書士試験から、令和5年度までの「行政書士の業務に関連する一般知識等」は「行政書士の業務に関し必要な基礎知識」と改められました。そして、行政書士法、戸籍法、住民基本台帳法等行政書士の業務に必要な諸法令を「行政書士法等行政書士業務と密接に関連する諸法令」とし、「一般知識」「情報通信・個人情報保護」「文章理解」とともにそれぞれの分野から1題以上出題されることになりました。従来の政治・経済・社会は一般知識として出題され、情報通信・個人情報保護、文章理解はそのままですので、新しく試験範囲となったものが「行政書士法等行政書士業務と密接に関連する諸法令」となります。令和6年度は「行政書士法等行政書士業務と密接に関連する諸法令」からは行政書士法1問と住民基本台帳法1問の合計2問が出題されました。

1 行政書士法

行政書士法では、行政書士の業務や行政書士の登録、行政書士の義務、行政書士法人などについて定められています。

① 行政書士の業務　R6出題アリ

行政書士は、他人の依頼を受け報酬を得て、官公署に提出する書類、権利義務に関する書類、事実証明に関する書類を作成することを業とします（1条の2第1項）。

行政書士が業務として作成できる書類	官公署に提出する書類	営業許可申請書等
	権利義務に関する書類	遺産分割協議書、各種契約書、念書、示談書、協議書、内容証明等
	事実証明に関する書類	実地調査に基づく各種図面類、各種議事録、会計帳簿等
特定行政書士	行政書士が作成した官公署に提出する書類に係る許認可等に関する審査請求、再調査の請求、再審査請求等行政庁に対する不服申立ての手続について代理、その手続について官公署に提出する書類の作成に関する業務は、当該業務について日本行政書士会連合会がその会則で定めるところにより実施する研修の課程を修了した行政書士（特定行政書士）に限り、行うことができる（1条の3第2項）。	

②　行政書士の登録

　行政書士となる資格を有する者が行政書士となるには、**日本行政書士会連合会**が備える行政書士名簿に、住所、氏名、生年月日、事務所の名称および所在地その他日本行政書士会連合会の会則で定める事項の登録を受けなければなりません（6条1項・2項）。

　行政書士名簿の登録は、**日本行政書士会連合会**が行います（6条3項）。

〈行政書士の資格〉　**R6出題アリ**

行政書士となる資格を有する者（2条）	①**行政書士試験に合格した者** ②**弁護士**となる資格を有する者 ③**弁理士**となる資格を有する者 ④**公認会計士**となる資格を有する者 ⑤**税理士**となる資格を有する者 ⑥国または地方公共団体の**公務員**として行政事務を担当した期間および行政執行法人または特定地方独立行政法人の役員または職員として行政事務に相当する事務を担当した期間が通算して**20年**以上（学校教育法による高等学校を卒業した者等にあっては17年以上）になる者
行政書士となる資格を有しない者（欠格事由：2条の2）	①**未成年者** ②破産手続開始の決定を受けて復権を得ない者 ③**禁錮以上の刑**に処せられ、その執行を終わり、または執行を受けることがなくなってから**3年**を経過しない者 ④公務員（行政執行法人または特定地方独立行政法人の役員または職員を含む。）で懲戒免職の処分を受け、当該処分の日から**3年**を経過しない者 ⑤6条の5第1項の規定により登録の取消しの処分を受け、当該処分の日から**3年**を経過しない者 ⑥14条の規定により業務の禁止の処分を受け、当該処分の日から**3年**を経過しない者 ⑦懲戒処分により、弁護士会から除名され、公認会計士の登録の抹消の処分を受け、弁理士、税理士、司法書士もしくは土地家屋調査士の業務を禁止され、または社会保険労務士の失格処分を受けた者で、これらの処分を受けた日から**3年**を経過しないもの ⑧税理士法48条1項の規定により同法44条3号に掲げる処分を受けるべきであったことについて決定を受けた者で、当該決定を受けた日から**3年**を経過しないもの

〈登録の抹消〉

登録を抹消しなければならない場合（7条1項）	①欠格事由に該当するに至ったとき ②廃業する旨の届出があったとき ③死亡したとき ④登録の取消しの処分を受けたとき
登録を抹消することができる場合（7条2項）	①引き続き**2年**以上行政書士の業務を行わないとき ②**心身の故障**により行政書士の業務を行うことができないとき

③　行政書士の義務　　R6出題アリ

行政書士法では、行政書士の義務についても定められています。

事務所（8条）	行政書士は、その業務を行うための**事務所**を設けなければならない。 行政書士は、事務所を2以上設けてはならない。 使用人である行政書士等は、その業務を行うための事務所を設けてはならない。
帳簿の備付、保存 （9条）	行政書士は、その業務に関する帳簿を備え、これに事件の名称、年月日、受けた報酬の額、依頼者の住所氏名その他都道府県知事の定める事項を記載しなければならない。 行政書士は、帳簿をその関係書類とともに、帳簿閉鎖の時から2年間保存しなければならない。行政書士でなくなったときも**同様**。
行政書士の責務 （10条）	行政書士は、誠実にその業務を行うとともに、行政書士の信用または品位を害するような行為をしてはならない。
報酬の額の掲示等 （10条の2）	行政書士は、その事務所の見やすい場所に、その業務に関し受ける報酬の額を掲示しなければならない。 行政書士会および日本行政書士会連合会は、依頼者の選択および行政書士の業務の利便に資するため、行政書士がその業務に関し受ける報酬の額について、統計を作成し、これを公表するよう努めなければならない。
依頼に応ずる義務 （11条）	行政書士は、正当な事由がある場合でなければ、依頼を拒むことができない。
秘密を守る義務 （12条）	行政書士は、正当な理由がなく、その業務上取り扱った事項について知り得た秘密を漏らしてはならない。行政書士でなくなった後も**同様**。
会則の遵守義務 （13条）	行政書士は、その所属する行政書士会および日本行政書士会連合会の会則を守らなければならない。
研修（13条の2）	行政書士は、その所属する行政書士会および日本行政書士会連合会が実施する研修を受け、その資質の向上を図るように**努めなければならない**。

④　行政書士法人

行政書士は、**行政書士法人**を設立することができます（13条の3）。

行政書士法人の社員は、行政書士でなければなりません（13条の5第1項）。

⑤　行政書士に対する懲戒

　　都道府県知事は、行政書士または行政書士法人の事務所に立入検査を行うことができ、行政書士または行政書士法人に対する懲戒処分を行うことができます（13条の22、14条、14条の2）。

行政書士に対する懲戒（14条）	行政書士が、行政書士法や都道府県知事の処分に違反したり、行政書士たるにふさわしくない重大な非行があった場合などには、都道府県知事は、当該行政書士に対し、次に掲げる処分をすることができる。 ・戒告 ・**2年**以内の業務の停止 ・業務の禁止
行政書士法人に対する懲戒（14条の2第1項）	行政書士法人が、行政書士法や都道府県知事の処分に違反したり、運営が著しく不当と認められるときは、その主たる事務所の所在地を管轄する都道府県知事は、当該行政書士法人に対し、次に掲げる処分をすることができる。 ・戒告 ・**2年**以内の業務の全部または一部の停止 ・解散

⑥　行政書士会および日本行政書士会連合会

　　行政書士会は、行政書士が都道府県の区域ごとに設立したものです（15条1項）。また、日本行政書士会連合会は、全国の行政書士会が設立したものです（18条1項）。

行政書士会の目的(15条2項)	行政書士会は、会員の品位を保持し、その業務の改善進歩を図るため、会員の指導および連絡に関する事務を行うことを目的とする。
日本行政書士会連合会の目的(18条2項)	日本行政書士会連合会は、行政書士会の会員の品位を保持し、その業務の改善進歩を図るため、行政書士会およびその会員の指導および連絡に関する事務を行い、ならびに行政書士の登録に関する事務を行うことを目的とする。 関連知識 日本行政書士会連合会に**資格審査会**を置く（18条の4第1項）。 ※資格審査会は、日本行政書士会連合会の請求により、登録の拒否、登録の取消し、登録の抹消について必要な審査を行う（18条の4第2項）。

2 戸籍法

　戸籍に関する事務は、**市町村長**が管掌しています（1条1項）。

　届出は、届出事件の本人の本籍地または届出人の所在地でしなければなりません（25条1項）。

〈戸籍の届出〉

出　生	出生の届出は、**14日**以内（国外で出生があったときは3か月以内）にしなければならない（49条1項）。 嫡出子出生の届出は、父または母が行う（52条1項）。 嫡出子の出生前に父母が離婚をした場合、その届出は、母が行う（52条1項）。 非嫡出子の出生の届出は、母が行う（52条2項）。 出生の届出は、出生地ですることができる（51条1項）。
認　知	認知をしようとする者は、その旨を届け出なければならない（60条）。
養子縁組	養子縁組をしようとする者は、その旨を届け出なければならない（66条）。 離縁をしようとする者は、その旨を届け出なければならない（70条）。
婚　姻	婚姻をしようとする者は、その旨を届け出なければならない（74条）。 離婚をしようとする者は、その旨を届け出なければならない（76条）。
死亡届	死亡の届出は、届出義務者が死亡の事実を知った日から**7日**以内（国外で死亡があったときはその事実を知った日から3か月以内）にしなければならない（86条1項）。 死亡の届出は、①同居の親族、②その他の同居者、③家主、地主または家屋もしくは土地の管理人の順序に従ってしなければならない（87条1項本文）。ただし、順序にかかわらず届出をすることができる（87条1項ただし書）。 死亡の届出は、死亡地ですることができる（88条1項）。
氏名の変更	やむを得ない事由によって**氏を変更**しようとするときは、戸籍の筆頭に記載した者およびその配偶者は、**家庭裁判所の許可**を得て、その旨を届け出なければならない（107条1項）。 正当な事由によって**名を変更**しようとする者は、**家庭裁判所の許可**を得て、その旨を届け出なければならない（107条の2）。

3 住民基本台帳法

　市町村長は、常に、住民基本台帳を整備し、住民に関する正確な記録が行われるように努めるとともに、住民に関する記録の管理が適正に行われるように必要な措置を講ずるよう努めなければなりません（3条1項）。

〈住民票の記載事項（7条）〉 R6出題アリ

住民票の主な記載事項	・氏名 ・出生の年月日 ・男女の別 ・世帯主についてはその旨、世帯主でない者については世帯主の氏名および世帯主との続柄 ・戸籍の表示。ただし、本籍のない者および本籍の明らかでない者については、その旨 ・住民となった年月日 ・住所および一の市町村の区域内において新たに住所を変更した者については、その住所を定めた年月日 ・新たに市町村の区域内に住所を定めた者については、その住所を定めた旨の届出の年月日（職権で住民票の記載をした者については、その年月日）および従前の住所 ・個人番号

〈届出〉

転入届	転入をした者は、転入をした日から**14日**以内に、所定の事項を市町村長に届け出なければならない（22条1項）。
転居届	転居をした者は、転居をした日から**14日**以内に、所定の事項を市町村長に届け出なければならない（23条）。
転出届	転出をする者は、**あらかじめ**、所定の事項を市町村長に届け出なければならない（24条）。
世帯変更届	その属する世帯またはその世帯主に変更があった者は、その変更があった日から**14日**以内に、所定の事項を市町村長に届け出なければならない（25条）。

令和7年度試験

過去の出題傾向を徹底分析！
科目別重要ポイント！

　平成27年度から直近10年間の出題傾向を分析し、各科目ごとに必ず学習しておかなければならない「重要ポイント」を掲載しました。「イチ押しテーマとミニ予想問題」も参考にして、メリハリをつけた学習を心がけましょう。

憲　法　　配点 28 点

択一5問（20点）
多肢1問（8点）

❶ 出題履歴

		テッパン	H27	H28	H29	H30	R元	R2	R3	R4	R5	R6
1総論	1憲法の意味				択	択						
	2憲法の基本原理											
2人権	1人権享有主体		択		択	多		択				
	2人権の限界											
	3幸福追求権			択					択			択2
	4法の下の平等	★		択			択					
	5自由権　思想良心の自由											
	信教の自由			択					択			
	表現の自由	★	多	多	多		多	択		択	択・多	
	学問の自由					択						択
	職業選択の自由	★								択		
	財産権				択				択			
	人身の自由							択		択		
	6受益権										択	
	7参政権					択	択					
	8社会権		択			択		多				択
3統治	1国　会	★		択			択	択	択		択	択2
	2内　閣	★			択			択		択		
	3裁判所	★	択	択			択		多	択・多		多
	4天　皇					択						
	5財　政	★	択		択						択	
	その他総合問題		択				択		択		択	

イチ押しテーマ&ミニ予想問題も掲載

（択＝5肢択一式、多＝多肢選択式、記＝記述式。択2は5肢択一式が2問出題されたということ）

❷ 重要ポイント

5肢択一式

　憲法の学習は①人権分野と②統治分野に分かれます。①人権分野では、判例知識の蓄積を意識しましょう。試験の問題では、「次の1～5の記述のうち、最高裁判所の判例に照らして、正しいものはどれか」といったタイプの問題が多いからです。今年の試験では、特に、**憲法14条（法の下の平等）、憲法21条（表現の自由）、憲法22条（職業選択の自由）** に気をつけましょう。また、②統治分野では、条文知識の蓄積を意識しましょう。**国会（41条～64条）、内閣（65条～75条）、裁判所（76条～82条）** を中心に、その他、**財政（83条～91条）** にも気をつけておきましょう。

多肢選択式

　憲法では、例年1問、多肢選択式の出題があります。多肢選択式は、問題文にア・イ・ウ・エの4種類の空欄があり、問題文の下欄に書かれている20個の選択肢の中から正解を選ぶ形式のものです。判例を題材にしたものが多く、令和6年は判例の先例拘束性をテーマにした問題が出題されました。多肢選択式対策においても判例知識を蓄積させておくことが有効です。特に、**孔子廟訴訟（最大判令3.2.24）、在外国民の国民審査権確認事件（最大判令4.5.25）、性別変更違憲事件（最大決令5.10.25）、旧優生保護法違憲事件（最大判令6.7.3）** などの新しい判例に注意しましょう。

❸ 予想論点

イチ押しテーマ❶ 違憲判例（人権）

　憲法判例問題では違憲の判例に注意しましょう。新しい判例として、令和6年7月3日、最高裁判所大法廷にて、優生保護法の規定に基づいて不妊手術を受けさせたことについて憲法に違反するとした判決が出されました。

　憲法13条は、人格的生存に関わる重要な権利として、自己の意思に反して身体への侵襲を受けない自由を保障しているところ、不妊手術は、生殖能力の喪失という重大な結果をもたらす身体への侵襲であるから、不妊手術を受けることを強制することは、自己の意思に反して身体への侵襲を受けない自由に対する重大な制約に当たります。したがって、正当な理由に基づかずに不妊手術を受けることを強制することは、憲法13条に違反します。

　また、憲法14条1項は、法の下の平等を定めており、この規定は、事柄の性質に応じた合理的な根拠に基づくものでない限り、法的な差別的取扱いを禁止する趣旨のものです。そして、優生保護法の規定に基づき不妊手術を行うことに正当な理由があるとは認められないことからも、一定の者を優生保護法の規定により行われる不妊手術の対象者と定めてそれ以外の者と区別することは、合理的な根拠に基づかない差別的取扱いに当たり、憲法14条1項に違反します。

　そして、優生保護法の規定の内容は、国民に憲法上保障されている権利を違法に侵害するものであることが明白であったというべきであり、当該規定に係る国会議員の立法行為は、国家賠償法1条1項の適用上、違法の評価を受けるものといえます。

予想問題

問題　憲法13条は、人格的生存に関わる重要な権利として、自己の意思に反して身体への侵襲を受けない自由までは保障しておらず、正当な理由に基づかずに不妊手術を受けることを強制したとしても、憲法13条に違反しない。

答　×　憲法13条は、人格的生存に関わる重要な権利として、自己の意思に反して身体への侵襲を受けない自由を保障しています。そして、正当な理由に基づかずに不妊手術を受けることを強制することは、憲法13条に違反します。

イチ押しテーマ❷ 違憲判例（統治）

憲法判例問題では違憲の判例に注意しましょう。新しい判例として、令和4年5月25日、最高裁判所大法廷にて、**最高裁判所裁判官国民審査法が在外国民に最高裁判所の裁判官の任命に関する国民の審査に係る審査権の行使をまったく認めていないことは憲法に違反する**とした判決が出されました。

国民の審査権またはその行使を制限することは原則として許されず、審査権またはその行使を制限するためには、そのような制限をすることがやむを得ないと認められる事由がなければならないというべきであるとし、そのような制限をすることなしには国民審査の公正を確保しつつ審査権の行使を認めることが事実上不可能ないし著しく困難であると認められる場合でない限り、上記のやむを得ない事由があるとはいえず、このような事由なしに審査権の行使を制限することは、憲法15条1項、79条2項・3項に違反するものとしました。そして、このことは、国が審査権の行使を可能にするための所要の立法措置をとらないという不作為によって国民が審査権を行使することができない場合についても同様です。

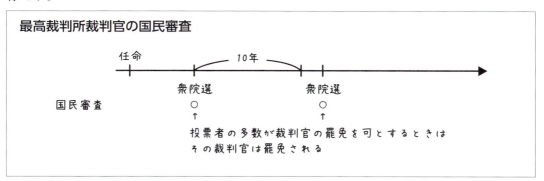

予想問題

問題 在外国民に国政選挙における選挙権を認めないこととは異なり、最高裁判所裁判官国民審査法が在外国民に国民審査権を認めていないことは、憲法に違反しない。

答 × 最高裁判所裁判官国民審査についても、国政選挙の場合と同様、在外国民にその権利行使を認めていないことは憲法に違反する。

民　法　配点 **76** 点　　択一 9 問（36点）／記述 2 問（40点）

① 出題履歴

			テッパン	H27	H28	H29	H30	R元	R2	R3	R4	R5	R6
1 総則	1 民法の基本原則						択						
	2 能力		★	択				記	択				
	3 失踪宣告									択			択
	4 意思表示		★	択		択			記	択	択		
	5 代理		★		択			択			記		
	6 条件・期限						択						
	7 時効		★		択			択				択	
2 物権	1 物権					択2				択			
	2 不動産物権変動と登記		★				択		記			択	択
	3 占有権				記		択			択		択	
	4 即時取得												
	5 所有権				択	択		記					
	6 用益物権							択					
	7 担保物権	抵当権	★		択		択		択		択	記	択
		質権	★					択					
		留置権		択						択			
		先取特権			択								記
3 債権	1 債権債務関係			択	択				択	択	択2		
	2 債権の保全		★		択					択	記		記
	3 債権譲渡・債務引受					記			択	記			
	4 債権の消滅			択			択					択	
	5 多数当事者の債権債務関係						択					択	択
	6 契約総論							記	択		択		
	7 契約各論	贈与・売買	★	択	記		記			択			
		使用貸借・賃貸借	★			択	択	択	択		択		
		請負										記	
		その他・総合										択	択
	8 契約以外の債権発生原因	事務管理						択					
		不当利得											
		不法行為	★	択	択	択・記	択	択			択・記	択	択
4 親族・相続	1 親族		★	択・記	択・記		択2	択	択				
	2 相続					択				択	択	択	択
	その他総合問題					択		択	択			択2	択2

(20)

❷ 重要ポイント

5肢択一式

　民法の学習は、①総則、②物権、③債権、④親族・相続に分かれます。①総則では、「行為能力」「意思表示」「代理」「時効」の4テーマに注意しましょう。②物権では、「不動産物権変動」「担保物権」の2テーマに注意しましょう。特に、「担保物権」は、令和6年に抵当権と先取特権、令和5年に譲渡担保と抵当権、令和4年に抵当権、令和3年に留置権、令和2年に抵当権、令和元年に質権をテーマにした出題がされており、令和になってからは毎年出題されているテーマです。③債権は、範囲が広範にわたりますが、特に「契約各論」と「不法行為」の2テーマに注意しましょう。いずれも試験では頻出のテーマといえます。④親族・相続は択一では例年1問だけの出題ですが、昨年（令和6年）は相続（遺産分割）に関する問題でしたので、今年は、「親族」に注意しましょう。

記 述 式

　民法では、例年2問、記述式での出題があります。記述式は、問題文で問われた質問に対して40字程度で解答を作っていく形式のものです。問題文の中にいくつかの質問がある場合には、その質問に一つずつ答えていきましょう。①総則、②物権、③債権、④親族・相続のうち③債権からの出題が多いのが特徴です。昨年（令和6年）は、「担保物権（先取特権）」と「債権（債権者代位権）」をテーマにした出題でした。今年は、総則と債権の分野からの出題に注意しましょう。総則では「意思表示」、債権では「債務引受」「契約各論」に注意しましょう。

❸ 予想論点

イチ押しテーマ❶ 錯誤

　総則では「意思表示」が重要です。「意思表示」では、特に錯誤（民法95条）に注意しましょう。令和2年4月1日施行の民法改正で大きくルールが変わっていますが、まだ改正後の錯誤に関する出題はありません。錯誤は、うっかり間違えてした意思表示であれば取り消すことができるという仕組みです。動機の錯誤は、その事情が法律行為の基礎とされていることが表示されていたときに限り取り消すことができること（95条2項）、表意者に重過失があるときは原則として取消しができないこと（95条3項）、善意無過失の第三者には取消しを対抗できないこと（95条4項）をそれぞれ押さえておきましょう。

錯誤取消し

 　売買契約　
売主Ⓐ　　　　　　　　　　　Ⓑ買主
（重過失あり）

原則：重過失のあるAは錯誤取消しできない
例外：①BがAに錯誤があることを知りまたは重大な過失によって知らなかったとき、または
　　　②BもAと同一の錯誤に陥っていたときは、Aは錯誤取消しできる

予想問題

問題　Aが錯誤によりBと売買契約を締結した場合、Aに重過失があるときは、たとえBがAに錯誤があることを知っていてこの契約を締結したとしても、Aは錯誤によりこの契約を取り消すことはできない。

答　×　Aに重過失があっても、Bが悪意の場合なので、Aは錯誤取消しできる。

イチ押しテーマ❷ 賃貸借契約

　債権では「契約各論」と「不法行為」が重要です。「契約各論」では、賃貸借契約に注意しましょう。賃貸借契約は、当事者の一方がある物の使用および収益を相手方にさせることを約し、相手方がこれに対してその賃料を支払うことおよび引渡しを受けた物を契約が終了したときに返還することを約することによって、その効力を生ずる契約です（601条）。賃貸借契約では、費用償還請求、転貸の法律関係、賃貸借契約の解除に注意しましょう。

費用償還請求

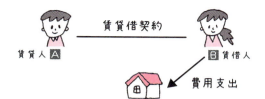

必要費 (608条1項)	賃借人は、賃借物について賃貸人の負担に属する必要費を支出したときは、賃貸人に対し、直ちにその償還を請求することができる。
有益費 (608条2項)	賃借人が賃借物について有益費を支出したときは、賃貸人は、賃貸借の終了の時に、その価格の増加が現存する場合に限り、賃貸人の選択に従い、その支出した金額または増価額を償還させることができる。ただし、裁判所は、賃貸人の請求により、その償還について相当の期限を許与することができる。

転貸借関係と解除

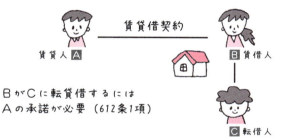

無断転貸 (612条2項)	BがAに無断でCに転貸している場合、Aは、AB間の契約を解除することができる。
承諾転貸 (613条3項)	Bが適法にCに転貸している場合、Aは、Bとの間の賃貸借を合意により解除したことをもってCに対抗することができない。ただし、その解除の当時、AがBの債務不履行による解除権を有していたときは、この限りでない。

予想問題

問題 賃借人は、賃借物について必要費および有益費を支出したときは、いずれにおいても、賃貸人に対し、直ちにその償還を請求することができる。

答 ×　有益費の場合、賃貸借の終了の時に償還させることができるのであり、直ちに償還請求はできない。

イチ押しテーマ❸　不法行為

　不法行為は、契約各論と並び、債権における重要テーマの一つです。昨年（令和6年）の試験でも出題されていますが、連続して出題されることも想定し、注意しておきましょう。不法行為は、故意または過失によって他人の権利または法律上保護される利益を侵害した者に、これによって生じた損害を賠償する責任を負わせる仕組みです（709条）。なお、被害者にも過失があったときは、裁判所は、これを考慮して、損害賠償の額を定めることができます（過失相殺：722条2項）。過失相殺では、被害者の能力、被害者側の過失、疾患などについても一緒に押さえておくとよいでしょう。

過失相殺の可否
① 被害者の能力　…　責任能力の要否：不要　事理弁識能力の要否：必要
② 被害者側の過失　…　夫婦・親子の場合：過失相殺〇　園児と保育士の場合：過失相殺✕
③ 被害者の疾患　…　疾患：過失相殺〇　身体的特徴：過失相殺✕

予想問題

問題　Aの加害行為によりBに損害が生じている場合、BとCが夫婦であったときなどB自身には過失はなくてもBと身分上・生活関係上一体をなすとみられるCに過失があるときは、裁判所は、Cの過失を考慮して損害賠償の額を定めることができる。

答　〇　被害者と身分上・生活関係上一体をなすとみられる者の過失は、被害者側の過失として過失相殺の対象となり、夫婦の場合はこれに該当する。

行 政 法

配点 **112** 点　　択一19問（76点）　多肢2問（16点）
記述1問（20点）

① 出題履歴

			テッパン	H27	H28	H29	H30	R元	R2	R3	R4	R5	R6
1法理論	1行政法の基本原理								択				択
	2公法と私法		★			択				択	択	択・多	
	3行政組織			択3				択2		択			
	4行政行為	分類											
		効力			択	択・多			択				
		瑕疵	★		択	択	択			択		択	択
		裁量	★	択・多		択						択	
		附款											
	5行政行為以外の行政作用	行政立法	★	択		多				択			択
		行政計画					多						
		行政指導		多					多				
		行政契約								択	択		
		行政調査									択		
	6行政強制・行政罰		★	択	記	択・記	択	択		多			
2行手続	1総則			択		択			択			択	
	2処分		★	択	択3	択2	択	択2	択2	択・多	択2	択2	択2
	3処分以外の手続	行政指導	★	多			択	択		択・記			択
		処分等の求め						記					
		届出									択		
		命令等の制定	★	択			択			択			
3行審法	1総則				択								択
	2審査請求		★	択2	択	択3	択3	択3	択2	択2	択2	択3	択
	3審査請求以外の不服申立て		★		択				択	択			
	4教示										択		
4行訴法	1行政事件訴訟の類型											多	
	2取消訴訟		★	択2・記	択3	択2	択・多	択3・多	択	択2	択	択2	択2・記
	3取消訴訟以外の訴訟	無効等確認訴訟								記	択		
		不作為の違法確認訴訟											
		義務付け訴訟	★				記		択		記		
		差止め訴訟				択	択					記	
		当事者訴訟											多
		民衆訴訟・機関訴訟						択					択
		総合問題						多	択	択	択	択	
	4教示												
行審法と行訴法の比較						択							択

(25)

			テッパン	H27	H28	H29	H30	R元	R2	R3	R4	R5	R6
5 国賠・損補	1 国家賠償法	1条	★	択	択	択	択		択2・多	択	択	択	択
		2条			択			択			択	択	
		総合問題				択				択			択
	2 損失補償				択			択	択		多		多
6 地方自治法	1 地方公共団体			択	択		択2		択		択	択2	択
	2 住民の権利		★	択		択			択2		択	択	
	3 地方公共団体の機関					択		択2		択			
	4 条例・規則		★	択	択2		択			択	択		択
	5 公の施設		★			択		択		択			
	6 国の関与												
	その他総合問題			択	択2・多		択2	択2	択2	択2	択・多	択2	択2

❷ 重要ポイント

5肢択一式

　行政法の学習は、①行政法の一般的な法理論、②行政手続法、③行政不服審査法、④行政事件訴訟法、⑤国家賠償法、⑥地方自治法に分かれます。①行政法の一般的な法理論では、「行政行為」「行政強制・行政罰」に注意しましょう。②行政手続法では「処分」を中心に、「行政指導」「命令等の制定」まで知識を広げておきましょう。③行政不服審査法では「審査請求」を中心に、「再調査の請求」まで知識を広げておきましょう。④行政事件訴訟法では「取消訴訟」を中心に、「取消訴訟以外の抗告訴訟」「当事者訴訟」まで知識を広げておきましょう。⑤国家賠償法では「1条の判例知識」「2条の判例知識」を押さえておきましょう。⑥地方自治法では「住民監査請求と住民訴訟」「条例」「直接請求」「公の施設」の4テーマに注意しましょう。

多肢選択式

　行政法では、例年2問、多肢選択式での出題があります。特に、「行政立法」「行政指導」「行政事件訴訟法の判例」に注意しましょう。

記述式

　行政法では、例年1問、記述式での出題があります。行政事件訴訟法からの出題が多いのが特徴です。昨年（令和6年）は「行政事件訴訟法（取消訴訟）」からの出題でした。今年は、「行政事件訴訟法（抗告訴訟以外の訴訟類型）」と、過去にまだ出題がない「行政不服審査法（審査請求、再調査の請求）」に注意しましょう。

❸ 予想論点

イチ押しテーマ❶ 行政罰

　行政法の一般的な法理論では、行政行為とともに重要テーマに挙げられるのが「行政強制・行政罰」です。特に、行政罰には注意しましょう。行政罰には、刑罰を科す行政刑罰と、刑罰ではなく過料を科す秩序罰があります。

	行政刑罰	秩序罰
刑法総則の適用	あり	なし
刑事訴訟法の適用	あり	なし
法律の根拠の要否	必要	必要

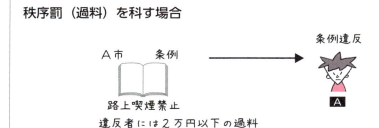

秩序罰（過料）を科す場合

本来、非訟事件手続法の規定により、裁判所が科す
上記のように、地方公共団体であるA市が条例に基づき条例違反者に対して過料を科す場合、地方自治法により、A市長が行政行為の形式で科す

予想問題

問題　普通地方公共団体が条例に基づき条例違反者に対して過料を科す場合、非訟事件手続法により裁判所が行わなければならない。

答　×　地方自治法により普通地方公共団体の長が行政行為の形式で科す。

イチ押しテーマ❷ **行政事件訴訟法（要件審理）**

　行政庁の処分に対して取消訴訟を提起し、本案審理に入るためには訴訟要件を満たしている必要があり、訴訟要件を備えているかどうかのチェックを要件審理といいます。その審理の結果、不適法とされた場合、訴訟は却下されることになります。そのうちの一つが処分性です。行政庁の処分その他公権力の行使に当たる行為でなければ、処分取消訴訟の対象とはなりません。

　取消訴訟の要件審理は行政事件訴訟法の最重要項目です。処分性、原告適格、狭義の訴えの利益における判例知識とともに、被告適格（11条）、裁判管轄（12条）、出訴期間（14条）にも注意しましょう。

処分性あり	処分性なし
・告示による建築基準法42条2項のみなし道路の一括指定（最判平14.1.17） ・地方公共団体の設置する保育所の廃止を求める条例の制定（最判平21.11.26） ・土地区画整理事業計画の決定（最大判平20.9.10） ・病院を開設しようとする者に対して行われた病院開設中止勧告（最判平17.7.15）	・交通反則金納付通告（最判昭57.7.15） ・用途地域の指定（最判昭57.4.22） ・通達（最判昭43.12.24） ・地方公共団体によるごみ焼却場の設置（最判昭39.10.29） ・地方公共団体が営む簡易水道事業の水道料金改定の条例の制定（最判平18.7.14）

予想問題

問題　市の設置する特定の保育所を廃止する条例の制定行為は、現に保育を受けている児童およびその保護者という限られた特定の者らに対してその法的地位を奪う結果を生じさせるものであり、取消訴訟の対象となる処分に当たる。

答　○　市の設置する特定の保育所を廃止する条例の制定行為は、取消訴訟の対象となる処分に当たる。

イチ押しテーマ❸ 地方自治法（条例）

　条例は、普通地方公共団体がその事務に関して制定する自治立法です。地方自治法では、「住民監査請求・住民訴訟」に次ぐ重要テーマといえ、昨年（令和6年）にも出題がありましたが、頻出事項となっています。総合問題の選択肢の一つにもなりやすいので注意しましょう。

条例の制定	自治事務：○　法定受託事務：○
条例と刑罰	条例中に違反者に対する刑罰：○　過料：○ 規則中に違反者に対する刑罰：×　過料：○
直接請求	選挙権を有する者の50分の1以上の者の連署をもって、普通地方公共団体の長に対し、条例の制定改廃請求：○ ※自治事務：○　法定受託事務：○ ※地方税の賦課徴収、分担金、使用料、手数料の徴収に関するものは除く
長の拒否権	普通地方公共団体の長が、議会の条例制定の議決の送付を受けた日から10日以内に理由を示してこれを再議に付すこと：○
公の施設の設置	公の施設の設置・管理に関する事項は条例で定める：○

予想問題

問題　普通地方公共団体は、自治事務については条例を制定することができるが、法定受託事務については条例を制定することはできない。

答　×　自治事務のほか、法定受託事務についても条例を制定することができる。

商法・会社法　配点 **20** 点　　　　　　択一 5 問（20点）

❶ 出題履歴

		テッパン	H27	H28	H29	H30	R元	R2	R3	R4	R5	R6
1商法	1 商法総則			択	択					択		
	2 商行為		択			択	択	択	択		択	択
2会社法	1 総論											
	2 会社の設立	★	択	択	択	択	択	択	択	択	択	
	3 株式	★	択	択	択	択	択	択	択	択	択	択
	4 会社の機関	★	択	択	択	択	択	択	択	択2	択2	
	5 剰余金の配当					択			択			
	6 その他			択								択
	7 総合問題		択		択		択	択				択

❷ 重要ポイント

5肢択一式

　商法の学習は、①商法と②会社法に分かれます。例年、商法から１問、会社法から４問の出題がされており、会社法が学習の中心になります。会社法では、「株式会社の設立」「株式」「株式会社の機関」の３テーマに注意しましょう。余裕があれば、最近出題のない「持分会社」まで知識を広げられるとなおよいです。

❸ 予想論点

> **イチ押しテーマ** 株式会社の設立

「株式会社の設立」はほぼ毎年出題されているテーマです。昨年（令和6年）は直接の出題がありませんでしたので、特に注意が必要です。

株式会社を設立するには、定款の作成が必要となります（会社法26条）。株式会社の定款には、①目的、②商号、③本店の所在地、④設立に際して出資される財産の価額またはその最低額、⑤発起人の氏名または名称および住所、⑥発行可能株式総数を記載・記録しなければなりません（27条、37条）。

1株5万円×200株発行　　　資本金1000万円で株式会社を設立
定款：発行可能株式総数800株と記載

ルール
公開会社の場合、設立時発行株式の総数は、発行可能株式総数の4分の1を下回ってはならない

> **予想問題**
>
> **問題** 設立する株式会社が公開会社・非公開会社いずれの場合でも、設立時発行株式総数が発行可能株式総数の4分の1を下回ることはできない。
>
> **答** ×　非公開会社の場合は、4分の1を下回ってはならないとする規制はされていない。

基礎法学　配点　**8**　点　　　　択一2問（8点）

❶ 出題履歴

		テッパン	H27	H28	H29	H30	R元	R2	R3	R4	R5	R6
1 法学	1 法律用語	★		択	択				択	択		
	2 法の名称		択		択	択2	択					択
2 裁判	1 裁判所	★	択	択			択	択		択	択	択
	2 裁判外紛争処理							択				
	その他総合問題								択		択	

❷ 重要ポイント

5肢択一式

　基礎法学の学習は、①法学系と②裁判系の2つに分かれます。基礎法学は例年5肢択一式で2問、300点満点中8点のみの出題ですので、この科目の出来不出来だけで合否に直接影響を与えることはありません。そのため、本書籍の予想問題等で出題されたものだけを復習するといった対策で十分でしょう。

❸ 予想論点

イチ押しテーマ 少額訴訟

　基礎法学においては、法学タイプの問題と裁判のタイプの問題に大別されます。裁判タイプの問題では民事訴訟の基本知識とともに少額訴訟制度に注意しましょう。

　少額訴訟は、60万円以下の金銭の支払の請求を目的とする訴えの場合に利用できる制度で、少額の紛争について、紛争額に見合った少ない費用と時間で簡易迅速な解決を図ることを目的とした訴訟制度です。

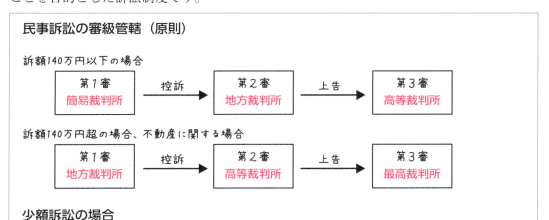

少額訴訟の場合

対象	60万円以下の金銭の支払の請求
管轄	簡易裁判所
一期日審理	1回の口頭弁論期日で審理を終え、判決を言い渡す
控訴	少額訴訟の判決に対しては、簡易裁判所に異議を申し立てることはできるが、控訴はできない
利用回数の制限	同一の簡易裁判所に少額訴訟を求めることができるのは年10回まで

予想問題

問題　賃金の未払い請求や貸金の請求など60万円以下の金銭の支払を請求する訴訟を提起する場合には少額訴訟を利用することもでき、少額訴訟の利用回数に制限は設けられていない。

答　×　少額訴訟は、同一の簡易裁判所に対しては年10回までという利用回数の制限が設けられている。

基礎知識　配点 **56** 点　　択一14問（56点）

❶ 出題履歴

		テッパン	H27	H28	H29	H30	R元	R2	R3	R4	R5	R6
1 一般知識	1 国内の政治	★	択	択2	択	択	択2	択	択		択	択
	2 国際政治		択	択	択		択	択		択4	択2	択
	3 財政	★						択	択		択	
	4 経済		択	択2	択2	択2	択					択
	5 環境問題						択	択	択			
	6 社会保障	★	択2		択						択	
	7 その他、時事、総合		択2	択	択2	択4	択	択4	択4			択2
2 業務関連法令		★	令和6年度から出題									択2
3 情報	1 情報通信	★	択3	択4	択3	択	択3			択2	択3	択3
	2 情報公開・公文書管理		択	択								
	3 個人情報保護法	★	択		択	択3	択	択2	択2	択	択	択
4 文章理解		★	択3	択3	択3	択3	択3	択3	択3	択3	択3	択3

❷ 重要ポイント

5肢択一式

　基礎知識科目の学習は、①一般知識、②業務関連法令、③情報通信・個人情報保護、④文章理解の4つに分かれます。全部で14問の出題があり、14問（56点）中6問（24点）以上得点をしていることが合格基準とされています。①一般知識では、「選挙」「国際政治」「財政」「金融」「社会保障」「環境問題」の6テーマに注意しましょう。また、基本知識をつけるための学習とは別に、直前期には予想問題等も利用して時事問題にも対応できるよう準備しておきましょう。②業務関連法令では「行政書士法」の条文知識をつけることを中心に取り組みましょう。③情報通信・個人情報保護では、「情報通信用語」「個人情報保護法」の2テーマに注意しましょう。特に、個人情報保護法は改正（令和4年4月1日施行、令和5年4月1日施行）にも注意が必要です。④文章理解では、「並べ替え」「空欄補充」「脱文挿入」の3つの形式に注意しましょう。

　なお、情報公開法や公文書管理法は行政法での出題にも注意が必要です。昨年（令和6年）も基礎知識科目では出題されませんでしたが、行政法の総合問題として公文書管理法を題材とした出題がありました。

❸ 予想論点

イチ押しテーマ❶ 行政書士法

　令和6年度の試験から、新しく試験科目になったのが「行政書士法等行政書士業務と密接に関連する諸法令」です。具体的には、行政書士法、戸籍法、住民基本台帳法といった法律が対象となります。なかでも行政書士法に注意しましょう。昨年（令和6年）は行政書士法から1問と住民基本台帳法から1問の出題となっていました。

　行政書士法では、行政書士の業務や行政書士の登録、行政書士の義務、行政書士法人などについて定められていますが、特に行政書士の登録について確認しておきましょう。

行政書士となる資格を有する者	①行政書士試験に合格した者 ②弁護士となる資格を有する者 ③弁理士となる資格を有する者 ④公認会計士となる資格を有する者 ⑤税理士となる資格を有する者 ⑥国または地方公共団体の公務員として行政事務を担当した期間および行政執行法人または特定地方独立行政法人の役員または職員として行政事務に相当する事務を担当した期間が通算して20年以上（学校教育法による高等学校を卒業した者等にあっては17年以上）になる者
行政書士の登録	行政書士となる資格を有する者が、行政書士となるには、日本行政書士会連合会が備える行政書士名簿に、住所、氏名、生年月日、事務所の名称および所在地その他日本行政書士会連合会の会則で定める事項の登録を受けなければならない。

予想問題

問題　行政書士試験に合格していなくても、弁護士となる資格を有する者および司法書士となる資格を有する者は、行政書士となる資格も有する。

答　✕　弁護士となる資格を有する者は行政書士となる資格を有しますが、司法書士となる資格を有する者が行政書士となる資格を有するわけではありません。

イチ押しテーマ❷ 個人情報保護法（仮名加工情報）

　個人情報保護法の改正（令和4年4月1日施行）により新しく設けられた定義規定の一つに「仮名加工情報」があります。改正により新たに設けられた定義条文ですが、令和4年・5年・6年と出題されなかったので、注意しておきましょう。また、改正（令和5年4月1日施行）により、地方公共団体の機関（議会を除く）も個人情報保護法における「行政機関等」に含まれることになった点にも注意が必要です。

仮名加工情報	①氏名等の個人情報の場合は一部の削除、②個人識別符号の個人情報の場合は全部の削除の措置を講じて他の情報と照合しない限り特定の個人を識別することができないように個人情報を加工して得られる個人に関する情報（個人情報保護法2条5項）
匿名加工情報	①氏名等の個人情報の場合は一部の削除、②個人識別符号の個人情報の場合は全部の削除の措置を講じて特定の個人を識別することができないように個人情報を加工して得られる個人に関する情報であって、当該個人情報を復元することができないようにしたもの（2条6項）

予想問題

問題　氏名等の個人情報について、当該個人情報に含まれる記述等の一部を削除し、特定の個人を識別することができないように個人情報を加工して得られる個人に関する情報であって、当該個人情報を復元することができないようにしたものを「仮名加工情報」という。

答　×　「仮名加工情報」ではなく、「匿名加工情報」の定義。

イチ押しテーマ❸ 情報通信用語

　情報通信用語問題は、令和6年にも令和5年にも出題されています。令和6年は、アノテーション、アテンションエコノミー、コンテンツモデレーション、ファクトチェック、フィルターバブルを題材とした問題、令和5年は、リスクウェア、ランサムウェア、フリースウェア、ファームウェア、クリッパー・マルウェアを題材とした問題でした。ほかにも、令和2年に、BCC、SMTP、SSL、HTTP、URLを題材とした問題、令和元年に、VR、AI、5G、IoT、SNSを題材とした問題が出題されています。基本用語を問うものもありますが、比較的新しい用語を時事的に問うものにも注意しましょう。例えば、BaaSやメタバースなど試験でまだ出題されていない用語に注意しましょう。

SaaS	Software as a Serviceの略。提供者（サーバ）側で稼働しているソフトウェアを、利用者（クライアント）がインターネット等のネットワーク経由でサービスとして利用すること
メタバース	コンピュータやコンピュータネットワークの中に構築された仮想空間やそこで提供されるサービスのこと
BaaS	Banking as a Serviceの略。銀行が提供しているサービスや機能を、クラウドサービスとして提供すること
NFT	non-fungible tokenの略。非代替制トークンのことであり、ブロックチェーンに記録される代替不可能なデータ単位のことで、デジタルアイテムの所有権の証明書になるもの
BAN	SNSやオンラインサービスにおいて運営者からアカウントを取り上げられ、サービス利用できなくなること

予想問題

問題　メタバースとは、他のデータを説明したデータのことを意味し、いわゆる付帯情報としてデータについてのデータのことをいう。

答　×　「メタバース」ではなく、「メタデータ」の説明。

本書の特長と利用法

問　題

法　令　等 [問題1〜問題40は択一式（5肢択一式）]

問題1　法の効力範囲に関する次の文章の空欄 ［ア］ 〜 ［オ］ に当てはまる語句の組合せとして、妥当なものはどれか。

　　　［ア］ とは、一国の法律の効力範囲はその領域内のみに限定され、外国には及ばないという考え方である。［イ］ は、この ［ア］ の特別な場合に位置付けられ、国外にあっても自国の船舶・航空機内で行われた行為に対しては自国の法を適用するという考え方をいう。これに対して、［ウ］ は、国外にいる国民についても、自国の法を適

本試験と同様の書式設定・レイアウトで編集していますので、本試験の臨場感を味わうことができます。

今年度出題が予想されるテーマを厳選して出題しています。

解 答 解 説

第1回　解答一覧

【法令等（5肢択一式）】（各4点）

科目	No	テーマ	出題内容	正解	重要度	難易度
基礎法学	1	法学（法の効力範囲）	知識	2	★★	B
	2	裁判制度（簡易裁判所の民事手続）	知識・条文	5	★★	B
憲　法	3	人権（憲法13条）	判例	2	★★★	B
	4	人権（職業選択の自由）	判例	5	★★★	B
	5	人権（生存権）	判例	4	★★	C
	6	統治（政党）	条文・判例	5	★	B
	7	統治（違憲審査）	判例	2	★★★	A
	8	一般的な法理論（行政上の法律関係）	判例	1	★★★	C
	9	一般的な法理論（内閣法・国家行政組織法）	条文	3	★★	B
	10	一般的な法理論（行政上の義務の履行確保）	判例	4	★★★	B
	11	行政手続法（申請に対する処分）	条文	5	★★★	A

自己採点を容易にするため、解答一覧を掲載しています。これにより自分の出来・不出来が一目でわかるため、弱点の発見や復習の優先順位付けがスムーズにできるようになります。

その問題の出題科目・テーマを示しています。

A＝易しい：必ず正解しなければいけない問題
B＝普　通：合否を分けるような問題
C＝難しい：解けなくても合否に影響がない問題

| 問題 11 | 正解 5 | 行政法−行政手続法（申請に対する処分） | 重要度 ★★★ | 難易度 A |

★★★←重要度→★
高（復習の目安）低

ア　×　行政庁は、審査基準を定めるに当たっては、許認可等の性質に照らしてできる限
基本　**り具体的なものとしなければなりません**（行政手続法5条2項）。また、行政庁は、行政上特別の支障があるときを除き、法令により申請の提出先とされている機関の事務所における備付けその他の適当な方法により審査基準を公にしておかなければなりません（5条3項）。【3-2-2-①】
イ　×　行政庁は、申請がその事務所に到達してから当該申請に対する処分をするまでに
基本　**通常要すべき標準的な期間を定めるよう努めることとされています**（6条前段）。なお、後半は正しい記述です（6条後段参照）。【3-2-2-①】
ウ　○　行政庁は、申請がその事務所に到達したときは遅滞なく当該申請の審査を開始し
基本　**なければならず、かつ、申請書の記載事項に不備がないこと、申請書に必要な書類**が添付されていること、申請をすることができる期間内にされたものであることそ

解答解説は、1問につき1ページの見やすい構成になっています。また、重要な箇所は太字になっています。

（38）

該当する内容が記載されているものについては、『みんなが欲しかった！行政書士の教科書』とのリンクを掲載しています。
例えば、このリンクは、「第2編 民法 CHAPTER1 総則 SECTION5 代理 ①代理」に記載されていることを表しています。

記述式では、要求されているキーワードをすべて盛り込みつつ、40字程度に簡潔にまとめた解答例を掲載しています。

問題 45	民法－総則（代理）	重要度 ★★	難易度 C

【2-1-5-①】

解答例

利	益	相	反	行	為	に	該	当	し	、	無	権	代	理
と	な	り	、	特	別	代	理	人	の	選	任	を	請	求
し	な	け	れ	ば	な	ら	な	い	。					

（40字）

請求しなければならない。

＊ 採 点 基 準 ＊

配点の上限は以下の通りである。用語の使用や文章の表現が不適切・不自然なもの、他の事項が記載されているもの、誤字・脱字等については、減点されることとなる。
1．利益相反行為にあたること……………………………………………………8点
2．無権代理になること……………………………………………………………8点
3．特別代理人の選任を家庭裁判所に請求すること……………………………4点

本試験はキーワードに配点する部分点方式を採用していますので、それに基づいた採点基準を設定しています。

関連過去問▶	23－46、25－45、R4－45

講師からのアドバイス

代理に関する問題は過去3回出題されています。昨年度（令和6年度）の記述式では民法総則からの出題はなかったため、総則からの出題にも注意しましょう。

その問題と関連する、平成18年度以降の過去問題の出題年度と問題番号を示しています。
Rがついていないものは平成になります。
ex.R6－3→令和6年度問題3

関連過去問▶	23－3、26－3、28－4、R3－4、R6－3

講師からのアドバイス

情報と法に関する判例（選択肢3・4）は、出題可能性が高いため、判旨を一読しておくようにしましょう。

重要問題や難問についての講師からのアドバイスです。

記述式を除く最新本試験問題の解答解説には、難易度の代わりに「正答率」を掲載しています。正答率は、TAC行政書士講座データリサーチ（本試験直後に実施する解答採点サービス）の結果、算出された数字を基にしています。

（39）

試験案内

合格への戦略は試験内容を知ることから!

2024年度（令和6年度）試験案内などをもとに作成しています。2025年度（令和7年度）試験の詳細については、一般財団法人 行政書士試験研究センター（以下、「センター」という）のホームページ、または受験願書を取り寄せて、必ずご自身でご確認ください。

1 受験資格 年齢、学歴、国籍等に関係なく、**どなたでも受験できます。**

2 試験日及び時間 2025年（令和7年）**11月9日㈰** 午後1時から午後4時まで（予定）

❗例年、試験室への入室は午前11時50分からです。午後0時30分から受験上の注意事項の説明がありますので、午後0時20分までに着席しなければなりません。

3 試験の科目及び方法

試験科目	内容等	出題形式
行政書士の業務に関し必要な法令等（出題数46題）	憲法、行政法（行政法の一般的な法理論、行政手続法、行政不服審査法、行政事件訴訟法、国家賠償法及び地方自治法を中心とする。）、民法、商法及び基礎法学	5肢択一式（40問） 多肢選択式（3問） 記述式（3問）
行政書士の業務に関し必要な基礎知識（出題数14題）	一般知識、行政書士法等行政書士業務と密接に関連する諸法令、情報通信・個人情報保護及び文章理解	5肢択一式（14問）

※法令については、令和7年4月1日現在施行されている法令に関して出題される予定です。

❗筆記用具は、BかHBの黒鉛筆又はシャープペンシル及びプラスチック消しゴムです。問題用紙に用いる蛍光ペンも複数使用可です。

〈5肢択一式〉
問題19 国家賠償請求訴訟に関する次の記述のうち、妥当なものはどれか。
1 国家賠償を請求する訴訟は、民事訴訟であるから、その訴訟手続について行政事件訴訟法が適用されることはない。
2 処分の違法を理由として国家賠償を請求する訴訟を提起するためには、……
3 ……
4 ……
5 ……

〈多肢選択式〉
問題41 次の文章の空欄 ア ～ エ に当てはまる語句を、枠内の選択肢（1～20）から選びなさい。
……憲法は ア ・ イ などの制定権をそれぞれ特別の……

1 主体	2 内閣	3 条約
4 権力	5 慣習法	
6 憲法付属法		7 機関
8 天皇	9 命令	10 判例
11 公務員	12 法規	13 国会
14 詔勅	15 習律	16 官職
17 内閣総理大臣		18 法律
19 通達	20 行政各部	

〈記述式〉
問題44 ……。この場合、裁判所による判決は、どのような内容の主文となり、また、このような判決は何と呼ばれるか。40字程度で記述しなさい。
（下書用）　　　　10　　　15

4 試験場所

試験場所は、受験を希望する試験地及び試験場を選択します。**先着順**に受け付けられます。
※試験場が定員を超過した場合や自然災害、その他特別な事情が生じた場合には、センターにおいて、他の試験場（原則、同一都道府県内）に変更されることとなります。

5 受験申込み

「郵送による受験申込み」と「インターネットによる受験申込み」とでは、申込手続が異なります。それぞれ間違いのないよう手続を行ってください。

	（1）郵送による受験申込み	（2）インターネットによる受験申込み
① 受付期間	例年、7月下旬から8月下旬まで	例年、7月下旬から8月下旬まで ❗郵送による受験申込みより締切日が数日早く、入力完了時刻が決まっています。
② 申込方法等	試験案内が入っていた封筒を使用して、受付期間内に郵便局の窓口で必ず「**簡易書留郵便**」扱いの手続を行ってください（ポストには直接投函しないでください）。**受付締切日までの消印**があり、かつ、**この日までの受付郵便局の日附印がある「振替払込受付証明書（お客さま用）」が貼られている**不備のないものが受け付けられます。受験手数料は、受験願書の受付期間内に、試験案内にとじ込まれている**専用の振替払込用紙**により、**必ず郵便局（ゆうちょ銀行）の窓口で取扱時間内に払い込んでください**（ATMからの払い込みは禁止されています）。	センターのホームページの「インターネットによる申込みはこちらから」をクリックして、サイトの申込み条件を確認のうえ「同意して申し込む」ボタンをクリックして登録ページ（外部サイト）に進みます。画面の項目に従って必要事項を漏れなく入力してください。受験手数料は、**申込者本人名義のクレジットカード**、又は**コンビニエンスストア**で払い込みます。 ※顔写真の画像データ（JPEG形式）が必要となります。 ※スマートフォン等は閲覧に支障を生じることがあります。

❗例年、利用できるクレジットカードは、VISA、Master、JCB、アメリカン・エキスプレス、Dinersです。

❗例年、利用できるコンビニエンスストアは、セブン-イレブン、ローソン、ローソン・スリーエフ、ファミリーマート、セイコーマート、ミニストップ、デイリーヤマザキ、ヤマザキデイリーストア、ニューヤマザキデイリーストアです。

6…受験手数料　10,400円

　一旦払い込まれた受験手数料は、地震や台風等により、試験を実施しなかった場合等を除き、返還されません。❗払込みに要する費用は、受験申込者の負担となります。

7…受験票の交付

　受験票は、例年**10月中旬～下旬に発送**されます。受験票には、受験番号及び試験場等が記載されています。❗受験票がないと受験できないので、試験当日、試験場に必ず持参しましょう。

8…試験結果の発表と通知

　試験結果は、例年、本試験翌年の1月下旬に、合格者の受験番号がセンターの掲示板に公示されます。センターのホームページにも合格者の受験番号が掲載されます。なお、公示後に受験者全員（欠席者及び欠席扱いとなった者を除く）に合否通知書が郵送されます。

　❗合否については、合否通知書以外にセンターから受験者に対し直接連絡をすることはありませんので、ご注意ください。

9…合格基準

例年、次の要件のいずれも満たした者が合格とされます。

① 　行政書士の業務に関し必要な**法令等科目**の得点が、満点の**50パーセント以上**である者

② 　行政書士の業務に関し必要な**基礎知識科目**の得点が、満点の**40パーセント以上**である者

③ 　**試験全体**の得点が、満点の**60パーセント以上**である者

（注）合格基準については、試験問題の難易度を評価し、補正的措置を加えることがあります。

連絡先　（問い合わせ先）　一般財団法人　行政書士試験研究センター
所在地　　〒102-0082　東京都千代田区一番町25番地　全国町村議員会館3階
電話番号　（試験専用照会ダイヤル）03-3263-7700

シリーズ紹介と活用法

ここでは、TAC出版書籍（みんなが欲しかった！行政書士シリーズ）のご紹介と、その書籍を使った効果的な学習法について説明します。

入門書

1 行政書士 合格へのはじめの一歩

- 「オリエンテーション編」で、行政書士という資格と行政書士試験について、さらっと確認してイメージをつかみましょう。
- 「入門講義編」で、各科目の内容をざっと読んで全体像をつかむとともに、法律学習になれましょう。

実力養成

2 行政書士の教科書

- まずは1回、ざっと読んで全体像をつかみましょう。わからないところがあっても、どんどん読み飛ばします。
- 本文をじっくり、力を入れて読み込みましょう。
- 「例題」は必ず解きましょう。できないときは、すぐに本文に戻って知識を確認しましょう。

 リンク

3 行政書士の問題集

- 『行政書士の教科書』の1回目を読む段階から、できればSectionごと、少なくともCHAPTERごとに、『行政書士の問題集』の問題を解きましょう。
- できなかった問題は、解説に記載されているリンクをもとに『行政書士の教科書』に戻って確認しましょう。

 リンク

4 行政書士の最重要論点150

- 『行政書士の教科書』の重要な150の論点をピックアップして、見開き2ページ1論点（項目）の構成、図表中心でまとめています。

5 行政書士の判例集

- 最重要判例を中心に、重要度に応じてメリハリをつけながら、憲法・民法・行政法・商法の数多くの判例を掲載しています。

過去問演習

6 行政書士の5年過去問題集

- 5年分の本試験問題を、詳細な解説と問題ごとの正答率とともに、新しい順に年度別に収録しています。
- 出来具合に一喜一憂することなく、また解きっぱなしにせずに、できなかった問題は、『行政書士の教科書』に戻って復習しましょう。

7 行政書士の肢別問題集

- 実際の本試験問題を素材にしながら、重要論点を、選択肢ごとに分解し、1問1答形式で、知識を確認できる1冊です。
- 選択肢（問題）ごとに、重要度ランク・肢を切るポイントを明示しているので、メリハリをつけた学習が可能です。

記述対策

8 行政書士の40字記述式問題集

- 過去問題を題材にした解法マニュアルと、過去問題＆オリジナル予想問題が1冊に集約されています。
- 一通りの学習が終わって、直前期に40字記述式対策を行われる受験生が多いようですが、実力養成の学習と同時並行することで、より知識定着を図ることも可能です。

直前対策

9 本試験をあてる TAC直前予想模試 行政書士 (本書)

- 出題傾向を徹底分析した予想問題を3回分収録しています。
- 問題部分は回数ごとに取り外せるようになっているので、実際の本試験を意識したシミュレーションを行うことができます。是非とも時間（180分）を計りながらチャレンジしてみましょう。

合格！

問題
答案用紙

答案用紙はダウンロードもご利用いただけます。
TAC出版書籍販売サイトにアクセスしてください。
https://bookstore.tac-school.co.jp/

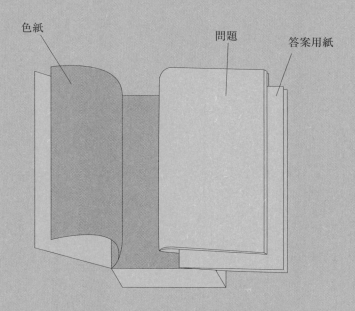

〈問題・答案用紙ご利用時の注意〉
以下の「問題」は、この色紙を残したままていねいに抜き取り、ご使用ください。
「答案用紙」は、綴込の針金をはずしてご使用ください。なお、針金をはずす際は
素手ではなく、ドライバー等の器具を必ずご使用ください。
また、抜取りの際の損傷についてのお取替えはご遠慮願います。

第1回
問　題
試験開始まで開いてはいけません。

（注意事項）
1　問題は1−1ページから1−56ページまで60問あり、時間は3時間です。
2　解答は、1−28ページと1−29ページの間にある答案用紙に記入してください。
3　答案用紙への記入およびマークは、次のようにしてください。
　ア　択一式（5肢択一式）問題は、1から5までの答えのうち正しいと思われるものを一つ選び、マークしてください。二つ以上の解答をしたもの、判読が困難なものは誤りとなります。
　イ　択一式（多肢選択式）問題は、枠内（1〜20）の選択肢から空欄 ア 〜 エ に当てはまる語句を選び、マークしてください。二つ以上の解答をしたもの、判読が困難なものは誤りとなります。
　ウ　記述式問題は、答案用紙裏面の解答欄（マス目）に記述してください。
4　解答一覧は2・3ページ、解答解説は4ページからです。

法 令 等 [問題1～問題40は択一式（5肢択一式)]

問題1 法の効力範囲に関する次の文章の空欄 ア ～ オ に当てはまる語句の組合せとして、妥当なものはどれか。

ア とは、一国の法律の効力範囲はその領域内のみに限定され、外国には及ばないという考え方である。 イ は、この ア の特別な場合に位置付けられ、国外にあっても自国の船舶・航空機内で行われた行為に対しては自国の法を適用するという考え方をいう。これに対して、 ウ は、国外にいる国民についても、自国の法を適用するという考え方である。

我が国の刑法においては、 ア を原則としているため、日本において殺人罪を犯したA国人にはもちろんのこと、B国の領空上の日本航空機内で殺人罪を犯したA国人にも、 エ を適用することになる。また、放火や殺人などの重要犯罪については、 ウ をその例外として採用しているため、A国で、殺人罪を犯した日本人には、 エ を適用することになる。それ以外にも、 オ が採用されており、自国または自国民の法益を侵害する犯罪に関しては、犯罪地が国外であっても、罪を犯した者が外国人であっても、自国の法を適用することとされており、これによれば、A国で、B国人が通貨偽造罪を犯した場合にも、 エ が適用されることとなる。

	ア	イ	ウ	エ	オ
1	属人主義	保護主義	属地主義	A国の刑法	世界主義
2	属地主義	旗国主義	属人主義	日本の刑法	保護主義
3	属人主義	世界主義	属地主義	A国の刑法	保護主義
4	属地主義	旗国主義	属人主義	日本の刑法	世界主義
5	旗国主義	属地主義	保護主義	日本の刑法	世界主義

問題2　簡易裁判所の民事手続に関する次の記述のうち、妥当でないものはどれか。

1　民事に関して紛争を生じたときは、当事者は、特別の定めがある場合および当事者の合意がある場合を除いて、相手方の住所、居所、営業所または事務所の所在地を管轄する簡易裁判所に、申立書を提出して、調停を申し立てることができる。

2　訴訟の目的の価額が140万円を超えない請求については、当事者は、請求の原因に代えて、紛争の要点を明らかにし、口頭で、簡易裁判所に訴えを提起することができる。

3　民事上の争いについては、当事者は、請求の趣旨および原因ならびに争いの実情を表示して、相手方の普通裁判籍の所在地を管轄する簡易裁判所に和解の申立てをすることができる。

4　訴訟の目的の価額が60万円以下の金銭の支払の請求を目的とする訴えについては、簡易裁判所における少額訴訟による審理および裁判を求めることができ、少額訴訟においては、原則として、最初にすべき口頭弁論の期日において審理が完了し、口頭弁論の終結後直ちに判決の言渡しがなされる。

5　金銭その他の代替物または有価証券の一定の数量の給付を目的とする請求については、債権者は、債務者の普通裁判籍の所在地を管轄する簡易裁判所に対して、日本において公示送達によらないで送達することができる場合に限り、支払督促の申立てをすることができる。

問題3　憲法13条に関する次の記述のうち、最高裁判所の判例に照らし、誤っているものはどれか。

1　患者が、輸血を受けることは自己の宗教上の信念に反するとして、輸血を伴う医療行為を拒否するとの明確な意思を有している場合、このような意思決定をする権利は、人格権の一内容として尊重されなければならない。

2　人の品性、徳行、名声等の人格的価値について社会から受ける客観的評価である名誉を違法に侵害された者は、人格権としての名誉権に基づき、加害者に対し、将来生ずべき侵害を予防するため、侵害行為の差止めを求めることができない。

3　行政機関が住民基本台帳ネットワークシステムにより住民らの本人確認情報を管理、利用等する行為は、当該個人が同意していないとしても、個人に関する情報をみだりに第三者に開示または公表されない自由を侵害するものではない。

4　行政機関等が行政手続における特定の個人を識別するための番号の利用等に関する法律に基づき特定個人情報の利用、提供等をする行為は、個人に関する情報をみだりに第三者に開示または公表されない自由を侵害するものではない。

5　性同一性障害者の性別の取扱いの特例に関する法律に基づく性別変更の審判の申立要件として、生殖能力の喪失を要求する規定は、自己の意思に反して身体への侵襲を受けない自由の制約として必要かつ合理的なものということはできない。

問題4　職業選択の自由に関する次の記述のうち、最高裁判所の判例に照らし、妥当でないものはどれか。

1　職業は、人が自己の生計を維持するためにする継続的活動であるとともに、分業社会においては、各人が自己のもつ個性を全うすべき場として、個人の人格的価値とも不可分の関連を有する。

2　職業は、職業の開始、継続、廃止において自由であるばかりでなく、選択した職業の遂行自体、すなわちその職業活動の内容、態様においても、原則として自由であることが要請される。

3　職業の自由は、いわゆる精神的自由に比較して、公権力による規制の要請が強く、憲法22条1項が「公共の福祉に反しない限り」という留保のもとに職業選択の自由を認めたのも、特にこの点を強調する趣旨に出たものである。

4　一般に許可制は、狭義における職業の選択の自由そのものに制約を課するもので、職業の自由に対する強力な制限であるから、その合憲性を肯定しうるためには、原則として、重要な公共の利益のために必要かつ合理的な措置であることを要する。

5　不良医薬品の供給から国民の健康と安全とを守るために、供給業者を一定の資格要件を具備する者に限定し、それ以外の者による開業を禁止する許可制を採用したことは、必要かつ合理的措置として肯認することはできない。

問題5　生存権に関する次の記述のうち、最高裁判所の判例に照らし、誤っているものはどれか。

1　憲法25条1項は、直接個々の国民に対して具体的権利を付与したものではなく、具体的権利としては、憲法の規定の趣旨を実現するために制定された生活保護法によってはじめて与えられている。

2　憲法25条の規定を現実の立法として具体化するに当たっては、国の財政事情を無視することができず、また、多方面にわたる複雑多様な、しかも高度の専門技術的な考察とそれに基づいた政策的判断を必要とする。

3　国民年金制度は、憲法25条の趣旨を実現するために設けられた社会保障上の制度であるため、受給権者の範囲、支給要件等につき合理的理由のない不当な差別的取扱いがされたとしても、憲法25条違反の問題とは別に憲法14条違反の問題は生じることはない。

4　老齢加算の廃止を内容とする生活保護法の保護基準を改定するに際し、高齢者に係る改定後の生活扶助基準の内容が健康で文化的な生活水準を維持することができるものであるか否かを判断するに当たっては、厚生労働大臣に専門技術的かつ政策的な見地からの裁量権が認められる。

5　憲法25条の規定の趣旨にこたえて具体的にどのような立法措置を講ずるかの選択決定は、立法府の広い裁量にゆだねられており、給与所得者らは所得税法中の給与所得に係る課税関係規定が著しく合理性を欠き明らかに裁量の逸脱・濫用と見ざるをえないことを具体的に主張しなければならない。

問題6　政党に関する次のア～オの記述のうち、誤っているものの組合せはどれか。

ア　日本国憲法において、政党について直接規定する条文はないが、憲法21条1項結
　　社の自由の中で、政党を新たに設立する自由、政党に加入する自由、そして政党を
　　離脱する自由が保障されている。

イ　政党は国民の政治意思を国政に実現させる最も有効な媒体であり、議会制民主主
　　義は政党を無視してはその円滑な運営を期待することはできないから、政党は議会
　　制民主主義を支える不可欠の要素といえる。

ウ　政党は、政治上の信条や意見を共通にするものが任意に結成する団体ではある
　　が、党員に対して政治的忠誠を要求し、一定の統制を施すことはできないと、最高
　　裁判所は判示した。

エ　参議院の非拘束名簿式比例代表制という選挙方法は、政党が作成した候補者名簿
　　に有権者が投票するので、憲法が保障する直接選挙の原則に反するか否か問題とな
　　るが、選挙人の総意により当選人が決定される点において、直接選挙の原則に反し
　　ないと、最高裁判所は判示した。

オ　憲法51条は、国会議員の職務の遂行の自由を保障することを目的として、議員の
　　発言の免責特権を定めているので、議員が所属する政党が、議員の院内での表決等
　　を理由に除名処分を行うことは違憲である。

　　1　ア・ウ
　　2　ア・エ
　　3　イ・エ
　　4　イ・オ
　　5　ウ・オ

問題7　違憲審査に関する次の記述のうち、最高裁判所の判例に照らし、妥当でないものはどれか。

1　日米安全保障条約は、主権国としての我が国の存立の基礎に極めて重大な関係を持つ高度の政治性を有するもので、その内容の合憲性判断は、一見極めて明白に違憲無効でない限り、裁判所の司法審査権の範囲外である。

2　国家統治の基本に関する高度に政治性のある国家行為は、それが法律上の争訟になり、有効無効の判断が法律上可能な場合は、司法審査の対象となる。

3　憲法は国の最高法規であってこれに反する法律命令等はその効力を有さず、裁判官は憲法および法律に拘束され、憲法を尊重する義務を負うので、最高裁判所に限らず下級裁判所の裁判官も違憲審査の権限を有する。

4　裁判所は、処罰の対象となる行為が過度に広範であることが争われている罰則の合憲性の判断に当たり、その規制目的や当該目的達成の手段としての合理性等を審査する場合がある。

5　裁判所が具体的事件を離れて抽象的に法律命令等の合憲性を判断できるという見解には、憲法上および法令上の根拠がない。

問題8　行政上の法律関係に関する次の記述のうち、判例に照らし、誤っているものはどれか。

1　道路として使用が開始された以上、当該道路敷地については、公物たる道路の構成部分として道路法所定の制限が加えられることがあり、当該制限は、当該道路敷地が公の用に供せられた結果発生するものであって、道路敷地使用の権原に基づくものではないから、その後に至って、道路管理者が対抗要件を欠くため当該道路敷地の使用権原をもって、後に当該敷地の所有権を取得した第三者に対抗することができなくなった場合、敷地所有権に加えられた当該制限は消滅する。

2　公営住宅法は、住宅に困窮する低額所得者に対して低廉な家賃で住宅を賃貸することにより、国民生活の安定と社会福祉の増進に寄与することを目的とするものであり、当該公営住宅法の趣旨にかんがみれば、入居者が死亡した場合には、その相続人が公営住宅を使用する権利を当然に承継すると解する余地はないというべきである。

3　普通地方公共団体の議会の議員の報酬請求権は、公法上の権利であるが、公法上の権利であっても、それが法律上特定の者に専属する性質のものとされているのではなく、単なる経済的価値として移転性が予定されている場合には、その譲渡性を否定する理由はなく、また、地方自治法、地方公務員法には普通地方公共団体の議会の議員の報酬請求権について譲渡・差押えを禁止する規定はないことなどから、当該普通地方公共団体の条例に譲渡禁止の規定がない限り、これを譲渡することができる。

4　原子爆弾被爆者に対する特別措置法に関する法律または原子爆弾被爆者に対する援護に関する法律に基づく健康管理手当の支給に関し、上告人である県が、消滅時効を主張して未支給の本件健康管理手当の支給義務を免れようとすることは、違法な通達を定めて受給権者の権利行使を困難にしていた国から事務の委任を受け、または事務を受託し、自らも上記通達に従い違法な事務処理をしていた普通地方公共団体ないしその機関自身が、受給権者によるその権利の不行使を理由として支払義務を免れようとするに等しいものといわざるを得ない。

5　建築基準法42条1項5号の規定による位置の指定を受け現実に開設されている道路を通行することについて日常生活上不可欠の利益を有する者は、当該道路の通行をその敷地の所有者によって妨害され、または妨害されるおそれがあるときは、特段の事情のない限り、敷地所有者に対して当該妨害行為の排除および将来の妨害行為の禁止を求める権利を有する。

問題 9　内閣法および国家行政組織法に関する次の記述のうち、正しいものはどれか。

1　閣議は、内閣総理大臣が主宰し、この場合において、内閣総理大臣は、内閣の重要政策に関する基本的な方針その他の案件を発議することができるが、内閣総理大臣を除く各大臣は、内閣の重要政策に関する基本的な方針にかかる案件に限り、当該案件を内閣総理大臣に提出して、閣議を求めることができる。

2　内閣官房に、内閣危機管理監 3 人を置き、内閣危機管理監は、内閣官房長官および内閣官房副長官を助け、命を受け危機管理に関するものを統理する。

3　国家行政組織法は、内閣の統轄の下における行政機関で内閣府およびデジタル庁以外のものの組織の規準を定め、もって国民の行政事務の能率的な遂行のために必要な国家行政組織を整えることを目的としている。

4　各省の長は、それぞれ各省大臣とし、内閣総理大臣が国務大臣のうちから命ずることとされているが、特に必要がある場合においては、国務大臣ではない者を各省大臣に命ずることができる。

5　各委員会の委員長および各庁の長官は、別に法律の定めるところにより、政令および省令以外の規則その他の特別の命令を自ら発することができる。

問題10　行政上の義務の履行確保に関する次の記述のうち、誤っているものはどれか。

1　行政代執行法1条において「行政上の義務の履行確保に関して、別に法律で定めるものを除いては、この法律の定めるところによる」と規定されていることから、条例において代執行、強制徴収、執行罰、直接強制の規定を設けることはできないが、即時強制の規定を設けることはできる。

2　国または地方公共団体が専ら行政権の主体として国民に対して行政上の義務の履行を求める訴訟は、法規の適用の適正ないし一般公益の保護を目的とするものであって、自己の権利利益の保護救済を目的とするものということはできないから、法律上の争訟として当然に裁判所の審判の対象となるものではなく、法律に特別の規定がある場合に限り、提起することが許される。

3　農業共済組合が組合員に対して有する保険料債権等の徴収方法について、租税に準ずる簡易迅速な行政上の強制徴収の手段が与えられているにもかかわらず、一般私法上の債権と同様に民事上の強制執行の手段により債権の実現を図ることは、公共性の強い農業共済組合の権能行使の適正を欠くものとして許されない。

4　違法建築物についての給水装置新設工事申込に対し、市が申込者に対し違反状態を是正し建築確認を受けたうえ申込をするよう勧告したにすぎず、他方、申込者がその後1年半余り何らの措置を講じないままこれを放置していた事情などの下においては、市は申込者に対し工事申込の受理の拒否を理由とする不法行為法上の損害賠償の責任を負うものではない。

5　地方公共団体たる水道事業者が事業主に当該地方公共団体の指導要綱を順守させるため行政指導を継続する必要がある場合には、水道法15条1項が規定する「水道事業者は、事業計画に定める給水区域内の需要者から給水契約の申込みを受けたときは、正当の理由がなければ、これを拒んではならない」にいう正当の理由があったというべきであり、そのことを理由として給水契約の締結を拒否することも許される。

問題11　申請に対する処分に関する次のア～オの記述のうち、行政手続法の規定に照らし、妥当なものの組合せはどれか。

ア　行政庁は、審査基準を定めるに当たっては、許認可等の性質に照らしてできる限り具体的なものとするよう努めなければならず、また、行政上特別の支障があるときを除き、法令により申請の提出先とされている機関の事務所における備付けその他の適当な方法により審査基準を公にしておくよう努めなければならない。

イ　行政庁は、申請がその事務所に到達してから当該申請に対する処分をするまでに通常要すべき標準的な期間を定めなければならず、これを定めたときは、これらの当該申請の提出先とされている機関の事務所における備付けその他の適当な方法により公にしておかなければならない。

ウ　行政庁は、申請がその事務所に到達したときは遅滞なく当該申請の審査を開始しなければならず、かつ、申請書の記載事項に不備がないこと、申請書に必要な書類が添付されていること、申請をすることができる期間内にされたものであることその他の法令に定められた申請の形式上の要件に適合しない申請については、速やかに、申請をした者に対し相当の期間を定めて当該申請の補正を求め、または当該申請により求められた許認可等を拒否しなければならない。

エ　行政庁は、申請により求められた許認可等を拒否する処分をする場合は、申請者に対し、同時に、当該処分の理由を示さなければならないが、法令に定められた許認可等の要件または公にされた審査基準が数量的指標その他の客観的指標により明確に定められている場合であって、当該申請がこれらに適合しないことが申請書の記載または添付書類その他の申請の内容から明らかであるときは、申請者の求めがあったときにこれを示せば足りる。

オ　行政庁は、申請に対する処分であって、申請者以外の者の利害を考慮すべきことが当該法令において許認可等の要件とされているものを行う場合には、必要に応じ、公聴会の開催その他の適当な方法により当該申請者以外の者の意見を聴く機会を設けなければならない。

1　ア・ウ
2　ア・オ
3　イ・エ
4　イ・オ
5　ウ・エ

問題12　不利益処分に関する次の記述のうち、行政手続法の規定に照らし、妥当でないものはどれか。

1　法令上必要とされる資格がなかったことが判明した場合に必ずすることとされている不利益処分で、その資格の不存在の事実が裁判所の判決書等の客観的な資料により直接証明されたものをしようとするときは、意見陳述のための手続を執る必要はない。

2　行政庁は、不利益処分をする場合には、その名あて人に対し、同時に、当該不利益処分の理由を示さなければならないが、当該理由を示さないで処分をすべき差し迫った必要がある場合は、理由を示す必要はない。

3　行政庁は、聴聞を行うに当たっては、聴聞を行うべき期日までに相当な期間をおいて、不利益処分の名あて人となるべき者に対し、予定される不利益処分の内容および根拠となる法令の条項、不利益処分の原因となる事実、聴聞の期日および場所、聴聞に関する事務を所掌する組織の名称および所在地を書面により通知しなければならない。

4　聴聞の主宰者は、必要があると認めるときは、当事者以外の者であって当該不利益処分の根拠となる法令に照らし当該不利益処分につき利害関係を有するものと認められる者に対し、当該聴聞に関する手続に参加することを求め、または当該聴聞に関する手続に参加することを許可することができる。

5　聴聞の主宰者は、聴聞の期日における審理の結果、なお聴聞を続行する必要があると認めるときは、さらに新たな期日を定めることができる。

問題13　意見公募手続に関する次の記述のうち、行政手続法の規定に照らし、妥当なもの
　　　　はどれか。

1　命令等制定機関は、命令等を定めた後においても、当該命令等の規定の実施状
　　況、社会経済情勢の変化等を勘案し、必要に応じ、当該命令等の内容について検討
　　を加え、その適正を確保しなければならない。

2　命令等制定機関が、命令等を定めようとする場合に公示する命令等の案は、具体
　　的かつ明確な内容のものである必要があるが、当該命令等の題名および当該命令等
　　を定める根拠となる法令の条項を明示する必要はない。

3　納付すべき金銭について定める法律の制定または改正により必要となる当該金銭
　　の額の算定の基礎となるべき金額および率ならびに算定方法についての命令等その
　　他当該法律の施行に関し必要な事項を定める命令等を定めようとするときは、意見
　　公募手続を執る必要はない。

4　命令等制定機関は、命令等を定めようとする場合において、30日以上の意見提出
　　期間を定めることができないやむを得ない理由があるときは、その理由を明らかに
　　することなく、30日を下回る意見提出期間を定めることができる。

5　命令等制定機関は、意見公募手続を実施して命令等を定める場合には、意見提出
　　期間内に当該命令等制定機関に対し提出された当該命令等の案についての意見を十
　　分に考慮するよう努めなければならない。

問題14　行政不服審査法の定める審査請求に関する次の記述のうち、正しいものはどれか。

1　審査請求は、書面審理主義を採用しており、審査請求人の申立てがあった場合、申立人に口頭で意見を述べる機会を与えるかどうかは、審査庁の裁量に委ねられている。

2　審査請求人は、裁決があるまではいつでも審査請求を取り下げることができるが、その取下げは書面でしなければならない。

3　審査請求の代理人は、特別の委任がなくても、審査請求人に代わって審査請求の取下げをすることができる。

4　審査請求人が死亡したときは、相続人その他法令により審査請求の目的である処分に係る権利を承継した者は、審査庁の許可を得れば、審査請求人の地位を承継する。

5　審査請求人以外のものであって、審査請求に係る処分または不作為に係る処分の根拠となる法令に照らし当該処分につき利害関係を有するものと認められる利害関係人は、審査庁の許可を得て、当該審査請求に参加することができる。

問題15　行政不服審査法の定める執行停止に関する次の記述のうち、正しいものはどれか。

1　処分庁の上級行政庁または処分庁である審査庁は、処分、処分の執行または手続の続行により生ずる重大な損害を避けるため緊急の必要があると認められる場合に限り、職権により執行停止をすることができる。

2　不服申立制度においては、取消訴訟の場合と異なり、処分の効力の停止は、処分の効力の停止以外の措置によって目的を達することができる場合であっても、行うことができる。

3　審査庁は、執行停止をした後において、当該執行停止が公共の福祉に重大な影響を及ぼすことが明らかになったときに限り、その執行停止を取り消すことができる。

4　再調査の請求は、処分庁自身が簡易な手続で事実関係を調査する手続であるから、再調査の請求において、請求人は執行停止を申し立てることはできない。

5　審理員は、必要があると認める場合には、審査庁に対し、執行停止をすべき旨の意見書を提出することができ、意見書の提出があった場合、審査庁は、速やかに、執行停止をするかどうかを決定しなければならない。

問題16　行政不服審査法の審査請求に対する裁決等に関する次の記述のうち、正しいもの
はどれか。

1　事実上の行為についての再調査の請求が理由がある場合には、処分庁は、決定
　で、当該事実上の行為を撤廃または変更する。
2　裁決は、審理員が記名押印した裁決書によりしなければならず、決定は、処分庁
　が記名押印した決定書によりしなければならない。
3　処分庁の上級行政庁である審査庁は、処分庁に対する一般的指揮監督権を有する
　ため、裁決で当該処分を審査請求人の不利益に変更することもできる。
4　処分についての審査請求が不適法である場合や、審査請求が理由がない場合に
　は、審査庁は、裁決で当該審査請求を却下するが、そのような裁決には理由を記載
　しなければならない。
5　再審査請求がなされた場合において、審査請求を却下しまたは棄却した裁決が違
　法または不当であるときは、原処分が違法または不当でないときであっても、当該
　裁決の全部もしくは一部を取り消し、または変更しなければならない。

問題17　処分性に関する次の記述のうち、最高裁判所の判例に照らし、誤っているものは
どれか。

1　健康保険組合が被保険者に対して行うその親族等が被扶養者に該当しない旨の通
　知には、処分性が認められる。
2　登記官が不動産登記簿の表題部に所有者を記載する行為には、処分性が認められ
　ない。
3　運輸大臣（当時）が日本鉄道建設公団（当時）に対して行う全国新幹線鉄道整備
　法に基づく工事実施計画の認可には、処分性が認められない。
4　特定の市立保育所を廃止する条例の制定行為には、処分性が認められる。
5　土地区画整理法による土地区画整理組合の設立の認可には、処分性が認められ
　る。

問題18　抗告訴訟における審理について説明する次のア～オの記述のうち、行政事件訴訟法の規定および判例に照らし、誤っているものの組合せはどれか。

ア　裁判所は、必要があると認めるときは、職権で、証拠調べをすることができるが、その証拠調べの結果について、当事者の意見をきかなければならない。

イ　抗告訴訟における審理は、原則として書面によるものとされるが、当事者から申立てがあったときは、裁判所は、口頭で意見を述べる機会を与えなければならない。

ウ　行政処分が行われた後に法律が改正された場合、当該処分の取消しを求める訴訟においては、改正後の法律ではなく、当該処分が行われた時点における法律を基準にして違法判断を行うべきであるとするのが最高裁判所の判例である。

エ　抗告訴訟においては、本案審理における違法事由の主張制限があり、自己の法律上の利益に関係のない違法を理由として取消しを求めることができない。

オ　抗告訴訟における審理は、処分の違法性に限られ、処分の不当性については争うことができない。

　　1　ア・ウ
　　2　ア・エ
　　3　イ・エ
　　4　イ・オ
　　5　ウ・オ

問題19　次の記述のうち、行政事件訴訟法4条の当事者訴訟に該当しないものはどれか。

1　次に憲法の規定に基づき臨時会召集決定の要求がなされた場合に、内閣が所定の期間内に臨時会召集決定をする義務を負うことの確認を求める、当該要求をした議員の訴え

2　第1類医薬品および第2類医薬品につき、インターネット販売をすることができる地位にあることの確認を求める事業者らの訴え

3　土地収用法に基づく都道府県収用委員会による収用裁決の無効を前提とした所有権確認を求める土地所有者の訴え

4　特許無効審判の審決に不服のある者が、特許法の規定に基づき無効審判の相手方を被告として提起する、審決に対する訴え

5　国が、国外に住所を有することをもって次回の最高裁判所裁判官国民審査にかかる審査権の行使をさせないことが憲法に反して違法であることの確認を求める在外国民の訴え

問題20　国家賠償法に関する次の記述のうち、最高裁判所の判例に照らし、妥当なものは
　　　　どれか。

1　道路における防護柵の設置の費用が相当の多額にのぼり、管理者としてその予算
　措置に困却する場合は、道路管理の瑕疵によって生じた損害に対する賠償責任を免
　れる。

2　改修、整備がされた河川は、その改修、整備が段階において想定された洪水か
　ら、当時の防災技術の水準に照らして通常予測し、かつ、回避し得る水害を未然に
　防止するに足りる安全性を備えるべきものである。

3　改修計画に基づいて改修中の河川については、未改修部分につき早期の改修工事
　を施行しなければならないと認めるべき特段の事由が生じないとしても、未改修部
　分につき改修がいまだ行われていないとの一事をもって河川管理に瑕疵があるとい
　える。

4　未改修河川または改修の不十分な河川の安全性については、道路等の人工公物と
　は異なるところはなく、治水事業による河川の改修、整備の過程に対応する過渡的
　安全性では足りない。

5　営造物の設置・管理の瑕疵には、営造物の物理的・外形的な欠陥によって危害を
　生ぜしめる危険性がある場合を理由とするものであって、営造物が供用目的に沿っ
　て利用されることとの関連において危害を生ぜしめる危険性がある場合は含まれな
　い。

問題21　損失補償に関する次の記述のうち、最高裁判所の判例に照らし、妥当でないもの
　　　はどれか。

1　公有行政財産たる土地の使用許可を取り消された場合、当該土地の使用権者は当
　　該土地の使用権消滅により受忍限度を超える損失を被ったのであるから、当該損失
　　につき補償を当然に必要とする。

2　道路工事の施行の結果、警察違反の状態を生じ、危険物保有者が技術上の基準に
　　適合するように工作物の移転等を余儀なくされ、これによって損失を被った場合で
　　あっても、道路法による損失補償を求めることはできない。

3　予防接種によって後遺障害が発生した場合、禁忌者を識別するための必要な予診
　　が尽くされたが禁忌者に該当する事由を発見できなかったこと、被接種者が個人的
　　素因を有していたこと等の特段の事情が認められない限り、被接種者は禁忌者に該
　　当していたと推定する。

4　シベリア抑留者が長期間にわたる抑留と強制労働によって受けた損害が深刻かつ
　　甚大なものであったことを考慮しても、他の戦争損害と区別して、憲法29条3項等
　　に基づき、国に対してその補償を求めることはできない。

5　都市計画法に基づく都市計画決定によって建築物の建築が制限されたことにより
　　生じた損失は、一般的に当然に受忍すべきものとされる制限を超えて特別の犠牲を
　　課せられたものということがいまだ困難であるから、直接憲法29条3項を根拠と
　　して損失補償の請求をすることはできない。

問題22　普通地方公共団体の議会に関する次の記述のうち、地方自治法の規定に照らし、正しいものはどれか。

1　都道府県の議会の議員の定数は、条例で定めなければならないが、市町村の議会の議員の定数は、長の規則で定めなければならない。

2　普通地方公共団体の議会の議決事件は、地方自治法上明記されているため、普通地方公共団体は、条例で議会の議決すべきものを追加することはできない。

3　普通地方公共団体の議会は、条例の定めにより、定例会および臨時会とせず、毎年、条例で定める日から翌年の当該日の前日までを会期とすることができる。

4　普通地方公共団体の議会は、当該普通地方公共団体のすべての事務を対象として、調査を行うことができる。

5　普通地方公共団体の議会には、必須の機関として、常任委員会、議会運営委員会および特別委員会を置かなければならない。

問題23　普通地方公共団体の行政委員会に関する次の記述のうち、地方自治法の規定に照らし、正しいものはどれか。

1　教育委員会は、地方教育行政の組織および運営に関する法律を根拠法として、市町村にのみ置かなければならない行政委員会である。

2　選挙管理委員会は、地方自治法を根拠法として、市町村にのみ置かなければならない行政委員会である。

3　監査委員は、地方自治法を根拠法として、都道府県および市町村に置かなければならない。

4　収用委員会は、土地収用法を根拠法として、都道府県および市町村に置かなければならない行政委員会である。

5　農業委員会は、地方自治法を根拠法として、都道府県に置かなければならない行政委員会である。

問題24　地縁による団体に関する次の記述のうち、地方自治法の定めに照らし、誤っているものはどれか。

1　地縁による団体は、市町村内の一定の区域に住所を有する者の地縁に基づいて形成された団体である。

2　市町村長の認可は、当該認可を受けた地縁による団体を当該市町村の行政組織の一部とすることを意味するものと解釈してはならない。

3　市町村長は、地縁による団体が地方自治法所定の要件に該当していると認めるときであっても、裁量により認可を拒否することができる。

4　市町村長の認可を受けた地縁による団体は、正当な理由があれば、その区域に住所を有する個人の加入を拒むことができる。

5　市町村長の認可を受けた地縁による団体は、民主的な運営の下に、自主的に活動するものとし、構成員に対し不当な差別的取扱いをしてはならない。

問題25　警察に関する次のア～エの記述のうち、妥当なものの組合せはどれか。

ア　警察許可を必要とする行為を許可なく行った者に対して科せられる警察罰は、行政上の義務違反に対する制裁として科される行政刑罰と、行政上の義務の履行の確保する手段として科される執行罰に大別される。

イ　警察許可とは、警察法規による一般的禁止を特定の場合に特定人に対して解除するものをいい、警察比例の原則および公共の安全と秩序という警察上の目的に対してなされる行政庁の自由裁量行為である。

ウ　警察権は、国家の統治権に基礎をもつものであるが、都道府県の公務員である警察官が、交通犯罪捜査を行うにつき違法に他人に損害を与えた場合、その損害の賠償の責に任ずるのは国ではなく、都道府県であるとするのが判例である。

エ　警察官による自動車の一斉交通検問は、国民の自由の干渉にわたる可能性があるが、相手方の任意の協力を求める形で、運転者の自由を不当に制約することにならない方法、態様で行われる限り、適法であるとするのが判例である。

1　ア・イ
2　ア・ウ
3　ア・エ
4　イ・エ
5　ウ・エ

問題26　公務員に関する次のア～オの記述のうち、法令および最高裁判所の判例に照らし、妥当でないものの組合せはどれか。

ア　地方公務員に採用する旨の内定通知が取り消された場合でも、その取消しを求めて抗告訴訟を提起することはできない。

イ　地方公務員はその身分を保障され、各地方公共団体の制定する条例に定める事由によらなければ、その意に反して、降任、免職されない。

ウ　一般職の国家公務員は、法律または人事院規則に定める事由によらなければ、その意に反して、降任され、休職され、または免職されることはない。

エ　一般職の国家公務員は、職務上知ることのできた秘密を漏らしてはならない義務を負うが、職員がその職を退いた後も義務を負う。

オ　国家公務員法は、公務員の職を一般職と特別職に分け、特別職の職を政治的任用原則によるものに限定して列挙していることから、国家行政組織法上の行政機関の職でない国会職員や裁判所職員も一般職とされ、国家公務員法の規定が適用されている。

1　ア・イ
2　ア・ウ
3　イ・オ
4　ウ・エ
5　エ・オ

問題27　公序良俗および強行法規の違反に関する次の記述のうち、判例に照らし、妥当でないものはどれか。

1　無免許者が、宅地建物取引業を営むために宅建業者からその名義を借り、その借りた名義でされた取引による利益を両者で分配する旨の合意は、宅地建物取引業法の趣旨に反するものとして、公序良俗に反して無効となる。

2　食品の製造販売を業とする者が、食品衛生法に抵触するものであることを知りながら、食肉販売業の許可を受けていない者と精肉の売買契約を締結しその取引を継続していた場合であっても、当該取引は無効とはならない。

3　他人の窮迫、軽率または無経験を利用し、著しく過当な利益を獲得することを目的としてする法律行為は、公序良俗に反する法律行為とはいえないが、信義則に反する法律行為として無効となる。

4　不倫な関係にある者への遺贈であっても、もっぱら生計を遺贈者に頼っていた受遺者の生活を保全するためになされ、その遺言内容が相続人らの生活基盤を脅かすものでないものは公序良俗違反とはいえない。

5　公序が法律行為の後に変化した場合、契約が公序に反することを目的とするものであるかどうかは、当該契約が成立した時点における公序に照らして判断すべきである。

問題28　時効に関する次の記述のうち、民法の規定に照らし、妥当でないものはどれか。

1　裁判上の請求がされた場合に、確定判決と同一の効力を有するものによって権利が確定したときは、時効は、その事由が終了した時から新たにその進行を始める。

2　裁判上の請求がされたが、その後、その請求に係る訴訟が訴えの取下げによって終了したときは、その終了の時から6か月を経過するまでの間は、時効は完成しない。

3　権利について6か月間協議を行う旨の合意が書面でされ、その時効の完成が猶予されている間に、協議を行う旨の再度の合意をしたときは、さらなる時効の完成猶予の効力が生じ、当初、約定した期間を経過しても、時効は完成しない。

4　債権者が、催告を行ったことによって時効の完成が猶予されている間に再度の催告をしたときは、再度の催告の時から6か月を経過するまでの間は、時効は完成しない。

5　被保佐人が、保佐人の同意なく、債権者に対して自己の債務の弁済について支払いの猶予を求めたときは、その債権の消滅時効は、その時から新たにその進行を始める。

問題29　ＡＢＣＤおよびＥが甲土地を共有（持分は各５分の１）している場合に関する次のア～オの記述のうち、民法の規定に照らして、妥当でないものの組合せはどれか。

ア　Ａは、持分に応じて、甲土地の５分の１の部分についてのみ使用をすることができる。

イ　Ａは、自己の物と同一の注意をもって甲土地を使用することができる。

ウ　Ａが、自己の持分を超えて使用する場合には、ＢＣＤＥに対して、Ａの持分を超える使用の対価を償還する義務を負う。

エ　ＡＢＣがＤＥを知ることができず、またはＤＥの所在を知ることができないときは、裁判所は、ＡＢＣの請求により、ＡＢＣの同意を得て共有物に変更を加えることができる旨の裁判をすることができる。

オ　ＡＢＣの同意があれば、甲土地に軽微な変更を加えることができる。

　　　1　ア・イ
　　　2　ア・オ
　　　3　イ・ウ
　　　4　ウ・エ
　　　5　エ・オ

問題30　AはBから100万円を借り受けるにあたり、A所有の宝石（以下、甲という。）に質権を設定することとした。この場合に関する次の記述のうち、民法の規定に照らし、妥当でないものの組合せはどれか。

ア　質権設定には、ABの合意のみでは足りず、甲をBに引き渡すことが必要である。

イ　質権は、原則として、AのBに対する貸金債務の元本、利息、違約金、質権の実行の費用、質物の保存の費用を担保するが、Aの債務不履行によって生じた損害の賠償は担保しない。

ウ　Bは、その権利の存続期間内において、甲について、Aの承諾を得て転質をすることができ、また、Bの責任で転質をすることもできる。

エ　Bは、継続して甲を占有しなければ、その質権をもって第三者に対抗することができない。

オ　Bが甲をCに奪われた場合に、Bは占有回収の訴えによって甲を回収することができるだけでなく、質権に基づき甲の返還を求めることもできる。

　　1　ア・ウ
　　2　ア・エ
　　3　イ・エ
　　4　イ・オ
　　5　ウ・オ

問題31　Aは、Bに対して債務を負っていたが、Bを害することを知りながら所有する甲土地をCに贈与したことにより、債務超過に陥った。その後、CがDに甲土地を売却して引き渡した場合、Bによる詐害行為取消請求に関する次の記述のうち、民法の規定および判例に照らし、妥当なものはどれか。

1　Cが、Aによる甲土地の贈与がBを害することを知っていた場合、Bが、Cを被告として詐害行為取消請求したときは、Cは、Bの有する債権が消滅時効により消滅していれば、これを援用することができる。

2　Aによる甲土地の贈与が、AとCとが通謀してBを害する意図をもって行われたものである場合に、Bが詐害行為取消請求をするときは、AおよびCを被告としなければならない。

3　CおよびDが、AによるCへの甲土地の贈与がBを害することを知っていた場合、Bは、Dを被告として、詐害行為取消請求により、CD間の甲土地の売買の取消しを請求することができる。

4　CおよびDが、AによるCへの甲土地の贈与がBを害することを知っていた場合、被告をDとした、Bによる詐害行為取消請求を認容する確定判決の効力は、D、C、AおよびAのすべての債権者に対してその効力を有する。

5　詐害行為取消請求にかかる訴えは、AがBを害することを知って行為をしたことをBが知った時から5年、または、行為の時から20年を経過したときは提起することができない。

法令等（記述式）

問題44

問題45

行政書士試験　答案用紙　第1回

氏名

受験番号

生年月日

1. 記入は必ずHB又はB以上の鉛筆を使用し、各欄へのマークは〇内を濃く塗り潰してください。

2. 記入マーク例
良い例　●
悪い例　⊘ ◎ ◯

3. 訂正は、消し跡が残らないようにプラスチック製の消しゴムで完全に消してからマークし直してください。

大正〇　昭和〇　平成〇

年
月
日

法令等（5肢択一式）

	1 2 3 4 5		1 2 3 4 5		1 2 3 4 5		1 2 3 4 5
問題 1	○○○○○	問題 11	○○○○○	問題 21	○○○○○	問題 31	○○○○○
問題 2	○○○○○	問題 12	○○○○○	問題 22	○○○○○	問題 32	○○○○○
問題 3	○○○○○	問題 13	○○○○○	問題 23	○○○○○	問題 33	○○○○○
問題 4	○○○○○	問題 14	○○○○○	問題 24	○○○○○	問題 34	○○○○○
問題 5	○○○○○	問題 15	○○○○○	問題 25	○○○○○	問題 35	○○○○○
問題 6	○○○○○	問題 16	○○○○○	問題 26	○○○○○	問題 36	○○○○○
問題 7	○○○○○	問題 17	○○○○○	問題 27	○○○○○	問題 37	○○○○○
問題 8	○○○○○	問題 18	○○○○○	問題 28	○○○○○	問題 38	○○○○○
問題 9	○○○○○	問題 19	○○○○○	問題 29	○○○○○	問題 39	○○○○○
問題 10	○○○○○	問題 20	○○○○○	問題 30	○○○○○	問題 40	○○○○○

法令等（多肢選択式）

	1	2	3	4	5	6	7	8	9	10	11	12	13	14	15	16	17	18	19	20
問題41 ア	○	○	○	○	○	○	○	○	○	○	○	○	○	○	○	○	○	○	○	○
問題41 イ	○	○	○	○	○	○	○	○	○	○	○	○	○	○	○	○	○	○	○	○
問題41 ウ	○	○	○	○	○	○	○	○	○	○	○	○	○	○	○	○	○	○	○	○
問題41 エ	○	○	○	○	○	○	○	○	○	○	○	○	○	○	○	○	○	○	○	○
問題42 ア	○	○	○	○	○	○	○	○	○	○	○	○	○	○	○	○	○	○	○	○
問題42 イ	○	○	○	○	○	○	○	○	○	○	○	○	○	○	○	○	○	○	○	○
問題42 ウ	○	○	○	○	○	○	○	○	○	○	○	○	○	○	○	○	○	○	○	○
問題42 エ	○	○	○	○	○	○	○	○	○	○	○	○	○	○	○	○	○	○	○	○
問題43 ア	○	○	○	○	○	○	○	○	○	○	○	○	○	○	○	○	○	○	○	○
問題43 イ	○	○	○	○	○	○	○	○	○	○	○	○	○	○	○	○	○	○	○	○
問題43 ウ	○	○	○	○	○	○	○	○	○	○	○	○	○	○	○	○	○	○	○	○
問題43 エ	○	○	○	○	○	○	○	○	○	○	○	○	○	○	○	○	○	○	○	○

基礎知識（5肢択一式）

	1	2	3	4	5
問題47	○	○	○	○	○
問題48	○	○	○	○	○
問題49	○	○	○	○	○
問題50	○	○	○	○	○
問題51	○	○	○	○	○

	1	2	3	4	5
問題52	○	○	○	○	○
問題53	○	○	○	○	○
問題54	○	○	○	○	○
問題55	○	○	○	○	○
問題56	○	○	○	○	○

	1	2	3	4	5
問題57	○	○	○	○	○
問題58	○	○	○	○	○
問題59	○	○	○	○	○
問題60	○	○	○	○	○

問題
46

問題32　弁済に関する次の記述のうち、民法の規定および判例に照らし、妥当でないものはどれか。

1　借地上の建物の賃借人は、建物の賃貸人の意思に反しても、その敷地の地代について土地の賃貸人に対して弁済をすることができる。

2　債権者の代理人と詐称して債権を行使した者に対してした弁済は、その弁済をした者が善意であり、かつ、過失がなかった場合には、有効となる。

3　差押えを受けた債権の第三債務者が自己の債権者に弁済をしたとしても、差押債権者は、その受けた損害の限度において更に弁済をすべき旨を第三債務者に請求することができる。

4　債権の目的が不特定物の引渡しであるか特定物の引渡しであるかにかかわらず、弁済をすべき場所について特約がないときは、その引渡しは、債権者の現在の住所においてしなければならない。

5　債権者があらかじめその受領を拒み、または債務の履行について債権者の行為を要するときは、弁済の準備をしたことを通知してその受領の催告をすれば、その時から債務不履行責任を免れる。

問題33　請負に関する次の記述のうち、民法の規定に照らし、妥当なものはどれか。

1　請負人が仕事を完成しない間は、注文者は、いつでも損害を賠償して契約の解除をすることができる。

2　仕事を完成して目的物を引き渡すことを内容とする請負において、注文者による履行追完請求は、目的物を引き渡した時から1年以内にしなければらない。

3　仕事の目的物の引渡しを要しない場合、請負人の契約内容不適合責任の存続期間は、その仕事が終了した時から起算する。

4　請負人は、仕事の目的物の引渡しを要する場合には、これを引き渡した後でなければ、報酬を請求することができない。

5　請負人が完成させた仕事の目的物に契約内容不適合がある場合でも、注文者は請負人に対して代金の減額請求はできない。

問題34 不法行為に関する次の記述のうち、民法の規定および判例に照らし、妥当でない
ものはどれか。

1 Aは自転車を運転して歩道を走行中、前方不注意により、歩行者Bに激突し、B
が負傷したが、AがC社の従業員であり、C社の業務中に自転車を運転していた場
合、C社がBに対して損害額全額を賠償したときは、C社はAに対して信義則上相
当と認められる限度において求償することができる。

2 Aの不法行為により未成年者Bが重傷を負った場合において、Bが事理弁識能力
を有していなかったときでも、その損害の発生についてBの親に監督上の過失が認
められるときには、Aは、過失相殺による損害額の減額を主張することができる。

3 法人Aの使用するBがその事業の執行について第三者Cに損害を与えた場合にお
いて、Aの代表者Dが現実にBの選任監督を担当していなかったときは、Dは、C
に対し、Aに代わって事業を監督する者としての責任を負わない。

4 胎児Aの父が不法行為により死亡した場合、Aの母は、Aが生まれる前であって
も、Aの代理人として、加害者に対し、Aの固有の慰謝料を請求することができ
る。

5 Aとの間で請負契約を締結した請負人Bがその仕事について第三者Cに損害を与
えた場合において、注文または指図についてAに過失があったときは、Aは、Cに
対し、注文者として損害賠償の責任を負う。

問題35　内縁関係に関する次の記述のうち、民法の規定および判例に照らし、妥当なものはどれか。

1　内縁夫婦が夫婦共有名義の建物に同居していたところ、内縁の夫Ａが死亡した場合、建物にそのまま居住し続ける内縁の妻Ｂは、Ａの相続人から建物使用にかかる不当利得返還請求権を拒絶することができない。

2　内縁夫婦ＡＢの一方Ｂと日常の家事に関する取引をした第三者は、ＢはＡの代理権があることを主張して、Ａにその取引に基づく債務の履行を請求することができない。

3　Ａが内縁関係を正当な理由なく一方的に破棄した場合、Ｂは、Ａに対し、債務不履行を理由として損害賠償を請求することができ、不法行為を理由として損害賠償を請求することもできる。

4　内縁成立の日から200日を経過した後または内縁解消の日から300日以内にＢが分娩した子のＡに対する認知の訴えにおいては、その子はＡの子と推定されない。

5　ＡがＢに無断で婚姻届を作成して届出をした場合において、Ｂが後に届出の事実を知ってこれを追認したときは、追認した時からその婚姻は有効となる。

問題36　問屋営業に関する次のア～オの記述のうち、商法の規定に照らし、誤っているものの組合せはどれか。

ア　問屋は、他人のためにした販売または買入れにより、相手方に対して、自ら権利を取得し、義務を負う。

イ　問屋は、委託者のためにした販売または買入れにつき相手方がその債務を履行しないとき、必ず自らその履行をする責任を負わなければならない。

ウ　問屋が委託者の指定した金額より低い価格で販売をし、または高い価格で買入れをした場合において、自ら差額を負担するときは、その販売または買入れは、委託者に対してその効力を生ずる。

エ　問屋は、取引所の相場がある物品の販売または買入れの委託を受けたときは、自ら買主または売主となることができ、この場合の売買の代価は、問屋による買主または売主となったことの通知が委託者に到達した時における取引所の相場によって定める。

オ　問屋が買入れの委託を受けた場合において、委託者が買い入れた物品の受領を拒み、またはこれを受領することができないときは、その物品を供託し、または相当の期間を定めて催告をした後に競売に付することができる。

1　ア・ウ
2　ア・エ
3　イ・エ
4　イ・オ
5　ウ・オ

問題37　株式会社の設立に関する次の記述のうち、会社法の規定に照らし、正しいものは
どれか。

1　発起人は、設立に際して発起人が割当てを受ける設立時発行株式の数や設立時発
行株式と引換えに払い込む金銭の額を定めようとするときは、その全員の同意を得
なければならない。

2　発起人は、定款に株式会社の成立により発起人が受ける報酬その他の特別の利益
およびその発起人の氏名または名称についての記載または記録があるときは、公証
人の認証を受ける前に、当該事項を調査させるため、裁判所に対し、検査役の選任
の申立てをしなければならない。

3　発起人のうち出資の履行をしていないものがある場合には、発起人は、当該出資
の履行をしていない発起人に対して、期日を定め、その期日までに当該出資の履行
をしなければならない旨を通知することができる。

4　発起人は、設立に際してその過半数の同意をもって、設立時発行株式を引き受け
る者の募集をする旨を定めることができる。

5　創立総会の議事については、法務省令で定めるところにより、議事録を作成しな
ければならず、発起人は創立総会の日から5年間、当該議事録を発起人が定めた場
所に備え置かなければならない。

問題38　単元株制度に関する次のア～オの記述のうち、会社法の規定に照らし、誤っているものの組合せはどれか。

ア　種類株式発行会社においては、単元株式数は、株式の種類ごとに定めなければならない。

イ　株券発行会社は、単元未満株式に係る株券を発行しないことができる旨を定款で定めることができる。

ウ　1単元を構成する株式の数は、1000または発行済株式総数の200分の1に当たる数以内でなければならない。

エ　株式会社は、単元未満株主が当該株式会社に対して単元未満株式売渡請求をすることができる旨を定款で定めることができる。

オ　取締役会設置会社において、単元株制度の新設および1単元を構成する株式数を増減させる場合の定款変更は株主総会の特別決議が必要であるが、単元株制度を廃止させる場合は取締役会の決議で足りる。

1　ア・ウ
2　ア・エ
3　イ・エ
4　イ・オ
5　ウ・オ

問題39　株式会社の役員等に関する次の記述のうち、会社法の規定に照らし、正しいもの
　　　　はどれか。

1　取締役会設置会社において、当該会社から金銭の貸付けを受けた取締役が弁済期
　　までに弁済せず、当該会社に損害が生じた場合、当該貸付けに関する取締役会の承
　　認の決議に賛成した他の取締役が当該会社に対して損害を賠償する責任は、当該取
　　締役が職務を行うにつき、善意で、かつ、過失がないときは、株主総会の特別決議
　　によって一定の限度で免除することができる。
2　監査役会設置会社においては、取締役が、定款を変更して当該監査役会設置会社
　　が責任限定契約を社外取締役と締結することができる旨の定款の定めを設ける議案
　　を株主総会に提出するには、各監査役の同意を得なければならない。
3　会計監査人は、その職務を行うため必要があるときは、会計監査人設置会社の子
　　会社に対して会計に関する報告を求めることができるが、その子会社の業務および
　　財産状況の調査をすることはできない。
4　監査役設置会社において、会計参与は、その職務を行うに際して取締役の職務の
　　執行に関し不正の行為または法令もしくは定款に違反する重大な事実があることを
　　発見したときは、遅滞なく、これを株主に報告しなければならない。
5　株主総会の決議により取締役が解任された場合において、当該決議に取消事由が
　　存するときは、当該決議の取消しにより取締役となる者は、当該決議の日から6か
　　月以内に、訴えをもって当該決議の取消しを請求することができる。

問題40　持分会社に関する次のア～オの記述のうち、会社法の規定に照らし、誤っている
　　　　ものの組合せはどれか。

　　ア　合名会社の社員は、会社の財産に対する強制執行がその効を奏しなかった場合
　　　は、連帯して、会社の債務を弁済する責任を負い、社員が、当該会社に弁済をする
　　　資力があり、かつ、強制執行が容易であることを証明したとしても、責任を免れる
　　　ことはできない。
　　イ　合名会社および合資会社は、定款で定めた解散の事由の発生によって解散したと
　　　きは、総社員の同意によって、会社の財産の処分の方法を定め、清算人を置かずに
　　　清算することができる。
　　ウ　合資会社の有限責任社員が退社したことにより当該合資会社の社員が無限責任社
　　　員のみとなった場合には、当該合資会社は解散する。
　　エ　持分会社は、その社員が死亡した場合または合併により消滅した場合における当
　　　該社員の相続人その他の一般承継人が当該社員の持分を承継する旨を定款で定める
　　　ことができる。
　　オ　法人が業務を執行する社員である場合には、当該法人は、当該業務を執行する社
　　　員の職務を行うべき者を選任し、その者の氏名および住所を他の社員に通知しなけ
　　　ればならない。

　　　　1　ア・ウ
　　　　2　ア・エ
　　　　3　イ・エ
　　　　4　イ・オ
　　　　5　ウ・オ

[問題41〜問題43は択一式（多肢選択式）]

問題41　次の文章は、ある最高裁判所判決の一節である。空欄　ア　〜　エ　に当てはまる語句を、枠内の選択肢（1〜20）から選びなさい。

　　憲法21条1項の保障する集会の自由は、民主主義社会における重要な基本的人権の一つとして特に尊重されなければならないものであるが、　ア　による必要かつ合理的な制限を受けることがあるのはいうまでもない。そして、このような自由に対する制限が必要かつ合理的なものとして是認されるかどうかは、制限が必要とされる程度と、制限される自由の内容及び性質、これに加えられる具体的制限の態様及び程度等を較量して決めるのが相当である・・・。

　　本件規定・・・は、・・・市長の庁舎　イ　権に基づき制定されているものであるところ・・・公務の中核を担う庁舎等において、政治的な対立がみられる論点について集会等が開催され、威力又は気勢を他に示すなどして特定の政策等を訴える示威行為が行われると・・・市長が庁舎等をそうした示威行為のための利用に供したという外形的な状況を通じて・・・特定の立場の者を利しているかのような外観が生じ、これにより外見上の　ウ　に疑義が生じて行政に対する住民の信頼が損なわれ、ひいては公務の円滑な遂行が確保されなくなるという支障が生じ得る。本件規定は、上記支障を生じさせないことを目的とするものであって、その目的は合理的であり正当である。

　　・・・本件規定により禁止されるのは、飽くまでも公務の用に供される庁舎等において所定の示威行為を行うことに限定されているのであって、他の場所、特に、集会等の用に供することが本来の目的に含まれている　エ　（地方自治法244条1項、2項参照）等を利用することまで妨げられるものではないから、本件規定による集会の自由に対する制限の程度は限定的であるといえ・・・上記場合における集会の自由の制限は、必要かつ合理的な限度にとどまるものというべきである。

　　・・・したがって、本件広場における集会に係る行為に対し本件規定を適用することが憲法21条1項に違反するものということはできない。

（最判令和5年2月21日民集第77巻2号273頁）

1	費用負担者	2	管理	3	監督者	4	義務者	5	利益衡量
6	政教分離	7	指揮	8	許認可	9	公共性	10	公共の福祉
11	大学の自治	12	司法	13	訓令	14	自衛隊	15	規制目的
16	政治的中立性	17	行政	18	処分性	19	学問	20	公の施設

問題42　次の文章は、ある最高裁判所判決の一節である。空欄　ア　～　エ　に当てはまる語句を、枠内の選択肢（1～20）から選びなさい。

　　行政事件訴訟法9条は、取消訴訟の原告適格について規定するが、同条1項にいう当該処分の取消しを求めるにつき「法律上の利益を有する者」とは、当該処分により自己の権利若しくは法律上保護された利益を　ア　され、又は必然的に　ア　されるおそれのある者をいうのであり、当該処分を定めた行政法規が、不特定多数者の　イ　を専ら一般的公益の中に吸収解消させるにとどめず、それが帰属する個々人の　ウ　としてもこれを保護すべきものとする趣旨を含むと解される場合には、このような利益もここにいう法律上保護された利益に当たり、当該処分によりこれを　ア　され又は必然的に　ア　されるおそれのある者は、当該処分の取消訴訟における原告適格を有するものというべきである。

　　そして、処分の相手方以外の者について上記の法律上保護された利益の有無を判断するに当たっては、当該処分の根拠となる法令の規定の文言のみによることなく、当該法令の　エ　並びに当該処分において考慮されるべき利益の内容及び性質を考慮し、この場合において、当該法令の　エ　を考慮するに当たっては、当該法令と目的を共通にする関係法令があるときはその　エ　をも参酌し、当該利益の内容及び性質を考慮するに当たっては、当該処分がその根拠となる法令に違反してされた場合に害されることとなる利益の内容及び性質並びにこれが害される態様及び程度をも勘案すべきものである（同条2項参照）。

（最大判平成17年12月7日民集第59巻10号2645頁）

1	生活上の利益	2	意見	3	具体的利益	4　妨害
5	法益	6	趣旨及び目的	7	通達	8　経済的利益
9	解釈	10	公益	11	破棄	12　侵害
13	包括的利益	14	根拠	15	不利益	16　趣旨及び理念
17	法的効果	18	抽象的利益	19	個別的利益	20　棄却

問題43　次の文章は、ある最高裁判所判決の一節である。空欄　ア　～　エ　に当てはまる語句を、枠内の選択肢（1～20）から選びなさい。

　　普通地方公共団体がその債権の放棄をするに当たって、その適否の実体的判断は、住民による直接の選挙を通じて選出された議員により構成される普通地方公共団体の議決機関である　ア　の裁量権に基本的に委ねられているものというべきであるところ、住民訴訟の対象とされている損害賠償請求権又は不当利得返還請求権を放棄する旨の議決がされた場合には、個々の事案ごとに、当該請求権の発生原因である財務会計行為等の性質、内容、原因、経緯及び影響、当該議決の趣旨及び経緯、当該請求権の放棄又は行使の影響、住民訴訟の係属の有無及び経緯、事後の状況その他の諸般の事情を総合考慮して、これを放棄することが普通地方公共団体の　イ　な行政運営の確保を旨とする地方自治法の趣旨等に照らして不合理であって上記の裁量権の範囲の逸脱又はその濫用に当たると認められるときは、その議決は　ウ　となり、当該放棄は　エ　となるものと解するのが相当である。そして、財務会計行為等の性質、内容等については、その　ウ　事由の性格や当該職員又は公金の支出等を受けた者の帰責性等が考慮の対象とされるべきものと解される・・・。

（最判平成30年10月23日集民第260巻1頁）

1	不当	2	定例会	3	不利益	4	民主的かつ実効的	5	議長
6	否決	7	違法	8	怠る	9	適正かつ効果的	10	首長
11	議会	12	重要かつ優先的	13	委員会	14	地域的かつ公共的	15	失効
16	臨時会	17	差し戻し	18	無効	19	公平かつ公正	20	再審査

[問題44～問題46は記述式]（解答は、必ず答案用紙裏面の解答欄（マス目）に記述すること。なお、字数には、句読点も含む。）

問題44　公職選挙法によれば、地方公共団体の議会の議員および長の選挙において、その選挙の効力に関し不服がある選挙人または公職の候補者は、当該選挙の日から14日以内に、文書で当該選挙に関する事務を管理する選挙管理委員会に対して異議を申し出ることができ（同法202条1項）、この異議の申出に対する都道府県の選挙管理委員会の決定に不服がある者は、当該都道府県の選挙管理委員会を被告とし、その決定書の交付を受けた日または当該決定の要旨の告示の日から30日以内に、高等裁判所に訴訟を提起することができるものとされている（同法203条1項）。行政事件訴訟法上、このような訴訟は何と呼ばれ、その訴訟はどのような資格で提起するものとされているか。行政事件訴訟法の規定に基づき、40字程度で記述しなさい。

（下書用）

問題45　ＡＢ夫婦には子Ｃ（15歳）がおり、家族３人でＸ県郊外にある住宅地の一軒家
　　　　（以下、この建物を「甲」という。）で暮らしていたが、ある日、Ｃの父Ａは、海に
　　　　出かけ、転落事故により、死亡した。その３か月後、ＢＣの協議により、甲はＣの
　　　　単独所有とすることとし、相続を原因とし、Ｃ名義に登記も変更した。さらに、そ
　　　　の３か月後、Ｂは、親戚のＤから自己を債務者として金銭を借りようと考えたが、
　　　　Ｄは担保になるものがないと金銭の貸付はできないと言ってきたため、甲に抵当権
　　　　を設定して金銭を借りることを思い立った。この場合、ＢがＣ所有の甲にＣを代理
　　　　して抵当権を設定することは、民法上、どのような行為に該当するか。そして、そ
　　　　のような行為をＢが代理したとしてもＣには効果帰属しないが、それはＢの代理行
　　　　為が民法上の類型としてどのようなものとなるためか。また、Ｃの所有する甲につ
　　　　いて抵当権を設定する契約をするには、Ｂは、どのようなことを家庭裁判所に請求
　　　　しなければならないか。民法の規定に照らし、40字程度で記述しなさい。

（下書用）

問題46　Ａは、自己所有の中古自動車甲（以下、「甲」という。）をＢに売却する旨の売買契約をＢとの間で締結し、この契約におけるＡＢ双方の債務の履行については、Ａが履行期日にＢ宅に赴いて甲を引き渡し、ＢがＡに甲の代金を支払うこととした。Ａは、履行期日にＢ宅に赴き甲の引渡しをしようとしたが、Ｂは、ガレージの整理が出来ていないことを理由に甲の受領を拒絶した。そのため、Ａは、甲を持ち帰り自宅敷地内の駐車場に保管していたところ、甲は隣家の失火による延焼により焼失した。この場合に、Ａが負担する甲の引渡債務の履行不能は、どのようなものとみなされることとなるか。その結果、Ｂが代金の支払いを拒めるかどうかについても併せて、民法の規定に照らし、「Ａが負担する甲の引渡債務の履行不能は、」に続けて、40字程度で記述しなさい。なお、「Ａが負担する甲の引渡債務の履行不能は、」は字数に算入しない。

（下書用）

基 礎 知 識 [問題47〜問題60は択一式（５肢択一式)]

問題47　選挙に関する次の記述のうち、妥当なものはどれか。

1　2024年（令和6年）7月に実施された東京都知事選挙では、選挙ポスターのあり方などの課題も浮き彫りとなったが、立候補した56人のうち53人は、その得票が有効投票数の10分の1に達せず、供託金が没収された。

2　国政選挙において外国人には投票は認められていないが、地方選挙においては外国人にも投票が認められるようになり、2024年（令和6年）7月に実施された東京都知事選挙では、はじめて外国人による投票や立候補が認められた。

3　参議院議員選挙における比例代表制では、非拘束名簿式が採用されているが、あらかじめ政党の決めた順位に従って当選者が決まる仕組みである特定枠も導入されており、初めて導入された2019年（令和元年）の参議院議員選挙ではすべての政党から特定枠による立候補者が擁立された。

4　参議院議員選挙における選挙区での投票は、都道府県を一つの単位として行われていたが、2016年（平成28年）の参議院議員選挙から、東京都と埼玉県・千葉県・神奈川県、大阪府と京都府・奈良県をそれぞれ一つの選挙区とする合区制度が導入された。

5　2024年（令和6年）10月に実施された衆議院議員選挙では、自由民主党が465議席のうちの過半数にあたる233議席を超える270議席を確保し、公明党と合わせて294議席となり、与党の圧勝となった。

問題48　行財政に関する次の記述のうち、妥当なものはどれか。

1　特定の観光地において、訪問客の著しい増加により、地域住民の生活、自然環境、景観等に対して悪影響をもたらしたり、観光客の満足度を低下させるような状況のことをレッド・オーシャンと呼ぶ。

2　内閣府では、増加する観光客のニーズと観光地の地域住民の生活環境の調和を図り、両者の共存・共生に関する対応策のあり方を総合的に検討・推進することを目的に、2024年（令和6年）6月に「持続可能な観光推進本部」を設置している。

3　配偶者が一定の年収を超えない場合に配偶者を扶養する納税者が受けられる税金の控除の仕組みを配偶者控除というが、配偶者の年収が一定の額を超えると配偶者控除が受けられなくなる。

4　マイナ保険証とは、マイナンバーカードの健康保険証利用のことを指し、2021年（令和3年）10月から運用が開始されたが、2024年（令和6年）12月にマイナンバーカードを健康保険証として利用する仕組みは廃止となり、健康保険証を再交付することになった。

5　2024年（令和6年）9月、兵庫県では、議会が知事の不信任決議を可決し、これに対し、知事が議会を解散させたが、地方公共団体において議会が知事に対する不信任案が可決されたのは、地方自治法施行以後初めてのこととなった。

— 1-44 —

問題49　経済用語に関する次の記述のうち、妥当なものはどれか。

1　ＧＤＰ（国内総生産）とは、一定期間内に国内で生産されたモノやサービスの付加価値の合計額のことをいい、その国の経済規模や景気の状態を総合的に示す指標となり、総務省統計局によって四半期ごとに速報値が公表されている。

2　インクルーシブとは、排除や排他を意味する用語で、自分たちと同じ属性や趣味の人間だけで集まり、それ以外の者を外へ追い出したり、のけものにすることをいう。

3　従来の出社型のオフィスワークと、自宅などオフィスと離れた場所で働くテレワークを組み合わせた働き方のことを、ワークライフバランスという。

4　消費者物価指数は、全国の世帯が購入する家計に係る財およびサービスの価格等を総合した物価の変動を時系列的に測定するものであり、2023年（令和5年）平均の総合指数は、2020年を100として105.6となり、前年比は3.2％の上昇となった。

5　燃料デブリとは、原子炉内の冷却機能が失われ、核燃料や構造物が溶けた後に、冷えて固まったものをいい、2024年（令和6年）9月には、福島第一原子力発電所にあったすべての燃料デブリの取り出しが完了した。

問題50　外国人に関する次の記述のうち、妥当なものはどれか。

1　難民認定の申請中は強制送還が停止されるため、相当の理由の有無にかかわらず、難民認定申請を何度も繰り返すことにより強制送還を免れることができる。

2　2024年（令和6年）6月末における特定技能1号外国人数は25万人を超えており、国籍別に見ると、最も多いのはベトナムであった。

3　2024年（令和6年）6月末における特定技能2号外国人数は153人であり、国籍別に見ると、最も多いのは中国であった。

4　2024年（令和6年）6月末における在留外国人数は、358万8,956人であり、前年末比5.2％減となり、在留外国人数は2年連続で減少している。

5　2024年（令和6年）6月末における在留外国人を在留資格別に見ると、「技能実習」が最も多く、次いで、「留学」、「永住者」の順であった。

問題51　子育て支援・高齢者支援に関する次の記述のうち、妥当なものはどれか。

1　「就学前の子どもに関する教育、保育等の総合的な提供の推進に関する法律」が2024年（令和6年）10月に施行されたことにより、認定こども園制度が導入されることとなった。

2　児童手当は、2024年（令和6年）10月から、対象児童を高校生年代まで（18歳の誕生日以後の最初の3月31日まで）に拡充されたが、所得制限の撤廃は見送られた。

3　2025年（令和7年）4月から、育児介護休業法*に基づく子の看護休暇は、子の行事参加等の場合でも取得可能となり、対象となる子の範囲も中学校3年生に拡大された。

4　2025年（令和7年）4月から、育児介護休業法*に基づく育児休業の取得状況の公表義務の対象は、常時雇用する労働者数が1,000人超の事業主から300人超の事業主に拡大された。

5　後期高齢者医療制度では、後期高齢者の窓口負担を除いた額は、そのすべてが公費と現役世代からの支援金で賄われている。

（注）　＊　育児休業、介護休業等育児又は家族介護を行う労働者の福祉に関する法律

問題52　行政書士法に関する次の記述のうち、正しいものはどれか。

1　行政書士試験に合格した者でなくても、社会保険労務士の資格を有する者は行政書士となる資格を有する。

2　罰金以上の刑に処せられ、その執行を終わり、または執行を受けることがなくなってから1年を経過しない者は、行政書士となる資格を有しない。

3　行政書士となる資格を有する者が、行政書士となるには、総務省の備える行政書士名簿に、日本行政書士会連合会を経由して登録の申請を行い、登録を受けなければならない。

4　行政書士の登録が抹消されたときは、その者、その法定代理人またはその相続人は、遅滞なく、行政書士証票を廃棄しなければならない。

5　日本行政書士会連合会は、行政書士の登録を受けた者が、偽りその他不正の手段により当該登録を受けたことが判明したときは、当該登録を取り消さなければならない。

問題53　住民基本台帳法に明示されている戸籍の附票の記載事項に関する次の項目のうち、妥当でないものはどれか。

1　住所（国外転出者の場合、国外転出者である旨）

2　住所を定めた年月日（国外転出者の場合、国外転出届に記載された転出の予定日）

3　住民票に記載された住民票コード（国外転出者の場合、国外転出届をしたことにより消除された住民票に記載されていた住民票コード）

4　緊急時の連絡先となる者の住所（国外転出者の場合、国内に居住する者の住所に限る）

5　出生の年月日

問題54　次の文章の ア ～ オ に当てはまる用語の組合せとして、妥当なものはどれか。

　　新たなインターネット概念として「Ｗｅｂ３」が注目されている。

　　Ｗｅｂ1.0は、コンテンツ閲覧が中心の ア コミュニケーションであった。Ｗｅｂ2.0では、プラットフォーマーの登場により、ブログやＳＮＳ等、ユーザーが自らコンテンツを作り出す イ コミュニケーションが可能となった。そして、「Ｗｅｂ３」は、 ウ 技術を基盤とする分散化されたネットワーク上で、プラットフォーマー等を介さずに個人と個人がつながり、 イ でのデータ利用およびデータの分散管理を行うことが可能となるものである。

　　Ｗｅｂ2.0は、プラットフォーマーにデータが集中するが、「Ｗｅｂ３」は、特定のプラットフォームに依存することなく、ユーザーが直接相互につながることとなるため、「 エ 的」と言われる。Ｗｅｂ３の応用事例としては、 ウ を基盤にして作成された オ なデジタルデータの総称である「ＮＦＴ」を挙げることができる。

	ア	イ	ウ	エ	オ
1	一方向	双方向	ブロックチェーン	非中央集権	代替不可能
2	一方向	双方向	クラウド	中央集権	代替不可能
3	双方向	一方向	ブロックチェーン	非中央集権	代替不可能
4	双方向	一方向	クラウド	中央集権	代替可能
5	一方向	双方向	ブロックチェーン	非中央集権	代替可能

— 1-48 —

問題55　ＥＵの一般データ保護規則（ＧＤＰＲ*）に関する次の記述のうち、妥当でないものはどれか。

1　データ主体が、一つまたは複数の特定の目的のための自己の個人データの取扱いに関し、同意を与えた場合、その範囲内で取扱いは適法である。

2　データ主体が、一つまたは複数の特定された目的のためのその個人データの取扱いに関し、明確な同意を与えた場合であっても、原則として、人種的・民族的な出自、政治的な意見、宗教上・思想上の信条等のいわゆる特別な種類の個人データの取扱いは、禁止される。

3　データ主体に、一定の場合、プロファイリングに異議を唱える権利が付与されている。

4　データ主体に、一定の場合、消去の権利（忘れられる権利）が付与されている。

5　データ主体に、一定の場合、データポータビリティの権利が付与されている。

（注）＊　ＧＤＰＲ（General Data Protection Regulation）

問題56　地方公共団体情報システム機構に関する次の記述のうち、地方公共団体情報システム機構法の規定に基づき妥当なものはどれか。

1　地方公共団体情報システム機構は、地方自治の本旨に基づき、住民基本台帳法、電子署名等に係る地方公共団体情報システム機構の認証業務に関する法律および行政手続における特定の個人を識別するための番号の利用等に関する法律の規定による事務ならびにその他の地方公共団体の情報システムに関する事務を地方公共団体に代わって行うとともに、地方公共団体に対してその情報システムに関する支援を行い、もって情報通信技術を用いた本人確認の手段の円滑な提供を確保するとともに、地方公共団体の行政事務の合理化および住民の福祉の増進に寄与することを目的とする。

2　地方公共団体情報システム機構は、必要があるときは、その資本金を増加することができ、地方公共団体以外の者であっても、機構に出資することができる。

3　地方公共団体情報システム機構は、定款に、目的、名称等所定の事項を規定しなければならず、定款の変更は、内閣総理大臣の認可のみでその効力を生ずる。

4　地方公共団体情報システム機構は、その業務として、電子署名等に係る地方公共団体情報システム機構の認証業務に関する法律の規定により処理することとされている事務および行政手続における特定の個人を識別するための番号の利用等に関する法律の規定により処理することとされている事務を行う。

5　内閣総理大臣は、地方公共団体情報システム機構が地方公共団体情報システム法もしくは同法に基づく命令または定款に違反し、または違反するおそれがあると認めるときは、機構に対し、その業務ならびに資産および債務の状況に関し報告をさせ、またはその職員に、機構の事務所に立ち入り、その業務の状況もしくは帳簿、書類その他の物件を検査させることができる。

問題57　個人情報保護法*に関する次の記述のうち、妥当でないものはどれか。

1　個人情報保護委員会には、専門の事項を調査させるため、専門委員を置くことができる。

2　個人情報保護委員会は、毎年、内閣総理大臣を経由して国会に対し所掌事務の処理状況を報告するとともに、その概要を公表しなければならない。

3　個人情報保護委員会の委員長および常勤の委員は、在任中、報酬を得て他の職務に従事し、または営利事業を営み、その他金銭上の利益を目的とする業務を行ってはならないが、内閣総理大臣の許可のある場合は除かれる。

4　個人情報保護委員会の委員長および委員は、連帯してその職権を行う。

5　個人情報保護委員会は、個人情報取扱事業者等の義務等の規定の施行に必要な限度において、個人情報取扱事業者等その他の関係者に対し、個人情報等の取扱いに関し、必要な報告もしくは資料の提出を求め、またはその職員に、当該個人情報取扱事業者等その他の関係者の事務所その他必要な場所に立ち入らせ、個人情報等の取扱いに関し質問させ、もしくは帳簿書類その他の物件を検査させることができる。

（注）　*　個人情報の保護に関する法律

問題58　本文中の空欄 ＿＿＿＿ に入る文章を、あとのア～オを並べ替えて作る場合、その順序として妥当なものはどれか。

　今なお、アメリカが文明の規範になっていて、将来の成り行きも方向づけています。

　世界が進んでゆく方向を牽引するものとして、ＡＩ情報技術、高度先端科学、生命科学、あるいは宇宙開発等が展望されています。昔いつの間にか立ち消えになった宇宙旅行とか、宇宙戦争ですね。なかでも、われわれの社会生活に直に関わるのが自動車の自動運転などに代表されるＡＩ情報技術です。それはわれわれの生活の基本モードを変えてゆきます。サイバネティクスの延長で、これから生身の人間の関与はシステム全体の効率的な運用には邪魔になります。だから人間の関与を極力減らしてゆく。

| |
| |

　これはテクノロジーのデジタルＩＴ化以後顕著になったことですが、コミュニケーション・ベースがＩＴ化して、あらゆる人間がコンピュータを使わざるを得ない社会になり、社会生活のインフラになってしまったものが、アメリカ国家の影響力で世界に押しつけられる一方で、私的所有権の下に置かれているからです。

　この場合の私的所有権というのは、知的所有権です。つまり全人間の生活インフラであるものが私的権利化されて、そこから生まれる富がその所有権の保持者に集中しているわけです。これは、自然の山川を私的所有に委ねたことの延長です。

　これまで工業製品は基本的には地域的な商品で、市場の拡大でそれがグローバル化もするわけですが、ＩＴ技術とその展開の製品やサービスは、初めからグローバル化を前提に興りました。プラットホームはマイクロソフトやアップルでないといけないわけです。それらは米企業ですが、全世界から富を一元集中できるようなシステムをつくって、それを私的所有のもとにおき、それが史上類を見ない富の集中をつくり出した。

　　　　　　　（出典　西谷修「私たちはどんな世界を生きているか」から）

ア　そんな計画を立てて、人びとの耳目を惹くことができるのは、桁違いの富を築いて、かつてアメリカ国家の夢を担っていたＮＡＳＡまで金で買えるイーロン・マスクとか、ビル・ゲイツとか、ベゾスのような人たちだけでしょう。

イ　つまり、それは私たちの日常的な生活経験の感覚とはかけ離れている。スペースＸやテスラ社、それにペイパルを興したイーロン・マスクが、テスラの電気自動車を積んでロケットを飛ばしているし、宇宙観光産業まであちこちで起こっています。が、誰もがみな隣町に行くように宇宙に行けるわけではけっしてない。

ウ　そうすると、一方では働き口がなくなるとか心配されますが、それは全体的生活をいっそう便利にして、社会のあり方を円滑かつ合理化し、人間はますます自由になり幸福になる、それが進歩・発展だと言われています。モダン、ハイパーモダンを超えて、ポスト・ヒューマンだとも言われます。

エ　そこでは一人ひとりの可能性が自由に展開されるとか、個人の能力もＩＴとか、ＡＩでさらに拡張されて、夢や希望が果たされると語られます。でもそういう夢や希望は、かつての一家に一台テレビ、電化製品、蛍光灯が夢であったようなのと大分違う気がします。人類の未来とか夢として提示されたとしても、それがあらゆる人びとの希望なのかというとそうではない。

オ　そんな一代成金がどうして可能になったか。

　　1　ア→イ→ウ→オ→エ
　　2　ア→エ→イ→オ→ウ
　　3　ウ→エ→イ→ア→オ
　　4　ウ→エ→オ→イ→ア
　　5　エ→イ→ア→ウ→オ

問題59　本文中の空欄　Ⅰ　〜　Ⅴ　に入る語句の組合せとして、妥当なものはどれか。

　会話の習得において、精神状態が疲労していたり、負担を感じている場合には、上達がないようにおもわれ、失望感や劣等感におそわれやすい。われわれの日本語の場合でも、心身ともにいちじるしく疲労しているときは、話すのもおっくうになったり、ことばがつかえてでてこなかったりするように、語文の型が十分身についていない習得中の外国語の場合には、この　Ⅰ　がなおさらおこりやすい。しかし実際には、かならずしも上達がおくれているのではないのであって、おぼえているはずのものが、他の精神のはたらきによって禁止されているのである。そして精神的な余裕のある場合には、文章や単語などが急にすらすらとおもいだせることがある。

　外国語の学習は、精神状態の負担がかかっているときは、なるべくさけるべきで、精神的にゆとりのあるときを選んでおこなうほうがよい。最近ソヴィエトなどでもちいられている外国語学習の方法で、睡眠法というのがあるが、これは、睡眠をとるまえに一定の単語や文章を学習させておき、一定の睡眠後にそれをおもいださせる方法である。これなども、他の精神作用の　Ⅱ　をさけて休息をとらせ、外国語の学習だけに集中させて、効果をあげている方法といえる。

　このようにしておぼえたものを　Ⅲ　していくためには、できるだけその表現やいいまわしを実生活のなかにとりいれることである。これにはいろいろな方法が考えられるが、たとえば同好会にはいったり、外国人の集まりへでかけたり、外国人を自宅に招いたりすることは、手っとりばやい方法である。これらの場合には、学習するという苦痛感や嫌悪感はそれほどともなわず、体験や風俗習慣のことなるものを直接に知るという、興奮や驚異をともなう娯楽的要素をふくむから、　Ⅳ　のうちにいろいろな表現やいいまわしを習得していきやすい。

　外国人の場合をみると、母国語と外国語の使用を、その状況に応じて、いとも簡単に切りかえておこなうように、小さいときからしむけられているようにおもわれる。

　要するに、できるだけなまの形の外国語に接して、それを努力によってくりかえしおぼえていくことであろう。できるだけそのような環境や雰囲気をつくって、直接的に外国語をうけいれることである。さらに余裕があれば、外国人の思想や感じかたを、日本語的な文章になおした翻訳にたよらずに、できるだけ　Ⅴ　に接することによって、理解するように努めることである。

　　　　　　　　　　　　　　　　　　（出典　入谷敏男「ことばの心理学」から）

	I	II	III	IV	V
1	現象	介入	保管	無自覚	原書
2	現象	介入	保持	無意識	原書
3	状況	離反	保管	無自覚	原紙
4	状況	介入	保持	無意識	原書
5	変化	離反	廃棄	無機質	原紙

問題60　本文中の空欄［　　］に入る文章として、妥当なものはどれか。

遠くからカラスを見ていると、どれも黒い体色をし似たりよったりのように思える。しかし、実際に手にして見ると、大きさをはじめ重さも顔つきも、羽の艶や目の色さえも一羽ずつ異なっているのにびっくりする。がむしゃらに暴れる個体もあれば、捕獲とともに観念しておとなしくしているものもいる。中には袋に入ったまま体を動かし、嘴でこじ開けるようにして結わえてある紐をほどいて逃げ出す寸前のカラスもいる。後日のことであるが、捕獲して袋に入れ車で放鳥場所の明治神宮へ移送中に、袋の紐を解いて逃げ出した個体もいる。この時は新宿駅に近い甲州街道の渋滞に巻き込まれていたので、前後を車で挟まれていたため、何事が起こったのかとドライバーたちの注目するところとなってしまった。しかも、慌てていたとみえ、うっかり素手で捕まえようとして手首をつつかれ出血してしまった。逃げようとする執念深さには驚くばかりであった。一羽一羽、外見も性格も異なり、われわれ人間と同様に実に個性豊かだ。

外見からは雌雄の区別はつかない。年齢は様々のようだ。いかにも若々しくて逞しい個体、すでに翼の羽がぼろぼろになった熟年カラスもいる。特に目立つのは嘴の先端である。上下の嘴の先端は、同じ長さの場合もあるが、中には猛禽類と同様に長い上嘴の先端が下嘴にかぶさるように鉤状に下曲しているものもいる。この鋭く曲がったワシタカのような嘴であれば、何でも引き裂いて食べることが出来よう。［　　　　　　　　　　　　］。

カラスの場合、足環だけでは遠くから見ても識別が難しい。空を飛ぶ時は足を引っ込めて羽毛の中に隠れてしまうので、せっかくの足環も役立たない。そこで、足環以外にも野外で目立つマークをつける必要がある。

（出典　唐沢孝一「カラスはどれほど賢いか」から）

1　カラスにしてみれば、スズメの幼鳥に飛翔力がつくにつれて捕食が困難になるだけに、巣立ちの時期を察知することが何よりも重要である

2　明治神宮に塒（ねぐら）をとったカラスたちは銀座や渋谷、新宿といった繁華街の残飯情報を交換しているのかも知れない

3　カラスは、鋭く曲がった嘴でつついて腕を傷つけてくるが、手にしてみると体に温もりがあり親近感を感じる

4　カラスが野外に設置した精密器具を鋭く曲がった嘴でつついたほんの僅かな破損により、都市機能が停止しないとも言い切れない

5　普通の野鳥では食べられないような肉類や動物の死体なども食べることができるのは、この鋭く強靭な嘴によるものと思われる

問題
答案用紙

答案用紙はダウンロードもご利用いただけます。
TAC出版書籍販売サイトにアクセスしてください。
https://bookstore.tac-school.co.jp/

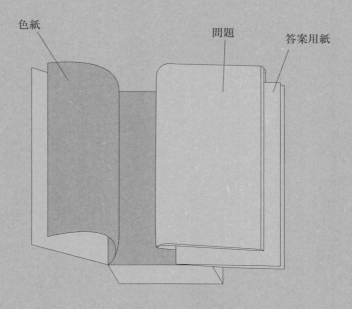

〈問題・答案用紙ご利用時の注意〉
以下の「問題」は、この色紙を残したままていねいに抜き取り、ご使用ください。
「答案用紙」は、綴込の針金をはずしてご使用ください。なお、針金をはずす際は
素手ではなく、ドライバー等の器具を必ずご使用ください。
また、抜取りの際の損傷についてのお取替えはご遠慮願います。

第2回

問 題

試験開始まで開いてはいけません。

（注意事項）
1　問題は2−1ページから2−57ページまで60問あり、時間は3時間です。
2　解答は、2−28ページと2−29ページの間にある答案用紙に記入してください。
3　答案用紙への記入およびマークは、次のようにしてください。
　ア　択一式（5肢択一式）問題は、1から5までの答えのうち正しいと思われるものを一つ選び、マークしてください。二つ以上の解答をしたもの、判読が困難なものは誤りとなります。
　イ　択一式（多肢選択式）問題は、枠内（1〜20）の選択肢から空欄 ア 〜 エ に当てはまる語句を選び、マークしてください。二つ以上の解答をしたもの、判読が困難なものは誤りとなります。
　ウ　記述式問題は、答案用紙裏面の解答欄（マス目）に記述してください。
4　解答一覧は66・67ページ、解答解説は68ページからです。

法　令　等 [問題1〜問題40は択一式（5肢択一式）]

問題1　公訴時効に関する次の記述のうち、妥当なものはどれか。

1　平成22年の法改正以前は、すべての犯罪に公訴時効が存在したが、今日では、人を死亡させた罪については、公訴時効が撤廃されている。

2　公訴時効は、当該事件について行われた公訴の提起によってその進行を停止するが、管轄違いの裁判または公訴棄却の裁判が確定した場合には、その時から再びその進行を始める。

3　平成22年に改正された公訴時効に関する法律の内容は、罪刑法定主義による遡及処罰の禁止の趣旨にかんがみ、その施行日以前に行われた犯罪については適用されず、施行日以後に行われた犯罪について適用されている。

4　公訴時効の起算点は、原則として、犯罪行為が終わった時から進行するから、傷害致死罪では、傷害行為が終了した時点から時効が進行する。

5　原則として、公訴の提起をしない限り、告訴状や告発状の提出および受理や被疑者の逮捕だけで公訴時効が停止することはないが、例外的に、国家の存立にかかわる重大事件については、関係行政機関の申立てにより、告訴状や告発状の提出および受理や被疑者の逮捕を要件として公訴時効が停止することがある。

問題2　法格言に関する次のア〜オの記述のうち、妥当なものの組合せはどれか。

ア　「悪法も法である」とは、法の支配の考え方を表す法格言である。

イ　「国王といえども神と法の下にある」とは、法実証主義の考え方を表す法格言である。

ウ　刑法38条3項の「法律を知らなかったとしても、そのことによって、罪を犯す意思がなかったとすることはできない。ただし、情状により、その刑を減軽することができる。」との規定は、「法の不知はこれを許さず」という法格言の表れといえる。

エ　刑事訴訟法336条の「被告事件が罪とならないとき、又は被告事件について犯罪の証明がないときは、判決で無罪の言渡をしなければならない。」との規定は、「自白は証拠の女王である」という法格言の表れといえる。

オ　刑法244条1項の「配偶者、直系血族又は同居の親族との間で第235条の罪（窃盗）、第235条の2の罪（不動産侵奪）又はこれらの罪の未遂罪を犯した者は、その刑を免除する。」との規定は、「法は家庭に入らず」という法格言の表れといえる。

　　1　ア・ウ
　　2　ア・エ
　　3　イ・エ
　　4　イ・オ
　　5　ウ・オ

問題3　人権の享有主体に関する次の記述のうち、最高裁判所の判例に照らし、妥当でないものはどれか。

1　被拘禁者の新聞紙等の閲読の自由を制限する場合においても、当該閲読を許すことにより監獄内の規律および秩序が害される一般的、抽象的なおそれがあるというだけでは足りず、その閲読を許すことにより監獄内の規律および秩序の維持上放置することのできない程度の障害が生ずる相当の蓋然性があると認められることが必要である。

2　社会保障上の施策において在留外国人をどのように処遇するかについては、国は、特別の条約の存しない限り、当該外国人の属する国との外交関係、変動する国際情勢、国内の政治・経済・社会的諸事情等に照らしながら、その政治的判断によりこれを決定することができるのであり、その限られた財源の下で福祉的給付を行うに当たり、自国民を在留外国人より優先的に扱うことも許される。

3　基本的人権の保障は、権利の性質上日本国民のみをその対象としていると解されるものを除き、わが国に在留する外国人に対しても等しく及ぶものと解すべきであり、政治活動の自由についても、わが国の政治的意思決定またはその実施に影響を及ぼす活動等外国人の地位にかんがみこれを認めることが相当でないと解されるものを除き、その保障が及ぶ。

4　地方公務員のうち、公権力行使等地方公務員の職務の遂行は、住民の権利義務や法的地位の内容を定め、あるいはこれらに事実上大きな影響を及ぼすなど、住民の生活に直接間接に重大なかかわりを有するものであり、外国人が公権力行使等地方公務員に就任することは、本来我が国の法体系の想定するところではない。

5　憲法は、政党の存在を当然に予定し、議会制民主主義を支える不可欠の要素であるとしつつも、政党について規定するところがなく、これに特別の地位を与えてはいないのであるから、会社が政党の健全な発展に協力することは、期待されているところではなく、政治資金の寄附についても例外ではない。

問題4　表現の自由に関する次のア〜エの記述のうち、最高裁判所の判例に照らし、誤っているものの組合せはどれか。

ア　暴走族追放条例の対象となる「集会」は、暴走行為を目的として結成された集団である本来的な意味における暴走族の外、服装、旗、言動などにおいてこのような暴走族に類似し社会通念上これと同視することができる集団によって行われるものに限定されると解されるとしても、このような規制の対象が広範囲に及ぶ文言によって、公共の場所で公衆に不安または恐怖を覚えさせるような集いまたは集会を行うことの中止または当該場所からの退去命令に違反した者を処罰することは、憲法21条1項に違反する。

イ　政治的意見を記載したビラを投かんする目的で、公務員宿舎に管理権者の意思に反して立ち入った行為をもって刑法130条前段の罪に問うことの是非は、表現の手段すなわちビラの配布のために「人の看守する邸宅」に管理権者の承諾なく立ち入ったことを処罰することの憲法適合性が問われているものではなく、表現そのものを処罰することの憲法適合性が問われているのであるが、そのような行為を住居侵入罪で処罰することは、憲法21条1項に違反するものではない。

ウ　公共施設における集会の開催は、施設をその集会のために利用させることによって、他の基本的人権が侵害され、公共の福祉が損なわれる危険を回避し、防止するために、必要かつ合理的な範囲で制限を受けることがあり、その制限が肯認されるかどうかは、基本的には、基本的人権としての集会の自由の重要性と、当該集会が開かれることによって侵害されることのある他の基本的人権の内容や侵害の発生の危険性の程度等を較量して決せられるべきものである。

エ　破壊活動防止法所定の規定により処罰の対象となる「せん動」は、表現活動としての性質を有しているが、公共の安全を脅かす現住建造物等放火罪、騒擾罪等の重大犯罪をひき起こす可能性のある社会的に危険な行為であるから、公共の福祉に反し、表現の自由の保護を受けるに値しないものであり、当該せん動を処罰することは、憲法21条1項に違反しない。

1　ア・イ
2　ア・ウ
3　イ・ウ
4　イ・エ
5　ウ・エ

問題5　次の文章は、ＧＰＳ捜査の適法性に関する最高裁判所平成29年３月15日大法廷判決の一節である。文章中の空欄　ア　～　エ　に当てはまる語句の組合せとして、正しいものはどれか。

　　ＧＰＳ捜査は、対象車両の時々刻々の位置情報を検索し、把握すべく行われるものであるが、その性質上、公道上のもののみならず、個人の　ア　が強く保護されるべき場所や空間に関わるものも含めて、対象車両及びその使用者の所在と移動状況を逐一把握することを可能にする。このような捜査手法は、個人の行動を継続的、網羅的に把握することを必然的に伴うから、個人の　ア　を侵害し得るものであり、また、そのような侵害を可能とする機器を個人の所持品に秘かに装着することによって行う点において、公道上の所在を肉眼で把握したりカメラで撮影したりするような手法とは異なり、公権力による　イ　への侵入を伴うものというべきである。

　　憲法35条は、「住居、書類及び所持品について、侵入、捜索及び押収を受けることのない権利」を規定しているところ、この規定の保障対象には、「住居、書類及び所持品」に限らずこれらに準ずる　イ　に「侵入」されることのない権利が含まれるものと解するのが相当である。そうすると、個人の　ア　の侵害を可能とする機器をその所持品に秘かに装着することによって、合理的に推認される個人の意思に反してその　イ　に侵入する捜査手法であるＧＰＳ捜査は、個人の意思を制圧して憲法の保障する重要な法的利益を侵害するものとして、刑訴法上、特別の根拠規定がなければ許容されない　ウ　の処分に当たる・・・とともに、一般的には、現行犯人逮捕等の　エ　を要しないものとされている処分と同視すべき事情があると認めるのも困難であるから、　エ　がなければ行うことのできない処分と解すべきである。

（最大判平成29年３月15日刑集第71巻３号13頁）

	ア	イ	ウ	エ
1	プライバシー	公的領域	任意	令状
2	プライバシー	私的領域	強制	証拠
3	プライバシー	私的領域	強制	令状
4	アクセス権	公的領域	任意	証拠
5	アクセス権	私的領域	強制	令状

問題6　国会に関する次の記述のうち、憲法の規定に照らし、妥当でないものはどれか。

1　両議院は、各々その総議員の3分の1以上の出席がなければ、議事を開き議決することができない。

2　両議院の議員は、議院で行った演説、討論または表決について、院外で責任は問われないが、院内で懲罰の対象とされることがある。

3　両議院の議員は、法律で定める場合を除いては、国会の会期中は逮捕されない。

4　いずれかの議院の総議員の5分の1以上の要求があった場合は、内閣は、国会の臨時会の召集を決定しなければならない。

5　衆議院で可決し、参議院でこれと異なった議決をした法律案は、衆議院で出席議員の3分の2以上の多数で再び可決したときは、法律となる。

問題7　司法権の範囲ないし限界に関する次のア～オの記述のうち、最高裁判所の判例に
　　　　照らし、妥当でないものの組合せはどれか。

　　ア　両院における議決を経て、適法な手続によって公布されている法律については、
　　　　両院の自主性を尊重し、当該法律の制定における議事手続に関する事実を審理して
　　　　その有効無効を判断すべきではない。
　　イ　大学の単位の授与（認定）という行為は、学生が履修した授業科目について合格
　　　　したことを確認する教育上の措置であり、卒業の要件をなすものであるから、一般
　　　　市民法秩序と直接の関係を有するものであることは明らかであり、それゆえ、純然
　　　　たる大学内部の問題といえず、大学の自主的、自律的な判断のみに委ねられるべき
　　　　でなく、裁判所の司法審査の対象となる。
　　ウ　国家試験における合否の判断は、学問上または技術上の知識、能力、意見等の優
　　　　劣、当否の判断を内容とする行為であるから、当該試験実施機関の最終判断に委ね
　　　　られ、司法審査の対象とはならない。
　　エ　政党の処分が党員の一般市民としての権利利益を侵害する場合であっても、その
　　　　処分の当否の司法審査は、政党の自律的に定めた規範が公序良俗に反するなどの特
　　　　段の事情のない限り、その規範に照らし、その規範を有しないときは条理に基づ
　　　　き、適正な手続に則ってされたかどうかの範囲で行われる。
　　オ　出席停止の懲罰が科されると、議員としての責務を十分に果たせなくなるが、出
　　　　席停止の適否は専ら議会の自主的、自律的な解決に委ねられるべき行為であり、普
　　　　通地方公共団体の議会の議員に対する出席停止の懲罰の適否は、司法審査の対象と
　　　　はならない。

　　1　ア・イ
　　2　ア・ウ
　　3　イ・オ
　　4　ウ・エ
　　5　エ・オ

問題8　法律による行政の原理に関する次のア～オの記述のうち、妥当なものの組合せはどれか。

ア　法律による行政の原理は、権力分立の統治機構を前提とするものであるから、ここでいう法律とは議会の立法した法という意味であり、法規範であればどのような手続で定められたものでもよいわけではない。

イ　行政活動は、法律に違反して行うことはできず、違法な行政活動は無効とする原則を法律の留保の原則といい、一定の行政活動についてのみ認められる。

ウ　法律によってのみ人の権利義務を左右する法規を創造することができるとする原則を法律の法規創造力の原則といい、憲法学でいう国会単独立法の原則と同義とされている。

エ　行政活動は、法律の根拠に基づいて行わなければならないとする原則を法律の優位の原則といい、この原則の適用範囲については、侵害行政を行うには法律の根拠を必要とするが、給付行政や授益的行政、国民の権利義務には関係のない行政活動を行うには法律の根拠は不要とする侵害留保説が通説とされている。

オ　相手方の抵抗を排して実力を行使するような直接強制調査については、侵害留保説によっても権力留保説によっても法律の根拠は必要であり、相手方の任意の協力をもって行われる任意調査については、侵害留保説によっても権力留保説によっても法律の根拠は不要である。

1　ア・ウ
2　ア・オ
3　イ・ウ
4　イ・エ
5　エ・オ

— 2-8 —

問題9　行政計画に関する次のア～エの記述のうち、妥当なものの組合せはどれか。

ア　法律の留保の原則における侵害留保説によると、国民の権利を制限したり、新た
　　に義務を課す内容を含む行政計画には法律の根拠が必要とされるが、国民には直接
　　法的効力が生じない行政計画には法律の根拠は不要とされる。

イ　地方公共団体が、ある会社に対して工場を誘致する計画を決定した場合、当該計
　　画が社会情勢の変動に伴って変更されることは当然にあり、当該地方公共団体は当
　　該計画に拘束されるものではないから、計画の変更により当該会社が積極的損害を
　　被ったとしても、地方公共団体は当該会社と契約を締結していた場合のみ、その契
　　約に基づいて損害賠償を負えば足りる。

ウ　都市再開発法に基づく第二種市街地再開発事業の事業計画について、公告された
　　再開発事業計画の決定は、施行地区内の土地の所有者等の法的地位に直接的な影響
　　を及ぼすことから、当該計画を対象として取消訴訟において処分性は認められる。

エ　地方公共団体が都市計画法に基づいて都市計画の案を作成しようとする場合に
　　は、意見書の提出、公聴会の開催等当該計画の作成について利害関係を有する住民
　　の意見を反映させるために必要な措置を講じなければならない。

1　ア・ウ
2　ア・エ
3　イ・ウ
4　イ・エ
5　ウ・エ

問題10　公務員に関する次のア～エの記述のうち、妥当でないものの組合せはどれか。

ア　国家公務員の給与については法律で定め、国家公務員の勤務条件については人事院の規則で定めることができるのに対し、地方公務員の給与および勤務条件は条例で定める。

イ　日本の国籍を有する者が公権力を行使する公務員に就任することが想定されていることから、国家公務員法および地方公務員法には日本国籍を有する者のみを任用する旨の規定が置かれている。

ウ　地方公共団体の職員採用内定が取り消された場合、当該内定の通知を信頼し、当該地方公共団体の職員として採用されることを期待して、他の就職の機会を放棄するなど、当該地方公共団体に就職するための準備を行った者に対し、当該地方公共団体が損害賠償責任を負う場合がある。

エ　国家公務員には職務を遂行する権利があり、当該権利はその意に反して降任、休職または免職されることはないという形で認められているため、単に勤務実績がよくないということのみを理由に降任または免職されることはない。

　　1　ア・イ
　　2　ア・ウ
　　3　イ・ウ
　　4　イ・エ
　　5　ウ・エ

問題11　次の文章は行政手続法1条1項の条文である。空欄　ア　～　オ　に当てはまる
　　　　語句の組合せとして、正しいものはどれか。

（行政手続法第1条第1項）
　　この法律は、処分、　ア　及び　イ　に関する手続並びに命令等を定める手続に関
し、共通する事項を定めることによって、行政運営における　ウ　の確保と透明性
（行政上の　エ　決定について、その内容及び過程が国民にとって明らかであること
をいう。第46条において同じ。）の向上を図り、もって　オ　に資することを目的と
する。

	ア	イ	ウ	エ	オ
1	行政指導	届出	公正	政策	効率的な行政運営
2	行政契約	届出	適正	政策	国民の権利利益の保護
3	行政指導	確認	適正	意思	国民の権利利益の保護
4	行政契約	確認	公正	意思	効率的な行政運営
5	行政指導	届出	公正	意思	国民の権利利益の保護

問題12　行政手続法の定める聴聞に関する次のア〜エの記述のうち、誤っているものの組
　　　合せはどれか。

　　ア　聴聞の当事者は、代理人を選任することができ、代理人は、各自、当事者のため
　　　に、聴聞に関する一切の行為をすることができる。
　　イ　聴聞の当事者の代理人の資格は、書面で証明しなければならず、代理人がその資
　　　格を失ったときは、当該代理人は、書面でその旨を行政庁に届け出なければならな
　　　い。
　　ウ　聴聞は、行政庁が指名する職員その他政令で定める者が主宰するが、行政庁の職
　　　員のうち、当該不利益処分に係る事案の処理に直接関与したものは、主宰者となる
　　　ことはできない。
　　エ　当事者および当該不利益処分がされた場合に自己の利益を害されることとなる参
　　　加人は、聴聞の通知があった時から聴聞が終結する時までの間、行政庁に対し、当
　　　該事案についてした調査の結果に係る調書その他の当該不利益処分の原因となる事
　　　実を証する資料の閲覧を求めることができる。

　　　　1　ア・イ
　　　　2　ア・ウ
　　　　3　イ・ウ
　　　　4　イ・エ
　　　　5　ウ・エ

問題13　行政手続法に定める行政指導に関する次の記述のうち、妥当なものはどれか。

1　法令に違反する行為の是正を求める行政指導で、その根拠となる規定が法律に置かれているものが当該法律に規定する要件に適合しないと思料するときは、何人も、当該行政指導をした行政機関に対し、その旨を申し出て、当該行政指導の中止その他必要な措置をとることを求めることができる。

2　申請の取下げまたは内容の変更を求める行政指導にあっては、行政指導に携わる者は、申請者が当該行政指導に従う意思がない旨を表明したにもかかわらず当該行政指導を継続すること等により当該申請者の権利の行使を妨げるようなことをしてはならない。

3　行政指導に携わる者は、その相手方に対して、当該行政指導の趣旨および内容ならびに責任者を明確に示すよう努めなければならない。

4　行政指導に携わる者は、当該行政指導をする際に、行政機関が許認可等に基づく処分をする権限を行使し得る旨を示すときは、その相手方に対して、行政手続法が定める事項を示さなければならないが、行政指導が口頭でされた場合には、その相手方からこれらの事項を記載した書面の交付を求められたとしても、これを交付する必要はない。

5　同一の行政目的を実現するため一定の条件に該当する複数の者に対し行政指導をしようとするときは、行政機関は、あらかじめ、事案に応じ、行政指導指針を定め、かつ、行政上特別の支障がない限り、これを公表するよう努めなければならない。

— 2-13 —

問題14　行政不服審査法に規定する不服申立ての対象に関する次の記述のうち、正しいものはどれか。

1　不服申立てをすることができない処分については、行政不服審査法が列挙しているほか、他の法律において特定の処分につき不服申立てをすることができない旨を規定することができる。

2　行政不服審査法において「処分」には、「人の収用、物の留置その他その内容が継続的性質を有するもの」などの事実行為が含まれるが、これは取消訴訟の対象にはならないが不服申立ての対象となる。

3　行政不服審査法における「不作為」には、申請が法令に定められた形式上の要件に適合しないとの理由で、実質的審査を経ずに拒否処分がなされた場合も含まれる。

4　行政不服審査法は、地方公共団体の機関が条例に基づいてする処分を適用除外としているため、そのような処分については別途条例で不服申立て制度を設けなければならない。

5　行政不服審査法は、不服申立制度全般について統一的、整合的に規律することを目的とするので、別に個別の法令で特別な不服申立制度を規定することはできない。

問題15　行政不服審査法に関する次の記述のうち、正しいものはどれか。

1　審査請求が法定の期間経過後にされたものであるとき、その他不適当であるときは、審査庁は、当該請求を棄却する裁決をする。

2　処分についての審査請求に理由があるときは、処分庁の上級行政庁である審査庁は、当該処分を取り消すことができ、法令に基づく申請を却下し、または棄却する処分の全部または一部を取り消す場合において、当該申請に対して一定の処分をすべきものと認めるときは、処分庁に代わって一定の処分を行うことができる。

3　不作為についての審査請求に理由があるときは、審査庁は、裁決で、当該不作為が違法または不当である旨を宣言し、不作為庁の上級行政庁である審査庁は、当該不作為庁に対し、当該処分をすべき旨を命ずる措置をとる。

4　事実上の行為についての審査請求を認容する場合、処分庁以外の審査庁は、違法または不当な当該事実上の行為を撤廃することができる。

5　事情裁決は、行政事件訴訟法の定める事情判決と同様、処分が違法であるときに一定の要件の下で行われるものであって、処分が不当にとどまる場合においては行われることはない。

問題16　行政不服審査法の教示に関する次のア～オの記述のうち、妥当でないものの組合せはどれか。

ア　処分庁が誤って審査請求をすべき行政庁でない行政庁を審査請求すべき行政庁として教示し、当該行政庁に審査請求書が提出された場合、当該行政庁は、速やかに、処分庁または審査庁となるべき行政庁に審査請求書を送付しなければならない。

イ　行政庁は、処分の相手方以外の利害関係人から当該処分が審査請求のできる処分であるか否かについて教示を求められたときは、当該教示をしなければならない。

ウ　行政庁が処分を口頭で行う場合であっても、不服申立てをすることができる処分をする場合は、教示は書面で行わなければならない。

エ　行政庁が処分をなすに際し、行政不服審査法において必要とされている教示をしなかった場合、当該処分に不服がある者は、当該処分庁に不服申立書を提出することができる。

オ　行政庁が審査請求をすることができる処分をなす場合において、処分の相手方に対し、当該処分の執行停止の申立てをすることができる旨を教示しなければならない。

1　ア・イ
2　ア・エ
3　イ・ウ
4　ウ・オ
5　エ・オ

問題17　次に掲げる行政事件訴訟法の条文の空欄 ア ～ オ に当てはまる語句の組合せとして、正しいものはどれか。

第12条第1項　取消訴訟は、 ア の普通裁判籍の所在地を管轄する裁判所又は処分若しくは裁決をした行政庁の所在地を管轄する裁判所の管轄に属する。

第12条第2項　土地の収用、鉱業権の設定その他不動産又は特定の場所に係る処分又は裁決についての取消訴訟は、その イ の所在地の裁判所にも、提起することができる。

第12条第3項　取消訴訟は、当該処分又は裁決に関し事案の処理に当たつた ウ の所在地の裁判所にも、提起することができる。

第12条第4項　国又は独立行政法人通則法・・・(略)・・・に規定する独立行政法人・・・(略)・・・を被告とする取消訴訟は、 エ の普通裁判籍の所在地を管轄する高等裁判所の所在地を管轄する地方裁判所（次項において「 オ 」という。）にも、提起することができる。

	ア	イ	ウ	エ	オ
1	被告	所轄の行政機関	下級行政機関	原告	特定管轄裁判所
2	原告	不動産又は場所	下級行政機関	被告	行政裁判所
3	被告	不動産又は場所	上級行政機関	被告	行政不服審査会
4	原告	所轄の行政機関	上級行政機関	原告	国税不服審判所
5	被告	不動産又は場所	下級行政機関	原告	特定管轄裁判所

— 2-17 —

問題18　取消訴訟における原告適格に関する次のア～オの記述のうち、最高裁判所の判例に照らし、妥当なものの組合せはどれか。

ア　産業廃棄物の最終処分場の周辺に居住する住民のうち、当該最終処分場から有害な物質が排出された場合にこれに起因する大気や土壌の汚染、水質の汚濁、悪臭等による健康または生活環境に係る著しい被害を直接的に受けるおそれのある者は、当該最終処分場を事業の用に供する施設としてされた産業廃棄物等処分業の許可処分および許可更新処分の取消しを求めるにつき法律上の利益を有する者として、その取消訴訟における原告適格を有する。

イ　滞納者と他の者との共有に係る不動産につき滞納者の持分が国税徴収法に基づいて差し押さえられた場合における他の共有者は、当該差押処分の法的効果による権利の制限を受けるものとはいえず、当該差押処分の取消訴訟における原告適格は認められない。

ウ　都市計画事業の事業地の周辺に居住する住民のうち当該事業が実施されることにより騒音、振動等による健康または生活環境に係る著しい被害を直接的に受けるおそれのある者は、当該事業の認可の取消しを求めるにつき法律上の利益を有する者として、その取消訴訟における原告適格を有する。

エ　自転車競技法に基づく場外車券発売施設の設置、運営により、交通、風紀、教育など生活環境悪化の被害を受ける可能性のある周辺住民は、当該場外施設の設置許可の取消しを求める原告適格を有する。

オ　建築基準法は、総合設計許可の規定を通して、当該許可に係る建築物の建築が市街地の環境の整備改善に資することを保護しようとしているのであり、当該許可に係る建築物により日照を阻害される周辺の他の建築物の居住者は、当該許可の取消しを求めるにつき法律上の利益を有する者とはいえない。

1　ア・ウ
2　ア・エ
3　イ・エ
4　イ・オ
5　ウ・オ

問題19　行政事件訴訟法に関する次の記述のうち、妥当でないものはどれか。

1　処分の取消しの訴えの提起があった場合において、処分、処分の執行または手続の続行により生ずる重大な損害を避けるため緊急の必要があるときは、裁判所は、申立てにより、決定をもって、処分の効力、処分の執行または手続の続行の全部または一部の停止をすることができるが、処分の効力の停止は、処分の執行または手続の続行の停止によって目的を達することができる場合には、することができない。

2　執行停止の決定は、口頭弁論を経ることなくすることができるが、仮の義務付けの決定および仮の差止めの決定は、正当な理由がない限り、口頭弁論を経なければすることができない。

3　執行停止は、本案について理由がないとみえるときはすることができないが、仮の義務付けおよび仮の差止めは、本案について理由があるとみえるときでなければすることができない。

4　仮の義務付けの申立てがあった場合も、仮の義務付けの決定があった後においても、内閣総理大臣は、裁判所に対し、異議を述べることができる。

5　仮の差止めに対し、内閣総理大臣の異議があったときは、裁判所は、仮の差止めをすることができず、また、すでに仮の差止めの決定をしているときは、当該決定を取り消さなければならない。

問題20　国家賠償法に関する次のア～エの記述のうち、最高裁判所の判例に照らし、妥当なものの組合せはどれか。

ア　国または公共団体の公権力の行使に当たる複数の公務員が、その職務を行うについて、共同して故意によって違法に他人に加えた損害につき、国または公共団体がこれを賠償した場合においては、当該公務員らは、国または公共団体に対し、連帯して国家賠償法による求償債務を負うことはない。

イ　刑事収容施設に収容されている未決拘禁者との面会の申出が弁護人等からあった場合に、その申出があった事実を未決拘禁者に告げないまま、当該施設に収容中であることを理由として面会を許さない刑事施設の長の措置は、当該未決拘禁者および弁護人等の接見交通権を侵害するものではなく、国家賠償法1条1項の適用上違法となることはない。

ウ　市町村が設置する中学校の教諭がその職務を行うについて故意または過失によって違法に生徒に損害を与えた場合において、当該教諭の給料その他の給与を負担する都道府県が国家賠償法に従い生徒に対して損害を賠償したときは、当該都道府県は、賠償した損害の全額を当該中学校を設置する市町村に対して求償することができる。

エ　公務員が納税者に対する職務上の法的義務に違背して固定資産の価格を過大に決定したときは、これによって損害を被った当該納税者は、地方税法に規定する審査の申出や取消訴訟等の手続を経るまでもなく、国家賠償請求を行い得る。

1　ア・イ
2　ア・ウ
3　イ・ウ
4　イ・エ
5　ウ・エ

問題21　国家賠償法に関する次のア～オの記述のうち、法令および最高裁判所の判例に照らし、妥当なものの組合せはどれか。

ア　国家賠償法に基づく損害賠償請求権のうち、国に対するものは、会計法の規定に基づきすべて5年で消滅時効にかかる。

イ　公務員の選任に当たる者と公務員の俸給、給与その他の費用を負担する者とが異なるときは、公務員の選任に当たる者が賠償責任を負い、費用を負担する者は故意または重大な過失があるときに限り賠償責任を負う。

ウ　国または公共団体の損害賠償の責任について民法以外の法律に別段の定めがある場合であっても、民法が優先して適用される。

エ　国家賠償法は、外国人が被害者である場合には、当該外国人が日本に住所があるときであっても、相互の保証がなければ適用されることはない。

オ　公権力の行使に当たる消防職員の失火による公共団体の損害賠償責任については、国家賠償法により失火ノ責任ニ関スル法律（失火責任法）が適用される。

1　ア・イ
2　ア・オ
3　イ・ウ
4　ウ・エ
5　エ・オ

— 2-21 —

問題22　地方自治法に定める地方公共団体の事務に関する次の記述のうち、誤っているものはどれか。

1　地方公共団体は、法令に違反してその事務を処理してはならないほか、市町村および特別区は、当該都道府県の条例に違反してその事務を処理してはならないものとされ、これらに違反して行われた地方公共団体の行為は、無効となる。

2　普通地方公共団体は、協議により規約を定め、普通地方公共団体の事務の一部を、他の普通地方公共団体に委託して、当該他の普通地方公共団体の長または同種の委員会もしくは委員をして管理しおよび執行させることができる。

3　普通地方公共団体の議会は、当該普通地方公共団体の法定受託事務にあっては労働委員会および収用委員会の権限に属する事務で政令で定めるものを除き、当該法定受託事務に関する調査を行うことができる。

4　普通地方公共団体は、他の普通地方公共団体の求めに応じて、協議により規約を定め、当該他の普通地方公共団体の事務の一部を、当該他の普通地方公共団体または当該他の普通地方公共団体の長もしくは同種の委員会もしくは委員の名において管理しおよび執行することができる。

5　都道府県は、都道府県知事の権限に属する事務の一部を、条例の定めるところにより、市町村が処理することとすることができ、この場合において当該市町村が処理することとされた事務は、当該市町村の長が管理しおよび執行する。

問題23　地方自治法の直接請求に関する次の記述のうち、誤っているものはどれか。な
　　　お、本問において、「選挙権を有する者」とは、普通地方公共団体の議会の議員お
　　　よび長の選挙権を有する者のことをいい、その総数はいずれも40万を超えないもの
　　　とする。

　1　選挙権を有する者は、政令の定めるところにより、その総数の3分の1以上の者
　　　の連署をもって、その代表者から、普通地方公共団体の監査委員に対し、副知事も
　　　しくは副市町村長の解職請求をすることができるが、当該解職請求は、その就職の
　　　日から5年間および解職請求による議会の議決の日から5年間はすることができな
　　　い。
　2　普通地方公共団体の議会の議員および長の選挙権を有する者の総数の50分の1以
　　　上の者の連署をもって、その代表者から、地方税の賦課徴収ならびに分担金、使用
　　　料および手数料の徴収に関するものを除く条例の制定改廃請求があった場合、当該
　　　請求を受けた普通地方公共団体の長は、請求を受理した日から20日以内に議会を招
　　　集し、意見を付けてこれを議会に付議し、その結果を代表者に通知するとともに、
　　　これを公表しなければならない。
　3　所属の選挙区における選挙権を有する者の総数の3分の1以上の者の連署をもっ
　　　て、その代表者から、当該選挙区に属する普通地方公共団体の議会の議員の解職の
　　　請求があった場合、当該請求を受けた選挙管理委員会は、これを当該選挙区の選挙
　　　人の投票に付し、解職の投票において過半数の同意があったときは、普通地方公共
　　　団体の議会の議員は、その職を失う。
　4　選挙権を有する者の総数の3分の1以上の者の連署をもって、その代表者から、
　　　普通地方公共団体の議会の解散請求があった場合には、当該請求を受けた選挙管理
　　　委員会は、選挙人の投票に付し、解散の投票において過半数の同意があったとき
　　　は、議会は解散する。
　5　選挙権を有する者の総数の50分の1以上の者の連署をもって、その代表者から、
　　　普通地方公共団体の事務の執行に関し、監査の請求があった場合、当該請求を受け
　　　た監査委員は、直ちに当該請求の要旨を公表しなければならない。

問題24　地方自治法の規定する国の関与に関する次の記述のうち、誤っているものはどれ
　　　か。

1　普通地方公共団体は、自治事務の処理に関しては、法律またはこれに基づく政令
　によらなければ、普通地方公共団体に対する国または都道府県の関与を受け、また
　は要することとされることはないが、法定受託事務の処理に関しては、法律または
　これに基づく政令によらなくても、国の関与を受ける。
2　都道府県の執行機関は、市町村の自治事務の処理が法令の規定に違反していると
　認めるとき、または著しく適正を欠き、かつ、明らかに公益を害していると認める
　ときは、当該市町村に対し、当該自治事務の処理について違反の是正または改善の
　ため必要な措置を講ずべきことを勧告することができる。
3　各大臣は、その所管する法律またはこれに基づく政令に係る都道府県の法定受託
　事務の処理が法令の規定に違反していると認めるとき、または著しく適正を欠き、
　かつ、明らかに公益を害していると認めるときは、当該都道府県に対し、当該法定
　受託事務の処理について違反の是正または改善のため講ずべき措置に関し、必要な
　指示をすることができる。
4　各大臣は、その担任する事務に関し、都道府県知事その他の都道府県の執行機関
　に対し、市町村に対する助言もしくは勧告または資料の提出の求めに関し、必要な
　指示をすることができ、普通地方公共団体の長その他の執行機関は、各大臣または
　都道府県知事その他の都道府県の執行機関に対し、その担任する事務の管理および
　執行について技術的な助言もしくは勧告または必要な情報の提供を求めることがで
　きる。
5　各大臣は、その担任する事務に関し、都道府県の自治事務の処理が法令の規定に
　違反していると認めるとき、または著しく適正を欠き、かつ、明らかに公益を害し
　ていると認めるときは、当該都道府県に対し、当該自治事務の処理について違反の
　是正または改善のため必要な措置を講ずべきことを求めることができ、是正の要求
　を受けた都道府県は、当該事務の処理について違反の是正または改善のための必要
　な措置を講じなければならない。

問題25　上水道に関する次の記述のうち、最高裁判所の判例に照らし、正しいものはどれか。

1　市町村は、利用者について不当な差別的取扱いをすることは許されないが、同一区域内において、別荘の給水契約者とそれ以外の給水契約者の基本料金に格差をつける条例の規定が無効とされることはない。

2　水道事業者としての市町村の長は、宅地開発に係る指導要綱を事業主に順守させるため行政指導を継続する必要がある場合は、同要綱に従わないことを理由として事業主らとの給水契約の締結を拒否することができる。

3　ある町が人口増加による水不足を考慮してマンション分譲事業者との間で給水契約の締結を拒否した事件において、給水契約の申込みが適正かつ合理的な水の給水計画によって対応することができないものである場合であっても、そのような事情は水道法15条1項にいう「正当の理由」に当たらず、給水契約締結の拒否は許されない。

4　地方公共団体が営む簡易水道事業に係る給水条例所定の水道料金を改定する条例の制定行為は、当該条例が水道料金を一般的に改定するものであって、限られた特定の者に対してのみ適用されるものではなく、改正条例の制定行為をもって行政庁が法の執行として行う処分と実質的に同視することができないため、行政庁の処分その他公権力に行使に当たる行為に該当するとはいえない。

5　建築基準法に違反し、建築確認を受けずになされた増築部分につき、水道事業者である地方公共団体が給水装置新設工事申込に対し、事実上その受理を拒否し、違法状態にある建築物につき、適法に建築確認を受けることを指導した場合、かかる措置は、違法な拒否に当たる。

— 2-25 —

問題26　都市計画に関する次のア～エの記述のうち、法令の規定および判例に照らし、妥当でないものをすべて挙げた組合せはどれか。

ア　都市計画区域内において、準工業地域を含むある地区を工業地域に指定する決定がなされ、その決定が告示されて効力を生ずると、当該地域内においては、建築物の用途、容積率等につき従前と異なる基準が適用され、これらの基準に適合しない建築物は、建築等をすることができないこととなるから、当該決定は取消訴訟の対象となる。

イ　住宅建築や宅地開発の適正化を図るに当たって、現行法令に基づく規制では十分でない場合には、地方公共団体は行政指導に頼ることになり、指導要綱と呼ばれる基準を定立することがあるが、この要綱は行政指導の基準にすぎず、権力的な法律行為の根拠となるものではないから、その要綱から逸脱した行政指導が違法であるとして損害賠償を求めることはできない。

ウ　建築基準法に基づく建築確認における接道要件充足の有無の判断と、東京都建築安全条例に基づく安全認定における安全上の支障の有無の判断は、異なる機関がそれぞれの権限に基づき行うこととされており、安全認定が行われた上で建築確認がされている場合、先行処分である安全認定が取り消されていなければ、たとえこれが違法であるとしても、その違法は後続処分である建築認定には承継されないから、建築確認の取消訴訟において、安全認定が違法であるために当該条例所定の接道義務の違反があると主張することは許されない。

エ　都市計画法上の都市施設は、その性質、土地利用、交通等の現状および将来の見通しを勘案して、適切な規模で必要な位置に配置することにより、円滑な都市活動を確保し、良好な都市環境を保持するように定めなければならないものであるから、都市施設の区域は、当該都市施設が適切な規模で必要な位置に配置されたものとなるような合理性をもって定められるべきである。この場合において、民有地に変えて公有地を利用することができるときは、そのことも当該合理性を判断する考慮要素となり得る。

1　ア・イ
2　ア・イ・ウ
3　ア・ウ・エ
4　イ・ウ・エ
5　ウ・エ

問題27　Ａが自己所有の甲土地をＢに売却した後、Ｂは所有権移転登記を備えた。この場合に関する次の記述のうち、民法の規定および判例に照らし、妥当なものはどれか。

1　Ａが甲土地を売却するつもりがなく、ＢがＡの意思表示がその真意でないことを知ることができたために、Ａの意思表示が無効とされた場合、Ｂから甲土地を譲り受けたＣが心裡留保につき善意ではあるが過失があるときは、Ａは、Ｃに対して、意思表示の無効を対抗することができない。

2　ＡとＢとの売買契約が虚偽表示によるものであった場合、Ｂから甲土地の売却を受けたＣが虚偽表示について善意であるときは、Ａは、Ｃに対して意思表示の無効を対抗することができず、これにより、ＡＢ間の売買契約は有効となる。

3　Ａが、Ｂとの売買契約時に錯誤に陥っていた場合、Ａが意思表示を取り消すためには、自己に重過失がないことを立証しなければならない。

4　ＡがＢに甲土地を売却したのが、ＣがＡに対して詐欺を行ったことが原因であった場合において、Ｂがその事実を知らなかったものの過失があったときは、Ａはその意思表示を取り消すことができる。

5　ＡがＢに甲土地を売却したのが、ＡがＢから強迫されたことが原因であった場合において、Ａは、Ｂから甲土地の売却を受けて登記を備えたＣがいることを知ったときは、Ｃに対して、意思表示の取消しを対抗することができない。

問題28　代理に関する次の記述のうち、民法の規定および判例に照らし、妥当なものはどれか。

1　代理人が本人のためにすることを示さないでした意思表示は、自己のためにしたものと推定されるが、相手方が、代理人が本人のためにすることを知り、または知ることができたときは、本人に対して直接にその効力を生ずる。

2　任意代理人が、本人の許諾を得るか、またはやむを得ない事由があって復代理人を選任した場合も、法定代理人が復代理人を選任した場合も、代理人は、本人に対して復代理人の選任および監督についての責任のみを負う。

3　代理人が第三者の利益を図る目的で代理権の範囲内の行為をした場合において、相手方がその目的を知っていたとき、または知ることができたときは、その法律行為は無効となる。

4　無権代理人が締結した契約について表見代理が成立すれば、これにより本人と相手方に当該契約の効果が帰属するから、無権代理人は、表見代理の成立要件を立証することができるときは、自己の責任を免れることができる。

5　代理人が与えられた代理権の権限外の行為をした場合、第三者が代理人の権限があると過失なく信じたときは、たとえ本人に過失がなかったとしても、本人は、その第三者の行為について責任を負う。

法令等（記述式）

本件裁決の

問題 44

10

15

問題 45

10

15

行政書士試験　答案用紙

第2回

氏名 _____

受験番号

	0	1	2	3	4	5	6	7	8	9
	○	○	○	○	○	○	○	○	○	○
	○	○	○	○	○	○	○	○	○	○
	○	○	○	○	○	○	○	○	○	○
	○	○	○	○	○	○	○	○	○	○

生年月日

	大正 ○　昭和 ○　平成 ○
	0 1 2 3 4 5 6 7 8 9
年	○ ○ ○ ○ ○ ○ ○ ○ ○ ○
月	○ ○ ○ ○ ○ ○ ○ ○ ○ ○
日	○ ○ ○ ○ ○ ○ ○ ○ ○ ○

1. 記入は必ずHB又はB以上の鉛筆を使用し、各欄へのマークは○内を濃く塗り潰してください。
2. 記入マーク例　良い例 ●　悪い例 ◁ ⊖ ○
3. 訂正は、消し跡が残らないようにプラスチック製の消しゴムで完全に消してからマークし直してください。

法令等（5肢択一式）

	1 2 3 4 5		1 2 3 4 5		1 2 3 4 5		1 2 3 4 5
問題 1	○ ○ ○ ○ ○	問題 11	○ ○ ○ ○ ○	問題 21	○ ○ ○ ○ ○	問題 31	○ ○ ○ ○ ○
問題 2	○ ○ ○ ○ ○	問題 12	○ ○ ○ ○ ○	問題 22	○ ○ ○ ○ ○	問題 32	○ ○ ○ ○ ○
問題 3	○ ○ ○ ○ ○	問題 13	○ ○ ○ ○ ○	問題 23	○ ○ ○ ○ ○	問題 33	○ ○ ○ ○ ○
問題 4	○ ○ ○ ○ ○	問題 14	○ ○ ○ ○ ○	問題 24	○ ○ ○ ○ ○	問題 34	○ ○ ○ ○ ○
問題 5	○ ○ ○ ○ ○	問題 15	○ ○ ○ ○ ○	問題 25	○ ○ ○ ○ ○	問題 35	○ ○ ○ ○ ○
問題 6	○ ○ ○ ○ ○	問題 16	○ ○ ○ ○ ○	問題 26	○ ○ ○ ○ ○	問題 36	○ ○ ○ ○ ○
問題 7	○ ○ ○ ○ ○	問題 17	○ ○ ○ ○ ○	問題 27	○ ○ ○ ○ ○	問題 37	○ ○ ○ ○ ○
問題 8	○ ○ ○ ○ ○	問題 18	○ ○ ○ ○ ○	問題 28	○ ○ ○ ○ ○	問題 38	○ ○ ○ ○ ○
問題 9	○ ○ ○ ○ ○	問題 19	○ ○ ○ ○ ○	問題 29	○ ○ ○ ○ ○	問題 39	○ ○ ○ ○ ○
問題 10	○ ○ ○ ○ ○	問題 20	○ ○ ○ ○ ○	問題 30	○ ○ ○ ○ ○	問題 40	○ ○ ○ ○ ○

法令等（多肢選択式）

		1	2	3	4	5	6	7	8	9	10	11	12	13	14	15	16	17	18	19	20
問題41	ア	○	○	○	○	○	○	○	○	○	○	○	○	○	○	○	○	○	○	○	○
	イ	○	○	○	○	○	○	○	○	○	○	○	○	○	○	○	○	○	○	○	○
	ウ	○	○	○	○	○	○	○	○	○	○	○	○	○	○	○	○	○	○	○	○
	エ	○	○	○	○	○	○	○	○	○	○	○	○	○	○	○	○	○	○	○	○
問題42	ア	○	○	○	○	○	○	○	○	○	○	○	○	○	○	○	○	○	○	○	○
	イ	○	○	○	○	○	○	○	○	○	○	○	○	○	○	○	○	○	○	○	○
	ウ	○	○	○	○	○	○	○	○	○	○	○	○	○	○	○	○	○	○	○	○
	エ	○	○	○	○	○	○	○	○	○	○	○	○	○	○	○	○	○	○	○	○
問題43	ア	○	○	○	○	○	○	○	○	○	○	○	○	○	○	○	○	○	○	○	○
	イ	○	○	○	○	○	○	○	○	○	○	○	○	○	○	○	○	○	○	○	○
	ウ	○	○	○	○	○	○	○	○	○	○	○	○	○	○	○	○	○	○	○	○
	エ	○	○	○	○	○	○	○	○	○	○	○	○	○	○	○	○	○	○	○	○

基礎知識（5肢択一式）

	1	2	3	4	5
問題47	○	○	○	○	○
問題48	○	○	○	○	○
問題49	○	○	○	○	○
問題50	○	○	○	○	○
問題51	○	○	○	○	○
問題52	○	○	○	○	○
問題53	○	○	○	○	○
問題54	○	○	○	○	○
問題55	○	○	○	○	○
問題56	○	○	○	○	○
問題57	○	○	○	○	○
問題58	○	○	○	○	○
問題59	○	○	○	○	○
問題60	○	○	○	○	○

問題
46

問題29　A所有の甲建物をAがBに売却した場合に関する次の記述のうち、判例に照らし、妥当なものはどれか。

1　Cが甲建物をBに高値で売りつける目的でAから甲建物を買い受け、さらにCは、甲建物がBに売却されていることを知っているDに甲建物を売却した場合、Bは登記がなければDに対して甲建物の所有権の取得を対抗できない。

2　A所有の甲建物について登記書類を偽造してCが登記簿上の名義人となり、そのCからDが甲建物を買い受けた場合、Bは、Cに対しては登記がなくても甲建物の所有権の取得を対抗できるが、Dに対しては登記がなければ甲建物の所有権の取得を対抗することができない。

3　Cが甲建物を不法に占有している場合であっても、Bは、所有権移転登記を備えていなければ、Cに対して甲建物の所有権の取得を対抗することができない。

4　甲建物がBからさらにCに譲渡されたが、登記はいまだAにある場合、Cは所有権移転登記がなければ、Aに対して甲建物の所有権の取得を対抗できない。

5　Aの債権者Cが甲建物を差し押さえた場合であっても、Bが甲建物を譲り受けたのがCによる差押えよりも先であれば、Bは、所有権移転登記を備えていなくても、Cに対して甲建物の所有権の取得を対抗することができる。

問題30　AはBに1000万円を貸し付け、この貸金債権を担保するためにB所有の甲土地に抵当権を設定し、登記も備えた。この場合に関する次のア〜エの記述のうち、民法の規定および判例に照らし、誤っているものの組合せはどれか。

ア　抵当権設定登記後にBが甲土地をCに賃貸してCがその旨の登記を備えた場合、抵当権実行による買受人Dからの明渡請求に対して、賃借人Cは、明渡しまでの使用の対価を支払うことなく、6か月の明渡猶予期間を与えられる。

イ　BがさらにCから金銭を借り受けるにあたって甲土地に抵当権を設定することができる。

ウ　BはCに甲土地を貸し、さらにCがDに甲土地を転貸した場合、抵当権者は、原則として転貸賃料に対して物上代位はできない。

エ　Bが甲土地をCに貸して賃料を得ていた場合には、甲土地がAから差し押えられた後であっても、甲土地から生ずる賃料を取得するのはBである。

1　ア・ウ
2　ア・エ
3　イ・ウ
4　イ・エ
5　ウ・エ

問題31　Aが、Bに対して甲債権を有しており、また、Bが、Cに対して乙債権を有しているが、現在、Bは債務超過の状態にある。この場合において、次の記述のうち、民法の規定および判例に照らし、妥当なものはどれか。

1　BがA以外の債権者Dに対して負う債務の消滅時効が完成しているときであっても、Aは、Bに代位して、時効の援用をすることができない。

2　Aが、Bに代位して、乙債権を行使するためには、甲債権が弁済期になければならないが、訴訟によって代位する場合には、弁済期が到来していなくてもよい。

3　Aが、Bに代位して、乙債権を行使する場合に、乙債権が丙動産の引渡債権であり、丙動産が被保全債権以上の価値があるときであっても、Aは、Cに対し、自己に対してその引渡しをすることを求めることができるが、丙動産の所有権が当然にAに帰属するわけではない。

4　Aが、Bに代位して、乙債権を行使して、直接自己へ金銭の支払いを求めた場合には、Cが、Bに対して乙債権について同時履行の抗弁権を有していたとしても、Cは、Aに対して、これを対抗することができない。

5　Aが、Cに対して乙債権の代位行使に係る訴えを提起し、Bに対して訴訟告知をした後は、Bは、乙債権を第三者Eに譲渡することができない。

— 2-31 —

問題32　A、B、Cは、Dに対して、600万円の貸金債務を連帯して負担している（A、B、Cそれぞれの負担部分は、A300万円、B200万円、C100万円である。）場合に関する次の記述のうち、民法の規定に照らし、妥当なものはどれか。

1　AとDとの消費貸借契約が、Aが未成年者であったにもかかわらずその法定代理人の同意を得ずになされたことを理由に取り消された場合には、BとCは、Dに対して、連帯して300万円の貸金債務について履行する義務を負う。

2　AがDに対して200万円の債権を有する場合において、Aが相殺を援用しない間は、Bは、Dから600万円の支払いを請求されたとしても、そのうちの300万円については、債務の履行を拒むことができる。

3　AがDに対して120万円を弁済した場合、Aは、自己の負担部分である300万円を超えて弁済してはいないが、BおよびCに対してそれぞれ40万円ずつ求償することができる。

4　AのみがDから請求されなかったために、Aの債務につき消滅時効が完成した場合において、Bが600万円すべてを弁済したときは、Bは、Cに対して200万円を求償できる。

5　Aが、BCの存在を知りながら事前に弁済することを通知しないで、Dに対して600万円を弁済した後、Bに対して200万円を求償した場合、Bは、自己の負担部分について、Dに対して有している200万円の債権で相殺をするとして、Aに対抗することができる。

問題33　同時履行の抗弁権に関する次のア～オの記述のうち、民法の規定および判例に照らし、正しいものの組合せはどれか。

ア　売買契約が詐欺を理由として取り消された場合、相互に返還されるべき給付は、同時履行の関係にある。

イ　土地の売買契約における売主の所有権移転登記義務と買主の代金支払義務は、同時履行の関係にある。

ウ　建物の賃借人が造作買取請求権の行使をした場合、賃貸人の造作代金支払義務と賃借人の建物引渡義務は、同時履行の関係にある。

エ　双務契約における一方の債権が第三者に譲渡され、譲渡人が債務者に譲渡の通知をした後その債務者が遅滞なく異議を述べなかった場合、その債務者は、その債権の譲受人からの債務の履行の請求に対し、同時履行の抗弁を主張することができない。

オ　期間満了による建物の賃貸借契約終了に伴う賃借人の建物明渡義務と賃貸人の敷金返還義務とは、同時履行の関係にある。

　　1　ア・イ
　　2　ア・エ
　　3　イ・ウ
　　4　ウ・オ
　　5　エ・オ

問題34　不法行為による損害賠償請求権に関する次の記述のうち、民法の規定および判例に照らし、正しいものはどれか。

1　不法行為により身体に損害を受けた者の近親者がその固有の慰謝料を請求することができるのは、被害者がその不法行為によって死亡した場合に限られる。

2　不法行為による身体傷害の場合、被害者に責任能力が備わっていないときは、その過失を考慮して損害賠償の額を決めることができない。

3　名誉毀損による慰謝料請求権は、被害者がその請求権を行使する意思を表示した後であっても、具体的な金額が当事者間において客観的に確定する前は、被害者の債権者による代位行使の対象とはならない。

4　不法行為による損害賠償債務の不履行に基づく遅延損害金債権は、一般債権に準じて遅延損害金債権が発生した時から10年間行使しないことにより、時効消滅する。

5　人の生命が侵害された場合、その被害者の父母、配偶者および子は、その財産権が侵害されなかった場合においても、加害者に対してその者の固有の慰謝料を請求することができるが、被害者の兄弟姉妹は条文にあげられていない以上、固有の慰謝料を請求することができる場合はない。

問題35　親子関係に関する次の記述のうち、民法の規定および判例に照らし、妥当でないものはどれか。

1　妻が婚姻中に懐胎した子は、当該婚姻における夫の子と推定されるが、子が父との嫡出の推定を否認するには、父に対して、出生の時から3年以内に嫡出否認の訴えを提起しなければならない。

2　未成年者が認知をする場合でも、法定代理人の同意は不要である。

3　父は、死亡した子でも、その直系卑属があるときに限り、認知することができるが、その直系卑属が成年者であるときは、その承諾を得なければならない。

4　父が、嫡出でない子について嫡出子として出生の届出をし、それが受理された場合であっても、その出生の届出は、認知の届出としての効力を有しない。

5　戸籍法の定めるところにより認知の届出がされた場合であっても、子や認知をした者等は、原則として、法所定の期間内に限り、認知が真実に反することを理由として認知の無効の訴えを提起することができる。

— 2-34 —

問題36 商号に関する次の記述のうち、商法の規定に照らし、誤っているのはどれか。

1 商人は、その氏、氏名その他の名称をもってその商号とすることができ、またその商号の登記をすることができる。

2 不正の目的をもって、他の商人であると誤認されるおそれのある名称または商号を使用してはならないのは、当該他の商人と利害関係を有する者に限られる。

3 不正の目的による名称または商号の使用によって営業上の利益を侵害され、または侵害されるおそれのある商人は、その営業上の利益を侵害する者または侵害するおそれのある者に対し、その侵害の停止または予防を請求することができる。

4 自己の商号を使用して営業または事業を行うことを他人に許諾した商人は、当該商人が当該営業を行うものと誤認して当該他人と取引をした者に対し、当該他人と連帯して、当該取引によって生じた債務を弁済する責任を負う。

5 商人の商号は、営業とともにする場合または営業を廃止する場合に限り、譲渡することができるが、当該商号の譲渡は登記をしなければ、第三者に対抗することができない。

問題37 株式会社を設立する際の定款に関する次のア〜オの記述のうち、会社法の規定に照らし、誤っているものの組合せはどれか。

ア 発行可能株式総数は、定款の絶対的記載事項であり、登記すべき事項である。

イ 本店および支店の所在場所は、定款の絶対的記載事項である。

ウ 株式会社を設立するには、発起人が定款を作成し、その全員がこれに署名しなければならず、記名押印により署名に代えることはできない。

エ 公証人による認証を受けた定款を会社の成立後に変更する場合には、改めて公証人による認証を受ける必要はない。

オ 会社が成立するまでは、発起人は、定款を発起人が定めた場所に備え置かなければならない。

1 ア・ウ
2 ア・オ
3 イ・ウ
4 イ・エ
5 エ・オ

問題38 種類株式発行会社でない取締役会設置会社における株式の併合および株式の分割に関する次の記述のうち、会社法の規定に照らし、正しいものはどれか。なお、定款には、単元株式数の定めがないものとする。

1 株式の併合および株式の分割のいずれについても、法令または定款に違反する場合において、株主が不利益を受けるおそれがあるときは、株主は、会社に対し株式の併合および株式の分割をやめることを請求することができる。

2 株式の併合および株式の分割のいずれについても、反対株主の株式買取請求権は認められていない。

3 会社は、取締役会の決議によって株式の併合および株式の分割をすることができる旨を定款で定めることができる。

4 発行可能株式総数が100株であり、発行済株式総数が30株である会社が、1株を5株にする株式の分割をする場合、株主総会の決議によらないで、発行可能株式総数を400株に増加する定款の変更をすることができる。

5 株式の併合をした株式会社は、効力発生後2週間以内に、株式の併合が効力を生じた時における発行済株式の総数その他の株式の併合に関する事項として法務省令で定める事項を記載し、または記録した書面または電磁的記録を作成しなければならない。

問題39 株主総会に関する次の記述のうち、会社法の規定に照らし、誤っているものはどれか。

1 取締役会を設置していない株式会社において、株主総会は、会社法に規定する事項および株式会社の組織、運営、管理その他株式会社に関する一切の事項について決議をすることができる。

2 会社法の規定により株主総会の決議を必要とする事項について、取締役、執行役、取締役会その他の株主総会以外の機関が決定することができることを内容とする定款の定めは、その効力を有しない。

3 定款に別段の定めのない公開会社である株式会社において、総株主の議決権の100分の3以上の議決権を6か月前から引き続き有する株主は、取締役に対し、株主総会の目的である事項および招集の理由を示して、株主総会の招集を請求することができる。

4 取締役は、書面投票による旨を定めた場合には、株主総会の招集通知に際して、法務省令で定めるところにより、株主に対し、議決権の行使について参考となるべき事項を記載した書類および株主が議決権を行使するための書面を交付しなければならない。

5 株主総会に出席しない株主が書面または電磁的方法によって議決権を行使することができる場合においても、株主の全員の同意があるときは、招集手続を経ることなく株主総会を開催することができる。

問題40　株式会社の剰余金の配当に関する次のア～オの記述のうち、会社法の規定に照らし、正しいものの組合せはどれか。なお、当該株式会社の純資産額は300万円を下回らないものとする。

ア　金銭以外の財産を配当財産とする剰余金の配当をする場合、当該配当財産に代えて金銭を交付することを会社に対して請求する権利を株主に与えるか否かにかかわらず、剰余金の配当に関する事項の決定は、株主総会の特別決議によらなければならない。

イ　株式会社が分配可能額を超えて剰余金の配当をした場合において、当該株式会社に対して交付を受けた金銭等の帳簿価額に相当する金銭を支払う義務を負う株主に対し、会社の債権者は、その債権額を上限として、その交付を受けた金銭等の帳簿価額に相当する金銭を支払わせることができる。

ウ　取締役会設置会社は、一事業年度の途中において1回に限り取締役会の決議によって剰余金の配当をすることができる旨を定款で定めることができるが、この場合の配当財産は金銭に限られる。

エ　配当財産が金銭以外の財産である場合において、株主に対して金銭分配請求権を与えるときは、株主総会の決議によって、その旨および金銭分配請求権を行使することができる期間を定めることができるが、この場合、株式会社は当該期間の末日の10日前までに、株主に対し、株主総会の決議によって定めた当該事項を通知しなければならない。

オ　配当財産は、株主名簿に記載し、または記録した株主の住所または株主が株式会社に通知した場所において、これを交付しなければならないが、当該配当財産の交付に要する費用は、原則として、株主の負担とされている。

　　1　ア・ウ
　　2　ア・オ
　　3　イ・ウ
　　4　イ・エ
　　5　エ・オ

[問題41～問題43は択一式（多肢選択式）]

問題41　次の文章は、ある最高裁判所判決の一節である。空欄　ア　～　エ　に当てはまる語句を、枠内の選択肢（1～20）から選びなさい。

　　憲法13条は、国民の　ア　上の自由が公権力の行使に対しても保護されるべきことを規定しているものであり、個人の　ア　上の自由の一つとして、何人も、個人に関する情報をみだりに第三者に開示又は　イ　されない自由を有するものと解される・・・。

　　そこで、行政機関等が番号利用法に基づき特定個人情報の利用、提供等をする行為が・・・上記自由を侵害するものであるか否かを検討するに、・・・同法は、・・・行政運営の効率化、給付と負担の公正性の確保、国民の利便性向上を図ること等を　ウ　とするものであり、正当な行政　ウ　を有するものということができる・・・。

　　・・・また、・・・特定個人情報の漏えいや　ウ　外利用等がされる　エ　性は極めて低いものということができる。

　　さらに、・・・仮に個人番号が漏えいしたとしても、直ちに各行政機関等が分散管理している個人情報が外部に流出するおそれが生ずるものではないし、・・・個人番号が漏えいして不正に用いられるおそれがあるときは、本人の請求又は職権によりこれを変更するものとされている。

　　これらの諸点を総合すると、番号利用法に基づく特定個人情報の利用、提供等に関して法制度上又はシステム技術上の不備があり、そのために特定個人情報が法令等の根拠に基づかずに又は正当な行政　ウ　の範囲を逸脱して第三者に開示又は　イ　される具体的な　エ　が生じているということもできない。

　　そうすると、行政機関等が番号利用法に基づき特定個人情報の利用、提供等をする行為は、・・・憲法13条の保障する個人に関する情報をみだりに第三者に開示又は　イ　されない自由を侵害するものではないと解するのが相当である。

（最判令和5年3月9日民集第77巻3号627頁）

1	身体的特徴	2	表現	3	裁量	4	私生活	5	業務
6	権利の濫用	7	利益	8	経済活動	9	目的	10	管理
11	利害関係人	12	精神的	13	衝突	14	立法	15	処分
16	公表	17	学問	18	危険	19	政治活動	20	経済的

問題42　行政立法に関する次の文章の空欄 ア ～ エ に当てはまる語句を、枠内の選択肢（1～20）から選びなさい。

　行政立法の分類には、制定する機関による分類と効力による分類とがある。前者は、政令、内閣府令、省令、外局規則、独立行政機関の規則などに分類される。このうち、政令は、内閣が制定する命令で、閣議決定が必要である。

　一方、後者は、国民の権利・義務に直接影響を与えるかどうかで、 ア と イ に分類される。 ア は、国民の権利・義務に直接影響を与えるものであり、さらに委任命令と執行命令に分類される。委任命令は、法律や上位の命令の委任に基づき発せられるものであり、法律の委任は個別具体的なものであることを要する。さらに、制定した場合の国民に対する ウ が必要である。執行命令は、法律や上位の命令の実施に必要な手続規定など技術的細目を定める命令であり、法律による委任は一般的委任で足りる。 ア は、国民の権利・義務に直接影響を及ぼすものであるため、 エ となり得るものであり、法律の委任の範囲を超えた ア は無効となる。

　また、 イ は、国民の権利・義務に直接影響を与えないものであり、訓令や通達などがその例である。 イ は、法律による委任を受けずに制定でき、制定した場合の ウ も不要とされる。

1	行政契約	2	法規命令	3	指針	4	条例	5	成文法
6	公表	7	明示	8	公示	9	行政指導	10	行政計画
11	指示	12	開示	13	法的根拠	14	慣習法	15	不文法
16	行政規則	17	運営方針	18	道徳	19	前例	20	裁判規範

— 2-40 —

問題43　次の文章は、ある最高裁判所判決の一節である。空欄 ア ～ エ に当てはまる語句を、枠内の選択肢（1～20）から選びなさい。

　　行政不服審査法は、国民が ア かつ公正な手続の下で広く行政庁に対する不服申立てをすることができるための制度を定めることにより、国民の権利利益の イ を図るとともに、行政の適正な運営を確保することを目的とする・・・。そして、同法7条2項は、国の機関等に対する処分のうち、国民の権利利益の イ 等を図るという上記目的に鑑みて上記制度の対象とするのになじまないものにつき、同法の規定を適用しないこととしているものと解される。このような同項の趣旨に照らすと、同項にいう「 ウ 」とは、国の機関等であるからこそ立ち得る特有の立場、すなわち、 エ （国及び国の機関等を除く者をいう。以下同じ。）が立ち得ないような立場をいうものと解するのが相当である。

　　行政不服審査法は、行政庁の処分に対する不服申立てに係る手続・・・を規定するものであり、上記「 ウ 」は、国の機関等に対する処分がこの手続の対象となるか否かを決する基準であることからすれば、国の機関等が エ が立ち得ないような立場において相手方となる処分であるか否かを検討するに当たっては、当該処分に係る規律のうち、当該処分に対する不服申立てにおいて審査の対象となるべきものに着目すべきである。

　　所論にいう埋立承認のような特定の事務又は事業を実施するために受けるべき処分について、国の機関等が上記立場において相手方となるものであるか否かは、当該事務又は事業の実施主体が国の機関等に限られているか否か、また、限られていないとすれば、当該事務又は事業を実施し得る地位の取得について、国の機関等が エ に優先するなど特別に取り扱われているか否か等を考慮して判断すべきである。

（最一小判令和2年3月26日民集第74巻3号471頁）

1	確保	2	固有の資格	3	地方自治体	4	一義的	5	法令
6	保護	7	行政の資格	8	簡易迅速	9	民主的	10	遵守
11	救済	12	優先的資格	13	個人的	14	民間人	15	一般法人
16	公平	17	特権的資格	18	一般社団	19	一般私人	20	適正

[問題44～問題46は記述式] （解答は、必ず答案用紙裏面の解答欄（マス目）に記述すること。なお、字数には、句読点も含む。）

問題44　Ｘは、父から相続した農地を宅地に転用しようと考え、農地法に基づき、Ｙ県知事へ転用許可の申請をしたが、同知事は、Ｘの申請に対し、不許可処分をした（以下、この不許可処分を「本件処分」という。）。本件処分に不服のあるＸは、同知事に対し本件処分の取消しを求め、審査請求をしたが、同知事は、これに対し棄却裁決をした（以下、この棄却裁決を「本件裁決」という。）。本件裁決に不服のあるＸは、その旨を同知事に申し出たところ、同知事は再議の上、本件裁決を取り消し、Ｘの主張を認める認容裁決（以下、この認容裁決を「新たな裁決」という。）をした。

　　　最高裁判所の判例によれば、この事例において、Ｙ県知事が新たな裁決を行ったことは、本件裁決の行政法学上何という効力に反することとなるか。また、新たな裁決は有効か。新たな裁決が行政法学上有する効力の名称とその内容に触れつつ、「本件裁決の」に続けて、40字程度で記述しなさい。なお、本件処分、本件裁決および新たな裁決には、いずれも重大かつ明白な瑕疵は認められないものとする。

（下書用）

本件裁決の

問題45　Aは精神上の障害により事理を弁識する能力が著しく不十分となり、配偶者である B の請求により家庭裁判所から保佐開始の審判を受けており、B が保佐人となっていた。A は生活費の足しにするため、自己所有の土地を友人 C に売却したいと思い、B の同意を得ようとしたところ、B は、A の利益を害するおそれがないにもかかわらず同意をしないでいる。A は、B から同意を得られなかったが、それでも C との間で売買契約を締結し、B にも取り消されないようにしておきたいと思っている。この場合、どこに対し、誰が請求することにより、何を得ればよいか、民法の規定に照らし、40字程度で記述しなさい。

（下書用）

									10					15

問題46　Aは、建築資材の保管場所として使用する目的で、B所有の甲土地を借り受ける内容の賃貸借契約をBと締結し、甲土地の引渡しを受けたが、当該賃貸借の対抗要件を備えることはしなかった。Cは、Bから甲土地を買い受ける旨の売買契約をBと締結し、その後、甲土地が建築資材の保管場所として利用されていることを知った。Cは、所有権に基づきAに対して甲土地の明渡しを求めることも検討したが、Aから賃料を受け取り自らの収入にあてるのもよいと考えている。民法の規定によれば、Cが、Aと賃貸借契約を新たに締結することなく、Aに対して賃料を請求するには、誰と誰がいかなる合意をし、Cは何をする必要があるとされているか。40字程度で記述しなさい。なお、Aは、甲土地の上に登記をした建物を所有していないものとする。

（下書用）

基 礎 知 識 [問題47〜問題60は択一式（５肢択一式）]

問題47 政党助成法に関する次の記述のうち、誤っているものはどれか。

1　国は、政党の政治活動の自由を尊重しなければならないが、政党交付金の交付に当たっては、条件を付し、またはその使途について制限することができる。

2　政治団体であり、当該政治団体に所属する衆議院議員または参議院議員を５人以上有するものは、政党助成法における「政党」に該当する。

3　政党交付金の交付を受けようとする政党は、原則としてその年の１月１日現在を基準日とし、所定の事項を、基準日の翌日から起算して15日以内に、総務大臣に届け出なければならない。

4　毎年分として各政党に対して交付すべき政党交付金の算定の基礎となる政党交付金の総額は、基準日における人口に250円を乗じて得た額を基準として予算で定める。

5　総務大臣は、毎年12月31日現在で、総務省令の定めるところにより、その年分として交付した政党交付金の総額および各政党に対して交付した政党交付金の額を、告示しなければならない。

問題48 国際連合に関する次の記述のうち、誤っているものはどれか。

1　国際連合は、国際連合憲章に基づき、1945年10月に、51か国の加盟国によって設立された国際機関である。

2　国際連合には、総会、安全保障理事会、国際協力銀行、信託統治理事会、国際司法裁判所、事務局という６つの主要機関が置かれている。

3　安全保障理事会は、５か国の常任理事国と10か国の非常任理事国で構成され、平和に対する脅威等の存在を決定し、国連憲章に基づいて、制裁等を含む措置の実施を勧告および決定する権限を有している。

4　日本は、2023年１月から２年間の任期で安全保障理事会の非常任理事国を務めていたが、1956年の国連加盟以来12回目の非常任理事国への選出となっており、国連加盟国中最多である。

5　国際司法裁判所は、オランダのハーグに置かれ、15人の裁判官から構成されているが、裁判官は、任期を９年とし、それぞれ異なる国から選出される。

— 2-45 —

問題49　消費税における適格請求書等保存方式（インボイス）に関する次のア〜オの記述
　　　のうち、誤っているものの組合せはどれか。

　　ア　適格請求書等保存方式（インボイス）は、2023年10月から開始され、買手が仕入
　　　　税額控除の適用を受けるためには、売手から交付を受けた適格請求書の保存が必要
　　　　となる。
　　イ　適格請求書とは、売手が買手に対して正確な適用税率や消費税額等を伝えるため
　　　　の手段であり、適格請求書を交付することができるのは税務署長の登録を受けた適
　　　　格請求書発行事業者に限られる。
　　ウ　基準期間の課税売上高が1000万円以下の事業者は、免税事業者とされるため、適
　　　　格請求書等保存方式（インボイス）を利用することができない。
　　エ　適格請求書は、適格請求書発行事業者の押印のうえ書面で交付する必要があり、
　　　　電磁的記録（電子データ）で提供することはできない。
　　オ　適格請求書に記載すべき消費税額は、取引に係る税抜価額または税込価額を税率
　　　　ごとに区分して合計した金額に対して端数処理を行い、算出する必要がある。

　　　　1　ア・イ
　　　　2　ア・オ
　　　　3　イ・ウ
　　　　4　ウ・エ
　　　　5　エ・オ

問題50　ＯＥＣＤ（経済協力開発機構）に関する次の記述のうち、誤っているものはどれか。

1　1948年、アメリカによるマーシャル・プランの受入体制の整備のため、ＯＥＥＣ（欧州経済協力機構）が設立され、その後、ＯＥＥＣを発展的に改組し、1961年にＯＥＣＤ（経済協力開発機構）が設立された。
2　日本は、1964年にＯＥＣＤに非欧米諸国として初めて加盟し、現在も、アジア・オセアニア地域での唯一の加盟国となっている。
3　最近では、ＯＥＣＤには、2020年にコロンビアが、2021年にコスタリカが加盟し、2025年２月１日現在、38か国が加盟している。
4　ＯＥＣＤ設立条約では、ＯＥＣＤの目的が掲げられており、その一つとして、加盟国の財政金融上の安定を維持しつつ、できる限り高度の経済と雇用、生活水準の向上の達成を図り、もって世界経済の発展に貢献することが挙げられている。
5　ＯＥＣＤ事務総長の任期は５年とされ、多選を制限する規定は設けられておらず、現在は、2021年６月から５年の任期で、マティアス・コーマンが務めている。

問題51　地球環境保護条約に関する次の記述のうち、誤っているものはどれか。

1　カルタヘナ議定書は、2000年に採択された議定書であり、遺伝子組換え生物等が生物の多様性の保全および持続可能な利用に及ぼす可能性のある悪影響を防止するための措置を定めた議定書のことをいう。
2　ロンドン条約は、1972年に採択された条約であり、陸上で発生した廃棄物の海洋投棄や洋上での焼却処分の規制について定めた条約のことをいう。
3　バーゼル条約は、1989年に採択された条約であり、有害廃棄物の国境を越える移動およびその処分の規制に関する条約のことをいう。
4　ロッテルダム条約は、1998年に採択された条約であり、国際貿易の対象となる特定の有害な化学物質および駆除剤についての事前のかつ情報に基づく同意の手続を定めた条約のことをいう。
5　ワシントン条約は、1971年に採択された条約であり、特に水鳥の生息地として国際的に重要な湿地の保護に関する条約のことをいう。

問題52　資格審査会に関する次のア〜オの記述のうち、行政書士法の規定に照らし、誤っているものの組合せはどれか。

ア　資格審査会は、都道府県の区域ごとに設立されている行政書士会に置かれている。

イ　資格審査会は、会長および委員４人をもって組織し、委員は、会長が、総務大臣の承認を受けて、行政書士、総務省の職員および学識経験者のうちから委嘱する。

ウ　資格審査会の委員の任期は２年とし、欠員が生じた場合の補欠の委員の任期は、前任者の残任期間とする。

エ　日本行政書士会連合会は、行政書士の登録の申請を受けた場合において、当該申請者の登録を拒否しようとするときは、資格審査会の議決に基づいてしなければならない。

オ　都道府県知事が、行政書士に対して、懲戒処分をしようとする場合、資格審査会に諮問してその決定を経なければならない。

1　ア・イ
2　ア・オ
3　イ・ウ
4　ウ・エ
5　エ・オ

問題53　出生届に関する次のア～オの記述のうち、戸籍法の規定に照らし、正しいものの
　　　組合せはどれか。

ア　国内で出生があった場合、出生の届出は14日以内にしなければならず、国外で出
　生があった場合には、出生の届出をすることはできない。
イ　子の名には、常用平易な文字を用いなければならず、常用平易な文字の範囲は、
　総務省令でこれを定める。
ウ　出生の届出は、届出事件の本人の本籍地または届出人の所在地のほか、出生地で
　することもできる。
エ　市町村長により出生届の不受理処分がされた場合、当該処分を不当とする者は、
　家庭裁判所に不服の申立てをすることができる。
オ　嫡出子出生の届出は、父または母が行わなければならず、子の出生前に父母が離
　婚をした場合においても同様である。

　　1　ア・イ
　　2　ア・オ
　　3　イ・ウ
　　4　ウ・エ
　　5　エ・オ

問題54　マイナンバーカード（個人番号カード）に関する次のア～エの記述のうち、妥当でないものの組合せはどれか。

ア　マイナンバーカードは、本人の申請に基づき、都道府県知事が発行し、市町村長が本人確認をした上で交付する。

イ　マイナンバーカードには、公的個人認証法*に基づき発行されるマイナンバーカード用署名用電子証明書が記録され、当該電子証明書は、インターネット等で電子文書を作成・送信する際に、作成・送信した電子文書が、利用者が作成した真正なものであり、利用者が送信したものであることを証明するために利用することができる。

ウ　マイナンバーカードを利用して、国が発行する証明書を、全国のコンビニエンスストア等のキオスク端末（マルチコピー機）から取得することができる。

エ　マイナンバーカードには、公的個人認証法*に基づき発行されるマイナンバーカード用利用者証明用電子証明書が記録され、当該電子証明書は、マイナポータルへのログインの際に、ログインした者が、利用者本人であることを証明するために利用することができる。

（注）＊　電子署名等に係る地方公共団体情報システム機構の認証業務に関する法律

1　ア・ウ
2　ア・エ
3　イ・ウ
4　イ・エ
5　ウ・エ

問題55　行政機関の保有する情報の公開に関する法律に関する次の記述のうち、妥当でないものはどれか。

1　この法律は、国民主権の理念にのっとり、行政文書の開示を請求する権利につき定めること等により、行政機関の保有する情報の一層の公開を図り、もって国民の知る権利に奉仕するとともに、国民の的確な理解と批判の下にある公正で民主的な行政の推進に資することを目的としている。

2　この法律において「行政文書」とは、行政機関の職員が職務上作成し、または取得した文書、図画および電磁的記録であって、当該行政機関の職員が組織的に用いるものとして、当該行政機関が保有しているものをいうが、官報、白書、新聞、雑誌、書籍その他不特定多数の者に販売することを目的として発行されるものは除かれる。

3　何人も、行政機関の長に対し、この法律に定める事項を記載した開示請求書を提出して、当該行政機関の保有する行政文書の開示を請求することができる。

4　行政機関の長は、開示請求に係る行政文書に不開示情報が記録されている場合であっても、公益上特に必要があると認めるときは、開示請求者に対し、当該行政文書を開示することができる。

5　開示決定等または開示請求に係る不作為に係る審査請求があった場合においても、審査請求がされた行政庁は、審理員を指名する必要はない。

問題56　情報通信に関する用語についての次のア～オの記述のうち、誤っているものの組合せはどれか。

ア　アドオンとは、ソフトウェアへ新たな機能を追加するためのプログラムのことである。

イ　ファイアウォールとは、防火壁のことであり、社内のネットワーク環境への外部のネットワークからの侵入を物理的に防ぐ装置のことである。

ウ　ＢＹＯＤ（Bring Your Own Device）とは、個人所有のパソコンやスマートフォンなどの端末を、業務に活用することである。

エ　ＳａａＳ（Software as a Service）とは、コンピュータウイルスの一種で、感染することによりコンピュータに侵入して自己増殖し、ハードディスク内のデータを消去したり、外部に自動送信したりするものである。

オ　インシデントとは、コンピュータやネットワークのセキュリティを脅かす事象のことである。

1　ア・ウ
2　ア・エ
3　イ・エ
4　イ・オ
5　ウ・オ

問題57　個人情報の保護に関する法律に関する次のア～オの記述のうち、妥当でないものの組合せはどれか。

ア　個人情報取扱事業者等である法人の従業者が、その法人の業務に関して、個人情報保護委員会の命令に違反した場合の罰金刑は、当該行為者である法人の従業者だけでなく、その法人に対しても、同じ内容で科される。

イ　個人情報保護委員会の委員が職務上知ることのできた秘密を漏らし、または盗用した場合、懲役刑が科されることがある。

ウ　個人情報取扱事業者等の義務に違反し、個人情報保護委員会から当該違反行為の中止その他違反を是正するために必要な措置をとるべき旨の勧告を受けた個人情報取扱事業者等が、その勧告に係る措置をとらなかった場合であっても、直ちに罰金刑を科されることはない。

エ　個人情報取扱事業者が、その業務に関して取り扱った個人情報データベース等を自己もしくは第三者の不正な利益を図る目的で提供し、または盗用したときは、処罰されるが、これらの行為を国外で行った場合は処罰する旨の規定は存在しない。

オ　認定個人情報保護団体が、その認定に係る業務の廃止にあたり、個人情報保護委員会に対し廃止の届出をしなかった場合、10万円以下の過料に処せられる。

1　ア・ウ
2　ア・エ
3　イ・エ
4　イ・オ
5　ウ・オ

問題58　本文中の空欄 ＿＿＿＿ に入る文章として、妥当なものはどれか。

　30代の人たちに面接調査で尋ねたところ、上の年代よりも下の年代の後輩たちの態度に「上から目線」を感じることが多いという。後輩から偉そうに意見されて、内心むかついたことがあるという人も少なくない。

　関係性の問題もあるし、若手の言い分にも一理あるといったケースもあるんじゃないかとも思われる。だが、自分の未熟さや至らない点を素直に振り返れる人間が成長できるということを考えると、「上から目線」な態度は、成長にとってマイナスといえる。

　「上から目線」な態度が、じつは自信のなさのあらわれであることが多い。自分の能力に自信がなかったりする場合に、その不安をかき消すかのように、他の人を「上から目線」で見下して、こき下ろしたり、偉そうなコメントをしたりする。

　自分のことは棚上げして、他人の至らなさばかり批判する。周囲を見下すことで、自分自身の不安から目を逸らす。自分の課題に目をつぶる。

　誇大自己を掲げることで、人から見下されるのではないかといった不安をかき消そうとしているのだ。誇大自己とは、現実の自分とはかけ離れた全能の自分、非現実的なほどに素晴らしい自分のことだ。

　日頃の現実の自分を直視すれば、やらなければならないことがきちんとできていない自分、成果を出せない自分、仕事に集中できない自分、意思が弱く怠惰に流されがちな自分を認めざるを得ない。それは気分が悪いし、不安が高まる。何とかして現実から目を背けていたい。そこで、誇大自己を掲げ、他人の至らなさをこき下ろすことで、現実の自分から目を逸らす。自己防衛の心理メカニズムだ。

　僕が行った意識調査でも、「見下され不安」の強い人ほど、他人に対して「上から目線」になりやすいことがわかっている。自信がなく、人から見下されるのではといった不安が強いために、他人を見下すことで自分が上の立ち位置を取り、不安をかき消そうとしている。そんな心理メカニズムが透けて見える。

＿＿＿＿＿＿＿＿＿＿＿＿＿＿＿＿＿＿＿＿＿＿＿＿＿＿＿＿＿＿＿＿＿＿＿＿＿＿＿
　　　　　　　　　　　　　「自分はこんなもんじゃない」という心理が、不健全な形で機能しているケースといえる。

　　　　　（出典　榎本博明「『自分はこんなもんじゃない』の心理」からより）

　1　農業改革をするうえで大切なことは、生産施設を整備することが必要であるが、それと同じ戦略だ。
　2　何となく惰性で生きることは、気楽に生きられることが約束されるが、何の達成感もない。

3　チャレンジには不安が伴うが、新たな一歩を踏み出すには、今の安定感を捨て
るべきだ。

4　外敵を設定することで、国内の矛盾から国民の目を逸らさせようとする国があ
るが、それと同じ戦略だ。

5　いろんな生き方が認められるようになることで、生きるのが楽になるかという
と、そうでもない。

問題59　本文中の空欄　Ⅰ　～　Ⅴ　に入る語句の組合せとして、妥当なものはどれか。

　ファッションに苦手意識を持っている人は多いでしょう。でも、ファッションをいわゆる「飾る」ではなくて、「彩る」こととしてとらえる。そのように　Ⅰ　が変われば、おのずと生き方も変わってくるように思います。先に申したように、ファッションは、生活自体には不要な、いわば趣味とか嗜好品の扱いをされてきた面があります。ことに男性は、そこにお金や時間を費やすのはもったいない、と思って、　Ⅱ　にしがちです。でもよく考えれば、自分の心が弾んだり落ち着いたりするものだし、人に自分の人となりを伝え、話のきっかけにもなれば、心地よさの交換にもなる。自分の人生や生活を彩ること以上の大切な何かなんて、そうそうあるはずがないわけで、結局もっと無駄なことにお金や時間を費やしてしまっている。

　これは　Ⅲ　を込めての感想ですが、われわれは、もっと人生を彩ることを、自分自身に許してもいいのではないでしょうか。べつに値段の高いものを持つとかいうことではなく、ピンバッチ一つでもよくて、それをしまっておかず身に着けて人に会いにゆく。それで話が弾んで互いの世界が広がるきっかけになるかもしれない。人生を、生活を彩ることに対して、もっと自分を開いていく。それが、人と会うということの豊かさにもつながっていく。

　今のファッションは「自分を認めてほしい」という主張あるいは　Ⅳ　、としてのイメージが強くなってしまっているけれど、本来は人と会うということが第一義なのだと思います。流行を追うとか作るとかの前に、人と会って、影響を受け、かつ与え、それを喜び合えることを目標とする。それがモードなのじゃないでしょうか。結果として、自分たちの世界を大きく　Ⅴ　させることになり得る。ファッションは、おしゃれ好きな女の子のためだけにあるのではなくて、人と人をつなぐ大事な概念の一つです。

（出典　天童荒太「だから人間は滅びない」から）

	Ⅰ	Ⅱ	Ⅲ	Ⅳ	Ⅴ
1	意識	後回し	自戒	手段	変化
2	意識	後回し	自粛	目的	変化
3	事象	前倒し	熱意	目的	受諾
4	事象	後回し	自戒	手段	変化
5	時代	前倒し	自粛	経過	受諾

問題60　本文中の空欄 [　　] に入る文章を、あとのア〜オを並べ替えて作る場合、その順序として妥当なものの組合せはどれか。

　われわれ日本人は、季節とともに移り変わってゆく植物を愛でたり、いつ行ってもそこにある木の立ち姿にほっと心が安らぐ、という自然観＝人生観を持っている。それは、日本人の自然に対する崇拝の気持ちにほかならない。その自然崇拝から安らぎも生まれてくるわけである。

　ヨーロッパにも、庭園を見たり、庭園の植物を愛でるという気持ちはある。しかし、たとえばガーデニングの盛んなオランダには、もともと土がない。「世界は神がつくったけれども、オランダという土地はオランダ人がつくった」という言葉があるが、それほど国土を一生懸命つくったのである。海の干拓をし、水車と水路を造り、ようやくチューリップとタマネギが生えるような土地にしていったのである。

　個人の持つ庭園も、その延長線上にある。必死に土壌をつくっていったのである。海外交換教授としてオランダに赴任した経験のある歌人の佐佐木幸綱の著書によると、オランダの人々のガーデニングは、春が終わるとそれまで咲いていた花をすべて取り除くという。そして、そこに夏に咲く植物を植え替えて、統一的にきれいな庭園を造る。夏が終われば、またすべてを取り除き、秋の植物に植え替える。冬になると、春をつげるチューリップの球根を植える。

しかしオランダにそのような木は一本もない。それほど、植物や自然に対する考え方、生命に対する考え方が違うのである。

（出典　松本健一「砂の文明・石の文明・泥の文明」から）

ア　人生もまたそのように、時とともに移ろうものだ、と。

イ　だから、樹齢二百〜三百年の木が敷地の中や庭にあったりする。

ウ　そこには、百年を超えるような樹木は、ほとんどない。

エ　これがオランダのガーデニングの発想なのである。

オ　日本人なら、春に花が咲き、秋になって紅葉となり、枯れ葉となって落ちる、という季節とともに変化する自然に風情がある、という見方をする。

1　ア→オ→エ→ウ→イ

2　ウ→ア→エ→オ→イ

3　ウ→オ→ア→イ→エ

4　エ→イ→オ→ア→ウ

5　エ→ウ→オ→ア→イ

問題
答案用紙

答案用紙はダウンロードもご利用いただけます。
TAC出版書籍販売サイトにアクセスしてください。
https://bookstore.tac-school.co.jp/

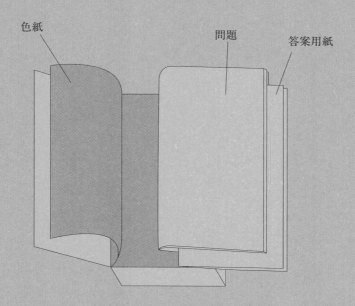

―〈問題・答案用紙ご利用時の注意〉―
以下の「問題」は、この色紙を残したままていねいに抜き取り、ご使用ください。
「答案用紙」は、綴込の針金をはずしてご使用ください。なお、針金をはずす際は
素手ではなく、ドライバー等の器具を必ずご使用ください。
また、抜取りの際の損傷についてのお取替えはご遠慮願います。

第3回
問 題

試験開始まで開いてはいけません。

(注意事項)
1 問題は3−1ページから3−55ページまで60問あり、時間は3時間です。
2 解答は、3−28ページと3−29ページの間にある答案用紙に記入してください。
3 答案用紙への記入およびマークは、次のようにしてください。
 ア 択一式（5肢択一式）問題は、1から5までの答えのうち正しいと思われるものを一つ選び、マークしてください。二つ以上の解答をしたもの、判読が困難なものは誤りとなります。
 イ 択一式（多肢選択式）問題は、枠内（1〜20）の選択肢から空欄 ア 〜 エ に当てはまる語句を選び、マークしてください。二つ以上の解答をしたもの、判読が困難なものは誤りとなります。
 ウ 記述式問題は、答案用紙裏面の解答欄（マス目）に記述してください。
4 解答一覧は130・131ページ、解答解説は132ページからです。

法　令　等 [問題1〜問題40は択一式（5肢択一式）]

問題1　裁判外紛争解決手続（ADR）に関する次の記述のうち、妥当でないものはどれか。

1　裁判外紛争解決手続（ADR）とは、民事上の紛争を訴訟以外の方法によって解決する手続をいい、民事調停法や仲裁法などの個別法によりそれぞれ規定されており、基本法は存在しない。

2　公害等調整委員会のような行政機関、国民生活センターのような独立行政法人のほか、民間事業者も紛争解決サービスを行っているが、民間事業者がこれを行うには法律により法務大臣の認証を受ける必要があり、この認証を受けた民間事業者は、認証紛争解決事業者と呼ばれる。

3　一般的な裁判外の和解（示談）の場合には、一方がその履行をしないときは示談書があったとしてもそれを根拠に強制執行をすることはできないが、認証紛争解決手続において紛争の当事者間に成立した和解であって、当該和解に基づいて民事執行をすることができる旨の合意がされた特定和解については、裁判所の執行決定を得たうえで、強制執行をすることができる。

4　仲裁合意とは、民事上の紛争の解決を仲裁人にゆだね、かつ、その判断に服する旨の合意をいい、仲裁とは、その合意に基づいて、仲裁人の判断によって示された事項に確定判決としての拘束力を認め、紛争を解決する制度である。

5　ADRをオンライン上で行う仕組みをODRといい、対面での話し合いを、ウェブ会議システムを通じた話し合いに置き換えるものやチャット機能等を利用してプラットフォーム上で紛争解決手続を完結させるものがある。

問題2 　法思想に関する次の記述のうち、妥当でないものはどれか。

1 　オランダの法学者グロティウスは、戦争の防止や収束のために、自然法の理念に
基づいた国際法が必要であると主張し、後の国際法の成立に大きな影響を与えたこ
とから、「国際法の父」「自然法の父」と称されている。

2 　イギリスの思想家ホッブズは、人間は自由・平等な自然権を有するが、その利己
的動物としての本質から、自然状態は「万人の万人による闘争」とならざるを得
ず、その状態を克服するために、個人はその権利を国王に委譲するという社会的な
契約を結んでいると主張し、絶対王政を擁護した。

3 　イギリスの思想家ロックは、個人は相互に同意して自然権の一部を政府に委託し
て国家を作っているのであり、政府が人民の自然権を侵害することがあれば、人民
には政府に抵抗し、それを覆す権利があると主張し、ホッブズの社会契約説を覆し
た。

4 　フランスの思想家モンテスキューは、イギリスの政治に影響を受け、ロックの提
唱する社会契約説を否定し、政治権力を分割しない統治形態では自由が保障されな
いと主張し、政治権力を立法・行政・司法に分割する三権分立論を展開した。

5 　オーストリアの法学者ケルゼンは、自然法と実定法の差異を挙げ、法の本質は強
制であり、自然法は強制機関を持たない観念的な無政府主義に陥ると主張し、自然
法論を批判した。

問題3 法の下の平等に関する次の記述のうち、最高裁判所の判例に照らし、誤っている
ものはどれか。

1 医療や科学技術が発達した今日においては、再婚禁止期間を厳密に父性の推定が
重複することを回避するための期間に限定せず、一定の期間の幅を設けることを正
当化することは困難になったといわざるを得ないというべきであり、女性について
のみ100日を超えて再婚禁止期間を設けることは、合理性を欠いた過剰な制約を課
すものとなっているというべきであり、憲法14条1項等に違反する。

2 普通地方公共団体が在留外国人を職員に採用するに当たって管理職への昇任を前
提としない条件の下でのみ就任を認めることとする場合には、そのように取り扱う
ことにつき合理的な理由が存在することが必要であり、日本国民である職員に限っ
て管理職に昇任することができることとする措置を執ることは、合理的な理由が存
在するとはいえず、憲法14条1項に違反する。

3 日本国民である父と日本国民でない母との間に出生した後に父から認知された子
について、父母の婚姻により嫡出子たる身分を取得した（準正のあった）場合に限
り届出による日本国籍の取得を認めることは、我が国との密接な結び付きを有する
者に限り日本国籍を付与するという立法目的自体に合理的な根拠は認められるもの
の、立法目的との間における合理的関連性は、我が国の内外における社会的環境の
変化等によって失われており憲法14条1項に違反する。

4 法定相続分について嫡出性の有無により差異を設けることは、家族という共同体
の中における個人の尊重がより明確に認識され変化したことに伴い、父母が婚姻関
係になかったという、子にとっては自ら選択ないし修正する余地のない事柄を理由
としてその子に不利益を及ぼすことは許されないことからすれば、憲法14条1項に
違反する。

5 尊属に対する尊重報恩は、刑法上の保護に値するが、尊属殺の法定刑を死刑また
は無期懲役刑のみに限る尊属殺の規定は、普通殺の法定刑に比し著しく不合理な差
別的取扱いをするものであるため、憲法14条1項に違反する。

問題 4 　信教の自由に関する次の記述のうち、最高裁判所の判例に照らし、妥当なものは
どれか。

1 　信仰上の真摯な理由から剣道実技に参加することができない学生に対し、代替措
置として、例えば、他の体育実技の履修、レポートの提出等を求めた上で、その成
果に応じた評価をすることが、その目的において宗教的意義を有し、特定の宗教を
援助、助長、促進する効果を有するものということはできず、他の宗教者または無
宗教者に圧迫、干渉を加える効果があるともいえないのであって、およそ代替措置
を採ることが、その方法、態様のいかんを問わず、憲法20条 3 項に違反するという
ことはできない。

2 　一般に、神社自体がその境内において挙行する恒例の重要な祭祀に際して玉串料
等を奉納することは、建築主が主催して建築現場において土地の平安堅固、工事の
無事安全等を祈願するために行う儀式である起工式の場合と同様に、時代の推移に
よって既にその宗教的意義が希薄化し、慣習化した社会的儀礼にすぎないものにな
っているといえ、県による玉串料等の奉納は一般人において社会的儀礼と評価する
に至っているというべきである。

3 　市が国公有地を無償で宗教的施設の敷地としての用に供する行為は、市が、氏子
集団においてこれを利用して宗教的活動を行うことを容易にさせているものという
ことはできず、一般人の目から見て、市が特定の宗教に対して特別の便益を提供
し、これを援助していると評価されるものではない。

4 　市の管理する都市公園内に儒教の祖である孔子等を祀った施設の設置を許可する
とともに、当該公園使用料の全額を免除することは、当該施設の観光資源等として
の意義や歴史的価値を考慮すると、一般人の目から見て、市が特定の宗教に対して
特別の便益を提供し、これを援助していると評価するものとはいえないものであっ
て、憲法20条 3 項の禁止する宗教的活動に該当しない。

5 　宗教法人法に基づく宗教法人の解散命令は、宗教団体や信者の精神的・宗教的側
面に意図して踏み込むものであり、解散命令によって宗教団体やその信者らが行う
宗教上の行為に多大な支障を伴うものであって、憲法20条 1 項に反するものという
ことができる。

問題 5　次の記述は、全国中学校一斉学力調査を阻止する目的で公立中学校の校舎内に侵入し、同校校長に暴行、脅迫をした事実につき建造物侵入罪および公務執行妨害罪で起訴された事件の最高裁判決（最高裁判所昭和51年5月21日大法廷判決・刑集第30巻5号615頁）の一節である。判旨の論旨として、妥当でないものはどれか。

1　子どもの教育は、憲法26条の保障する子どもの教育を受ける権利に対する責務として行われるべきもので、このような責務をになう者は、親を中心とする国民全体であり、権力主体としての国の子どもの教育に対するかかわり合いは、国民の教育義務の遂行を側面から助成するための諸条件の整備に限られる。

2　憲法26条の規定の背後には、国民各自が、一個の人間として、また、一市民として、成長、発達し、自己の人格を完成、実現するために必要な学習をする固有の権利を有すること、特に、みずから学習することのできない子どもは、その学習要求を充足するための教育を自己に施すことを大人一般に対して要求する権利を有するとの観念が存在している。

3　普通教育においては、児童生徒に教授内容を批判する能力がなく、教師が児童生徒に対して強い影響力、支配力を有するほか、子どもの側に学校や教師を選択する余地が乏しく、教育の機会均等をはかる上からも全国的に一定の水準を確保すべき強い要請があること等からすれば、普通教育における教師に完全な教授の自由を認めることはできない。

4　個人の基本的自由を認め、その人格の独立を国政上尊重すべきものとしている憲法の下においては、子どもが自由かつ独立の人格として成長することを妨げるような国家的介入、例えば、誤った知識や一方的な観念を子どもに植えつけるような内容の教育を施すことを強制するようなことは、憲法26条、13条の規定上からも許されない。

5　国は、国政の一部として広く適切な教育政策を樹立、実施すべく、また、しうる者として、憲法上は、あるいは子ども自身の利益の擁護のため、あるいは子どもの成長に対する社会公共の利益と関心にこたえるため、必要かつ相当と認められる範囲において、教育内容についてもこれを決定する権能を有する。

問題6　内閣に関する次の記述のうち、妥当でないものはどれか。

1　内閣の組織については、憲法が定める基本的な枠組みに基づいて、国会が法律で定めるところによる。

2　内閣は、事前ないし事後に国会の承認を得ることを条件として、条約を締結する権能をもっている。

3　大臣に対する弾劾制度を認めない日本国憲法においては、内閣に対して問われる責任は、政治責任であって狭義の法的責任ではない。

4　内閣は、衆議院で不信任の決議案を可決したときは、10日以内に総辞職しなければならない。

5　内閣は、総辞職後、新たに内閣総理大臣が任命されるまで引き続き職務を行う。

問題7　財政に関する次の記述のうち、憲法の規定および最高裁判所の判例に照らし、妥当でないものはどれか。

1　内閣は、毎年、国会に対し決算を提出するほか、定期に、少なくとも毎年1回、国会および国民に対して財政状況を報告しなければならない。

2　市町村が行う国民健康保険の保険料は、租税以外の公課ではあるが、賦課徴収の強制の度合いにおいては租税に類似する性質を有するため、憲法84条の趣旨が及ぶ。

3　長く課税されることがなかったパチンコ球遊器について、行政の内部命令である通達によって課税の物件たる遊戯具に該当するとして課税の対象とされたことは、通達の内容が法の正しい解釈に合致するものであれば、憲法84条に違反しない。

4　すべて皇室の費用は、予算に計上して国会の議決を経なければならない。

5　予備費は、予見し難い予算の不足に充てるため、国会の議決に基づいて設けられ、内閣の責任で支出されるものであることから、内閣は支出について、事後に国会の承諾を求める必要はない。

問題 8　行政行為の効力に関する次のア～オの記述のうち、妥当なものの組合せはどれか。

ア　行政行為が書面でなされる場合は、内部的意思決定ではなく、書面の作成により行政行為が成立するので、内部的意思決定と相違する書面が作成された場合でも、書面の内容の行政行為が成立する。

イ　公定力とは、行政行為にたとえ重大かつ明白な瑕疵があっても、権限のある行政機関または裁判所が取り消すまでは、一応有効として扱われる効力であり、国家賠償請求訴訟には公定力は及ばない。

ウ　不可争力とは、行政行為に瑕疵があっても、一定期間が経過すると、行政庁や行政行為の相手方は、もはやその行政行為の効力を争うことができなくなる効力である。

エ　不可変更力とは、一度行った争訟裁断的行政行為の効力を、行政庁自らが取消しまたは変更することができなくなる効力であり、不可変更力に反する行政行為は違法な行政行為として無効となる。

オ　執行力とは、行政庁自らが裁判所の力を借りずに、行政行為の内容を強制的に実現できる効力であり、行政庁が強制執行を行うには、法律の特別の根拠が必要である。

1　ア・ウ
2　ア・オ
3　イ・ウ
4　イ・エ
5　エ・オ

— 3-7 —

問題9　行政契約に関する次のア～オの記述のうち、妥当なものの組合せはどれか。

ア　水道事業者は、給水区域内の需要者から給水契約の申込みを受けたときは、水道法上、正当の理由があればこれを拒むことができるが、水道は国民生活上欠くことのできないものであるから、給水契約の申込みをみだりに拒否することは許されず、水道事業者が水需給の逼迫を理由として給水契約を拒むことは許されない。

イ　産業廃棄物の処分を業として行おうとする者に対する知事の許可は、処分業者に対し、事業や処理施設の使用を継続すべき義務を課すものではないことは明らかであり、処分業者は協定の相手方に対し、事業や処理施設を将来廃止する旨を約束することは処分業者の自由な判断で行うことができるから、処分業者と町が締結した公害防止協定における最終処分場の使用期限を定めた条項は、契約としての法的拘束力が認められる。

ウ　地方公共団体が行う随意契約の拒否に関して、その性質または目的が競争入札に適しないものをするときに該当するか否かは、地方公共団体の契約担当者が、契約の公正および価格の有利性を図ることを目的として地方公共団体の契約締結の方法に制限を加えている法令の趣旨を勘案し、個々具体的な契約ごとに、当該契約の種類、内容、性質、目的等諸般の事情を考慮して、その合理的な裁量に基づいて判断すべきである。

エ　行政主体間における行政契約の締結手続については、行政手続の一般法である行政手続法の中に規定は設けられていないが、行政主体と私人間における行政契約の締結手続については、公正性や透明性を図る必要があることから、行政手続法の中に規定が設けられている。

オ　地方公共団体と企業との間で、公害防止協定を締結して、企業の操業に関して取り決めを行う場合、当該公害防止協定によって、違反に対する罰則を定め、実力を行使する強制的な立入調査権限を定めることができる。

1　ア・ウ
2　ア・オ
3　イ・ウ
4　イ・エ
5　エ・オ

— 3-8 —

問題10　行政調査に関する次のア～エの記述のうち、最高裁判所の判例に照らし、妥当でないものの組合せはどれか。

ア　収税官吏が犯則嫌疑者に対し国税犯則取締法に基づく調査を行った場合に、課税庁が当該調査により収集された資料をその者に対する課税処分および青色申告承認の取消処分を行うために利用することは許されない。

イ　職務質問に付随して行う所持品検査について、捜索に至らない程度の行為であるならば、強制にわたらなければ、たとえ所持人の承諾がなくても、所持品検査の必要性、緊急性、これによって侵害される個人の法益と保護されるべき公共の利益の権衡等を考慮し、具体的状況の下で相当と認められる限度で許容される。

ウ　憲法35条1項の規定は、本来、主として刑事責任追及の手続における強制について、それが司法権による事前の抑制の下におかれるべきことを保障した趣旨であるから、当該手続が刑事責任追及を目的とするものでなければ、その手続における一切の強制が当然に当該規定による保障の枠外にあると判断することとなる。

エ　質問検査の範囲、程度、時期、場所等実定法上特段の定めのない実施の細目については、質問検査の必要があり、かつ、これと相手方の私的利益との衡量において社会通念上相当な限度にとどまる限り、権限ある税務職員の合理的な選択に委ねられており、実施の日時や場所の通知、調査の理由および必要性の個別的、具体的な告知のごときも、質問検査を行う上での法律上一律の要件とされているものではない。

1　ア・イ
2　ア・ウ
3　イ・ウ
4　イ・エ
5　ウ・エ

問題11　行政手続法に関する次の記述のうち、正しいものはどれか。

1　地方公共団体の機関がする行政指導であっても、その根拠となる規定が法令に置かれているものについては、行政手続法の行政指導に関する規定が適用される。

2　地方公共団体の機関に対する届出であっても、当該届出の通知の根拠となる規定が条例または規則に置かれているものについては、行政手続法の届出に関する規定が適用される。

3　地方公共団体の機関がする処分であっても、その根拠となる規定が法律に置かれているものについては、行政手続法の処分に関する規定が適用される。

4　国の機関または地方公共団体もしくはその機関に対する処分については、行政手続法の規定は適用されることはない。

5　国の機関または地方公共団体もしくはその機関に対する行政指導で、これらの機関または団体が一般国民と同様の立場で行政指導の名あて人となるものについては、行政手続法が適用される。

問題12　行政手続法における聴聞の審理の方式に関する次の記述のうち、誤っているものはどれか。

1　主宰者は、最初の聴聞の期日の冒頭において、行政庁の職員に、予定される不利益処分の内容および根拠となる法令の条項ならびにその原因となる事実を聴聞の期日に出頭した者に対し説明させなければならない。

2　当事者または参加人は、聴聞の期日に出頭して、意見を述べ、および証拠書類等を提出し、ならびに主宰者の許可を得て行政庁の職員に対し質問を発することができる。

3　主宰者は、聴聞の期日において必要があると認めるときは、当事者もしくは参加人に対し質問を発し、意見の陳述もしくは証拠書類等の提出を促し、または行政庁の職員に対し説明を求めることができる。

4　聴聞の期日における審理は、行政庁が公開することを相当と認めるときを除き、公開しない。

5　聴聞の期日に出頭する場合、当事者は、主宰者の許可を得て、補佐人とともに出頭することができるが、参加人が補佐人とともに出頭することはできない。

問題13　行政手続法に関する次の記述のうち、誤っているものはどれか。

1　行政庁は、処分基準を定めるに当たっては、不利益処分の性質に照らしてできる限り具体的なものとしなければならない。

2　行政指導にあっては、行政指導に携わる者は、いやしくも当該行政機関の任務または所掌事務の範囲を逸脱してはならないことおよび行政指導の内容があくまでも相手方の任意の協力によってのみ実現されるものであることに留意しなければならない。

3　許認可等をする権限または許認可等に基づく処分をする権限を有する行政機関が、当該権限を行使することができない場合または行使する意思がない場合においてする行政指導にあっては、行政指導に携わる者は、当該権限を行使し得る旨を殊更に示すことにより相手方に当該行政指導に従うことを余儀なくさせるようなことをしてはならない。

4　何人も、法令に違反する事実がある場合において、その是正のためにされるべき処分がされていないと思料するときは、当該処分をする権限を有する行政庁に対し、その旨を申し出て、当該処分をすることを求めることができる。

5　届出が届出書の記載事項に不備がないこと、届出書に必要な書類が添付されていることその他の法令に定められた届出の形式上の要件に適合している場合は、当該届出が法令により当該届出の提出先とされている機関で受理されたときに、当該届出をすべき手続上の義務が履行されたものとされる。

問題14　次の文章は、行政不服審査法の目的を規定した１条１項であるが、この中の空欄 ア ～ オ に当てはまる語句の組合せとして、正しいものはどれか。

（行政不服審査法１条１項）

　この法律は、行政庁の違法又は不当な ア その他公権力の行使に当たる行為に関し、国民が イ かつ公正な手続の下で広く行政庁に対する ウ をすることができるための制度を定めることにより、国民の エ の救済を図るとともに、行政の オ な運営を確保することを目的とする。

	ア	イ	ウ	エ	オ
1	行為	適正	異議申立て	権利利益	公正
2	処分	簡易迅速	不服申立て	法的利益	適正
3	処分	簡易迅速	不服申立て	権利利益	適正
4	行為	適正	不服申立て	法的利益	公正
5	処分	適正	異議申立て	権利利益	公正

問題15　行政不服審査法の定める再調査の請求に関する次のア～オの記述のうち、正しいものの組合せはどれか。

ア　行政庁の処分につき処分庁以外の行政庁に対して審査請求をすることができる場合に審査請求を行ったときは、法律に再調査の請求ができる旨の規定がある場合でも、審査請求人は、当該処分について再調査の請求を行うことができない。

イ　法令に基づく処分についての申請に対して、当該申請から相当の期間が経過したにもかかわらず、行政庁が何らの処分もしない場合、申請者は当該不作為につき再調査の請求を行うことができる。

ウ　再調査の請求においては、その審理は審理員ではなく処分庁が行い、また、行政不服審査会等への諮問も行わない。

エ　再調査の請求がなされた場合、処分庁は、職権で、処分の効力、処分の執行または手続の続行を停止することができるが、これらを請求人が申し立てることはできない。

オ　再調査の請求においては、請求人または参加人が口頭で意見を述べる機会を与えられるのは、処分庁がこれを必要と認めた場合に限られる。

1　ア・ウ
2　ア・エ
3　イ・エ
4　イ・オ
5　ウ・オ

— 3-13 —

問題16　行政不服審査法における審理員に関する次の記述のうち、妥当なものはどれか。

1　審査庁となるべき行政庁には、審理員となるべき者の名簿の作成が義務付けられており、この名簿は、当該審査庁となるべき行政庁および関係処分庁の事務所における備付けにより公にしておかなければならない。

2　審査請求がされた行政庁は、審査庁に所属する職員のうちから審理手続を行う者である審理員を指名しなければならず、審査請求が不適法で、補正することができないことが明らかであっても、当該審査請求を却下する場合にも審理員は指名される。

3　審理員は、審査請求人または参加人の申立てがなければ、必要な場所についての検証をすることはできない。

4　審理員は、数個の審査請求に係る審理手続を併合することができ、また、併合された審査請求に係る審理手続を分離することもできる。

5　審理員は、審理手続を終結したときは、速やかに、審査庁がすべき裁決に関する審理員意見書を作成しなければならず、その審理員意見書を作成したときは、遅滞なく、これを事件記録とともに、行政不服審査会等に提出しなければならない。

問題17　行政事件訴訟法の規定に関する次の記述のうち、妥当でないものはどれか。

1　処分の取消しの訴えは、当該処分につき法令の規定により審査請求をすることができる場合においても、原則として直ちに提起することができるが、この場合において、当該処分につき審査請求がされているときは、裁判所は、原則として、その審査請求に対する裁決があるまで、訴訟手続を中止することができる。

2　行政庁は、取消訴訟を提起することができる処分をする場合において、法律に当該処分についての審査請求に対する裁決を経た後でなければ処分の取消しの訴えを提起することができない旨の定めがあるときは、当該処分の相手方に対し、その旨を書面で教示しなければならない。

3　処分の取消しの訴えは、法律に当該処分についての審査請求に対する裁決を経た後でなければ処分の取消しの訴えを提起することができない旨の定めがあるときであっても、審査請求があった日から3か月を経過しても裁決がないときは、裁決を経ないで、提起することができる。

4　処分の取消しの訴えは、法律に当該処分についての審査請求に対する裁決を経た後でなければ処分の取消しの訴えを提起することができない旨の定めがあるときであっても、処分、処分の執行または手続の続行により生ずる重大な損害を避けるため緊急の必要があるときは、裁決を経ないで、提起することができる。

5　処分につき審査請求をすることができる場合において、審査請求があったときは、処分に係る取消訴訟は、正当な理由があるときを除き、審査請求に対する裁決があったことを知った日から6か月を経過したときまたは当該裁決の日から1年を経過したときは、提起することができない。

— 3-15 —

問題18　訴えの利益に関する次のア～オの記述のうち、最高裁判所の判例に照らし、妥当
　　　　なものの組合せはどれか。

ア　市街化調整区域内にある土地を開発区域とする開発許可に関する工事が完了し、
　　当該工事の検査済証が交付された後においても、当該開発許可の取消しを求める訴
　　えの利益は失われない。

イ　行政手続法の規定により定められ公にされている処分基準において、先行の処分
　　を受けたことを理由として後行の処分に係る量定を加重する旨の不利益な取扱いの
　　定めがある場合、上記先行の処分に当たる処分を受けた者は、将来において上記後
　　行の処分に当たる処分の対象となり得るときであっても、上記先行の処分に当たる
　　処分の効果が期間の経過によりなくなった後においては、もはや当該処分の取消し
　　によって回復すべき法律上の利益を有するものとはいえない。

ウ　客観的に優良運転者の要件を満たす者が、一般運転者として扱われ、優良運転者
　　である旨の記載のない免許証を交付されて免許証の更新処分を受けた場合、優良運
　　転者である旨の記載のある免許証を交付して行う更新処分を受ける法律上の地位を
　　否定されたことを理由として、当該地位を回復すべく、当該更新処分の取消しを求
　　める訴えの利益が認められる。

エ　土地改良法に基づく事業施行認可処分取消訴訟係属中に、当該事業計画に係る工
　　事および換地処分がすべて完了したため、当該事業施行地域を当該事業施行以前の
　　原状に回復することが、社会的、経済的損失の観点からみて、社会通念上不可能と
　　なった場合、当該認可処分の取消しを求める法律上の利益は消滅する。

オ　公文書の非公開決定の取消訴訟において、当該請求に係る公文書が書証として提
　　出された場合、当該公文書の非公開決定の取消しを求める訴えの利益は消滅する。

　　1　ア・ウ
　　2　ア・エ
　　3　イ・エ
　　4　イ・オ
　　5　ウ・オ

問題19　行政事件訴訟法に関する次のア～オの記述のうち、妥当でないものの組合せはどれか。

ア　建築基準法に基づき除却命令を受けた違反建築物について代執行による除却工事が完了した場合、当該除却命令および代執行令書発付処分の取消しを求める訴えは、その利益を有しないものとして、却下判決が下される。

イ　取消訴訟においては、原告適格を有する者の主張する違法事由がいずれも自己の法律上の利益に関係のない違法である場合、主張自体失当として、却下判決が下される。

ウ　裁判所は、相当と認めるときは、終局判決前に、判決をもって、処分または裁決が違法であることを宣言することができる。

エ　義務付けの訴えに係る処分または裁決をすべき旨を命ずる判決は、第三者に対しても効力を有する。

オ　申請に基づいてした処分または審査請求を認容した裁決が判決により手続に違法があることを理由として取り消された場合、その処分または裁決をした行政庁は、判決の趣旨に従い、改めて申請に対する処分または審査請求に対する裁決をしなければならない。

　　1　ア・ウ
　　2　ア・エ
　　3　イ・エ
　　4　イ・オ
　　5　ウ・オ

— 3-17 —

問題20　国家賠償法に関する次のア～エの記述のうち、最高裁判所の判例に照らし、妥当
　　　なものの組合せはどれか。

　　ア　知事が宅地建物取引業者に対し宅地建物取引業法による業務停止処分ないし免許
　　　取消処分を行使しなかったことは、宅建業者の不正な行為により損害を被った取引
　　　関係者がいる場合は、知事に権限が付与された趣旨・目的に照らして著しく不合理
　　　と認められるから、当然に国家賠償法1条1項の適用上違法の評価を受ける。
　　イ　経済産業大臣が、津波による原子力発電所の事故を防ぐために電気事業法に基づ
　　　く規制権限を行使しなかったことは、仮に、経済産業大臣が規制権限を行使してい
　　　たとしても、本件事故と同様の事故が発生するに至っていた可能性が相当にあると
　　　いわざるを得ず、国家賠償法1条1項に基づく損害賠償責任を負うということはで
　　　きない。
　　ウ　昭和33年当時、労働大臣（現・厚生労働大臣）が、旧労働基準法に基づく省令制
　　　定権限を行使して石綿工場に局所排気装置を設置することを義務付けなかったこと
　　　は、昭和33年には石綿工場において有効に機能する局所排気装置を設置することが
　　　可能ではなかったのであるから、国家賠償法1条1項の適用上違法となる余地はな
　　　い。
　　エ　厚生大臣（現・厚生労働大臣）が医薬品の副作用による被害の発生を防止するた
　　　めに薬事法上の権限を行使しなかったことが、当該医薬品に関するその時点におけ
　　　る医学的、薬学的知見の下において、薬事法の目的および厚生大臣（現・厚生労働
　　　大臣）に付与された権限の性質等に照らし、その許容される限度を逸脱して著しく
　　　合理性を欠くと認められるときは、権限の不行使は、国家賠償法1条1項の適用上
　　　違法となる。

　　　1　ア・ウ
　　　2　ア・エ
　　　3　イ・ウ
　　　4　イ・エ
　　　5　ウ・エ

問題21　A県は、県内のB市に所在するC観光施設の設置を行っており、指定管理者制度に基づきD事業者にその運営を行わせている。ある日、C観光施設内で、火災が発生し、C観光施設に訪れていたX（A県在住）が大やけどを負い、それがもとで入院した。この事例に関する次のア〜オの記述のうち、法令および最高裁判所の判例に照らし、妥当なものの組合せはどれか。

ア　火災が発生したことについて、C観光施設の設置につきA県の過失はなかったとしても、A県は、Xに対して損害賠償責任を免れない。

イ　火災が発生したのは、D事業者によるC観光施設の管理の瑕疵が原因であった場合、A県は、Xに対して損害賠償責任を負うことはない。

ウ　B市がC観光施設の費用負担をしている場合、B市もXに対して損害を賠償する責任を負うことになる。

エ　火災が発生したのは、A県によるC観光施設の設置に瑕疵が原因であった場合、Xは、A県知事個人に対して損害賠償請求をすることができる。

オ　Xが外国籍であった場合、Xは、当然に、A県に損害賠償請求をすることができる。

　　1　ア・イ
　　2　ア・ウ
　　3　イ・エ
　　4　ウ・オ
　　5　エ・オ

— 3-19 —

問題22　A市市長Bが一般社団法人Cに対して違法に補助金を交付したことに対して、A市の住民Xが住民監査請求をした場合に関する次の記述のうち、法令または最高裁判所の判例に照らし、誤っているものはどれか。

1　Xは、選挙権を有する者の総数の50分の1以上の者の連署がなければ、A市の監査委員に対し、住民監査請求をすることができない。
2　Xが適法に住民監査請求をしたにもかかわらず、監査委員が不適法であることを理由に却下した場合、Xは適法な住民監査請求を経たものとして、直ちに住民訴訟を提起することができる。
3　Bがなした補助金の交付の取消しを求める住民訴訟は、A市を被告として提起しなければならない。
4　XがBに対してCへの不当利得返還請求を義務付けることを求める住民訴訟を提起し、不当利得返還の請求を命ずる判決が確定した場合、Bは、Cに対し不当利得の返還金の支払を請求しなければならない。
5　Xが提起した住民訴訟に勝訴した場合、A市に対して、弁護士に支払う報酬額の範囲内で相当と認められる額の支払を請求することができる。

問題23　地方自治法が定める長と議会の関係に関する次のア～エの記述のうち、誤っているものの組合せはどれか。

ア　普通地方公共団体の議会において非常の災害による応急もしくは復旧の施設のために必要な経費を削除しまたは減額する議決をしたときは、その経費およびこれに伴う収入について、当該普通地方公共団体の長は、理由を示してこれを再議に付さなければならず、この場合において、議会の議決がなおその経費を削除しまたは減額したときは、当該普通地方公共団体の長は、その経費およびこれに伴う収入を予算に計上してその経費を支出することができる。

イ　普通地方公共団体の議会の条例の制定もしくは改廃に関する議決について異議があるときは、当該普通地方公共団体の長は、地方自治法に特別の定めがあるものを除くほか、その送付を受けた日から10日以内に理由を示してこれを再議に付すことができ、この場合に、条例の制定もしくは改廃に関するものを再度議決するには、出席議員の3分の2以上の者の同意がなければならない。

ウ　普通地方公共団体の議会において法令により負担する経費を削除しまたは減額する議決をしたときは、その経費およびこれに伴う収入について、当該普通地方公共団体の長は、理由を示してこれを再議に付さなければならず、この場合において、議会の議決がなおその経費を削除しまたは減額したときは、当該普通地方公共団体の長は、その経費およびこれに伴う収入を予算に計上してその経費を支出することができる。

エ　普通地方公共団体の議会において、議員数の3分の2以上の者が出席し、その過半数の者の同意をもって当該普通地方公共団体の長の不信任の議決をしたときは、普通地方公共団体の長は、議長からその旨の通知を受けた日から10日以内に限り、議会を解散することができる。

1　ア・ウ
2　ア・エ
3　イ・ウ
4　イ・エ
5　ウ・エ

問題24　地方自治法が定める地域自治区に関する次の記述のうち、誤っているものはどれか。

1　都道府県は、都道府県知事の権限に属する事務を分掌させ、および地域の住民の意見を反映させつつこれを処理させるため、条例で、その区域を分けて定める区域ごとに地域自治区を設けることができる。

2　地域自治区に事務所を置き、地域自治区の事務所の長は、当該普通地方公共団体の長の補助機関である職員をもって充てる。

3　地域協議会の構成員の任期は、4年以内において条例で定める期間と、地域協議会に置かれる会長および副会長の任期も構成員の任期と同じとなる。

4　地域自治区には、地域協議会が置かれ、地域協議会の構成員は、地域自治区の区域内に住所を有する者の中から選任される。

5　地域協議会の構成員には報酬を支給しないこととすることができる。

問題25　土地収用に関する次の記述のうち、法令の規定および判例に照らし、正しいもの
　　　はどれか。

　1　土地収用の損失の補償における補償金の額については「相当な価格」等の不確定
　　概念をもって定められているものではあるが、通常人の経験則および社会通念に従
　　って客観的に認定され得るものであり、かつ、認定すべきものであって、補償額の
　　決定につき収用委員会に裁量権が認められるものと解することはできないが、土地
　　収用法所定の損失補償に関する訴訟において、裁判所は、収用委員会の補償に関す
　　る認定判断に裁量権の逸脱濫用があるかどうかを審理判断して認定判断すべきであ
　　る。

　2　当事者間の法律関係を確認しまたは形成する処分または裁決に関する訴訟で法令
　　の規定によりその法律関係の当事者の一方を被告とする当事者訴訟は、形式的当事
　　者訴訟と呼ばれるが、例えば、土地収用における補償金が少ないとして起業者を被
　　告として起こす増額訴訟がこれにあたる。

　3　土地区画整理事業の事業計画決定に処分性が認められたとしても、当該土地区画
　　整理事業計画に定められていたところに従ってなされる仮換地の指定や換地処分
　　は、通常、行政処分であるとは解されていないので、先行行為たる事業計画決定
　　と、後行行為たる仮換地の指定・換地処分との関係において、後行行為の取消訴訟
　　において先行行為の違法性を主張できるかという「違法性の承継」の問題は生じな
　　い。

　4　公用収用の対象となった物が、歴史的・文化的価値を有していても、当該価値
　　は、一般国民全体にとっての公共的価値にすぎないから、たとえ当該価値を反映し
　　た市場価格が形成されている場合であっても、損失補償の対象とされることはな
　　い。

　5　市町村の施行に係る土地区画整理事業計画の決定は、これにより施行地区内の宅
　　地所有者等が規制を伴う手続に従って換地処分を受けるべき地位に立たされるとい
　　うことはできるものの、その法的地位に直接的な影響を生じさせるものとまではい
　　えず、事業計画の決定に伴う法的効果は一般的、抽象的なものにすぎないから、抗
　　告訴訟に対象となる行政処分に当たらない。

問題26　国公立学校に関する次のア～オの記述のうち、判例に照らし、妥当でないものの
　　　　組合せはどれか。

ア　市立高等専門学校の校長が学生に対し原級留置（留年）処分または退学処分を行
　　うかどうかの判断は、学校長の合理的な教育的裁量に委ねられるべきものである
　　が、退学処分は学生の身分をはく奪する重大な措置であり、当該学生を学外に排除
　　することが教育上やむを得ないと認められる場合に限って退学処分を選択すべきで
　　あり、その要件の認定につき特に慎重な配慮を要するが、原級留置（留年）処分
　　は、学生に対して退学処分のような重大な不利益を与えるとまではいえず、その決
　　定に当たっては、慎重な配慮が要求されているとはいえない。
イ　公立学校の学校施設の目的外使用許可について、管理者は、学校教育上支障があ
　　れば許可することができないのは明らかであるが、そのような支障がないからとい
　　って当然に許可しなければならないものではなく、行政財産である学校施設の目的
　　および用途と目的外使用の目的、態様等との関係に配慮した合理的な裁量判断によ
　　り使用許可をしないこともできる。
ウ　公立学校の儀式的行事における教育公務員としての職務の遂行の在り方に関し校
　　長が教職員に対して発した職務命令は、教職員個人の身分や勤務条件に係る権利義
　　務に直接影響を及ぼすので、抗告訴訟の対象となる行政処分に当たる。
エ　公立学校における教師の教育活動も国家賠償法１条１項にいう「公権力の行使」
　　に当たり、教師は、学校における教育活動により生ずるおそれのある危惧から生徒
　　を保護すべき義務を負うとされ、体育の授業中に、プールへの飛び込みについて未
　　熟な者の多い生徒に対して、適切な措置、配慮をせずに助走を伴う危険な方法で飛
　　び込みをさせたことは、教諭に注意義務違反があったといえる。
オ　県が公立学校教員の採用選考の重大な不正に関与した職員に対する求償を怠って
　　いるとした住民訴訟において、県の当該職員に対する国家賠償法１条２項による求
　　償権の行使について、職員の選考に対して県教育委員会が確固とした方針を示して
　　こなかったことや不正に関与した職員が退職から２年が経過しており、退職手当の
　　返納命令に基づく返納の実現が必ずしも確実でなかった等の事情があったとして
　　も、そのような抽象的な事情のみから直ちに、過失相殺または信義則により、県
　　による求償権の行使が制限されるということはできない。

　　1　ア・イ
　　2　ア・ウ
　　3　イ・エ
　　4　ウ・オ
　　5　エ・オ

問題27 未成年者をＡ、その法定代理人をＢとするとき、Ａの法律行為に関する次の記述のうち、民法の規定に照らし、妥当でないものはどれか。

1 Ａが、Ｂの同意を得ずに自己の債権について債務者Ｃから弁済を受けた場合、Ｂは、これを取り消すことができる。

2 Ａは、Ｂの同意を得ずに、自己の子について認知をすることができる。

3 Ａが、Ｂの同意を得ずに、自己所有の土地をＣに売却する契約を締結した場合、Ｃは、Ａが成年となった後に1か月以上の期間を定めて追認するかどうかを催告することができるが、Ａがその期間内に確答を発しないときは、その行為は追認したものとみなされる。

4 Ｂが被保佐人である場合、ＢがＡの法定代理人としてＡを借主とする消費貸借契約を締結したときは、Ｂは、自己の行為能力の制限を理由にその契約を取り消すことができる。

5 Ａが、Ｂの同意を得ないで法律行為をした場合には、Ｂだけでなく、Ａ自身も当該法律行為を取り消すことができるが、その場合には、Ｂの同意を得て行わなければならない。

問題28　Aが自己所有の時計（甲）をBに売却したが、当該売買契約においてAに錯誤があった場合に関する次の記述のうち、民法の規定および判例に照らし、妥当なものはどれか。なお、Aの錯誤は、法律行為の目的および取引上の社会通念に照らして重要なものであるものとする。

1　Aが、Bから代金が銀行口座に振り込まれた後、Bに甲を引渡そうとした時に自己が錯誤に陥っていることに気が付き、意思表示を取り消した場合、Aには原状回復義務が生じるが、Aは、現に利益を受けている限度において返還すれば足りる。

2　Aの錯誤がAの重大な過失によるものであった場合には、原則として、Aは意思表示を取り消すことができないが、Bが、Aに錯誤があることを知り、または知ることができたときは、Aは意思表示を取り消すことができる。

3　Aの錯誤がAの重大な過失によるものであった場合には、原則として、Aは意思表示を取り消すことができないが、BもまたAと同一の錯誤に陥っていたときは、双方に効果意思がないため、当該売買契約は無効となる。

4　Aの錯誤が、その基礎とした事情についての認識が真実に反する錯誤に起因するものであった場合、Aが、その事情について法律行為の基礎とされていることを黙示的であっても表示していたと認められれば、意思表示を取り消すことができる。

5　Bが、Cに甲を売却した後に、Aが錯誤を理由として意思表示を取り消したが、その時点でCがまだ甲の引渡しを受けていないときには、CがAの錯誤について過失なく知らなかったとしても、Aは、Cに対し、その取消しを対抗することができる。

問題29 Bは、時計店を営むAが占有していた時計を買い受けた。Aが占有していた時計はAがCから盗んできた時計であったが、BはAに所有権があると誤信し、かつ、そのように信じたことに過失もなかった。この場合に関する次の記述のうち、民法の規定および判例に照らし、妥当なものはどれか。

1　AがBに時計を売却するに際して、以後Bのために占有する旨の意思表示をしつつ、Aが引き続き時計を所持していた場合であっても、Bはその時計の所有権を取得する。

2　BがAから現実に時計の引渡しを受けて占有を開始した場合、即時取得が成立するためには、所有の意思をもって、平穏に、かつ公然と占有を開始したことを自ら立証しなければならない。

3　BがAから現実に時計の引渡しを受けて占有を開始し、即時取得が成立する場合であっても、Cは、盗難の日から2年以内であれば、Bに対して無償で、その時計の引渡しを求めることができる。

4　BがAから現実に時計の引渡しを受けて占有を開始し、即時取得が成立する場合であっても、Cは、盗難の日から2年以内であれば、Bに対して保管に要した費用を支払えば、その時計の引渡しを求めることができる。

5　AはCから時計を盗んだ後、Dに時計を寄託していたが、AがBに時計を売却するに際して、Dに対し、以後Bのために時計を占有することを命じ、Bがこれを承諾したときは、Bは即時取得により時計の所有権を取得する。

問題30　留置権に関する次の記述のうち、民法の規定および判例に照らし、妥当でないものはどれか。

1　Aが自己所有のパソコンの修理をBに依頼し、Bが修理をしたが、Aが弁済期になっても修理代金を支払わなかった場合であっても、BはAの承諾を得なければ、パソコンを使用・賃貸・担保供与をなすことができず、また、BがAの承諾を得ずにパソコンを使用した場合には、Aは留置権の消滅を請求することができる。

2　Aは自己所有の甲建物をBに賃貸していたが、Bの賃料不払いにより賃貸借契約を解除した場合、Bがその後も甲建物の使用を続け、有益費を支出したときには、Aからの甲建物の明渡請求に対して、Bは、Aに対する有益費償還請求権を保全するために留置権を行使することはできない。

3　Aは自己所有の甲土地をBに売却して引き渡し、さらにCにも甲土地を売却し登記をCに移転したため、CがBに対して甲土地の明渡しを請求した場合、BはAの債務不履行に基づく損害賠償請求権を保全するために留置権を行使することができる。

4　Aは自己所有の時計の修理をBに依頼し、その際、時計の引渡しはAの修理代金の支払いと引換えにすることを約していたが、Aが修理代金を支払わないうちにCに当該時計を売却した場合、Bは、Cからの時計の引渡請求に対して、Aに対する修理代金を保全するために留置権を行使することができる。

5　AがB所有の甲建物をCに売却して引き渡したが、AはBから所有権を取得してCに移転できなかったため、CがBから建物の引渡しを請求された場合、Cは、Aに対する債務不履行に基づく損害賠償請求権を保全するために留置権を行使することはできない。

法令等（記述式）

問題 44		

10

15

問題 45		

10

15

行政書士試験　答案用紙　第3回

氏名 _____

受験番号

	0	1	2	3	4	5	6	7	8	9
	○	○	○	○	○	○	○	○	○	○
	○	○	○	○	○	○	○	○	○	○
	○	○	○	○	○	○	○	○	○	○
	○	○	○	○	○	○	○	○	○	○
	○	○	○	○	○	○	○	○	○	○
	○	○	○	○	○	○	○	○	○	○

生年月日

		大正 ○		昭和 ○			平成 ○			
		0	1	2	3	4	5	6	7	8	9
年		○	○	○	○	○	○	○	○	○	○
		○	○	○	○	○	○	○	○	○	○
月			○	○							
		○	○	○	○	○	○	○	○	○	○
日		○	○	○	○						
		○	○	○	○	○	○	○	○	○	○

1. 記入は必ずHB又はB以上の鉛筆を使用し、各欄へのマークは○内を濃く塗り潰してください。

2. 記入マーク例
　良い例　●
　悪い例　⦸ ⊖ ⊙ ○

3. 訂正は、消し跡が残らないようにプラスチック製の消しゴムで完全に消してからマークし直してください。

法令等（5肢択一式）

	1	2	3	4	5
問題 1	○	○	○	○	○
問題 2	○	○	○	○	○
問題 3	○	○	○	○	○
問題 4	○	○	○	○	○
問題 5	○	○	○	○	○
問題 6	○	○	○	○	○
問題 7	○	○	○	○	○
問題 8	○	○	○	○	○
問題 9	○	○	○	○	○
問題 10	○	○	○	○	○

	1	2	3	4	5
問題 11	○	○	○	○	○
問題 12	○	○	○	○	○
問題 13	○	○	○	○	○
問題 14	○	○	○	○	○
問題 15	○	○	○	○	○
問題 16	○	○	○	○	○
問題 17	○	○	○	○	○
問題 18	○	○	○	○	○
問題 19	○	○	○	○	○
問題 20	○	○	○	○	○

	1	2	3	4	5
問題 21	○	○	○	○	○
問題 22	○	○	○	○	○
問題 23	○	○	○	○	○
問題 24	○	○	○	○	○
問題 25	○	○	○	○	○
問題 26	○	○	○	○	○
問題 27	○	○	○	○	○
問題 28	○	○	○	○	○
問題 29	○	○	○	○	○
問題 30	○	○	○	○	○

	1	2	3	4	5
問題 31	○	○	○	○	○
問題 32	○	○	○	○	○
問題 33	○	○	○	○	○
問題 34	○	○	○	○	○
問題 35	○	○	○	○	○
問題 36	○	○	○	○	○
問題 37	○	○	○	○	○
問題 38	○	○	○	○	○
問題 39	○	○	○	○	○
問題 40	○	○	○	○	○

法令等（多肢選択式）

		1	2	3	4	5	6	7	8	9	10	11	12	13	14	15	16	17	18	19	20
問題41	ア	○	○	○	○	○	○	○	○	○	○	○	○	○	○	○	○	○	○	○	○
	イ	○	○	○	○	○	○	○	○	○	○	○	○	○	○	○	○	○	○	○	○
	ウ	○	○	○	○	○	○	○	○	○	○	○	○	○	○	○	○	○	○	○	○
	エ	○	○	○	○	○	○	○	○	○	○	○	○	○	○	○	○	○	○	○	○
問題42	ア	○	○	○	○	○	○	○	○	○	○	○	○	○	○	○	○	○	○	○	○
	イ	○	○	○	○	○	○	○	○	○	○	○	○	○	○	○	○	○	○	○	○
	ウ	○	○	○	○	○	○	○	○	○	○	○	○	○	○	○	○	○	○	○	○
	エ	○	○	○	○	○	○	○	○	○	○	○	○	○	○	○	○	○	○	○	○
問題43	ア	○	○	○	○	○	○	○	○	○	○	○	○	○	○	○	○	○	○	○	○
	イ	○	○	○	○	○	○	○	○	○	○	○	○	○	○	○	○	○	○	○	○
	ウ	○	○	○	○	○	○	○	○	○	○	○	○	○	○	○	○	○	○	○	○
	エ	○	○	○	○	○	○	○	○	○	○	○	○	○	○	○	○	○	○	○	○

基礎知識（5肢択一式）

	1	2	3	4	5
問題47	○	○	○	○	○
問題48	○	○	○	○	○
問題49	○	○	○	○	○
問題50	○	○	○	○	○
問題51	○	○	○	○	○

	1	2	3	4	5
問題52	○	○	○	○	○
問題53	○	○	○	○	○
問題54	○	○	○	○	○
問題55	○	○	○	○	○
問題56	○	○	○	○	○

	1	2	3	4	5
問題57	○	○	○	○	○
問題58	○	○	○	○	○
問題59	○	○	○	○	○
問題60	○	○	○	○	○

TAC出版
TAC PUBLISHING Group

問題46

問題31　債務不履行に関する次の記述のうち、民法の規定および判例に照らし、妥当でないものはどれか。

1　詐害行為取消請求に係る訴えにおいて、債権者が受益者に対して債務者から受け取った不動産の返還を請求したときは、受益者は、その不動産の返還義務について請求を受けた時から遅滞の責任を負う。

2　契約に基づく債務の履行が、その契約の成立の時にすでに不能であった場合でも、債権者は、債務者に対して、履行不能によって生じた損害賠償を請求することができる。

3　債務者が、債権者に対してその債務の履行を拒絶する意思を明確に表示した場合は、債務者に責めに帰すべき事由がなかったとしても、債権者は、債務者に対して債務の履行に代わる損害賠償の請求をすることができる。

4　当事者が債務不履行について損害賠償の額の予定を約定した場合において、履行不能を理由に、債務者がその約定した予定額の支払いを申し入れたとしても、債権者は解除権を行使することができる。

5　消費貸借契約の締結時に約定利率を定めていたが、借主が返済を遅滞したことにより貸主に約定利率以上の損害が生じた場合、貸主がそれを立証できたとしても、その賠償を請求することはできない。

問題32　AがBに対して債務を負担している場合に関する次の記述のうち、民法の規定および判例の趣旨に照らし、妥当でないものはどれか。

1　併存的債務引受によってCが引受人となった場合、特段の事情がない限り、AとCとの間には連帯債務関係が生じる。

2　Cを引受人とする併存的債務引受は、それがAの意思に反するときであっても、BとCとの契約によって有効に成立する。

3　Cを引受人とする併存的債務引受は、AとCとの契約によってもすることができるが、Aが、Bに対してその契約した旨を通知した時に、効力を生ずる。

4　免責的債務引受によってCが引受人となった場合、AがBに対して解除権を有していたときは、Cは、免責的債務引受がなければ解除権の行使によってAがその債務を免れることができた限度において、Bに対して債務の履行を拒むことができる。

5　免責的債務引受によってCが引受人となった場合、Cは、Aに対して求償権を行使することはできない。

問題33　賃貸借に関する次の記述のうち、民法の規定および判例に照らし、妥当でないものはどれか。

1　不動産が譲渡され、その不動産の賃貸人たる地位がその譲受人に移転したときは、譲渡人が負っていた賃借人に対する費用の償還に係る債務は、譲受人が承継する。

2　賃貸借が終了した場合、賃借人は、通常の使用および収益によって生じた賃借物の損耗については、原状に復する義務を負わない。

3　賃借物の全部が滅失その他の事由により使用および収益をすることができなくなった場合には、賃貸借はこれによって終了する。

4　土地の賃借人が賃貸人の承諾を得て当該土地を転貸したときは、原賃貸借の賃貸人と賃借人との間で原賃貸借を合意解除しても、これをもって転借人に対抗することができない。

5　建物所有を目的とする土地賃貸借の賃借人が、当該土地上に建物を建築し、土地の賃貸人に承諾なくして当該建物を第三者に賃貸し、使用収益させることは、土地の無断転貸に該当する。

問題34　不法行為に関する次の記述のうち、民法の規定および判例に照らし、妥当なものはどれか。

1　原告が責任無能力者を監督する法定の義務を負う者を被告として、不法行為に基づく損害賠償を請求した場合、被告は、監督義務を怠らなかったことを抗弁として主張することはできない。

2　原告が土地の所有者を被告として、土地の工作物等の所有者の責任に基づいて損害賠償を請求した場合、被告は、結果の発生を防止するために必要な注意義務を尽くしたことを抗弁として主張することはできないが、自己の責任無能力を抗弁として主張することはできる。

3　不法行為により死亡した被害者の父または母は、加害者に対し、自己が被った精神的苦痛に基づく損害の賠償を請求することはできない。

4　未成年者が責任能力を有する場合であっても、監督義務者の義務違反と未成年者の不法行為によって生じた結果との間に相当因果関係が認められるときは、監督義務者に対して不法行為に基づく損害賠償を請求することができる。

5　交通事故の被害者である幼児に過失がなかったときは、その父または母に過失があったとしても、それを理由として損害額が減額されることはない。

問題35　遺留分に関する次のア～オの記述のうち、正しいものの組合せはどれか。

　ア　遺留分権利者が数人あるときは、全員で共同して遺留分侵害額の請求権を行使する必要がある。

　イ　遺留分侵害額の請求権は、相続の開始を知った時から1年以内に行使しなければ時効によって消滅する。

　ウ　被相続人の兄弟姉妹は、被相続人の相続において遺留分を有しない。

　エ　遺留分権利者は、相続開始前には遺留分を放棄することができないが、相続開始後は遺留分を放棄することができる。

　オ　遺留分侵害額の請求権は、裁判外で意思表示することにより行使することができる。

　　1　ア・イ
　　2　ア・エ
　　3　イ・ウ
　　4　ウ・オ
　　5　エ・オ

問題36　商業使用人に関する次の記述のうち、商法の規定に照らし、誤っているものはどれか。

　　1　支配人は、商人に代わってその営業に関する一切の裁判上または裁判外の行為をする権限を有し、他の使用人を選任し、または解任することができる。

　　2　商人が支配人を選任したときは、その登記をしなければならず、支配人の代理権が消滅したときも、その登記をしなければならない。

　　3　商人の営業所の営業の主任者であることを示す名称を付した使用人は、相手方が悪意であったときを除き、当該営業所の営業に関し、一切の裁判外の行為をする権限を有するものとみなされる。

　　4　商人の営業に関するある種類または特定の事項の委任を受けた使用人は、当該事項に関する一切の裁判外の行為をする権限を有する。

　　5　物品の販売等を目的とする店舗の使用人は、相手方が悪意または善意重過失でない限り、その店舗にある物品の販売等をする権限を有するものとみなされる。

問題37　発起設立により株式会社を設立する際の役員等に関する次のア～オの記述のうち、会社法の規定に照らし、誤っているものの組合せはどれか。

ア　発起人は、単元株式数を定款で定めている場合を除き、出資の履行をした設立時発行株式１株につき１個の議決権を有するが、設立時役員等の選任は、発起人の全員の同意をもって決定する。

イ　設立しようとする株式会社が監査等委員会設置会社である場合には、設立時取締役の選任は、設立時監査等委員である設立時取締役とそれ以外の設立時取締役とを区別してしなければならない。

ウ　定款で設立時取締役、設立時会計参与、設立時監査役または設立時会計監査人として定められた者は、出資の履行が完了した時に、それぞれ設立時取締役、設立時会計参与、設立時監査役または設立時会計監査人に選任されたものとみなされる。

エ　発起人は、出資の履行が完了した後、遅滞なく、設立時取締役を選任しなければならない。

オ　設立時取締役は、設立しようとする株式会社が指名委員会等設置会社ではない取締役会設置会社である場合には、設立時取締役の中から株式会社の設立に際して代表取締役となる者を選定することができる。

　　1　ア・ウ
　　2　ア・オ
　　3　イ・ウ
　　4　イ・エ
　　5　エ・オ

問題38　株主および株式に関する次の記述のうち、会社法の規定に照らし、正しいものはどれか。

1　株主に剰余金の配当を受ける権利および残余財産の分配を受ける権利の全部を与えない旨の定款の定めは、その効力を有する。

2　株式が2人以上の者の共有に属するときは、共有者は、当該株式についての権利を行使する者1人を定め、株式会社に対し、その者の氏名または名称および住所を通知し、承認を得なければ、当該株式についての権利を行使することができない。

3　株式会社が特定の株主に対して無償で財産上の利益の供与をしたときは、当該株式会社は、株主の権利の行使に関し、財産上の利益の供与をしたものと推定する。

4　株式会社は、株主を、その有する株式の内容および数に応じて、平等に取り扱わなければならず、公開会社でない株式会社であっても株主ごとに異なる取扱いを行う旨を定款で定めることはできない。

5　株式会社は、定款を変更して発行可能株式総数についての定めを廃止することができる。

問題39　取締役および取締役会に関する次の記述のうち、会社法の規定に照らし、誤っているものはどれか。

1　監査等委員会設置会社において、監査等委員である取締役は、株主総会において、監査等委員である取締役の選任もしくは解任または辞任について意見を述べることができる。

2　定款に取締役会の決議要件についての定めがなく、3人の取締役がいる取締役会設置会社において、2人の取締役が取締役会の決議について特別の利害関係を有するときは、他の1人の取締役により取締役会の決議をすることができる。

3　取締役会の議事については、法務省令で定めるところにより、議事録を作成し、議事録が書面をもって作成されているときは、出席した取締役および監査役は、これに署名し、または記名押印しなければならない。

4　取締役会を招集する者は、取締役会の日の1週間前までに、各取締役（監査役設置会社にあっては、各取締役および各監査役）に対してその通知を発しなければならないが、取締役（監査役設置会社にあっては、取締役および監査役）の全員の同意があるときは、招集の手続を経ることなく開催することができる。

5　監査役会設置会社において、取締役は、株式会社に著しい損害を及ぼすおそれのある事実があることを発見したときは、直ちに、当該事実を監査役に報告しなければならない。

問題40　吸収合併および吸収分割に関する次のア～オの記述のうち、会社法の規定に照らし、正しいものの組合せはどれか。

ア　吸収合併に反対する消滅会社の株主であって、当該吸収合併をするための決議をする株主総会において議決権を行使することができる者が、株式買取請求権を行使するには、当該株主総会に先立って当該吸収合併に反対する旨を当該消滅会社に対し通知するとともに、当該株主総会において当該吸収合併に反対しなければならない。

イ　吸収合併消滅株式会社は、吸収合併契約備置開始日から吸収合併がその効力を生ずる日後3か月を経過する日までの間、吸収合併契約の内容その他法務省令で定める事項を記載し、または記録された書面または電磁的記録をその本店および支店に備えなければならない。

ウ　吸収合併消滅株式会社が種類株式発行会社でない場合において、吸収合併消滅株式会社の株主に対して交付する金銭等の全部または一部が持分会社の持分等であるときは、吸収合併契約について吸収合併消滅株式会社の総株主の同意を得なければならない。

エ　その発行する全部の株式の内容として譲渡による当該株式の取得について株式会社の承認を要する旨の定款の定めを設けている吸収合併存続会社は、吸収合併に際して消滅会社の株主に対して当該存続会社の株式を交付する場合において、当該株式の数に1株当たり純資産額を乗じて得た額が当該存続会社の5分の1を超えないときは、株主総会の決議による吸収合併契約の承認を要しない。

オ　吸収分割後吸収分割株式会社に対して債務の履行を請求することができる吸収分割株式会社の債権者は、分割対価である株式を吸収分割株式会社の株主に全部取得条項付種類株式の取得対価または剰余金の配当として分配する場合でない限り、その吸収分割について異議を述べることができる。

　　1　ア・ウ
　　2　ア・オ
　　3　イ・ウ
　　4　イ・エ
　　5　エ・オ

[問題41〜問題43は択一式（多肢選択式）]

問題41　次の文章は、ある最高裁判所判決の一節である。空欄　ア　〜　エ　に当てはまる語句を、枠内の選択肢（1〜20）から選びなさい。

　　国民審査の制度は、国民が　ア　を罷免すべきか否かを決定する趣旨のものであるところ・・・、憲法は、・・・この制度を設け、主権者である国民の権利として審査権を保障しているものである。そして、このように、審査権が国民主権の原理に基づき憲法に明記された主権者の権能の一内容である点において選挙権と同様の性質を有することに加え、憲法が　イ　の際に国民審査を行うこととしていることにも照らせば、憲法は、選挙権と同様に、国民に対して審査権を行使する機会を平等に保障しているものと解するのが相当である。

　　憲法の以上の趣旨に鑑みれば、国民の審査権又はその行使を制限することは原則として許されず、審査権又はその行使を制限するためには、そのような制限をすることがやむを得ないと認められる事由がなければならないというべきである。そして、そのような制限をすることなしには国民審査の　ウ　を確保しつつ審査権の行使を認めることが事実上不可能ないし著しく困難であると認められる場合でない限り、上記のやむを得ない事由があるとはいえず、このような事由なしに審査権の行使を制限することは、憲法15条1項、79条2項、3項に違反するといわざるを得ない・・・。

　　在外国民は、・・・現行法上、審査権の行使を認める規定を欠いている状態にあるため、審査権を行使することができないが、憲法によって審査権を保障されていることには変わりがないから、国民審査の　ウ　を確保しつつ、在外国民の審査権の行使を可能にするための所要の　エ　をとることが事実上不可能ないし著しく困難であると認められる場合に限り、当該　エ　をとらないことについて、上記やむを得ない事由があるというべきである。

（最大判令和4年5月25日民集第76巻4号711頁）

1	最高裁判所の長たる裁判官	2	信義則	3	立法措置	4	公開
5	国政選挙	6	妥当性	7	情報開示	8	最高裁判所の裁判官
9	下級裁判所の裁判官	10	公正	11	救済措置	12	義務
13	衆議院議長	14	関係人	15	参議院議員通常選挙	16	真正
17	衆議院議員総選挙		18	外交努力	19	市町村長	20	行政庁

問題42　次の文章は、ある最高裁判所判決の一節である。空欄　ア　〜　エ　に当てはまる語句を、枠内の選択肢（1〜20）から選びなさい。

　　国と国家公務員（以下「公務員」という。）との間における主要な義務として、法は、公務員が　ア　すべき義務（国家公務員法101条1項前段、自衛隊法60条1項等）並びに法令及び上司の命令に従うべき義務（国家公務員法98条1項、自衛隊法56条、57条等）を負い、国がこれに対応して公務員に対し　イ　義務（国家公務員法62条、防衛庁職員給与法4条以下等）を負うことを定めているが、国の義務は右の給付義務にとどまらず、国は、公務員に対し、国が公務遂行のために設置すべき場所、施設もしくは器具等の設置管理又は公務員が国もしくは上司の指示のもとに遂行する公務の管理にあたつて、公務員の生命及び健康等を危険から保護するよう配慮すべき義務（以下「　ウ　義務」という。）を負つているものと解すべきである。・・・国が、不法行為規範のもとにおいて私人に対しその生命、健康等を保護すべき義務を負つているほかは、いかなる場合においても公務員に対し　ウ　義務を負うものではないと解することはできない。けだし、右のような　ウ　義務は、ある法律関係に基づいて特別な社会的接触の関係に入つた当事者間において、当該法律関係の付随義務として当事者の一方又は双方が相手方に対して　エ　上負う義務として一般的に認められるべきものであつて、国と公務員との間においても別異に解すべき論拠はなく、公務員が前記の義務を安んじて誠実に履行するためには、国が、公務員に対し　ウ　義務を負い、これを尽くすことが必要不可欠であり、また、国家公務員法93条ないし95条及びこれに基づく国家公務員災害補償法並びに防衛庁職員給与法27条等の災害補償制度も国が公務員に対し　ウ　義務を負うことを当然の前提とし、この義務が尽くされたとしてもなお発生すべき公務災害に対処するために設けられたものと解されるからである。

（最三小判昭和50年2月25日民集第29巻2号143頁）

1　債務不履行	2　雇用維持	3　退職金支払	4　特別な配慮
5　給与支払	6　安全配慮	7　政策を企画立案	8　暗黙の了解
9　人事院規則	10　人事査定	11　慣習	12　病気休暇付与
13　信義則	14　説明責任	15　福利厚生	16　法律
17　選挙対策	18　毎日出勤	19　職務に専念	20　業務遂行

問題43　日本の国家行政組織に関する次の文章の空欄 ア 〜 エ に当てはまる語句を、枠内の選択肢（1〜20）から選びなさい。

　　ア は、内閣に置かれ、内閣の重要政策に関する内閣の事務を助けることを任務とする。

　　ア の長は、イ とされ、イ は、ア に係る事項についての内閣法にいう主任の大臣として、事務を分担管理し、ア の事務を統括し、職員の服務について統督する。

　　イ は、ア に係る主任の行政事務について、法律もしくは政令を施行するため、または法律もしくは政令の特別の委任に基づいて、ア の命令として ア 令を発することができる。

　　また、ア には、その外局として、法律に基づき、委員会および庁が置かれており、その一つに、令和2年に置かれたカジノ管理委員会がある。

　　一方、ウ は、ア と同様、内閣に置かれ、内閣の重要政策に関する基本的な方針に関する企画および立案ならびに総合調整に関する事務などをつかさどるほか、政令の定めるところにより、内閣の事務を助けるものとされている。

　　ウ に係る事項についての主任の大臣は、イ とされ、イ は、ウ に係る主任の行政事務について、法律もしくは政令を施行するため、または法律もしくは政令の特別の委任に基づいて、ウ の命令として ウ 令を発することができる。

　　また、ウ には、国家安全保障局や内閣人事局が置かれており、令和5年には エ が置かれている。

1　内閣総理大臣	2　内閣官房長官	3　内閣官房副長官	4　内閣府
5　中央労働委員会	6　事務次官	7　閣議	8　人事院
9　デジタル庁	10　内閣感染症危機管理統括庁		
11　内閣法制局	12　公安調査庁	13　内閣官房	14　スポーツ庁
15　会計検査院	16　復興庁	17　観光庁	
18　こども家庭庁	19　内閣総理大臣補佐官		
20　個人情報保護委員会			

[問題44〜問題46は記述式]（解答は、必ず答案用紙裏面の解答欄（マス目）に記述すること。なお、字数には、句読点も含む。）

問題44　Xは、無線局の開設を計画し、総務大臣Yに電波法に基づく無線局の免許を申請した。しかし、Yは、Xの申請における工事設計が同法に定める技術基準に適合しないなど、同法所定の免許基準を充たさないとして、申請を拒否する処分（以下、「本件処分」という。）をした。本件処分を不服としたXは、Yに審査請求をし、Yはこれを電波監理審議会の議に付したが、同審議会は本件処分が妥当であるとの議決をし、当該議決に基づき、YはXの審査請求を棄却する裁決（以下、「本件裁決」という。）をした。依然本件処分に不服の残るXは、その後、本件裁決の取消訴訟を提起することとした。この場合において、裁決取消訴訟の被告はどこか。また、電波法第96条の2のような規定がある場合のことを、一般に、何といい、いかなることを理由に取消しを求めることができるか。40字程度で記述しなさい。なお、記述にあたっては、「電波法第96条の2のような規定がある場合」を「本問の場合」と記述すること。

（参照条文）
電波法
（訴えの提起）
第96条の2
　この法律又はこの法律に基づく命令の規定による総務大臣の処分に不服がある者は、当該処分についての審査請求に対する裁決に対してのみ、取消しの訴えを提起することができる。

（下書用）

									10					15

問題45　Aは、Bに対して金銭を貸し付けるにあたり、担保として、B所有の宝石に質権を設定し、預かることとした。AがBから引き渡された宝石を自宅で保管していたところ、Cがその宝石を奪ってしまい、Aは現在占有を失っている状態にある。Aは、Cに対して宝石の返還を求めたいと考えている。この場合、どのような訴えを提起し、その訴えはいつまでに提起しなければならないか、民法の規定に照らし、40字程度で記述しなさい。

（下書用）　　　　　　　　　　　　　　　　　　　　　　　10　　　　　　　　　15

問題46　A男とB女は、内縁関係を継続した後、適法に婚姻をし、B女は、婚姻成立の日から180日となる日にCを出産した。その後、A男は、B女が他の男性と交際をしていたことを知り、Cが自分の子ではないのではないかとの疑念をもち、Cが嫡出であることを否認するため、嫡出否認の訴えを提起することとした。民法の規定によれば、A男の否認権の行使に係る嫡出否認の訴えは、いかなる者に対して、いつから何年以内に提起しなければならないとされているか。40字程度で記述しなさい。なお、A男とB女はともに初婚であるものとする。

（下書用）　　　　　　　　　　　　　　　　　　　　　　　10　　　　　　　　　15

基 礎 知 識 [問題47〜問題60は択一式（5肢択一式)]

問題47　民主主義に関する次のア〜オの記述のうち、妥当なものの組合せはどれか。

ア　ライツゲマインデとは、スイスで行われてきた直接投票の青空議会のことをいうが、スイスでは、一部の州でこの投票方法が採られている。

イ　ポリスとは、古代ギリシアにおいて、市民による民主政治が行われており、自立した国家を形成している都市のことをいう。

ウ　直接民主主義の原理には、イニシアティブ、リコール、レファレンダムの要素があり、日本では、地方の政治において採られているが、国政においては日本国憲法にレファレンダムを認める規定は存在しない。

エ　地方自治法では、議会に代えて町村総会を設置する規定が置かれており、多くの町村では条例を定めて町村総会を設置している。

オ　ジャン・ジャック・ルソーは、民主主義は一般意志の行使であると考え、その実現のためには、直接民主政を否定し、国民が自ら代表者を選出し、国民の代表である議員によって構成される議会によって国家を統治すべきとして間接民主政を唱えた。

　　1　ア・イ
　　2　ア・オ
　　3　イ・ウ
　　4　ウ・エ
　　5　エ・オ

問題48　憲章、宣言、声明に関する次の記述のうち、正しいものはどれか。

1　マグナ・カルタは、イギリスにおいてジョン王の時代に制定された憲章である
　　が、王権の制限については定められておらず、課税についても国王の決定だけで自
　　由に課税できた。
2　アメリカ独立宣言は、イギリスによって統治されていた北米の13の植民地が独立
　　したことを宣言する文書であり、1776年7月4日、フィラデルフィアで採択され
　　た。
3　フランス人権宣言は、人間の自由と平等、三権分立、所有権の保障などを内容と
　　する17条から成るフランス革命の基本原則を記したものであり、モンテスキューに
　　よって起草された。
4　日中共同声明は、1972年、日本国と中華人民共和国が国交を結ぶために、日本の
　　東京において調印された共同声明のことである。
5　カイロ宣言は、1919年、第一次世界大戦における連合国とドイツとの間で締結さ
　　れた講和条約であり、これにより第一次世界大戦は終結した。

問題49　国債に関する次のア～エの記述のうち、誤っているものの組合せはどれか。

ア　令和6年度一般会計当初予算歳入において公債金は35兆4490億円が計上されており、その内訳は建設公債が28兆8700億円、特例公債（赤字公債）が6兆5790億円であった。

イ　令和6年度一般会計当初予算歳入における公債依存度は31.5％であり、前年度の公債依存度31.1％とほぼ同じ比率であった。

ウ　令和6年12月末時点における普通国債の残高は1173兆5559億円であり、前年度末に比べ16兆4550億円増加している。

エ　令和6年12月末時点における財政投融資特別会計国債は92兆6854億円であり、初めて90兆円を超えることになった。

　　1　ア・イ
　　2　ア・エ
　　3　イ・ウ
　　4　イ・エ
　　5　ウ・エ

問題50　ＥＰＡ（経済連携協定）に関する次のア～オの記述のうち、誤っているものの組合せはどれか。

ア　ＥＰＡは、貿易の自由化に加え、投資、人の移動、知的財産の保護や競争政策におけるルール作り、様々な分野での協力の要素等を含む、幅広い経済関係の強化を目的とする協定である。

イ　日本は、2002年に発効した韓国との二国間ＥＰＡである日韓ＥＰＡを最初に、その後、アジア諸国を中心に、ＥＵやアメリカともＥＰＡを締結している。

ウ　日英包括的経済連携協定（日英ＥＰＡ）は、イギリスのＥＵ離脱に向けて、日ＥＵ・ＥＰＡに代わる経済連携協定として、2018年に交渉を開始し、2019年1月に発効し、これに伴い、2020年1月にはイギリスはＥＵから離脱した。

エ　日英包括的経済連携協定（日英ＥＰＡ）では、ジェンダーに関する規定も設けられており、女性による国内経済および世界経済への衡平な参加の機会の増大の重要性を認めることが規定されている。

オ　地域的な包括的経済連携（ＲＣＥＰ）協定は、ＡＳＥＡＮ10か国、日本、中国、韓国、オーストラリア、ニュージーランドを参加国とする協定であり、世界のＧＤＰ、貿易総額、人口の約3割を占める地域の経済連携協定である。

1　ア・イ
2　ア・オ
3　イ・ウ
4　ウ・エ
5　エ・オ

問題51　新型インフルエンザ等対策特別措置法に関する次のア〜オの記述のうち、正しいものの組合せはどれか。

ア　政府対策本部長が、新型インフルエンザ等緊急事態が発生したと認めるときに公示すべき新型インフルエンザ等緊急事態措置を実施すべき期間の上限については、定められていない。

イ　都道府県知事は、新型インフルエンザ等のまん延を防止するため、施設管理者等に対し、都道府県知事からの要請に係る措置を講ずべきことを命ずることができ、命令に違反した者に対しては、30万円以下の罰金刑に処することができる。

ウ　都道府県知事が新型インフルエンザ等緊急事態における臨時の医療施設を開設するため土地を使用する必要があると認めるときであっても、当該土地を使用するにあたっては、必ず土地の所有者や占有者の同意を得る必要がある。

エ　新型インフルエンザ等対策の推進を図るため、内閣に、新型インフルエンザ等対策推進会議を置き、会議に関する事務は、内閣感染症危機管理統括庁において処理し、会議に係る事項については、内閣法にいう主任の大臣は、内閣総理大臣とする。

オ　新型インフルエンザ等対策推進会議は、委員35人以内をもって組織し、委員は、感染症に関して高い識見を有する者その他の学識経験者のうちから、内閣総理大臣が任命する。

1　ア・イ
2　ア・オ
3　イ・ウ
4　ウ・エ
5　エ・オ

問題52　行政書士の監督に関する次の記述のうち、行政書士法の規定に照らし、誤っているものはどれか。

1　都道府県知事は、必要があると認めるときは、日没から日出までの時間を除き、当該職員に行政書士の事務所に立ち入り、その業務に関する帳簿および関係書類を検査させることができる。

2　行政書士が、行政書士たるにふさわしくない重大な非行があったときは、都道府県知事は、当該行政書士に対し、2年以内の業務の停止の処分をすることができる。

3　都道府県知事は、行政書士に対して懲戒処分として業務の禁止をしようとするときは、聴聞を行わなければならず、当該聴聞の期日における審理は、公開により行わなければならない。

4　何人も、行政書士について懲戒処分に該当する事実があると思料するときは、当該行政書士の事務所の所在地を管轄する都道府県知事に対し、当該事実を通知し、適当な措置をとることを求めることができ、この通知があったときは、都道府県知事は、懲戒処分をしなければならない。

5　都道府県知事は、行政書士に対して懲戒処分として業務の禁止をしたときは、遅滞なく、その旨を当該都道府県の公報をもって公告しなければならない。

問題53　死亡届に関する次のア～オの記述のうち、戸籍法の規定に照らし、正しいものの
　　　　組合せはどれか。

　ア　届書に死亡の年月日時分および場所が記載されていれば、死亡届に診断書または
　　　検案書を添付する必要はない。
　イ　死亡届は、第一に同居の親族、第二にその他の同居者、第三に家主、地主または
　　　家屋もしくは土地の管理人の順序に従って届出をしなければならず、同居の親族が
　　　いる場合、その他の同居者は、死亡届を提出することはできない。
　ウ　同居の親族は死亡の届出をすることができるが、同居の親族以外の親族や、後見
　　　人、保佐人、補助人は死亡の届出をすることはできない。
　エ　国内での死亡の場合、届出義務者は、死亡の事実を知った日から7日以内に死亡
　　　届を提出しなければならない。
　オ　届出は、届出事件の本人の本籍地または届出人の所在地でしなければならない
　　　が、死亡の届出は、死亡地ですることもできる。

　　　1　ア・イ
　　　2　ア・オ
　　　3　イ・ウ
　　　4　ウ・エ
　　　5　エ・オ

— 3-47 —

問題54　公文書等の管理に関する法律に関する次の記述のうち、妥当でないものはどれ
　　　か。

　1　この法律は、行政文書の管理に関する規律を置いているが、この法律の「行政文
　　書」の定義は、行政機関の保有する情報の公開に関する法律における「行政文書」
　　の定義と同じである。
　2　行政機関の職員は、当該行政機関における経緯も含めた意思決定に至る過程なら
　　びに当該行政機関の事務および事業の実績を合理的に跡付け、または検証すること
　　ができるよう、処理に係る事案が軽微なものである場合を除き、法令の制定または
　　改廃およびその経緯につき、文書を作成しなければならない。
　3　独立行政法人等は、保存期間が満了した法人文書ファイル等について、歴史公文
　　書等に該当するものにあっては政令で定めるところにより国立公文書館等に移管
　　し、それ以外のものにあっては廃棄しなければならない。
　4　行政機関の長は、行政文書ファイル管理簿の記載状況その他の行政文書の管理の
　　状況について、毎年度、内閣総理大臣に報告しなければならず、この報告を怠った
　　場合は、2年以下の懲役または100万円以下の罰金に処せられる。
　5　地方公共団体は、この法律の趣旨にのっとり、その保有する文書の適正な管理に
　　関して必要な施策を策定し、およびこれを実施するよう努めなければならない。

問題55　情報通信技術を活用した行政の推進等に関する法律に関する次の記述のうち、妥当でないものはどれか。

1　申請等のうち当該申請等に関する他の法令の規定において書面等により行うことその他のその方法が規定されているものについては、当該法令の規定の改正によらなければ電子情報処理組織を使用する方法により行うことができない。

2　この法律は、政府に対し、情報通信技術を利用して行われる手続等に係る国の行政機関等の情報システムの整備を総合的かつ計画的に実施するため、情報システムの整備に関する計画を作成することを義務付けている。

3　この法律は、国の行政機関等に対し、情報システム整備計画に従って情報システムを整備することを義務付けており、国の行政機関等以外の行政機関等に対しては、国の行政機関等が講ずる措置に準じて、情報通信技術を利用して行われる手続等に係る当該行政機関等の情報システムの整備その他の情報通信技術を活用した行政の推進を図るために必要な施策を講ずる努力義務を課している。

4　電子情報処理組織を使用する方法により行われた申請等は、当該申請等を受ける行政機関等の使用に係る電子計算機に備えられたファイルへの記録がされた時に当該行政機関等に到達したものとみなされる。

5　申請等のうち当該申請等に関する他の法令の規定において署名等をすることが規定されているものを電子情報処理組織を使用する方法により行う場合には、当該署名等については、当該法令の規定にかかわらず、電子情報処理組織を使用した個人番号カードの利用その他の氏名または名称を明らかにする措置であって主務省令で定めるものをもって代えることができる。

問題56　人工知能に関する用語についての次のア～オの記述のうち、誤っているものの組
　　　　合せはどれか。

ア　ディープラーニングとは、コンピュータ自身が膨大なデータを読み解いて、その
　　中からルールや相関関係などの特徴を発見する技術のことである。
イ　汎用型ＡＩとは、個別の分野・領域に特化したＡＩのことであり、自動運転シス
　　テム、画像認識、将棋・チェス・囲碁、音声や文章の言葉を認識するＡＩなどがそ
　　の例である。
ウ　生成ＡＩとは、コンピュータが学習したデータを元に、新しいデータや情報をア
　　ウトプットする技術のことであり、ＯｐｅｎＡＩ社が開発したＣｈａｔＧＰＴは、
　　条件に応じた文章を生成することができる生成ＡＩの一種である。
エ　ニューラルネットワークとは、人間の脳内にある神経回路網を数値モデル化し、
　　データから特徴を学習して分類や予測を行うアルゴリズムであり、主に音声や画像
　　などのパターンを認識する際に活用されている。
オ　シンギュラリティとは、ＡＩの活用により、社会や生活の形を変えることであ
　　る。

　　　1　ア・ウ
　　　2　ア・エ
　　　3　イ・エ
　　　4　イ・オ
　　　5　ウ・オ

問題57　個人情報の保護に関する法律は、憲法上の自由との関係で、一定の場合、「第4章　個人情報取扱事業者等の義務等」（以下、「法第4章」という。）の規定を適用しないこととしている。この適用除外に関する次の記述のうち、妥当でないものはどれか。

1　放送機関、新聞社、通信社その他の報道機関（報道を業として行う個人を含む。）の個人情報等および個人関連情報を取り扱う目的の全部または一部が報道の用に供する目的であるときは、法第4章の規定は、適用しない。

2　著述を業として行う者の個人情報等および個人関連情報を取り扱う目的の全部または一部が著述の用に供する目的であるときは、法第4章の規定は、適用しない。

3　宗教団体の個人情報等および個人関連情報を取り扱う目的の全部または一部が宗教活動（これに付随する活動を含む。）の用に供する目的であるときは、法第4章の規定は、適用しない。

4　政治団体の個人情報等および個人関連情報を取り扱う目的の全部または一部が政治活動（これに付随する活動を含む。）の用に供する目的であるときは、法第4章の規定は、適用しない。

5　学術研究機関等の個人情報等および個人関連情報を取り扱う目的の全部または一部が学術研究の用に供する目的であるときは、法第4章の規定は、適用しない。

問題58　本文中の空欄　□□□　に入る文章として、妥当なものはどれか。

　たとえば、極端な話だが、ここに、来る日も来る日も一日中自分の部屋に閉じこもって、誰にも会わず、なにもしない人がいたとする。自分でこれに似たようなことをしたことのある人たちもいるだろう。また、こういう人を身近に知っている人たちも少なくないだろう。この人は一見したところなにもつくらず、なにも表現していないように見える。たしかに積極的にはなにもつくらず、なにも表現していないかも知れない。そういう人間を指して〈無為徒食〉という言い方もある。漱石の小説のなかに出てくる〈高等遊民〉というのも、高等という形容詞こそ付いているが、似たような人を指している。

　だが果たして、そういう人は、なにもつくらず、なにも表現していないだろうか。必ずしもそうとは言えまい。なんとなれば、そのような人たちのうちのもっともひどい人の場合を考えても、その人がそのように振舞うとき、そこに家族やまわりの人々との間にやはり一種独特の関係をつくり出しているからである。また、その関係をとおして〈変わり者〉あるいは〈人間嫌い〉として自分を表現しているからである。どうしてこのようなことになるのだろうか。思うにそれは、私たち人間の一人ひとりが、この世に生きていくかぎり、すでになんらかの人間関係、社会関係の網のなかで、同じことだが或る一定の意味の場つまり文化のなかで、生きているからであろう。

　私たちの一人ひとりは、ただ個人として在るのでないばかりか、単に集団の一員として在るのでもなくて、そのような意味を持った関係の中にある、とこそ言わなければならない。□□むろんそれは、物理的、自然的な関係ではなくて、意味的、価値的な関係である。そうした関係のなかでは、すべての態度、なにもしないことでさえ、いわば一つの行為になり、なんらかの意味を帯びてくる。

（出典　中村雄二郎「共通感覚論」から）

1　だからこそ、私たちの一人ひとりは、集団に属する意思を表明し、集団との関係性を保つことを条件として集団に属するのである。

2　だからこそ、社会と隔絶した日常生活を送ることによって、ひとびとは社会的なストレスから解放されることが必要となるのである。

3　だからこそ、自らの意思に従って、形成される社会、政治的集団に依存して生きなければ、私たちは自己の存在価値はありえないのである。

4　だからこそ、自分では社会や政治にまったく関心を持たなくとも、私たちはそれらと無関係でいることはありえないことにもなるのである。

5　だからこそ、集団の意思、思想などが一致した状況でなければ、一人ひとりはその集団との関係性を持つことはできないのである。

問題59　本文中の空欄　Ⅰ　～　Ⅴ　に入る語句として、妥当なものはどれか。

　上席につけばひとに指令をあたえる気持がでるし、下座にかしこまっていると服従か反抗か無関心かという　Ⅰ　になる。それから講演会で演者の話をきくときには、一番まえの列にかけていると話をきこうという気持が自然に生れるし、はるかうしろの方だと身が入りにくい。

　これは人と人がたがいに近くにいれば気持も近くなり、遠くへだたっている者同士は親身になりにくいという、空間的な近さ遠さと心理的な親しさうとましさが、もともと一つのものだからである。もっと　Ⅱ　にいうならば、空間的な近さと心理的な親しさとが相即しているというよりも、「居場所の近さ」と「心の親しさ」とが相即しているのだといいかえなくてはいけない。なぜかというと、空間ということばで私たちにあたえられるものは、無限な　Ⅲ　のことであって、その空間をひとは自由に面と線で区切り、点で位置どることができる。その原点となるものは、設定された一つの座標系において直交する三本の軸のまじわる点がそれで、ここからの方向と隔たりによって、全空間のすべての位置がきめられる。

　ところが居場所の方はまったく質がちがうのである。ここに私がいる、その場所が　Ⅳ　的な原点であって、私の前の方、近くあるいは遠くに彼がいる。それとも私の脇、私のうしろ、私の上か下、あちこちに私がさまざま気をくばる人がおり、私が用につかう物がある。私の居場所より上の人は目上の権威者であって、私はうやまって服従したり、拒否してさからったり、無視したりするし、目下の者にむかっては、軽蔑したりあわれんだりする。そして私とおなじ面にいる人は、愛や憎の相手となる。

　幾何学的空間の世界では、そのなかでさまざまな人間がどこに位置をとり、どう運動して位置をかえるかは、すべて　Ⅴ　的に処理できる物理的配置できまることがらに属するけれども、ふつうあやまって「生活空間」とよばれている「生きる場所」の方では、中心にいる　Ⅳ　的な私が自分をとりまく人や物とどうかかわっているかが問題である。だから、物理的空間の世界に属する地球は円いけれども、私たちの生活の地盤である大地の方は平らなのである。

（出典　島崎敏樹「孤独の世界」から）

	Ⅰ	Ⅱ	Ⅲ	Ⅳ	Ⅴ
1	態度	適格	空虚	主体	客観
2	態度	的確	空虚	主体	客観
3	態度	適当	満足	客体	主観
4	立場	的確	空虚	主体	客観
5	立場	適格	満足	客体	主観

問題60　本文中の空欄　　　に入る文章を、あとのア〜オを並べ替えて作る場合、その順序として妥当なものはどれか。

　明るい太陽と青い空。その下に果物や野菜や穀物が色鮮やかに並ぶ、どこか南国の市場である。見れば赤紫に熟れた無花果（いちじく）の山がある。私はお店のおばさんの目をとらえ、無花果を指さし、その指をそのまま一本立てる。おばさんは、私に無花果を一つ手渡しながら指を三本立てる。三デナリなり、三〇ペソスなり、三〇〇ルピーなりを私は支払う。それでおしまい。
　モノが目の前にあるとき言葉は要らないのである。
　だが、私が市場での果物の祝祭を前に、枇杷（びわ）を食べてみたくなったとしよう。小さい頃食べた枇杷は香りも高く、ふっくらと優しく、一口噛めば甘い汁が口の中に広がった。あんな豪勢な枇杷は何十年も食べていないが、この南国ならあのような枇杷をもう一度口にすることができるかもしれない。
　ところが、目の前には枇杷がみあたらない。目の前にみあたらないので、指で指すことができない。
　もちろん私は「枇杷」という言葉を知らない。

　虚構というのは、言語の本質に根ざすものである。
　　　　　　　　　　　　（出典　水村美苗「日本語で読むということ」から）

ア　このことは、逆に、言葉の本質について教えてくれる。
イ　言語の本質は、現実世界について語ることなく、可能世界について語ることにある。
ウ　「枇杷」という言葉を知らないから、目の前にはないモノの有る無しを問うことができない。
エ　人類が、太古の昔から言葉を紡いで「物語」をつくってきたのは、そもそも言語の本質が、現実世界ではなく、可能世界について語ることにあるからにほかならない。
オ　言葉を知らないから、現実世界ではなく、可能世界—「枇杷がある」、あるいは「枇杷がない」、という可能世界について語ることができない。

1 ア→オ→エ→ウ→イ

2 ウ→ア→エ→オ→イ

3 ウ→オ→ア→イ→エ

4 エ→イ→オ→ア→ウ

5 エ→ウ→オ→ア→イ

問題
答案用紙

答案用紙はダウンロードもご利用いただけます。
TAC出版書籍販売サイトにアクセスしてください。
https://bookstore.tac-school.co.jp/

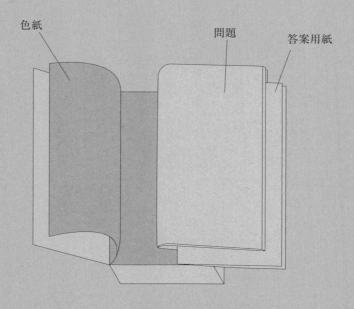

〈問題・答案用紙ご利用時の注意〉
以下の「問題」は、この色紙を残したままていねいに抜き取り、ご使用ください。
「答案用紙」は、綴込の針金をはずしてご使用ください。なお、針金をはずす際は素手ではなく、ドライバー等の器具を必ずご使用ください。
また、抜取りの際の損傷についてのお取替えはご遠慮願います。

令和6年度

行政書士試験問題

試験開始まで開いてはいけません。

（注意事項）

1　問題は本－1ページから本－50ページまで60問あり、時間は3時間です。

2　解答は、本－25ページと本－26ページの間にある答案用紙に記入してください。

3　答案用紙への記入およびマークは、次のようにしてください。

　ア　択一式（5肢択一式）問題は、1から5までの答えのうち正しいと思われるものを一つ選び、マークしてください。二つ以上の解答をしたもの、判読が困難なものは誤りとなります。

　イ　択一式（多肢選択式）問題は、枠内（1～20）の選択肢から空欄 ア ～ エ に当てはまる語句を選び、マークしてください。二つ以上の解答をしたもの、判読が困難なものは誤りとなります。

　ウ　記述式問題は、答案用紙裏面の解答欄（マス目）に記述してください。

4　解答一覧は194・195ページ、解答解説は196ページからです。

法 令 等 [問題1～問題40は択一式（5肢択一式）]

問題1 次の文章の空欄の ア ～ オ に当てはまる語句の組合せとして、妥当なものはどれか。

「 ア 」と「 イ 」とは基本的に共通な発想に立脚する概念であるが、前者が大陸的背景のもとで何よりも ウ の国政における優位を含意するのに対し、後者は、そのイギリス的伝統に対応して、 エ としての オ をまず前提しているという点で、必ずしも同一の思想を表わしているとは言い難い。

（出典　碧海純一「新版　法哲学概論〔全訂第2版〕」1989年から＜原文の表記を一部改めた。＞）

	ア	イ	ウ	エ	オ
1	法の支配	法治国	判例法	一般意思	コモン・ロー
2	法治国	法の支配	憲法	一般意思	法律
3	法の支配	法治国	憲法	主権者	国会
4	法治国	法の支配	議会立法	判例法	コモン・ロー
5	法の支配	法治国	議会立法	最高法規	憲法

問題2 訴訟の手続の原則に関する次の記述のうち、妥当でないものはどれか。

1　民事訴訟手続において、裁判長は、口頭弁論の期日または期日外に、訴訟関係を明確にするため、事実上および法律上の事項に関し、当事者に対して問いを発し、または立証を促すことができる。

2　刑事訴訟手続において、検察官は、犯人の性格、年齢および境遇、犯罪の軽重および情状ならびに犯罪後の状況により訴追を必要としないときは、公訴を提起しないことができる。

3　非訟事件手続において、裁判所は、利害関係者の申出により非公開が相当と認める場合を除き、その手続を公開しなければならない。

4　民事訴訟手続において、裁判所は、判決をするに当たり、口頭弁論の全趣旨および証拠調べの結果をしん酌して、自由な心証により、事実についての主張を真実と認めるべきか否かを判断する。

5　刑事訴訟手続において、検察官は、起訴状には、裁判官に事件につき予断を生ぜしめる虞のある書類その他の物を添付し、またはその内容を引用してはならない。

問題3　人格権と夫婦同氏制に関する次の記述のうち、最高裁判所の判例の趣旨に照らし、妥当でないものはどれか。

1　氏名は、社会的にみれば、個人を他人から識別し特定する機能を有するものであるが、同時に、その個人からみれば、人が個人として尊重される基礎であり、その個人の人格の象徴であって、人格権の一内容を構成する。

2　氏は、婚姻及び家族に関する法制度の一部として、法律がその具体的な内容を規律しているものであるから、氏に関する人格権の内容も、憲法の趣旨を踏まえつつ定められる法制度をまって、初めて具体的に捉えられる。

3　家族は社会の自然かつ基礎的な集団単位であるから、氏をその個人の属する集団を想起させるものとして一つに定めることにも合理性があり、また氏が身分関係の変動に伴って改められることがあり得ることは、その性質上予定されている。

4　現行の法制度の下における氏の性質等に鑑みると、婚姻の際に「氏の変更を強制されない自由」が憲法上の権利として保障される人格権の一内容であるとはいえない。

5　婚姻前に築いた個人の信用、評価、名誉感情等を婚姻後も維持する利益等は、憲法上保障される人格権の一内容とはいえず、当該利益を婚姻及び家族に関する法制度の在り方を検討する際に考慮するか否かは、専ら立法裁量の問題である。

— 本-2 —

問題4　インターネット上の検索サービスにおいて、ある人物Ｘの名前で検索をすると、Ｘの過去の逮捕歴に関する記事等が表示される。Ｘは、この検索事業者に対して、検索結果であるＵＲＬ等の情報の削除を求める訴えを提起した。これに関する次の記述のうち、最高裁判所の判例に照らし、妥当でないものはどれか。

1　個人のプライバシーに属する事実をみだりに公表されない利益は、法的保護の対象となるというべきであり、過去の逮捕歴もこれに含まれる。

2　検索結果として提供される情報は、プログラムによって自動的に収集・整理・提供されるものにすぎず、検索結果の提供は、検索事業者自身による表現行為とはいえない。

3　検索事業者による検索結果の提供は、公衆の情報発信や情報の入手を支援するものとして、インターネット上の情報流通の基盤としての役割を果たしている。

4　当該事実を公表されない法的利益と、当該情報を検索結果として提供する理由に関する諸事情を比較衡量した結果、前者が優越することが明らかな場合には、検索事業者に対してＵＲＬ等の情報を当該検索結果から削除することを求めることができる。

5　過去の逮捕歴がプライバシーに含まれるとしても、児童買春のように、児童への性的搾取・虐待として強い社会的非難の対象とされ、罰則で禁止されている行為は、一定の期間の経過後も公共の利害に関する事柄でありうる。

問題5　教育に関する次の記述のうち、最高裁判所の判例に照らし、妥当でないものはどれか。

1　義務教育は無償とするとの憲法の規定は、授業料不徴収を意味しており、それ以外に、教科書、学用品その他教育に必要な一切の費用を無償としなければならないことまでも定めたものと解することはできない。

2　教科書は執筆者の学術研究の結果の発表を目的とするものではなく、また、教科書検定は検定基準に違反する場合に教科書の形態での研究結果の発表を制限するにすぎないので、教科書検定は学問の自由を保障した憲法の規定には違反しない。

3　公教育に関する国民全体の教育意思は、法律を通じて具体化されるべきものであるから、公教育の内容・方法は専ら法律により定められ、教育行政機関も、法律の授権に基づき、広くこれらについて決定権限を有する。

4　国民の教育を受ける権利を定める憲法規定の背後には、みずから学習することのできない子どもは、その学習要求を充足するための教育を自己に施すことを大人一般に対して要求する権利を有するとの観念が存在している。

5　普通教育では、児童生徒に十分な批判能力がなく、また、全国的に一定の教育水準を確保すべき強い要請があること等からすれば、教師に完全な教授の自由を認めることはとうてい許されない。

— 本-4 —

問題6　選挙制度の形成に関する国会の裁量についての次の記述のうち、最高裁判所の判例の趣旨に照らし、妥当でないものはどれか。

1　都道府県が歴史的にも政治的、経済的、社会的にも独自の意義と実体を有する単位である以上、参議院の選挙区選出議員に都道府県代表的な意義を付与し、その枠内で投票価値の平等の実現を図ることは、憲法上許容される。

2　小選挙区制は、死票を多く生む可能性があることは否定し難いが、死票はいかなる制度でも生ずるものであり、結局のところ選挙を通じて国民の総意を議席に反映させる一つの合理的方法ということができる。

3　同時に行われる二つの選挙に同一の候補者が重複して立候補することを認めるか否かは、国会が裁量により決定することができる事項であり、衆議院議員選挙で小選挙区選挙と比例代表選挙との重複立候補を認める制度は憲法に違反しない。

4　政党を媒体として国民の政治意思を国政に反映させる名簿式比例代表制を採用することは国会の裁量に属し、名簿登載者個人には投票したいがその属する政党には投票したくないという意思を認めない非拘束名簿式比例代表制もまた同様である。

5　参議院の比例代表選出議員について、政党が優先的に当選者となるべき候補者を定めることができる特定枠制度は、選挙人の総意によって当選人が決定される点で、選挙人が候補者個人を直接選択して投票する方式と異ならず、憲法に違反しない。

問題7　国会議員の地位・特権に関する次の記述のうち、妥当なものはどれか。

1　両議院の議員には国庫から相当額の歳費を受ける権利が保障されており、議員全員を対象とした一律の措置としてであっても、議員の任期の途中に歳費の減額を行うことはできない。

2　両議院の議員は、国会の会期中は、法律の定める場合を除いては逮捕されることがなく、また所属する議院の同意がなければ訴追されない。

3　両議院の議員には、議院で行った演説、討論、表決について免責特権が認められているが、議場外の行為については、議員の職務として行ったものであっても、免責の対象とならない。

4　参議院の緊急集会は、衆議院の解散中に開催されるものであるが、その際にも、議員に不逮捕特権や免責特権の保障が及ぶ。

5　議院が所属議員に科した懲罰には、議院自律権の趣旨から司法審査は及ばないのが原則であるが、除名に関しては、手続の適正さについて審査が及ぶとするのが最高裁判所の判例である。

問題8　行政行為（処分）に関する次の記述のうち、法令の定めまたは最高裁判所の判例に照らし、妥当なものはどれか。

1　処分に瑕疵があることを理由とする処分の取消しは、行政事件訴訟法上の取消訴訟における判決のほか、行政不服審査法上の不服申立てにおける裁決または決定によってのみすることができる。

2　金銭納付義務を課す処分の違法を理由として国家賠償請求をするためには、事前に当該処分が取り消されていなければならない。

3　処分取消訴訟の出訴期間が経過した後に当該処分の無効を争うための訴訟としては、行政事件訴訟法が法定する無効確認の訴えのみが許されている。

4　処分Aの違法がこれに後続する処分Bに承継されることが認められる場合であっても、処分Aの取消訴訟の出訴期間が経過している場合には、処分Bの取消訴訟において処分Aの違法を主張することは許されない。

5　瑕疵が重大であるとされた処分は、当該瑕疵の存在が明白なものであるとまでは認められなくても、無効とされる場合がある。

問題9　行政立法に関する次の記述のうち、法令の定めまたは最高裁判所の判例に照らし、妥当なものはどれか。

1　行政手続法が定める意見公募手続の対象となるのは、法規命令のみであり、行政規則はその対象とはされていない。

2　法律の規定を実施するために政令を定めるのは内閣の事務であるが、その法律による委任がある場合には、政令に罰則を設けることもできる。

3　法律による委任の範囲を逸脱して定められた委任命令は違法となるが、権限を有する機関が取り消すまでは有効なものとして取り扱われる。

4　通達の内容が、法令の解釈や取扱いに関するもので、国民の権利義務に重大なかかわりをもつようなものである場合には、当該通達に対して取消訴訟を提起することができる。

5　行政手続法が適用される不利益処分の処分基準において、過去に処分を受けたことを理由として後行の処分に係る量定が加重される旨の定めがある場合には、当該処分基準の定めに反する後行の処分は当然に無効となる。

問題10　行政法における一般原則に関する最高裁判所の判例について説明する次の記述の
　　　　うち、妥当なものはどれか。

1　特定の事業者の個室付浴場営業を阻止する目的で町が行った児童福祉法に基づく
児童福祉施設の認可申請に対し、県知事が行った認可処分は、仮にそれが営業の阻
止を主たる目的としてなされたものであったとしても、当該処分の根拠法令たる児
童福祉法所定の要件を満たすものであれば、当該認可処分を違法ということはでき
ないから、当該個室付浴場営業は当然に違法となる。

2　特定の事業者の廃棄物処理施設設置計画を知った上で定められた町の水道水源保
護条例に基づき、当該事業者に対して規制対象事業場を認定する処分を行うに際し
ては、町は、事業者の立場を踏まえて十分な協議を尽くす等、その地位を不当に害
することのないよう配慮すべきであるが、このような配慮要請は明文上の義務では
ない以上、認定処分の違法の理由とはならない。

3　法の一般原則である信義則の法理は、行政法関係においても一般に適用されるも
のであるとはいえ、租税法律主義の原則が貫かれるべき租税法律関係においては、
租税法規に適合する課税処分について信義則の法理の適用により当該課税処分を違
法なものとして取り消すことは、争われた事案の個別の状況や特段の事情の有無に
かかわらず、租税法律主義に反するものとして認められない。

4　地方公共団体が将来にわたって継続すべき施策を決定した場合でも、当該施策が
社会情勢の変動等に伴って変更されることがあることは当然であるが、当該地方公
共団体の勧告ないし勧誘に動機付けられて施策の継続を前提とした活動に入った者
が社会観念上看過することのできない程度の積極的損害を被る場合において、地方
公共団体が当該損害を補償するなどの措置を講ずることなく施策を変更すること
は、それがやむをえない客観的事情によるのでない限り、当事者間に形成された信
頼関係を不当に破壊するものとして違法となる。

5　国の通達に基づいて、地方公共団体が被爆者援護法*等に基づく健康管理手当の
支給を打ち切った後、当該通達が法律の解釈を誤ったものであるとして廃止された
場合であっても、行政機関は通達に従い法律を執行する義務があることからすれ
ば、廃止前の通達に基づいて打ち切られていた手当の支払いを求める訴訟におい
て、地方公共団体が消滅時効を主張することは信義則に反しない。

（注）＊　原子爆弾被爆者に対する援護に関する法律

令和6年度

問題

問題11　会社Xは、宅地建物取引業法（以下「宅建業法」という。）に基づく免許を受けて不動産取引業を営んでいる。ところが、Xの代表取締役であるAが交通事故を起こして、歩行者に重傷を負わせてしまった。その後、自動車運転過失傷害の罪でAは逮捕され、刑事裁判の結果、懲役1年、執行猶予4年の刑を受けて、判決は確定した。宅建業法の定めによれば、法人の役員が「禁錮以上の刑」に処せられた場合、その法人の免許は取り消されるものとされていることから、知事YはXの免許を取り消した（以下「本件処分」という。）。

　　　この事例への行政手続法の適用に関する次の記述のうち、妥当なものはどれか。

1　本件処分は、許認可等の効力を失わせる処分であるが、当該許認可等の基礎となった事実が消滅した旨の届出に対する応答としてなされるものであるから、行政手続法のいう「不利益処分」には当たらない。

2　本件処分は、刑事事件に関する法令に基づいて検察官、検察事務官または司法警察職員がする処分を契機とするものであるので、行政手続法の規定は適用されない。

3　本件処分は、その根拠となる規定が法律に置かれているが、地方公共団体の機関がする処分であることから、行政手続法の規定は適用されない。

4　本件処分は、申請に対する処分を取り消すものであるので、本件処分をするに際して、行政庁は許認可等の性質に照らしてできる限り具体的な審査基準を定めなければならない。

5　本件処分は、法令上必要とされる資格が失われるに至ったことが判明した場合に必ずすることとされている処分であり、その喪失の事実が客観的な資料により直接証明されるものであるので、行政庁は聴聞の手続をとる必要はない。

（参考条文）
宅地建物取引業法
（免許の基準）
第5条①　国土交通大臣又は都道府県知事は、第3条第1項の免許を受けようとする者が次の各号のいずれかに該当する場合又は免許申請書若しくはその添付書類中に重要な事項について虚偽の記載があり、若しくは重要な事実の記載が欠けている場合においては、免許をしてはならない。
　　一～四　略
　　五　禁錮以上の刑に処せられ、その刑の執行を終わり、又は執行を受けることがなくなった日から5年を経過しない者
　　六　以下略
　②　以下略

（免許の取消し）

第66条① 国土交通大臣又は都道府県知事は、その免許を受けた宅地建物取引業者が次の各号のいずれかに該当する場合においては、当該免許を取り消さなければならない。

一 第5条第1項第1号、第5号から第7号まで、第10号又は第14号のいずれかに該当するに至ったとき。

二 略

三 法人である場合において、その役員又は政令で定める使用人のうちに第5条第1項第1号から第7号まで又は第10号のいずれかに該当する者があるに至ったとき。

四 以下略

② 以下略

問題12 行政指導についての行政手続法の規定に関する次のア～エの記述のうち、妥当なものの組合せはどれか。

ア 行政指導に携わる者は、当該行政指導をする際に、行政機関が許認可等をする権限を行使し得る旨を示すときは、その相手方に対して、当該権限を行使し得る根拠となる法令の条項等、行政手続法が定める事項を示さなければならない。

イ 地方公共団体の機関がする行政指導については、その根拠となる規定が法律で定められている場合に限り、行政指導に関する行政手続法の規定が適用される。

ウ 法令に違反する行為の是正を求める行政指導で、その根拠となる規定が法律に置かれているものを受けた相手方は、当該行政指導が当該法律に規定する要件に適合しないと思料するときは、当該行政指導をした行政機関に対し、当該行政指導の中止その他必要な措置をとることを求めることができる。

エ 意見公募手続の対象である命令等には、審査基準や処分基準など、処分をするかどうかを判断するための基準は含まれるが、行政指導に関する指針は含まれない。

1 ア・イ

2 ア・ウ

3 イ・ウ

4 イ・エ

5 ウ・エ

問題13　審査基準と処分基準に関する次の記述のうち、行政手続法に照らし、妥当なものはどれか。

1　審査基準を公にすることによって行政上特別の支障が生じる場合、行政庁が当該審査基準を公にしなかったとしても違法とはならない。

2　処分基準は、不利益処分を行うに際して、その名あて人からの求めに応じ、当該名あて人に対してこれを示せば足りるものとされている。

3　行政庁が審査基準を作成し、それを公にすることは努力義務に過ぎないことから、行政庁が審査基準を公にしなかったとしても違法とはならない。

4　審査基準を公にする方法としては、法令により申請の提出先とされている機関の事務所において備え付けることのみが認められており、その他の方法は許容されていない。

5　行政庁が処分基準を定めることは努力義務に過ぎないが、処分基準を定めた場合には、これを公にする法的義務を負う。

問題14　行政不服審査法における審査請求に関する次の記述のうち、妥当なものはどれか。

1　審査請求は、審査請求人本人がこれをしなければならず、代理人によってすることはできない。

2　審査請求人以外の利害関係人は、審査請求に参加することは許されないが、書面によって意見の提出をすることができる。

3　多数人が共同して審査請求をしようとする場合、1人の総代を選ばなければならない。

4　審査請求人本人が死亡した場合、当該審査請求人の地位は消滅することから、当該審査請求の目的である処分に係る権利が承継されるか否かにかかわらず、当該審査請求は当然に終了する。

5　法人でない社団または財団であっても、代表者または管理人の定めがあるものは、当該社団または財団の名で審査請求をすることができる。

問題15　行政不服審査法（以下「行審法」という。）に関する次の記述のうち、妥当なものはどれか。

1　納付すべき金銭の額を確定し、一定の額の金銭の納付を命じ、または金銭の給付決定の取消しその他の金銭の給付を制限する不利益処分については、行審法の規定は適用されない。

2　行審法が審査請求の対象とする「行政庁の不作為」には、法令に違反する事実がある場合において、その是正のためにされるべき処分がされていない場合も含まれる。

3　地方公共団体の機関がする処分でその根拠となる規定が条例または規則に置かれているものについては、行審法の規定は適用されない。

4　地方公共団体またはその機関に対する処分で、当該団体または機関がその固有の資格において処分の相手方となるものについては、行審法の規定は適用されない。

5　行審法は、国または公共団体の機関の法規に適合しない行為の是正を求める審査請求で、自己の法律上の利益にかかわらない資格でするものについても規定している。

問題16　行政不服審査法（以下「行審法」という。）と行政事件訴訟法（以下「行訴法」という。）との違いに関する次のア〜オの記述のうち、妥当なものの組合せはどれか。

ア　行訴法は、処分取消訴訟につき、出訴期間の制限を規定するとともに、「ただし、正当な理由があるときは、この限りでない」という規定（以下「ただし書」という。）を置いているが、行審法は、処分についての審査請求につき、審査請求期間の制限を規定しているものの、行訴法のようなただし書は置いていない。

イ　行審法は、行政庁が不服申立てをすることができる処分をする場合には、原則として、処分の相手方に対し、当該処分につき不服申立てをすべき行政庁や不服申立てをすることができる期間を書面で教示しなければならないと規定しているが、行訴法は、取消訴訟を提起することができる処分をする場合につき、被告とすべき者や出訴期間を教示すべき旨を定めた明文の規定は置いていない。

ウ　行訴法は、判決の拘束力について、「処分又は裁決を取り消す判決は、その事件について、処分又は裁決をした行政庁その他の関係行政庁を拘束する。」と定めているのに対し、行審法は、裁決の拘束力について、「裁決は、関係行政庁を拘束する。」と定めている。

エ　行審法は、行訴法における取消訴訟と同様、審査請求について執行停止の規定を置くとともに、執行停止の申立てまたは決定があった場合、内閣総理大臣は、審査庁に対し、異議を述べることができる旨を定めている。

オ　行訴法は、行政庁がその処分または裁決をしてはならない旨を命ずることを求める訴訟として「差止めの訴え」を設けているが、行審法は、このような処分の差止めを求める不服申立てについて明文の規定を置いていない。

　　　1　ア・イ
　　　2　ア・オ
　　　3　イ・エ
　　　4　ウ・エ
　　　5　ウ・オ

問題17　処分取消訴訟における訴えの利益の消滅に関する次の記述のうち、最高裁判所の
　　　　判例に照らし、妥当なものはどれか。

1　公務員に対する免職処分の取消訴訟における訴えの利益は、免職処分を受けた公
　　務員が公職の選挙に立候補した後は、給料請求権等の回復可能性があるか否かにか
　　かわらず、消滅する。
2　保安林指定解除処分の取消訴訟における訴えの利益は、原告適格の基礎とされた
　　個別具体的な利益侵害状況が代替施設の設置によって解消するに至った場合には、
　　消滅する。
3　公文書非公開決定処分の取消訴訟における訴えの利益は、公開請求の対象である
　　公文書が当該取消訴訟において書証として提出された場合には、消滅する。
4　運転免許停止処分の取消訴訟における訴えの利益は、免許停止期間が経過した場
　　合であっても、取消判決により原告の名誉・感情・信用等の回復可能性がある場合
　　には、消滅しない。
5　市立保育所廃止条例を制定する行為の取消訴訟における訴えの利益は、当該保育
　　所で保育を受けていた原告ら児童の保育の実施期間が満了した場合であっても、当
　　該条例が廃止されない限り、消滅しない。

問題18　抗告訴訟における判決について説明する次のア〜オの記述のうち、誤っているものの組合せはどれか。

ア　裁判所は、相当と認めるときは、終局判決前に、判決をもって、処分が違法であることを宣言することができる。

イ　申請を拒否した処分が判決により取り消されたときは、その処分をした行政庁は、速やかに申請を認める処分をしなければならない。

ウ　処分または裁決を取り消す判決により権利を害された第三者で、自己の責めに帰することができない理由により訴訟に参加することができなかったため判決に影響を及ぼすべき攻撃または防御の方法を提出することができなかったものは、これを理由として、確定の終局判決に対し、再審の訴えをもって、不服の申立てをすることができる。

エ　直接型（非申請型）義務付け訴訟において、その訴訟要件がすべて満たされ、かつ当該訴えに係る処分について行政庁がこれをしないことが違法である場合には、裁判所は、行政庁がその処分をすべき旨を命じる判決をする。

オ　処分を取り消す判決は、その事件について処分をした行政庁その他の関係行政庁を拘束すると規定されているが、この規定は、取消訴訟以外の抗告訴訟には準用されない。

1　ア・ウ
2　ア・エ
3　イ・エ
4　イ・オ
5　ウ・オ

問題19　行政事件訴訟法（以下「行訴法」という。）が定める民衆訴訟および機関訴訟に
　　　　関する次の記述のうち、正しいものはどれか。

1　機関訴訟は、国または公共団体の機関相互間における権限の存否またはその行使
に関する紛争についての訴訟であり、そのような紛争の一方の当事者たる機関は、
特に個別の法律の定めがなくとも、機関たる資格に基づいて訴えを提起することが
できる。

2　民衆訴訟とは、特に法律が定める場合に国または公共団体の機関の法規に適合し
ない行為の是正を求める訴訟で、自己の法律上の利益にかかわらない資格で何人も
提起することができるものをいう。

3　機関訴訟で、処分の取消しを求めるものについては、行訴法所定の規定を除き、
取消訴訟に関する規定が準用される。

4　公職選挙法が定める地方公共団体の議会の議員の選挙の効力に関する訴訟は、地
方公共団体の機関たる議会の構成に関する訴訟であるから、機関訴訟の一例であ
る。

5　行訴法においては、行政事件訴訟に関し、同法に定めがない事項については、
「民事訴訟の例による」との規定がなされているが、当該規定には、民衆訴訟およ
び機関訴訟を除くとする限定が付されている。

問題20　国家賠償に関する次のア〜エの記述のうち、最高裁判所の判例に照らし、その正
　　　　誤を正しく示す組合せはどれか。

　　ア　教科用図書の検定にあたり文部大臣（当時）が指摘する検定意見は、すべて、検
　　　　定の合否に直接の影響を及ぼすものではなく、文部大臣の助言、指導の性質を有す
　　　　るものにすぎないから、これを付することは、教科書の執筆者または出版社がその
　　　　意に反してこれに服さざるを得なくなるなどの特段の事情のない限り、原則とし
　　　　て、国家賠償法上違法とならない。
　　イ　政府が物価の安定等の政策目標を実現するためにとるべき具体的な措置について
　　　　の判断を誤り、ないしはその措置に適切を欠いたため当該政策目標を達成できな
　　　　かった場合、法律上の義務違反ないし違法行為として、国家賠償法上の損害賠償責
　　　　任の問題が生ずる。
　　ウ　町立中学校の生徒が、放課後に課外のクラブ活動中の運動部員から顔面を殴打さ
　　　　れたことにより失明した場合において、当該事故の発生する危険性を具体的に予見
　　　　することが可能であるような特段の事情のない限り、顧問の教諭が当該クラブ活動
　　　　に立ち会っていなかったとしても、当該事故の発生につき当該教諭に過失があると
　　　　はいえない。
　　エ　市内の河川について市が法律上の管理権をもたない場合でも、当該市が地域住民
　　　　の要望にこたえて都市排水路の機能の維持及び都市水害の防止など地方公共の目的
　　　　を達成するために河川の改修工事をして、これを事実上管理することになったとき
　　　　は、当該市は、当該河川の管理につき、国家賠償法2条1項の責任を負う公共団体
　　　　に当たる。

　　　　　　ア　　イ　　ウ　　エ
　　　1　誤　　誤　　正　　正
　　　2　誤　　誤　　正　　誤
　　　3　誤　　正　　誤　　誤
　　　4　正　　正　　誤　　誤
　　　5　正　　正　　正　　誤

問題21　国家賠償法1条に基づく責任に関する次の記述のうち、最高裁判所の判例に照らし、妥当なものはどれか。

1　指定確認検査機関による建築確認に係る建築物について、確認をする権限を有する建築主事が置かれた地方公共団体は、指定確認検査機関が行った当該確認について、国家賠償法1条1項の国または公共団体としての責任を負うことはない。

2　公権力の行使に当たる国または公共団体の公務員が、その職務を行うについて、過失によって違法に他人に損害を加えた場合には、国または公共団体がその被害者に対して賠償責任を負うが、故意または重過失の場合には、公務員個人が被害者に対して直接に賠償責任を負う。

3　国または公共団体の公権力の行使に当たる複数の公務員が、その職務を行うについて、共同して故意によって違法に他人に加えた損害につき、国または公共団体がこれを賠償した場合においては、当該公務員らは、国または公共団体に対し、国家賠償法1条2項による求償債務を負うが、この債務は連帯債務であると解される。

4　国家賠償法1条1項が定める「公務員が、その職務を行うについて」という要件につき、公務員が主観的に権限行使の意思をもってするものではなく、専ら自己の利をはかる意図をもってするような場合には、たとえ客観的に職務執行の外形をそなえる行為をした場合であったとしても、この要件には該当しない。

5　都道府県警察の警察官が、交通犯罪の捜査を行うにつき故意または過失によって違法に他人に損害を加えた場合において、国家賠償法1条1項により当該損害につき賠償責任を負うのは国であり、当該都道府県が賠償責任を負うことはない。

問題22　普通地方公共団体の事務に関する次の記述のうち、地方自治法の定めに照らし、妥当なものはどれか。

1　普通地方公共団体が処理する事務には、地域における事務と、その他の事務で法律またはこれに基づく政令により処理することとされるものとがある。

2　都道府県の法定受託事務とは、国においてその適正な処理を特に確保する必要があるものとして法律またはこれに基づく政令に特に定めるものであり、都道府県知事が国の機関として処理することとされている。

3　市町村の法定受託事務とは、国または都道府県においてその適正な処理を特に確保する必要があるものとして法律またはこれに基づく政令に特に定めるものであるから、これにつき市町村が条例を定めることはできない。

4　法定受託事務は、普通地方公共団体が当該団体自身の事務として処理するものであるから、地方自治法上の自治事務に含まれる。

5　地方自治法は、かつての同法が定めていた機関委任事務制度のような仕組みを定めていないため、現行法の下で普通地方公共団体が処理する事務は、その全てが自治事務である。

問題23　住民監査請求および住民訴訟に関する次の記述のうち、地方自治法の定めに照らし、妥当でないものはどれか。

1　住民監査請求は、普通地方公共団体の住民が当該普通地方公共団体の監査委員に対して行う。

2　住民訴訟は、あらかじめ、地方自治法に基づく住民監査請求をしていなければ、適法に提起することができない。

3　住民訴訟で争うことができる事項は、住民監査請求の対象となるものに限定される。

4　住民訴訟において原告住民がすることができる請求は、地方自治法が列挙するものに限定される。

5　損害賠償の請求をすることを普通地方公共団体の執行機関に対して求める住民訴訟において、原告住民の請求を認容する判決が確定した場合は、当該原告住民に対して、当該損害賠償請求に係る賠償金が支払われることになる。

— 本 -19 —

問題24 普通地方公共団体の条例または規則に関する次の記述のうち、地方自治法の定めに照らし、妥当なものはどれか。

1 普通地方公共団体の長が規則を定めるのは、法律または条例による個別の委任がある場合に限られる。

2 普通地方公共団体は法令に違反しない限りにおいて条例を定めることができるが、条例において罰則を定めるためには、その旨を委任する個別の法令の定めが必要である。

3 普通地方公共団体は、特定の者のためにする事務につき手数料を徴収することができるが、この手数料については、法律またはこれに基づく政令に定めるものを除いて、長の定める規則によらなければならない。

4 普通地方公共団体の委員会は、個別の法律の定めるところにより、法令等に違反しない限りにおいて、その権限に属する事務に関し、規則を定めることができる。

5 普通地方公共団体は条例で罰則を設けることができるが、その内容は禁錮、罰金、科料などの行政刑罰に限られ、行政上の秩序罰である過料については、長が定める規則によらなければならない。

問題25　公立学校をめぐる裁判に関する次のア〜オの記述のうち、最高裁判所の判例に照らし、妥当なものの組合せはどれか。

ア　公立高等専門学校の校長が学生に対し原級留置処分または退学処分を行った場合、裁判所がその処分の適否を審査するに当たっては、校長と同一の立場に立って当該処分をすべきであったかどうか等について判断し、その結果と当該処分とを比較してその適否、軽重等を論ずべきである。

イ　教育委員会が、公立学校の教頭で勧奨退職に応じた者を校長に任命した上で同日退職を承認する処分をした場合において、当該処分が著しく合理性を欠きそのためこれに予算執行の適正確保の見地から看過し得ない瑕疵が存するものといえないときは、校長としての退職手当の支出決定は財務会計法規上の義務に違反する違法なものには当たらない。

ウ　公立学校の学校施設の目的外使用を許可するか否かは、原則として、当該施設の管理者の裁量に委ねられており、学校教育上支障がない場合であっても、学校施設の目的及び用途と当該使用の目的、態様等との関係に配慮した合理的な裁量判断により許可をしないこともできる。

エ　公立高等学校等の教職員に対し、卒業式等の式典における国歌斉唱の際に国旗に向かって起立して斉唱することを命ずる旨の校長の職務命令がなされた場合において、当該職務命令への違反を理由とする懲戒処分の差止めを求める訴えについて、仮に懲戒処分が反復継続的・累積加重的にされる危険があるとしても、訴えの要件である「重大な損害を生ずるおそれ」があるとは認められない。

オ　市立学校教諭が同一市内の他の中学校教諭に転任させる処分を受けた場合において、当該処分が客観的、実際的見地からみて勤務場所、勤務内容等に不利益を伴うものであるとしても、当該教諭には転任処分の取消しを求める訴えの利益が認められる余地はない。

1　ア・イ
2　ア・オ
3　イ・ウ
4　ウ・エ
5　エ・オ

問題26　公文書管理法*について説明する次の記述のうち、誤っているものはどれか。

1　公文書管理法に定める「行政文書」とは、同法の定める例外を除き、行政機関の職員が職務上作成しまたは取得した文書で、当該行政機関の職員が組織的に用いるものとして当該行政機関が保有しているものであるとされる。

2　公文書管理法は、行政機関の職員に対し、処理に係る事案が軽微なものである場合を除き文書を作成しなければならないという文書作成義務を定め、違反した職員に対する罰則を定めている。

3　行政機関の職員が行政文書を作成・取得したときには、当該行政機関の長は、政令で定めるところにより、当該行政文書について分類し、名称を付するとともに、保存期間および保存期間の満了する日を設定しなければならない。

4　行政機関の長は、行政文書の管理が公文書管理法の規定に基づき適正に行われることを確保するため、行政文書の管理に関する定め（行政文書管理規則）を設けなければならない。

5　行政機関の長は、行政文書ファイル管理簿の記載状況その他の行政文書の管理の状況について、毎年度、内閣総理大臣に報告しなければならない。

（注）＊　公文書等の管理に関する法律

問題27 失踪の宣告に関する次の記述のうち、民法の規定および判例に照らし、妥当なものはどれか。

1 不在者の生死が7年間明らかでない場合において、利害関係人の請求により家庭裁判所が失踪の宣告をしたときは、失踪の宣告を受けた者は、7年間の期間が満了した時に、死亡したものとみなされる。

2 失踪の宣告を受けた者が実際には生存しており、不法行為により身体的被害を受けていたとしても、失踪の宣告が取り消されなければ、損害賠償請求権は発生しない。

3 失踪の宣告の取消しは、必ず本人の請求によらなければならない。

4 失踪の宣告によって失踪者の財産を得た者は、失踪の宣告が取り消されたときは、その受けた利益の全部を返還しなければならない。

5 失踪の宣告によって失踪者の所有する甲土地を相続した者が、甲土地を第三者に売却した後に、失踪者の生存が判明し、この者の失踪の宣告が取り消された。この場合において、相続人が失踪者の生存について善意であったときは、第三者が悪意であっても、甲土地の売買契約による所有権移転の効果に影響しない。

— 本-23 —

問題28　無効および取消しに関する次の記述のうち、民法の規定に照らし、誤っているものはどれか。

1　贈与契約が無効であるにもかかわらず、既に贈与者の履行が完了している場合、受贈者は受け取った目的物を贈与者に返還しなければならず、それが滅失して返還できないときは、贈与契約が無効であることを知らなかったとしても、その目的物の現存利益の返還では足りない。

2　売買契約が無効であるにもかかわらず、既に当事者双方の債務の履行が完了している場合、売主は受け取った金銭を善意で費消していたとしても、その全額を返還しなければならない。

3　秘密証書遺言は、法が定める方式に欠けるものであるときは無効であるが、それが自筆証書による遺言の方式を具備しているときは、自筆証書遺言としてその効力を有する。

4　未成年者が親権者の同意を得ずに締結した契約について、未成年者本人が、制限行為能力を理由としてこれを取り消す場合、親権者の同意を得る必要はない。

5　取り消すことができる契約につき、取消権を有する当事者が、追認をすることができる時以後に、異議をとどめずにその履行を請求した場合、これにより同人は取消権を失う。

令和6年度　問題

問題29　甲土地（以下「甲」という。）を所有するＡが死亡して、その子であるＢおよび
　　　　Ｃについて相続が開始した。この場合に関する次の記述のうち、民法の規定および
　　　　判例に照らし、妥当でないものはどれか。

1　遺産分割が終了していないにもかかわらず、甲につきＢが虚偽の登記申請に基づ
　いて単独所有名義で相続登記手続を行った上で、これをＤに売却して所有権移転登
　記手続が行われた場合、Ｃは、Ｄに対して、Ｃの法定相続分に基づく持分権を登記
　なくして主張することができる。
2　遺産分割により甲をＣが単独で相続することとなったが、Ｃが相続登記手続をし
　ないうちに、Ｂが甲に関する自己の法定相続分に基づく持分権につき相続登記手続
　を行った上で、これをＥに売却して持分権移転登記手続が行われた場合、Ｃは、Ｅ
　に対して、Ｅの持分権が自己に帰属する旨を主張することができない。
3　Ａが甲をＣに遺贈していたが、Ｃが所有権移転登記手続をしないうちに、Ｂが甲
　に関する自己の法定相続分に基づく持分権につき相続登記手続を行った上で、これ
　をＦに売却して持分権移転登記手続が行われた場合、Ｃは、Ｆに対して、Ｆの持分
　権が自己に帰属する旨を主張することができない。
4　Ｂが相続を放棄したため、甲はＣが単独で相続することとなったが、Ｃが相続登
　記手続をしないうちに、Ｂの債権者であるＧが甲に関するＢの法定相続分に基づく
　持分権につき差押えを申し立てた場合、Ｃは、当該差押えの無効を主張することが
　できない。
5　Ａが「甲をＣに相続させる」旨の特定財産承継遺言を行っていたが、Ｃが相続登
　記手続をしないうちに、Ｂが甲に関するＢの法定相続分に基づく持分権につき相続
　登記手続を行った上で、これをＨに売却して持分権移転登記手続が行われた場合、
　民法の規定によれば、Ｃは、Ｈに対して、Ｈの持分権が自己に帰属する旨を主張す
　ることができない。

法令等（記述式）

問題44

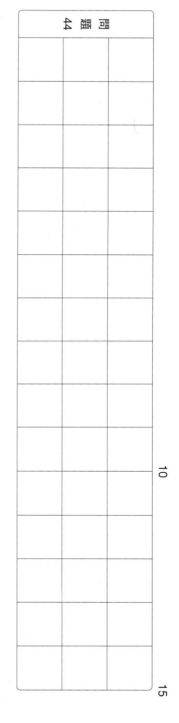

問題45

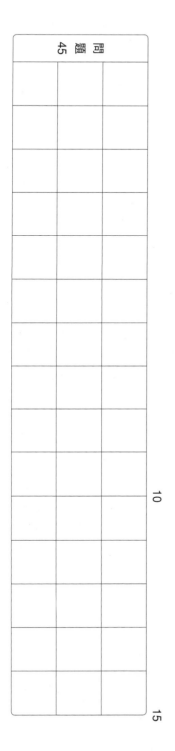

行政書士試験　答案用紙

令和6年度

氏名 _____

受験番号

	0	1	2	3	4	5	6	7	8	9

生年月日

	大正 ○　昭和 ○　平成 ○
年	0 1 2 3 4 5 6 7 8 9
月	0 1 2 3 4 5 6 7 8 9
日	0 1 2 3 4 5 6 7 8 9

1. 記入は必ずHB又はB以上の鉛筆を使用し、各欄へのマークは○内を濃く塗り潰してください。

2. 記入マーク例
　良い例　●
　悪い例　⊘ ◖ ⊖ ⊝

3. 訂正は、消し跡が残らないようにプラスチック製の消しゴムで完全に消してからマークし直してください。

法令等（5肢択一式）

	1 2 3 4 5
問題 1	○ ○ ○ ○ ○
問題 2	○ ○ ○ ○ ○
問題 3	○ ○ ○ ○ ○
問題 4	○ ○ ○ ○ ○
問題 5	○ ○ ○ ○ ○
問題 6	○ ○ ○ ○ ○
問題 7	○ ○ ○ ○ ○
問題 8	○ ○ ○ ○ ○
問題 9	○ ○ ○ ○ ○
問題 10	○ ○ ○ ○ ○

	1 2 3 4 5
問題 11	○ ○ ○ ○ ○
問題 12	○ ○ ○ ○ ○
問題 13	○ ○ ○ ○ ○
問題 14	○ ○ ○ ○ ○
問題 15	○ ○ ○ ○ ○
問題 16	○ ○ ○ ○ ○
問題 17	○ ○ ○ ○ ○
問題 18	○ ○ ○ ○ ○
問題 19	○ ○ ○ ○ ○
問題 20	○ ○ ○ ○ ○

	1 2 3 4 5
問題 21	○ ○ ○ ○ ○
問題 22	○ ○ ○ ○ ○
問題 23	○ ○ ○ ○ ○
問題 24	○ ○ ○ ○ ○
問題 25	○ ○ ○ ○ ○
問題 26	○ ○ ○ ○ ○
問題 27	○ ○ ○ ○ ○
問題 28	○ ○ ○ ○ ○
問題 29	○ ○ ○ ○ ○
問題 30	○ ○ ○ ○ ○

	1 2 3 4 5
問題 31	○ ○ ○ ○ ○
問題 32	○ ○ ○ ○ ○
問題 33	○ ○ ○ ○ ○
問題 34	○ ○ ○ ○ ○
問題 35	○ ○ ○ ○ ○
問題 36	○ ○ ○ ○ ○
問題 37	○ ○ ○ ○ ○
問題 38	○ ○ ○ ○ ○
問題 39	○ ○ ○ ○ ○
問題 40	○ ○ ○ ○ ○

法令等（多肢選択式）

		1	2	3	4	5	6	7	8	9	10	11	12	13	14	15	16	17	18	19	20
問題41	ア	○	○	○	○	○	○	○	○	○	○	○	○	○	○	○	○	○	○	○	○
	イ	○	○	○	○	○	○	○	○	○	○	○	○	○	○	○	○	○	○	○	○
	ウ	○	○	○	○	○	○	○	○	○	○	○	○	○	○	○	○	○	○	○	○
	エ	○	○	○	○	○	○	○	○	○	○	○	○	○	○	○	○	○	○	○	○
問題42	ア	○	○	○	○	○	○	○	○	○	○	○	○	○	○	○	○	○	○	○	○
	イ	○	○	○	○	○	○	○	○	○	○	○	○	○	○	○	○	○	○	○	○
	ウ	○	○	○	○	○	○	○	○	○	○	○	○	○	○	○	○	○	○	○	○
	エ	○	○	○	○	○	○	○	○	○	○	○	○	○	○	○	○	○	○	○	○
問題43	ア	○	○	○	○	○	○	○	○	○	○	○	○	○	○	○	○	○	○	○	○
	イ	○	○	○	○	○	○	○	○	○	○	○	○	○	○	○	○	○	○	○	○
	ウ	○	○	○	○	○	○	○	○	○	○	○	○	○	○	○	○	○	○	○	○
	エ	○	○	○	○	○	○	○	○	○	○	○	○	○	○	○	○	○	○	○	○

基礎知識（5肢択一式）

	1	2	3	4	5
問題47	○	○	○	○	○
問題48	○	○	○	○	○
問題49	○	○	○	○	○
問題50	○	○	○	○	○
問題51	○	○	○	○	○

	1	2	3	4	5
問題52	○	○	○	○	○
問題53	○	○	○	○	○
問題54	○	○	○	○	○
問題55	○	○	○	○	○
問題56	○	○	○	○	○

	1	2	3	4	5
問題57	○	○	○	○	○
問題58	○	○	○	○	○
問題59	○	○	○	○	○
問題60	○	○	○	○	○

TAC出版
TAC PUBLISHING Group

問題
46

問題30　Aが所有する甲建物（以下「甲」という。）につき、Bのために抵当権が設定されて抵当権設定登記が行われた後、Cのために賃借権が設定され、Cは使用収益を開始した。この場合に関する次の記述のうち、民法の規定および判例に照らし、妥当なものはどれか。

1　Bの抵当権設定登記後に設定されたCの賃借権はBに対して対抗することができないため、Bは、Cに対して、直ちに抵当権に基づく妨害排除請求として甲の明渡しを求めることができる。

2　Bの抵当権が実行された場合において、買受人Dは、Cに対して、直ちに所有権に基づく妨害排除請求として甲の明渡しを求めることができる。

3　AがCに対して有する賃料債権をEに譲渡し、その旨の債権譲渡通知が内容証明郵便によって行われた後、Bが抵当権に基づく物上代位権の行使として当該賃料債権に対して差押えを行った場合、当該賃料債権につきCがいまだEに弁済していないときは、Cは、Bの賃料支払請求を拒むことができない。

4　Cのための賃借権の設定においてBの抵当権の実行を妨害する目的が認められ、Cの占有により甲の交換価値の実現が妨げられてBの優先弁済権の行使が困難となるような状態がある場合、Aにおいて抵当権に対する侵害が生じないように甲を適切に維持管理することが期待できるときであっても、Bは、Cに対して、抵当権に基づく妨害排除請求として甲の直接自己への明渡しを求めることができる。

5　CがAの承諾を得て甲をFに転貸借した場合、Bは、特段の事情がない限り、CがFに対して有する転貸賃料債権につき、物上代位権を行使することができる。

問題31　Aは、Bから金銭を借り受け、Cが、Aの同貸金債務を保証した。次の記述のうち、民法の規定に照らし、誤っているものはどれか。

1　AがBに対し保証人を立てる義務を負う場合において、BがCを指名したときは、Cが弁済をする資力を有しなくなったときでも、Bは、Aに対し、Cに代えて資力を有する保証人を立てることを請求することはできない。

2　AがBに対し保証人を立てる義務を負う場合において、BがCを指名するときは、Cは、行為能力者でなければならない。

3　BのAに対する履行の請求その他の事由による時効の完成猶予及び更新は、Cに対しても、その効力を生ずる。

4　Cの保証債務は、Aの債務に関する利息、違約金、損害賠償その他その債務に従たるすべてのものを包含する。

5　Cは、その保証債務についてのみ、違約金又は損害賠償の額を約定することができる。

問題32　A所有の動産甲（以下「甲」という。）を、BがCに売却する契約（以下「本件契約」という。）に関する次の記述のうち、民法の規定および判例に照らし、妥当なものはどれか。

1　Bが、B自身を売主、Cを買主として本件契約を締結した場合であっても、契約は原則として有効であり、Bは、Aから甲の所有権を取得してCに移転する義務を負うが、本件契約成立の当初からAには甲を他に譲渡する意思のないことが明確であり、甲の所有権をCに移転することができない場合には、本件契約は実現不能な契約として無効である。

2　Bが、B自身を売主、Cを買主として本件契約を締結した場合であっても、契約は原則として有効であり、Bは、Aから甲の所有権を取得してCに移転する義務を負うところ、本件契約後にBが死亡し、AがBを単独相続した場合においては、Cは当然に甲の所有権を取得する。

3　Bが、B自身をAの代理人と偽って、Aを売主、Cを買主とする本件契約を締結し、Cに対して甲を現実に引き渡した場合、Cは即時取得により甲の所有権を取得する。

4　Bが、B自身をAの代理人と偽って、Aを売主、Cを買主として本件契約を締結した場合、Bに本件契約の代理権がないことを知らなかったが、そのことについて過失があるCは、本件契約が無効となった場合であっても、Bに対して履行または損害賠償の請求をすることができない。

5　Aが法人で、Bがその理事である場合、Aの定款に甲の売却に関しては理事会の承認が必要である旨の定めがあり、Bが、理事会の承認を得ないままにAを売主、Cを買主とする本件契約を締結したとき、Cが、その定款の定めを知っていたとしても、理事会の承認を得ていると過失なく信じていたときは、本件契約は有効である。

問題33　組合に関する次の記述のうち、民法の規定に照らし、正しいものはどれか。

1　組合の業務の決定は、組合契約の定めるところにより、一人または数人の組合員に委任することができるが、第三者に委任することはできない。

2　組合の業務の執行は、組合契約の定めるところにより、一人または数人の組合員に委任することができるが、第三者に委任することはできない。

3　各組合員の出資その他の組合財産は、総組合員の共有に属し、各組合員は、いつでも組合財産の分割を請求することができる。

4　組合契約で組合の存続期間を定めた場合であるか、これを定めなかった場合であるかを問わず、各組合員は、いつでも脱退することができる。

5　組合契約の定めるところにより一人または数人の組合員に業務の決定および執行を委任した場合、その組合員は、正当な事由があるときに限り、他の組合員の一致によって解任することができる。

問題34　不法行為に基づく損害賠償に関する次の記述のうち、民法の規定および判例に照らし、妥当なものはどれか。

1　不法行為による生命侵害の場合において、被害者の相続人であれば、常に近親者固有の慰謝料請求権が認められる。

2　法人が名誉毀損を受けた場合、法人には感情がないので、財産的損害を除き、非財産的損害の賠償は認められない。

3　交通事故による被害者が、いわゆる個人会社の唯一の代表取締役であり、被害者には当該会社の機関としての代替性がなく、被害者と当該会社とが経済的に一体をなす等の事情の下では、当該会社は、加害者に対し、被害者の負傷のため営業利益を逸失したことによる賠償を請求することができる。

4　不法行為により身体傷害を受けた被害者は、後遺症が残ったため、労働能力の全部又は一部の喪失により将来において取得すべき利益を喪失した場合には、その損害について定期金ではなく、一時金による一括賠償しか求めることができない。

5　交通事故の被害者が後遺症により労働能力の一部を喪失した場合に、その後に被害者が別原因で死亡したとしても、交通事故の時点で、その死亡の原因となる具体的事由が存在し、近い将来における死亡が客観的に予測されていたなどの特段の事情がない限り、死亡の事実は逸失利益に関する就労可能期間の認定において考慮されない。

問題35　共同相続における遺産分割に関する次の記述のうち、民法の規定および判例に照らし、妥当なものはどれか。

1　共同相続人中の特定の1人に相続財産中の不動産の所有権を取得させる一方で当該相続人が老親介護を負担する義務を負う内容の遺産分割協議がなされた場合において、当該相続人が遺産分割協議に定められた介護を行わない場合には、他の共同相続人は債務不履行を理由として遺産分割協議自体を解除することができる。

2　被相続人が、相続財産中の特定の銀行預金を共同相続人中の特定の1人に相続させる旨の遺言をしていた場合、当該預金債権の価額が当該相続人の法定相続分の価額を超えるときには、当該預金債権の承継に関する債権譲渡の対抗要件を備えなければ、当該預金債権の承継を第三者に対抗できない。

3　共同相続人の1人が、相続開始後遺産分割の前に、被相続人が自宅に保管していた現金を自己のために費消した場合であっても、遺産分割の対象となる財産は、遺産分割時に現存する相続財産のみである。

4　共同相続人は、原則としていつでも協議によって遺産の全部または一部の分割をすることができ、協議が調わないときは、家庭裁判所に調停または審判の申立てをすることができるが、相続開始から10年以上放置されていた遺産の分割については、家庭裁判所に対して調停または審判の申立てを行うことができない。

5　相続財産中に銀行預金が含まれる場合、当該預金は遺産分割の対象となるから、相続開始後遺産分割の前に、当該預金口座から預金の一部を引き出すためには共同相続人の全員の同意が必要であり、目的、金額のいかんを問わず相続人の1人が単独で行うことは許されない。

問題36　匿名組合における匿名組合員に関する次の記述のうち、商法の規定に照らし、誤っているものはどれか。

1　匿名組合員の出資は、営業者の財産に属する。

2　匿名組合員は、匿名組合契約に基づき営業者が負った債務について、当該匿名組合員が匿名組合の当事者であることをその債務に係る債権者が知っていたときには、当該営業者と連帯して弁済する責任を負う。

3　出資が損失によって減少したときは、その損失をてん補した後でなければ、匿名組合員は、利益の配当を請求することができない。

4　匿名組合員は、営業年度の終了時において、営業者の営業時間内に、営業者の業務及び財産の状況を検査することができる。

5　匿名組合員が破産手続開始の決定を受けた場合、匿名組合契約は終了する。

問題37　株主の議決権に関する次のア〜オの記述のうち、会社法の規定に照らし、正しいものの組合せはどれか。

ア　株主総会における議決権の全部を与えない旨の定款の定めは、その効力を生じない。

イ　株式会社は、自己株式については、議決権を有しない。

ウ　取締役候補者である株主は、自らの取締役選任決議について特別の利害関係を有する者として議決に加わることができない。

エ　監査役を選任し、又は解任する株主総会の決議は、議決権を行使することができる株主の議決権の過半数を有する株主が出席し、出席した当該株主の議決権の過半数をもって行う。

オ　役員等がその任務を怠ったために株式会社に生じた損害を賠償する責任を負うこととなった場合に、当該責任を免除するには、議決権のない株主を含めた総株主の同意がなければならない。

1　ア・ウ
2　ア・エ
3　イ・エ
4　イ・オ
5　ウ・オ

問題38　監査等委員会設置会社の取締役の報酬等に関する次の記述のうち、会社法の規定に照らし、誤っているものはどれか。

1　取締役の報酬等に関する事項は、監査等委員である取締役とそれ以外の取締役とを区別して定めなければならない。
2　監査等委員である取締役は、株主総会において、監査等委員である取締役の報酬等について意見を述べることができる。
3　監査等委員会が選定する監査等委員は、株主総会において、監査等委員である取締役以外の取締役の報酬等について監査等委員会の意見を述べることができる。
4　監査等委員である各取締役の報酬等について定款の定め又は株主総会の決議がないときは、当該報酬等は、株主総会で決議された取締役の報酬等の範囲内において、監査等委員である取締役の多数決によって定める。
5　監査等委員である取締役を除く取締役の個人別の報酬等の内容が定款又は株主総会の決議により定められている場合を除き、当該取締役の個人別の報酬等の内容についての決定に関する方針を取締役会で決定しなければならない。

問題39　株式交換に関する次の記述のうち、会社法の規定に照らし、正しいものはどれか。

1　株式交換完全親会社は、株式会社でなければならない。
2　株式交換完全親会社は、株式交換完全子会社の発行済株式の一部のみを取得することとなる株式交換を行うことができる。
3　株式交換完全親会社は、株式交換完全子会社の株主に対し、当該株式交換完全親会社の株式に代わる金銭等を交付することができる。
4　株式交換完全親会社の反対株主は、当該株式交換完全親会社に対し、自己の有する株式を公正な価格で買い取ることを請求することはできない。
5　株式交換契約新株予約権が付された、株式交換完全子会社の新株予約権付社債の社債権者は、当該株式交換完全子会社に対し、株式交換について異議を述べることはできない。

問題40　会社訴訟に関する次の記述のうち、会社法の規定に照らし、誤っているものはどれか。なお、定款に別段の定めがないものとする。

1　株主総会の決議の内容が法令に違反するときは、当該株主総会決議の日から3か月以内に、訴えをもってのみ当該決議の取消しを請求することができる。

2　会社の設立無効は、会社の成立の日から2年以内に、訴えをもってのみ主張できる。

3　新株発行無効の訴えに係る請求を認容する判決が確定したときは、当該判決において無効とされた行為は、将来に向かってその効力を失う。

4　6か月前から引き続き株式を有する株主は、公開会社に対し、役員等の責任を追及する訴えの提起を請求することができる。

5　株式会社の役員の解任の訴えは、当該株式会社及び当該解任を請求された役員を被告とする。

[問題41〜問題43は択一式（多肢選択式）]

問題41　次の文章は、婚外子の法定相続分を嫡出である子の２分の１と定めていた民法規定（以下「本件規定」という。）を違憲とした最高裁判所の決定の一部である。空欄　ア　〜　エ　に当てはまる語句を、枠内の選択肢（１〜20）から選びなさい。

　本件規定は、国民生活や身分関係の基本法である民法の一部を構成し、相続という日常的な現象を規律する規定であって、〔問題となった相続が開始した〕平成13年７月から既に約12年もの期間が経過していることからすると、その間に、本件規定の合憲性を前提として、多くの遺産の分割が行われ、更にそれを基に新たな権利関係が形成される事態が広く生じてきていることが容易に推察される。取り分け、本決定の違憲判断は、長期にわたる社会状況の変化に照らし、本件規定がその合理性を失ったことを理由として、その違憲性を当裁判所として初めて明らかにするものである。それにもかかわらず、本決定の違憲判断が、　ア　としての　イ　という形で既に行われた遺産の分割等の効力にも影響し、いわば解決済みの事案にも効果が及ぶとすることは、著しく　ウ　を害することになる。　ウ　は法に内在する普遍的な要請であり、当裁判所の違憲判断も、その　ア　としての　イ　を限定し、　ウ　の確保との調和を図ることが求められているといわなければならず、このことは、裁判において本件規定を違憲と判断することの適否という点からも問題となり得るところといえる。

　以上の観点からすると、既に関係者間において裁判、合意等により　エ　なものとなったといえる法律関係までをも現時点で覆すことは相当ではないが、関係者間の法律関係がそのような段階に至っていない事案であれば、本決定により違憲無効とされた本件規定の適用を排除した上で法律関係を　エ　なものとするのが相当であるといえる。

（最大決平成25年９月４日民集67巻６号1320頁＜文章を一部変更した。＞）

1	公権力	2	事実上の拘束性	3	影響力の行使	4	法的安定性
5	衡平	6	暫定的	7	対話	8	先例
9	法令審査	10	確定的	11	具体的	12	家族法秩序
13	終審裁判所	14	既判力	15	司法積極主義	16	遡及的
17	実質的正義	18	蓋然的	19	公益	20	裁量統制

問題42　次の文章の空欄 ア ～ エ に当てはまる語句を、枠内の選択肢（1～20）から選びなさい。

　　特定の公益事業の用に供するために、私人の特定の財産権を強制的に取得し、または消滅させることを、 ア といい、これについて定めた代表的な法律として土地収用法が存在する。

　　土地収用法は、土地収用の手続および補償について定めるが、補償の要否および範囲をめぐって訴訟が提起されることがある。同法88条は、他の条文で規定する損失に加えて、その他土地を収用し、または使用することによって発生する土地所有者または関係人の「 イ 損失」を補償する旨定めているが、この規定をめぐって、いわゆる輪中堤の文化財的価値が損失補償の対象となるか否かが争われた事案がある。

　　昭和63年1月21日の最高裁判決は、同条にいう「 イ 損失」とは、客観的社会的にみて収用に基づき被収用者が当然に受けるであろうと考えられる経済的・ ウ な損失をいうと解するのが相当であって、経済的価値でない特殊な価値については補償の対象とならないとした。そして、由緒ある書画、刀剣、工芸品等のように、その美術性・歴史性などのいわゆる文化財的価値なるものが、当該物件の取引価格に反映し、その エ を形成する一要素となる場合には、かかる文化財的価値を反映した エ がその物件の補償されるべき相当な価格となるが、他方で、貝塚、古戦場、関跡などにみられるような、主としてそれによって国の歴史を理解し往時の生活・文化等を知り得るという意味での歴史的・学術的な価値は、特段の事情のない限り、当該土地の不動産としての経済的・ ウ 価値を何ら高めるものではなく、その エ の形成に影響を与えることはないから、このような意味での文化財的価値は、それ自体経済的評価になじまないものとして、土地収用法上損失補償の対象とはなり得ないと判示し、輪中堤の文化財的価値に対する損失補償を否定した。

1	強制徴収	2	特殊利益	3	受忍限度内の
4	財産的	5	適正な	6	社会通念
7	特別の犠牲	8	都市計画	9	合理的
10	市場価格	11	法律により保護された	12	絶対的
13	公用収用	14	所有権	15	反射的
16	権利利益	17	国家補償	18	通常受ける
19	精神的	20	行政上の強制執行		

令和6年度

問題

問題43　次の文章の空欄　ア　～　エ　に当てはまる語句を、枠内の選択肢（1～20）か
　　　　ら選びなさい。

　　参議院の総議員の4分の1以上である72名の議員は、平成29年6月22日、憲法
53条後段の規定により、内閣に対し、国会の臨時会の召集を決定すること（以下
「臨時会召集決定」という。）を要求した。内閣は、同年9月22日、臨時会を同月
28日に召集することを決定した。同日、第194回国会が召集されたが、その冒頭で
衆議院が解散され、参議院は同時に閉会となった。本件は、上記の要求をした参議院
議員の一人である上告人（原告）が、被上告人（国）に対し、主位的に、上告人が次
に参議院の総議員の4分の1以上の議員の一人として臨時会召集決定の要求（以下
「臨時会召集要求」という。）をした場合に、内閣において、20日以内に臨時会が召
集されるよう臨時会召集決定をする義務を負うことの確認を、予備的に、上記場合
に、上告人が20日以内に臨時会の召集を受けられる地位を有することの確認を求め
る（以下、これらの請求に係る訴えを「本件各確認の訴え」という。）事案である。
　　本件各確認の訴えは、上告人が、個々の国会議員が臨時会召集要求に係る権利を有
するという憲法53条後段の解釈を前提に、　ア　に関する確認の訴えとして、上告人
を含む参議院議員が同条後段の規定により上記権利を行使した場合に被上告人が上告
人に対して負う法的義務又は上告人が被上告人との間で有する法律上の地位の確認を
求める訴えであると解されるから、当事者間の具体的な権利義務又は法律関係の存否
に関する紛争であって、法令の適用によって終局的に解決することができるものであ
るということができる。そうすると、本件各確認の訴えは、　イ　に当たるというべ
きであり、これと異なる原審の判断には、法令の解釈適用を誤った違法があるといわ
ざるを得ない。
　　もっとも、本件各確認の訴えは、将来、上告人を含む参議院議員が憲法53条後段
の規定により臨時会召集要求をした場合における臨時会召集決定の遅滞によって上告
人自身に生ずる不利益を防止することを目的とする訴えであると解されるところ、将
来、上告人を含む参議院の総議員の4分の1以上により臨時会召集要求がされるか否
かや、それがされた場合に臨時会召集決定がいつされるかは現時点では明らかでない
といわざるを得ない。
　　そうすると、上告人に上記不利益が生ずる　ウ　があるとはいえず、本件各確認
の訴えは、　エ　を欠き、不適法であるというべきであるから、これを却下すべきも
のとした原審の判断は、結論において是認することができる。
　　　　　　　（最三小判令和5年9月12日民集77巻6号1515頁＜文章を一部修正した。＞）

― 本-36 ―

1	法律上保護された利益	2	予見可能性
3	確認の利益	4	統治行為
5	合理的な理由	6	公権力の行使に関する不服の訴訟
7	法律上の争訟	8	国権の発動
9	処分たる性格	10	相当の蓋然性
11	制度上の障害	12	国会議員の資格
13	現実の危険	14	確認の対象
15	被告適格	16	公法上の法律関係
17	機関相互間における権限の存否又はその行使	18	当事者間の法律関係を確認し又は形成する処分又は裁決に関する訴訟
19	自己の法律上の利益にかかわる資格で提起する訴訟	20	国又は公共団体の機関の法規に適合しない行為の是正を求める訴訟

令和6年度

問題

[問題44〜問題46は記述式] （解答は、必ず答案用紙裏面の解答欄（マス目）に記述すること。なお、字数には、句読点も含む。）

問題44　総務大臣Yは、新たなテレビ放送局の開設を目的として、電波法に基づく無線局開設免許を1社のみに付与することを表明した。これを受けて、テレビ放送局を開設しようとする会社XがYに開設免許の申請をしたところ、Yは、その他の競願者の申請を含めて審査を実施し、会社Aに対しては免許を付与する処分（免許処分）をし、Xに対しては申請を棄却する処分（拒否処分）をした。

　　　これに対し、Xは取消訴訟を提起して裁判上の救済を求めたいと考えている。競願関係をめぐる最高裁判所の判例の考え方に照らし、Xは誰を被告として、どのような処分に対する取消訴訟を提起できるか。なお、現行の電波法は、審査請求前置や裁決主義の規定を置いているが、それらは度外視して、直接に処分取消訴訟ができるものとして考え、40字程度で記述しなさい。

（下書用）

問題45　Aは、海外からコーヒー豆を輸入して国内の卸売業者に販売する事業を営んでいる。Aは、卸売業者Bにコーヒー豆1トン（以下「甲」という。）を販売し、甲は、B所有の倉庫内に第三者に転売されることなくそのまま保管されている。Aは、Bに対し、甲の売買代金について、その支払期限経過後、支払って欲しい旨を伝えたが、Bは、経営不振を理由に、いまだAに支払っていない。BにはA以外にも一般債権者がいる。この場合に、Aは、甲についていかなる権利に基づき、どのような形で売買代金を確保することができるか。民法の規定に照らし、40字程度で記述しなさい。

（下書用）

問題46　Aは、Bとの間で、BがCから購入した甲土地（以下「甲」という。）を買い受ける契約を締結し、Bに対して代金全額を支払ったが、甲の登記名義はいまだCのままである。BC間の売買において、CがBへの移転登記を拒む理由は存在せず、また、BがCに対して移転登記手続をすべきことを請求している事実もない。一方、Aは、早期に甲の所有権取得の対抗要件として登記を具備したい。

　　このような場合、Aは、何のために、誰の誰に対するいかなる権利を、どのように行使できるか。40字程度で記述しなさい。

（下書用）

									10					15

基 礎 知 識 ［問題47〜問題60は択一式（5肢択一式）］

問題47　政治に関する次の記述のうち、妥当でないものはどれか。

1　政党助成法は、衆議院または参議院に一定数以上の議席を有するか、議席を有して一定の国政選挙で有効投票総数の一定割合以上の得票があった政党に対して、政党交付金による助成を行う旨を規定している。

2　マス・メディアなどの情報に対して、主体的に世論を形成するためなどに、それらを批判的に読み解く能力は、メディア・リテラシーと呼ばれる。

3　政治資金規正法は、政治資金の収支の公開や寄附の規制などを通じ政治活動の公明と公正を確保するためのルールを規定している。

4　有権者のうち、特定の支持政党を持たない層は、無党派層と呼ばれる。

5　性差に起因して起こる女性に対する差別や不平等に反対し、それらの権利を男性と同等にして女性の能力や役割の発展を目指す主張や運動は、ポピュリズムと呼ばれる。

問題48　中東やパレスチナに関する次の記述のうち、妥当でないものはどれか。

1　1947年に、国際連合総会において、パレスチナをアラブ人国家とユダヤ人国家と国際管理地区とに分割する決議が採択された。

2　1948年に、イスラエルの建国が宣言されると、これに反発したアラブ諸国との間で第一次中東戦争が勃発した。

3　1987年に、イスラエルの占領地で始まり、大規模な民衆蜂起に発展したパレスチナ人による抵抗運動を、第一次インティファーダ（民衆蜂起）という。

4　1993年に、パレスチナ解放機構（ＰＬＯ）とイスラエルとの間で暫定自治協定が結ばれ、（ヨルダン川）西岸地区・ガザ地区でパレスチナの先行自治が始まった。

5　2020年に、日本が仲介して、イスラエルとアラブ首長国連邦（ＵＡＥ）およびイランが、国交の正常化に合意した。

問題49　日本円の外国為替に関する次の記述のうち、妥当なものはどれか。

1　1931年に金輸出が解禁されて金本位制に基づく日米英間の金融自由化が進み、ソ連・中国・ドイツの統制経済圏を包囲する自由経済圏が成立した。

2　1949年に1ドル＝360円の単一為替レートが設定されたが、ニクソンショックを受けて、1971年には1ドル＝308円に変更された。

3　1973年には固定相場制が廃止され、変動相場制に移行したため、その後の為替レートは、ＩＭＦ（国際通貨基金）理事会で決定されている。

4　1985年のいわゆるレイキャビック合意により、合意直前の1ドル＝240円から、数年後には1ドル＝120円へと、円安ドル高が起きた。

5　2014年には、「戦後レジーム（ワシントン・コンセンサス）を取り戻す」ことを目指した通称「アベノミクス」により、1ドル＝360円になった。

問題50　日本における外国人に関する次のア～オの記述のうち、妥当なものの組合せはどれか。

ア　外国籍の生徒も、全国高等学校体育連盟や日本高等学校野球連盟が主催する大会に参加することができる。

イ　より広い業種での外国人の就労を可能とするために新たに設けられた在留資格「特定技能1号」には、医師も含まれる。

ウ　徴税など、いわゆる公権力の行使にあたる業務を含め、外国籍の者も全国の全ての自治体で公務員として就労することができる。

エ　名古屋出入国在留管理局の施設に収容されていたスリランカ人女性が2021年に死亡し、その遺族が国家賠償請求訴訟を行った。

オ　特別永住者を含む外国人には、日本への入国時に指紋と顔写真の情報の提供が義務付けられている。

1　ア・イ
2　ア・エ
3　イ・ウ
4　ウ・オ
5　エ・オ

問題51　ジェンダーに関する次の記述のうち、妥当なものはどれか。

1　世界経済フォーラムが毎年発表しているジェンダーギャップ指数において、2006年の開始以来、日本は常に上位10位以内に入っている。

2　出生時に割り当てられた性別に対し苦痛を感じている人が受けるホルモン療法や性別適合手術等の医療技術のことを、フェムテックという。

3　レインボーフラッグは、性の多様性を尊重するシンボルとして用いられている。

4　複数の大学の医学部の入学試験で、性別を理由に男性の受験生が不当に減点されていたことが2018年に明らかになり、訴訟となった例もある。

5　働く女性が妊娠・出産を理由に解雇・雇止めをされることや、妊娠・出産にあたって職場で受ける精神的・肉体的なハラスメントを、カスタマー・ハラスメントという。

問題52　行政書士法に関する次の記述のうち、妥当なものはどれか。

1　行政書士は、その事務所の見やすい場所に、その業務に関し受ける報酬の額を掲示しなければならない。

2　行政書士は、自ら作成した官公署に提出する書類に係る許認可等に関する審査請求について、その手続を代理することはできない。

3　国または地方公共団体の公務員として行政事務を担当した期間が通算して2年以上になる者は、行政書士となる資格を有する。

4　破産手続開始の決定を受けた場合、復権をした後においても行政書士となる資格を有しない。

5　地方公務員が懲戒免職の処分を受けた場合、無期限に行政書士となる資格を有しない。

問題53　住民基本台帳法に明示されている住民票の記載事項に関する次の項目のうち、妥当なものはどれか。

1　前年度の住民税納税額
2　緊急時に連絡可能な者の連絡先
3　地震保険の被保険者である者については、その資格に関する事項
4　海外渡航歴
5　世帯主についてはその旨、世帯主でない者については世帯主の氏名及び世帯主との続柄

問題54　デジタル環境での情報流通に関する次の記述のうち、妥当でないものはどれか。

1　生成ＡＩが、利用者からの質問を受けて、誤った情報をあたかも真実であるかのように回答する現象を、アノテーションという。
2　情報が大量に流通する環境の中で、人々が費やせるアテンションや消費時間が希少になり、それらが経済的価値を持つようになることを、アテンションエコノミーという。
3　ＳＮＳなどを運営する事業者が、違法コンテンツや利用規約違反コンテンツを削除することなどを、コンテンツモデレーションという。
4　ＳＮＳなどで流通する情報について、第三者がその真偽を検証して結果を公表するなどの活動を、ファクトチェックという。
5　ＳＮＳなどのアルゴリズムにより、自分の興味のある情報だけに囲まれてしまう状況を、フィルターバブルという。

問題55 欧米の情報通信法制に関する次の記述のうち、妥当でないものはどれか。

1 ＥＵのデジタルサービス法（DSA）は、SNSなどのプラットフォーム事業者に対して、事業者の規模などに応じた利用者保護などのための義務を課している。

2 ＥＵのデジタル市場法（DMA）は、SNSなどのプラットフォーム事業者に対して、著作権侵害コンテンツへの対策を義務付けている。

3 ＥＵの一般データ保護規則（GDPR）では、個人データによるプロファイリングに異議を唱える権利や、データポータビリティの権利が個人に付与されている。

4 米国では、児童オンラインプライバシー保護など分野ごとに様々な個人情報保護関連の連邦法が存在する。

5 米国では、包括的な個人情報保護を定めた州法が存在する州がある。

問題56 デジタル庁に関する次の記述のうち、妥当なものはどれか。

1 デジタル庁は、総務省に置かれている。

2 デジタル庁に対して、個人情報保護委員会は行政指導を行うことができない。

3 デジタル庁には、サイバーセキュリティ基本法に基づくサイバーセキュリティ戦略本部が置かれている。

4 デジタル庁は、官民データ活用推進基本計画の作成及び推進に関する事務を行っている。

5 デジタル庁の所掌事務には、マイナンバーとマイナンバーカードに関する事務は含まれていない。

問題57　個人情報保護法*に関する次の記述のうち、妥当でないものはどれか。

1　個人情報取扱事業者は、個人データの漏えい等が発生し、個人の権利利益を害するおそれが大きい場合には、個人情報保護委員会への報告を行わなければならない。
2　個人情報取扱事業者は、違法または不当な行為を助長し、または誘発するおそれがある方法により個人情報を利用してはならない。
3　個人情報取扱事業者は、個人データの第三者提供をした場合には、原則として、当該個人データを提供した年月日、当該第三者の氏名または名称その他の個人情報保護委員会規則で定める事項を記録しなければならない。
4　学術研究機関が学術研究目的で個人情報を取り扱う場合には、個人情報取扱事業者の義務に関する規定は適用されない。
5　国の行政機関や地方公共団体の機関にも、個人情報保護法の規定は適用される。

（注）＊　個人情報の保護に関する法律

問題58　本文中の空欄　Ⅰ　～　Ⅴ　に入る語句の組合せとして、妥当なものはどれか。

　現代の私たちは、申告による納税を行うことを当たり前としているが、近代以前は
お上が税を取り立てる。そのため苛斂誅求といった表現もあり、お上の取り立ての
厳しさは歴史事実として歴史学の研究対象となっている。しかし今でも納税シーズン
になれば、庶民には重税感は否めない。三月に入ると何のために税を納めなくてはな
らないのかと、　Ⅰ　してしまう。

　税のルーツを探るなら、やはり『日本書紀』にでてくる「調」という語が最初だ
ろう。みつぎものは神に捧げられるもの、男は狩りにより、女は織物をつくることに
より納める。「税」の語については、これにチカラという訓を付している。チカラは
力を表しているから、田チカラといえば、穀物のうちでも稲米を意味したのだろう。
国家にとって田からとれる大量の米がそのまま権力に結びついた。水田稲作農耕は、
田税を生み出す力の源泉になる。貢ぎ物の意からいえば、最初の稲を神に捧げること
であり、これは慣習として現在でも各地の神社の秋祭りの神事として引きつがれてい
る。

　子どもの頃、よく鬼ごっこの遊びの最中、鬼に追っかけられて　Ⅱ　きわまったと
ころでタイムをかける。タンマなどといった。これを英語のタイムがなまった表現と
ばかり思っていたが、税の民俗を研究している三石武古三郎氏の説によると、これは
江戸時代の税のうちの伝馬役がルーツだという。これは課役の一種であり、とくに宿
場町では、馬をはじめ労力を提供することが強制されていた。お上の御用であって、
拒否できない。テンマと大声をあげれば、鬼も　Ⅲ　を止めざるを得ない。長野県下
では、タイムをかけることをテンマといったという。私の記憶ではタンマだったが、
テンマからタンマになったという説は面白い。

　無税の伝統ももちろんあった。いわゆる免租であるが、神社や寺院の所有地がその
対象となっている。よく古い地名に伊勢免とか天王免、灯明免、阿弥陀免等々がある
が、明らかに免租の対象となっていた土地なのである。もともとどぶろくは密造酒で
はなかった。神に供える神酒であったから「　Ⅳ　」とされていたのだが、戦後課税
の対象になってしまった。

　税は力である。つまり一人前としての力を公認させるために、税を納めようとする
心意はどうも国家権力を超えて存在するようだ。部族社会の中には、無税だとかえっ
て困り、税を納めたいと盛んに申し出るという事例もあるという。税には何ともいえ
ない　Ⅴ　な力が働いているのである。

（出典　宮田登「民俗学への招待」から）

	I	II	III	IV	V
1	自家撞着	退屈	追窮	天下泰平	不変不動
2	自問自答	進退	追及	天下御免	不可思議
3	自家撞着	感慨	追窮	天下泰平	不可抗力
4	自暴自棄	進退	追究	天下御免	不変不動
5	自問自答	感慨	追究	天長地久	不可思議

問題59　本文中の空欄 ☐ に入る文章を、あとのア～エを並べ替えて作る場合、その順序として妥当なものはどれか。

　　学校の期末試験が終わって成績がわかったとき、私たちはふつう何を考えるだろうか。たぶん、なぜ、こんな成績だったのだろうと疑問に思うことが多いだろう。ここではまず、このような、私たちがよく思う「なぜ」という問いの意味について考えてみよう。
　　試験の成績がわかると、実際にはもっといろいろなことを思うのがふつうだ。

　　実際に、アメリカの社会心理学者ワイナーらが調査したところによると、確かに、試験の成績を知った大学生がすぐに考えることのうち、半分ぐらいは、なぜそういう成績だったのかを自問することだった。しかも、予想に反して悪い成績をとったときの方が、成績がよかった場合や、あるいはかりに悪くてもそれが予想された場合よりも、回数にして二倍近く、なぜかと原因を問う傾向が強かったという。
　　私たちは、身のまわりで起きるできごとを、いつも因果的に関連づけて理解している。試験の成績は、自分の勉強量や、先生の採点の仕方や、試験のときの自分のコンディションに関係しているはずだ、というように。
　　そして、あるできごとが起きたとき、それが因果的に予想通り起きたのならそれでよい。しかし、起きたできごとが、自分のすでに持っている因果関係の網の目にかからないときには、「なぜ」という疑問が自然に湧いてくる。試験の成績でも、それが「予想に反する」ときに、「なぜ」という問いが心に湧くことが多いのである。

　　　　　　　　　　　　　　（出典　安西祐一郎「問題解決の心理学」から）

ア　また、原因がはっきりしたら、その点を直して、今度こそよい成績をとろうと決心するかも知れない。
イ　そして、ではそんな成績だったのは、自分がダメな人間だからかとか、先生が点数をつけ間違えたのではないかなどと、原因を究明するかも知れない。
ウ　いずれにしても、予想に反した結果が起きたことを知ると、なぜなのだろうと自分に問いかけることが多いのではないだろうか。
エ　たとえば、「自分はこれだけ勉強したのだからこれくらいの成績がとれるはずなのに、なぜこんな成績だったのだろう」というふうな疑問が湧くかも知れない。

1　ア　→　イ　→　エ　→　ウ

2　ア　→　エ　→　イ　→　ウ

3　ウ　→　ア　→　エ　→　イ

4　エ　→　イ　→　ア　→　ウ

5　エ　→　ウ　→　ア　→　イ

問題60　本文中の空欄 ____ に入る文章として、妥当なものはどれか。

　　私たちが言葉を使う目的の一つは情報伝達である。体験を言葉にして伝えること
で、それを体験していない人にも「その体験がどのようであるか」が伝わるのだ。
　　たとえば、____ こうした情報は自分が何を食べるかを判断するための材料
となるだろう。それを参考にすることで、ラーメンが食べたいときに「あの店に行っ
てみよう」と思えるし、ラーメンは食べたいけど味噌ラーメンの気分ではないときに
は「あの店ではない」と判断できるようになるのだ。
　　さらに、もしラーメン店について伝えてきた人が味に関して信頼できる人だった
ら、「おいしかった」「他では味わえない濃厚さ」（あるいは、「おいしくなかった」
「どこにでもあるような味だった」）といった評価も参考にすることができる。その
情報に基づいて、おいしいラーメンが食べたいならそこに行こう（または、あの店は
おいしくないから避けよう）と判断できるのだ。
　　以上のように、言語化された他人の体験について知ることで、自分では体験してい
ない物事についての情報が得られ、その情報に基づいて自分の行動を決定することが
できる。私たちが言葉を使う目的の一つは、このようにして情報を共有し、行動のた
めの材料を増やすことである。

　　　　　　　　　　　　　　　（出典　源河亨『「美味しい」とは何か』から）

1　他人から「あそこに新しくできたラーメン屋は味噌ラーメン専門店だったよ」
　と聞けば、実際に行かなくても、その店に行けば味噌ラーメンが食べられる、豚
　骨ラーメンや醤油ラーメンは食べられない、と知ることができる。
2　自分から「あそこに新しくできたラーメン屋は味噌ラーメン専門店だったよ」
　と言えば、実際に行かなくても、その店に行けば味噌ラーメンが食べられる、豚
　骨ラーメンや醤油ラーメンは食べられない、と知ることができる。
3　テレビで「あそこに新しくできたラーメン屋は味噌ラーメン専門店だったよ」
　と見ただけで、実際に行かなければ、その店に行けば味噌ラーメンが食べられ
　る、豚骨ラーメンや醤油ラーメンは食べられない、と知ることができない。
4　他人から「あそこに新しくできたラーメン屋は味噌ラーメン専門店だったよ」
　と聞いても、実際に行かなければ、その店に行けば味噌ラーメンが食べられる、
　豚骨ラーメンや醤油ラーメンは食べられない、と知ることができない。
5　自分から「あそこに新しくできたラーメン屋は味噌ラーメン専門店だったよ」
　と言っても、実際に行かなければ、その店に行けば味噌ラーメンが食べられる、
　豚骨ラーメンや醤油ラーメンは食べられない、と知ることができない。

第 **1** 回

解 答 解 説

第1回　解答一覧

【法令等（5肢択一式）】（各4点）

科目	No.	テーマ	出題内容	正解	重要度	難易度
基礎法学	1	法学（法の効力範囲）	知識	2	★★	B
	2	裁判制度（簡易裁判所の民事手続）	知識・条文	5	★★	B
憲　法	3	人権（憲法13条）	判例	2	★★★	B
	4	人権（職業選択の自由）	判例	5	★★★	B
	5	人権（生存権）	判例	3	★★	C
	6	統治（政党）	条文・判例	5	★	B
	7	統治（違憲審査）	判例	2	★★★	A
行政法	8	一般的な法理論（行政上の法律関係）	判例	1	★★★	C
	9	一般的な法理論（内閣法・国家行政組織法）	条文	3	★★	B
	10	一般的な法理論（行政上の義務の履行確保）	判例	5	★★★	B
	11	行政手続法（申請に対する処分）	条文	5	★★★	A
	12	行政手続法（不利益処分）	条文	2	★★★	A
	13	行政手続法（意見公募手続）	条文	3	★★★	A
	14	行政不服審査法（審査請求）	条文	2	★★★	A
	15	行政不服審査法（執行停止）	条文	5	★★★	A
	16	行政不服審査法（裁決等）	条文	1	★★★	B
	17	行政事件訴訟法（処分性）	判例	2	★★★	B
	18	行政事件訴訟法（抗告訴訟における審理）	条文・判例	3	★★	B
	19	行政事件訴訟法（当事者訴訟）	条文・判例	3	★★	B
	20	国家賠償法（2条）	判例	2	★★★	A
	21	損失補償	判例	1	★★★	B
	22	地方自治法（議会）	条文	3	★★	A
	23	地方自治法（行政委員会）	条文	3	★★	B
	24	地方自治法（地縁による団体）	条文	3	★★	B
	25	行政法総合（警察）	知識・判例	5	★	B
	26	行政法総合（公務員）	条文・判例	3	★	B
民　法	27	総則（公序良俗および強行法規）	判例	3	★	C
	28	総則（時効）	条文	4	★★★	B
	29	物権（共有）	条文	1	★★★	A
	30	物権（質権）	条文	4	★★	B
	31	債権（詐害行為取消権）	条文・判例	1	★★★	A
	32	債権（弁済）	条文・判例	4	★★	A
	33	債権（請負）	条文	1	★★★	A
	34	債権（不法行為）	条文・判例	4	★★★	B
	35	親族（内縁）	条文・判例	3	★★	B
商　法	36	商法（問屋営業）	条文	3	★	C
	37	会社法（設立）	条文	1	★★	B
	38	会社法（単元株制度）	条文	5	★	B
	39	会社法（役員等）	条文	2	★★	C
	40	会社法（持分会社）	条文	1	★	C

重要度ランク

★★★＝絶対に復習

★★　＝要復習

★　　＝最後に復習

難易度ランク

A＝易しい：必ず正解しなければいけない問題

B＝普　通：合否をわけるような問題

C＝難しい：解けなくても合否に影響がない問題

【法令等（多肢選択式）】（各8点）

科目	No.	テーマ・正解				出題内容	重要度	難易度
憲　法	41	人権（表現の自由）				条文・判例	★★★	A
		アー10	イー2	ウー16	エー20			
行政法	42	行政事件訴訟法（原告適格）				判例	★★★	A
		アー12	イー3	ウー19	エー6			
行政法	43	地方自治法（住民訴訟）				判例	★★	B
		アー11	イー4	ウー7	エー18			

【法令等（記述式）】（各20点）

科目	No.	テーマ・解答例	出題内容	重要度	難易度
行政法	44	行政事件訴訟法（民衆訴訟） 民衆訴訟と呼ばれ、選挙人たる資格その他自己の法律上の利益にかかわらない資格で提起する。（43字）	条文	★★	B
民　法	45	総則（代理） 利益相反行為に該当し、無権代理となり、特別代理人の選任を請求しなければならない。（40字）	条文・判例	★★	C
民　法	46	債権（受領遅滞後の履行不能と危険負担） Bの責めに帰すべき事由によるものとみなされる結果、Bは代金の支払を拒むことができない。（44字）	条文	★★	C

【基礎知識（5肢択一式）】（各4点）

科目	No.	テーマ	出題内容	正解	重要度	難易度
一般知識	47	選挙	知識	1	★★★	C
	48	行財政	知識	3	★★	B
	49	経済用語	知識	4	★★	C
	50	外国人	知識	2	★★	C
	51	子育て支援・高齢者支援	知識	4	★★	C
業務関連法令	52	行政書士法	条文	5	★★★	A
	53	住民基本台帳法	条文	4	★★	A
情報通信個人情報保護	54	情報通信（Web3）	知識	1	★★★	B
	55	情報通信（GDPR）	知識	2	★	C
	56	情報通信（地方公共団体情報システム機構）	知識・条文	4	★	C
	57	個人情報保護法（個人情報保護委員会）	条文	4	★★	B
文章理解	58	並べ替え	論理	3	★★★	A
	59	空欄補充	論理	2	★★★	A
	60	脱文挿入	論理	5	★★★	A

法令等（5肢択一式） （No.1〜40）	法令等（多肢選択式） （No.41〜43）	法令等（記述式） （No.44〜46）	基礎知識（5肢択一式） （No.47〜60）
／160点	／24点	／60点	／56点

法令等（5肢択一式＋多肢選択式＋記述式）基準点……122点
基礎知識基準点…… 24点
合格点……180点

合計
／300点

問題 1	正解	2	基礎法学－法学（法の効力範囲） 基本	重要度	難易度
				★★	B

　本問は、法の効力範囲についての知識を問う問題です。【5-1-1-④】

　一国の法律の効力範囲はその領域内のみに限定され、外国には及ばないという考え方を属地主義といいます。この属地主義の特別な場合に位置付けられるのが、旗国主義です。国外にあっても自国の船舶・航空機内であれば、自国とみなして、国内と同様に法律の効力が及ぶという考え方です。これに対して、国外にいる国民についても、自国の法を適用するという考え方を属人主義といいます。したがって、 ア には「属地主義」、 イ には「旗国主義」、 ウ には「属人主義」が入ります。

　次に、我が国の刑法においては、 ア すなわち「属地主義」を原則としているため、日本において殺人罪を犯したA国人にはもちろんのこと、B国の領空上の日本航空機内で殺人罪を犯したA国人にも、日本の刑法を適用することになります。また、放火や殺人などの重要犯罪については、 ウ すなわち「属人主義」をその例外として採用しているため、A国で、殺人罪を犯した日本人には、日本の刑法を適用することになります。したがって、 エ には「日本の刑法」が入ります。

　さらに、自国または自国民の法益を侵害する犯罪に関しては、犯罪地が国外であっても、罪を犯した者が外国人であっても、自国の法を適用することを保護主義といいます。したがって、 オ には「保護主義」が入ります。これによれば、A国で、B国人が通貨偽造罪を犯した場合には、「日本の刑法」が適用されることになります。

　なお、刑法の世界主義とは、各国に共通する法益を侵害する犯罪に対して、犯罪地や罪を犯した者の国籍を問わず各国が自国の刑法を適用する考え方をいいます。

　以上より、 ア には「属地主義」、 イ には「旗国主義」、 ウ には「属人主義」、 エ には「日本の刑法」、 オ には「保護主義」が入り、肢2が正解となります。

関連過去問▶	18－2、20－1、23－1

講師からのアドバイス

最近の出題はありませんが、法の効力範囲については、法律学の基礎的な知識ですから、属地主義や属人主義の基本は、押さえておきましょう。

問題2 正解5 基礎法学−裁判制度（簡易裁判所の民事手続） 重要度★★ 難易度B

1 ○ 民事に関して紛争を生じたときは、当事者は、特別の定めがある場合および当事者の合意がある場合を除いて、相手方の住所、居所、営業所または事務所の所在地を管轄する簡易裁判所に、申立書を提出して、**調停を申し立てることができます**（民事調停法2条、3条1項、4条の2第1項）。【5-2-2-②】

2 ○ 訴訟の目的の価額が140万円を超えない請求については、当事者は、請求の原因に代えて、紛争の要点を明らかにし、**口頭**で、簡易裁判所に訴えを提起することができます（裁判所法33条1項1号、民事訴訟法271条、272条）。【5-2-1-②】

3 ○ 民事上の争いについては、当事者は、請求の趣旨および原因ならびに争いの実情
基本 を表示して、**相手方の普通裁判籍の所在地を管轄する簡易裁判所に和解の申立てを**することができます（275条1項）。【5-2-2-①】

4 ○ 訴訟の目的の価額が**60万円以下**の金銭の支払の請求を目的とする訴えについて
基本 は、簡易裁判所における少額訴訟による審理および裁判を求めることができます（368条1項本文）。そして、少額訴訟においては、特別の事情がある場合を除き、最初にすべき口頭弁論の期日において、審理を完了しなければならず（370条1項）、判決の言渡しは、相当でないと認める場合を除き、**口頭弁論の終結後直ち**にするものとされています（374条1項）。【5-2-1-②】

5 × 金銭その他の代替物または有価証券の一定の数量の給付を目的とする請求につい
難問 ては、債権者は、債務者の普通裁判籍の所在地を管轄する簡易裁判所の**裁判所書記官**に対して、日本において公示送達によらないで送達することができる場合に限り、支払督促の申立てをすることができます（382条、383条1項）。

関連過去問▶ 18−1、R2−2

講師からのアドバイス
少額訴訟や支払督促の知識も過去に問われているため、概要を確認しておくとよいでしょう。

| 問題 3 | 正解 2 | 憲法－人権（憲法13条） | 重要度 ★★★ | 難易度 B |

1 ○　判例（エホバの証人輸血拒否事件：最判平12.2.29）は、患者が、輸血を受けることは自己の宗教上の信念に反するとして、輸血を伴う医療行為を拒否するとの明確な意思を有している場合、このような**意思決定をする権利**は、人格権の一内容として尊重されなければならないとしています。

2 ×　判例（北方ジャーナル事件：最判昭61.6.11）は、人の品性、徳行、名声、信用等
基本　の人格的価値について社会から受ける客観的評価である名誉を違法に侵害された者は、人格権としての名誉権に基づき、加害者に対し、現に行われている侵害行為を排除し、または将来生ずべき侵害を予防するため、**侵害行為の差止めを求めることができる**としています。【1-2-5-③】

3 ○　判例（住基ネット訴訟：最判平20.3.6）は、行政機関が住民基本台帳ネットワークシステムにより住民らの本人確認情報を管理、利用等する行為は、個人に関する情報をみだりに第三者に開示または公表するものということはできず、当該個人がこれに同意していないとしても、憲法13条により保障された個人に関する情報をみだりに第三者に開示または公表されない自由を侵害するものではないとしています。

4 ○　判例（最判令5.3.9）は、行政機関等が番号利用法（行政手続における特定の個人を識別するための番号の利用等に関する法律）に基づき特定個人情報の利用、提供等をする行為は、個人に関する情報をみだりに第三者に開示または公表するものということはできず、憲法13条の保障する個人に関する情報をみだりに第三者に開示または公表されない自由を侵害するものではないとしています。

5 ○　判例（性同一性障害特例法違憲事件：最大決令5.10.25）は、性同一性障害者の性別の取扱いの特例に関する法律に基づく性別変更の審判の申立要件として、生殖能力の喪失を要求する規定は、人格的生存に関わる重要な権利である**自己の意思に反して身体への侵襲を受けない自由**の制約として必要かつ合理的なものということはできず、憲法13条に違反するとしています。【1-2-3-①】

| 関連過去問▶ | 23－3、26－3、28－4、R3－4、R6－3 |

講師からのアドバイス

情報と法に関する判例（選択肢3・4）は、出題可能性が高いため、判旨を一読しておくようにしましょう。

6

| 問題 4 | 正解 5 | 憲法－人権（職業選択の自由） | 重要度 ★★★ | 難易度 B |

本問は、薬局距離制限事件（最大判昭50.4.30）からの出題です。【1-2-5-⑤】

1 ○ 上記判例は、職業は、人が自己の生計を維持するためにする**継続的活動**であるとともに、分業社会においては、これを通じて社会の存続と発展に寄与する**社会的機能分担の活動**たる性質を有し、各人が自己のもつ個性を全うすべき場として、個人の人格的価値とも不可分の関連を有するとしています。

2 ○
基本 上記判例は、職業は、ひとりその選択、すなわち職業の開始、継続、廃止において自由であるばかりでなく、選択した職業の遂行自体、すなわちその職業活動の内容、態様においても、原則として自由であることが要請されるのであり、したがって、職業選択の自由を保障する憲法22条の規定は、狭義における**職業選択の自由**のみならず、**職業活動の自由**の保障をも包含しているとしています。

3 ○ 上記判例は、職業は、本質的に社会的な、しかも主として経済的な活動であって、その性質上、**社会的相互関連性が大きい**ものであるから、職業の自由は、それ以外の憲法の保障する自由、殊にいわゆる精神的自由に比較して、公権力による規制の要請が強く、憲法22条1項が「公共の福祉に反しない限り」という留保のもとに職業選択の自由を認めたのも、特にこの点を強調する趣旨に出たものと考えられるとしています。

4 ○
基本 上記判例は、一般に許可制は、単なる職業活動の内容および態様に対する規制を超えて、狭義における職業の選択の自由そのものに制約を課するもので、職業の自由に対する強力な制限であるから、その合憲性を肯定しうるためには、原則として、**重要な公共の利益のために必要かつ合理的な措置**であることを要するとしています。

5 ×
難問 上記判例は、医薬品は、国民の生命および健康の保持上の必需品であるとともに、これと至大の関係を有するものであるから、不良医薬品の供給から国民の健康と安全とを守るために、業務の内容の規制のみならず、供給業者を一定の資格要件を具備する者に限定し、それ以外の者による開業を禁止する許可制を採用したことは、それ自体としては**公共の福祉に適合**する目的のための**必要かつ合理的措置**として肯認することができるとしています。

| 関連過去問 ▶ | 21－4、26－4、R4－4 |

講師からのアドバイス

薬局距離制限事件判決は、いつ出題されてもおかしくない重要判例ですから、判旨の重要部分は理解しておくようにしましょう。

7

| 問題 5 | 正解 3 | 憲法－人権（生存権） | 重要度 ★★ | 難易度 C |

1 ○ 判例（朝日訴訟：最大判昭42.5.24）は、憲法25条１項の規定は、すべての国民が
基本 健康で文化的な最低限度の生活を営み得るように国政を運営すべきことを国の責務
として宣言したにとどまり、**直接個々の国民に対して具体的権利を付与したもので
はない**としたうえで、具体的権利としては、憲法の規定の趣旨を実現するために制
定された生活保護法によって、はじめて与えられているとしています。【1-2-8-①】

2 ○ 判例（堀木訴訟：最大判昭57.7.7）は、憲法25条の「健康で文化的な最低限度の
生活」は、きわめて**抽象的・相対的**な概念であって、その具体的内容は、その時々
における文化の発達の程度、経済的・社会的条件、一般的な国民生活の状況等との
相関関係において判断決定されるべきものであるとともに、右規定を現実の立法と
して具体化するに当たっては、国の財政事情を無視することができず、また、多方
面にわたる複雑多様な、しかも**高度の専門技術的な考察**とそれに基づいた**政策的判
断**を必要とするとしています。【1-2-8-①】

3 × 判例（最判平19.9.28）は、国民年金制度は、憲法25条の趣旨を実現するために設
難問 けられた社会保障制度であるところ、同条の趣旨にこたえて制定された法令におい
て受給権者の範囲、支給要件等につき何ら合理的理由のない不当な差別的取扱いを
するときは**憲法14条違反の問題を生じ得る**としています。

4 ○ 判例（最判平24.2.28）は、老齢加算の廃止を内容とする生活保護法の保護基準を
改定するに際し、最低限度の生活を維持する上で老齢であることに起因する特別な
需要が存在するといえるか否かおよび高齢者に係る改定後の生活扶助基準の内容が
健康で文化的な生活水準を維持することができるものであるか否かを判断するに当
たっては、厚生労働大臣に**専門技術的**かつ**政策的**な見地からの裁量権が認められる
としています。【1-2-8-①】

5 ○ 判例（最判平元.2.7）は、憲法25条の規定の趣旨にこたえて具体的にどのような
難問 立法措置を講ずるかの選択決定は、立法府の広い裁量にゆだねられており、それが
著しく**合理性を欠き**明らかに**裁量の逸脱・濫用と見ざるをえないような場合を除
き**、裁判所が審査判断するのに適しない事柄であるといわなければならないとした
うえで、上告人らは、所得税法中の給与所得に係る課税関係規定が著しく合理性を
欠き明らかに裁量の逸脱・濫用と見ざるをえないゆえんを具体的に主張しなければ
ならないとしています。

| 関連過去問 ▶ | 20－4、30－5 |

講師からのアドバイス

生存権は、平成30年以降出題がないですが、重要判例は理解しておきましょう。

ア ○ 憲法は、政党について規定しておらず、それについて特別の地位を与えていませんが、結社の自由を保障し（憲法21条１項）、議院内閣制を採用している（7条１項など）ので、政党の存在を予定しています。そして、結社の自由には、団体を結成しない、もしくはそれに加入しない、あるいは加入した団体から脱退する自由も含み、政党を設立する自由等は憲法21条１項で保障されます。

イ ○ 判例（八幡製鉄事件：最大判昭45.6.24）は、憲法は政党について規定するところがなく、これに特別の地位を与えてはいないのであるが、憲法の定める議会制民主主義は政党を無視してはその円滑な運営を期待することはできないから、憲法は、政党の存在を当然に予定しているものというべきであり、政党は議会制民主主義を支える不可欠の要素といえるとしています。

ウ × 判例（共産党袴田事件：最判昭63.12.20）は、政党は、政治上の信条、意見等を共通にする者が任意に結成する政治結社であって、内部的には、通常、自律的権能を有し、その構成員である党員に対して政治的忠誠を要求したり、**一定の統制を施す**などの自治的権能を有するとしています。【1-3-3-①】

エ ○ 判例（最大判平16.1.14）は、参議院非拘束名簿式比例代表制につき、投票の結果すなわち選挙人の総意により当選人が決定される点において、選挙人が候補者個人を直接選択して投票する方式と異なるところはないとし、直接選挙の原則に反しないとしています。

オ × 憲法51条の「院外で責任を問われない」とは、民事・刑事の法的責任のほか、公務員等の懲戒処分を院外で問われないことを意味しているので、所属政党が議院における議員の発言や表決について、政治的・道義的責任を追及して、一定の制裁を加え、除名処分することは**違憲ではありません**。【1-3-1-④】

以上より、誤っているものはウ・オであり、肢5が正解となります。

| 関連過去問 ▶ | 27－6 |

講師からのアドバイス

憲法において政党単独での出題はありませんが、近年は新しい出題が増えていますので、政党についての基礎的な事項は確認しておきましょう。

問題 7	正解 2	憲法－統治（違憲審査）	重要度 ★★★	難易度 A

1　○
基本　判例（砂川事件：最大判昭34.12.16）は、条約については、**一見極めて明白に違憲無効であると認められない限り**は、裁判所の司法審査権の範囲外のものであるとしています。【1-3-3-③】

2　×
基本　判例（苫米地事件：最大判昭35.6.8）は、国家統治の基本に関する**高度に政治性**のある国家行為は、それが法律上の争訟になり、有効無効の判断が法律上可能な場合であっても、**司法審査の対象とならない**としています。【1-3-3-①】

3　○
基本　違憲審査権は、憲法81条の文言からすると最高裁判所のみに与えられているように見えますが、判例（最大判昭25.2.1）は、憲法は国の最高法規であってこれに反する法律命令等はその効力を有さず、裁判官は憲法および法律に拘束され、憲法を尊重する義務を負うことは憲法の明記するところであるので、裁判官が具体的訴訟事件に法令を適用して裁判するに当たり、その法令が憲法に適合するか否かを判断することは、憲法によって裁判官に課せられた職務と職権であり、このことは最高裁判所の裁判官であると下級裁判官であるとを問わないとし、**下級裁判所の裁判官に違憲審査権がある**としています。【1-3-3-③】

4　○
難問　判例（最判平19.9.18）は、広島市暴走族追放条例において「暴走族」「集会」という文言が過度に広範であるとの主張に対し、条例全体の趣旨・条例施行規則の趣旨から限定解釈したうえで、限定解釈によれば、規制目的の正当性、弊害防止手段としての合理性、この規制により得られる利益と失われる利益との均衡の観点に照らし、いまだ憲法21条１項、31条に違反するとまではいえないとしています。

5　○　判例（警察予備隊違憲訴訟：最大判昭27.10.8）は、違憲審査制について、**付随的違憲審査制を採用**しており、抽象的違憲審査制は否定されています。【1-3-3-③】

関連過去問▶	18－41、26－41、R2－7

━━━ 講師からのアドバイス ━━━

法律上の争訟、司法権の限界、違憲審査制に関する判例が多くありますのでその他の判例についても確認しておきましょう。

| 問題 8 | 正解 1 | 行政法－一般的な法理論（行政上の法律関係） | 重要度 ★★★ | 難易度 C |

1 × 判例（最判昭44.12.4）は「道路として使用が開始された以上、当該道路敷地について、公物たる道路の構成部分として道路法所定の制限が加えられることがあり、当該制限は、当該道路敷地が公の用に供せられた結果発生するものであって、道路敷地使用の権原に基づくものではないから、その後に至って、道路管理者が対抗要件を欠くため当該道路敷地の使用権原をもって、後に当該敷地の所有権を取得した第三者に対抗することができなくなったとしても、当該道路の廃止がなされないかぎり、敷地所有権に加えられた当該制限は**消滅するものではない**」としています。

難問

2 ○ 判例（最判平2.10.18）は、本肢のように「公営住宅法は・・・（省略）・・・相続人が**公営住宅を使用する権利**を当然に承継すると解する**余地はない**というべきである」としています。【3-1-2-②】

基本

3 ○ 判例（最判昭53.2.23）は、本肢のように「普通地方公共団体の議会の**議員の報酬請求権**は…（省略）…当該普通地方公共団体の条例に譲渡禁止の規定がない限り、これを**譲渡することができる**」としています。【3-1-2-②】

4 ○ 判例（最判平19.2.6）は「原子爆弾被爆者に対する特別措置法に関する法律または原子爆弾被爆者に対する援護に関する法律に基づく健康管理手当の支給に関し、上告人である県が、消滅時効を主張して未支給の本件健康管理手当の支給義務を免れようとすることは、違法な通達を定めて受給権者の権利行使を困難にしていた国から事務の委任を受け、または事務を受託し、自らも上記通達に従い違法な事務処理をしていた普通地方公共団体ないしその機関自身が、受給権者によるその権利の不行使を理由として支払義務を免れようとするに等しいものといわざるを得ない」としています。【3-1-2-②】

難問

5 ○ 判例（最判平9.12.13）は「建築基準法42条1項5号の規定による**位置の指定**を受け現実に開設されている道路を通行することについて日常生活上不可欠の利益を有する者は、当該道路の通行をその敷地の所有者によって妨害され、または妨害されるおそれがあるときは、特段の事情のない限り、敷地所有者に対して当該**妨害行為の排除および将来の妨害行為の禁止を求める権利を有する**」としています。【3-1-2-②】

基本

| 関連過去問 ▶ | R4－8、R5－9、R5－42 |

講師からのアドバイス

行政上の法律関係については、頻出テーマとなっています。判例の結論は当然として、理由に至る部分もしっかり押さえておくようにしましょう。

行政法－一般的な法理論
(内閣法・国家行政組織法)

重要度 ★★　難易度 B

1　×　閣議は、内閣総理大臣が主宰します。この場合において、内閣総理大臣は、内閣
　難問　の重要政策に関する基本的な方針その他の案件を発議することができます（内閣法
　　　　4条2項）。また、各大臣は**案件の如何を問わず**内閣総理大臣に提出して、閣議を
　　　　求めることができます（4条3項）。【3-1-3-3】

2　×　内閣官房に、内閣危機管理監1人を置きます（15条1項）。内閣危機管理監は、
　　　　内閣官房長官および内閣官房副長官を助け、命を受け12条2項1号から6号までに
　　　　掲げる事務（内閣官房に係る事務）のうち危機管理に関するものを統理します（15
　　　　条2項）。

3　○　国家行政組織法は、内閣の統轄の下における行政機関で内閣府およびデジタル庁
　　　　以外のものの組織の規準を定め、もって国民の行政事務の能率的な遂行のために必
　　　　要な国家行政組織を整えることを目的としています（国家行政組織法1条）。

4　×　各省の長は、それぞれ各省大臣とし、内閣法にいう主任の大臣として、それぞれ
　　　　行政事務を分担管理します（5条1項）。各省大臣は、内閣総理大臣が国務大臣の
　　　　うちから命じます（5条3項）。したがって、**国務大臣ではない者を各省大臣に命
　　　　ずることができません。**【3-1-3-3】

5　×　**各委員会および各庁の長官**は、別に法律の定めるところにより、政令および省令
　基本　以外の規則その他の特別の**命令を自ら発する**ことができます（13条1項）。【3-1-3-
　　　　3】

| 関連過去問 ▶ | R元－9、R4－25 |

講師からのアドバイス

学習が手薄になりがちなテーマですが、条文に関する知識が問われるだけなので、内閣法および国家行政組織法に関する条文は確認しておきましょう。

| 問題10 | 正解 5 | 行政法－一般的な法理論
（行政上の義務の履行確保） | 重要度 ★★★ | 難易度 B |

1 ○ 行政上の義務の履行確保（代執行、強制徴収、執行罰、直接強制）については、条例によりこれを設けることは許されないと解されている一方で、行政代執行法1条と2条かっこ書の違いから、即時強制については、条例を根拠法にすることも可能と解されています。【3-1-6-②】

2 ○ 判例（最判平14.7.9）は「国または地方公共団体が専ら行政権の主体として国民に対して行政上の義務の履行を求める訴訟は、法規の適用の適正ないし一般公益の保護を目的とするものであって、自己の権利利益の保護救済を目的とするものということはできないから、法律上の争訟として当然に裁判所の審判の対象となるものではなく、法律に特別の規定がある場合に限り、提起することが許される」としています。【3-1-6-②】

3 ○ 判例（最大判昭41.2.23）は「農業共済組合が組合員に対して有する保険料債権等
難問 の徴収方法について、租税に準ずる簡易迅速な行政上の強制徴収の手段が与えられているにもかかわらず、一般私法上の債権と同様に民事上の強制執行の手段により債権の実現を図ることは、公共性の強い農業共済組合の権能行使の適正を欠くものとして許されない」としています。

4 ○ 判例（最判昭56.7.16）は「違法建築物についての給水装置新設工事申込に対し、
難問 市が申込者に対し違反状態を是正し建築確認を受けたうえ申込をするよう勧告したにすぎず、他方、申込者がその後1年半余り何らの措置を講じないままこれを放置していた事情などの下においては、市は申込者に対し工事申込の受理の拒否を理由とする不法行為法上の損害賠償の責任を負うものではない」としています。【3-1-5-⑤】

5 × 判例（最決平元.11.8）は「地方公共団体たる水道事業者が事業主に当該地方公共団体の指導要綱を順守させるため行政指導を継続する必要があったとしても、水道法15条1項にいう正当の理由があったということはできず、そのことを理由として給水契約の締結を拒否することも許されない」としています。【3-1-5-⑤】

| 関連過去問 ▶ | 29－44、R元－8、R3－42 |

講師からのアドバイス

行政上の義務の履行確保については、択一式だけでなく、記述式での出題もあります。履行確保手段のそれぞれの共通点や相違点に注意しながら学習しましょう。

ア × 行政庁は、審査基準を定めるに当たっては、許認可等の性質に照らしてできる限り具体的なものとしなければなりません（行政手続法5条2項）。また、行政庁は、行政上特別の支障があるときを除き、法令により申請の提出先とされている機関の事務所における備付けその他の適当な方法により審査基準を公にしておかなければなりません（5条3項）。【3-2-2-①】

イ × 行政庁は、申請がその事務所に到達してから当該申請に対する処分をするまでに通常要すべき標準的な期間を定めるよう努めることとされています（6条前段）。なお、後半は正しい記述です（6条後段参照）。【3-2-2-①】

ウ ○ 行政庁は、申請がその事務所に到達したときは遅滞なく当該申請の審査を開始しなければならず、かつ、申請書の記載事項に不備がないこと、申請書に必要な書類が添付されていること、申請をすることができる期間内にされたものであることその他の法令に定められた申請の形式上の要件に適合しない申請については、速やかに、申請をした者に対し相当の期間を定めて当該申請の補正を求め、または当該申請により求められた許認可等を拒否しなければなりません（7条）。【3-2-2-①】

エ ○ 行政庁は、申請により求められた許認可等を拒否する処分をする場合は、申請者に対し、同時に、当該処分の理由を示さなければなりません（8条1項本文）。ただし、法令に定められた許認可等の要件または公にされた審査基準が数量的指標その他の客観的指標により明確に定められている場合であって、当該申請がこれらに適合しないことが申請書の記載または添付書類その他の申請の内容から明らかであるときは、申請者の求めがあったときにこれを示せば足ります（8条1項ただし書）。【3-2-2-①】

オ × 行政庁は、申請に対する処分であって、申請者以外の者の利害を考慮すべきことが当該法令において許認可等の要件とされているものを行う場合には、必要に応じ、公聴会の開催その他の適当な方法により当該申請者以外の者の意見を聴く機会を設けるよう努めなければなりません（10条）。【3-2-2-①】

以上より、妥当なものはウ・エであり、肢5が正解となります。

関連過去問▶	19-12・44、20-11・12、22-12、25-12、26-12、27-13、28-12・13、29-12、30-11、R元-13、R2-13、R3-12・43、R4-11、R5-13、R6-13

講師からのアドバイス

申請に対する処分は頻出です。条文も行政手続法5条～11条と少ないですから、暗記レベルで正確確実な知識にしておきましょう。

| 問題 12 | 正解 | 2 | 行政法－行政手続法（不利益処分） | 重要度 ★★★ | 難易度 A |

1 ○ 法令上必要とされる資格がなかった場合に必ずすることとされている不利益処分であって、その資格の不存在が裁判所の判決書または決定書等の客観的な資料により直接証明されたものをしようとするときは、意見陳述のための手続を執る必要はないとされています（行政手続法13条2項2号）。【3-2-2-②】

2 × 行政庁は、不利益処分をする場合には、その名あて人に対し、同時に、当該不利
基本 益処分の理由を示さなければなりませんが、当該理由を示さないで処分をすべき**差し迫った必要**がある場合は、不利益処分と**同時に理由を示す必要はありません**（14条1項）。しかし、その場合でも、当該名あて人の所在が判明しなくなったときその他処分後において理由を示すことが困難な事情があるときを除き、**処分後相当の期間内に、理由を示さなければなりません**（14条2項）。したがって、理由を示す必要がないわけではありません。【3-2-2-②】

3 ○ 行政庁は、聴聞を行うに当たっては、聴聞を行うべき期日までに相当な期間をお
基本 いて、不利益処分の名あて人となるべき者に対し、予定される不利益処分の内容および根拠となる法令の条項、不利益処分の原因となる事実、聴聞の期日および場所、聴聞に関する事務を所掌する組織の名称および所在地を書面により通知しなければなりません（15条1項）。【3-2-2-②】

4 ○ 聴聞の主宰者は、必要があると認めるときは、当事者以外の者であって当該不利
基本 益処分の根拠となる法令に照らし当該不利益処分につき利害関係を有するものと認められる者（関係人）に対し、当該聴聞に関する手続に参加することを求め、または当該聴聞に関する手続に参加することを許可することができます（17条1項）。【3-2-2-②】

5 ○ 聴聞の**主宰者**は、聴聞の期日における審理の結果、なお聴聞を続行する必要があ
基本 ると認めるときは、さらに**新たな期日**を定めることができます（22条1項）。【3-2-2-②】

関連過去問▶ 25－11・13、26－11、29－12、30－11、R2－12、R3－12・43、R4－12、R6－11

◖講師からのアドバイス◗

不利益処分は行政手続法のなかでもメインとなるテーマです。毎年のように出題されるところでもありますから、過去問を中心に知識の精度を高めておきましょう。また、条文を念入りに読んでおくことも有用です。

問題13 正解 3　行政法－行政手続法（意見公募手続）　重要度 ★★★　難易度 A

1 ×　命令等制定機関は、命令等を定めた後においても、当該命令等の規定の実施状
基本　況、社会経済情勢の変化等を勘案し、必要に応じ、当該命令等の内容について検討
を加え、その**適正を確保するよう努めなければならない**ものとされています（行政
手続法38条2項）。【3-2-3-④】

2 ×　命令等制定機関が、命令等を定めようとする場合に公示する命令等の案は、具体
基本　的かつ明確な内容のものであって、かつ、当該命令等の題名および当該命令等を定
める根拠となる法令の条項が**明示された**ものでなければなりません（39条2項）。
【3-2-3-④】

3 ○　納付すべき金銭について定める法律の制定または改正により必要となる当該金銭
の額の算定の基礎となるべき金額および率ならびに算定方法についての命令等その
他当該法律の施行に関し必要な事項を定める命令等を定めようとするときは、意見
公募手続を執る必要はありません（39条4項2号）。【3-2-3-④】

4 ×　命令等制定機関は、命令等を定めようとする場合において、**30日以上の意見提**
基本　**出期間**を定めることができない**やむを得ない理由**があるときは、30日を下回る意見
提出期間を定めることができます（40条1項前段）。しかし、この場合には、当該
命令等の案の公示の際その**理由**を明らかにしなければなりません（40条1項後段）。
【3-2-3-④】

5 ×　命令等制定機関は、意見公募手続を実施して命令等を定める場合には、意見提出
基本　期間内に当該命令等制定機関に対し提出された当該命令等の案についての意見を**十**
分に考慮しなければならないものとされており（42条）、努力義務とはされていま
せん。【3-2-3-④】

関連過去問▶　18－13、22－11、24－12、27－11、30－13、R元－13、R3－11

―講師からのアドバイス―

もうそろそろ、1問まるまる意見公募手続から出題されることが考えられます。条文
からの出題となりますから、条文知識を丁寧に見返しておいてください。特に、39条4
項各号の意見公募手続が不要となる場合を押さえておきましょう。

問題 14	正解	2	行政法－行政不服審査法（審査請求）	重要度 ★★★	難易度 A

1 × 審査請求は、原則として**書面審理主義**を採用していますが、審査請求人または参加人の**申立て**があった場合には、審理員は、当該申立てをした者（申立人）に口頭で審査請求に係る事件に関する**意見を述べる機会を与えなければならない**としています（行政不服審査法31条1項）。【3-3-2-③】

2 ○ 審査請求人は、裁決があるまではいつでも審査請求を取り下げることができます
基本 （27条1項）が、審査請求の取下げは、**書面**でしなければなりません（27条2項）。【3-3-2-②】

3 × 審査請求の代理人は、審査請求人のために当該審査請求に関する一切の行為ができ
基本 ますが、審査請求の取下げは、**特別の委任を受けた場合に限り**することができます（12条2項）。【3-3-2-②】

4 × 審査請求人が死亡したときは、相続人その他法令により審査請求の目的である処分に係る権利を承継した者は、審査請求人の地位を承継します（15条1項）。したがって、**審査庁の許可は必要なく**、審査庁の許可を得れば、審査請求人の地位を承継するとしている部分が間違っています。【3-3-2-②】

5 × 利害関係人（審査請求人以外の者であって審査請求に係る処分または不作為に係
基本 る処分の根拠となる法令に照らし当該処分につき利害関係を有するものと認められる者）は、**審理員の許可**を得て、当該審査請求に**参加**することができます（13条1項）。【3-3-2-②】

関連過去問▶	29−14・15、30−14・15、R元−15、R2−14、R3−16、R5−14・16

＝ 講師からのアドバイス ＝

審査請求に関する問題は、条文をベースにした基本的な事項が出題されますので、テキストや過去問にて繰り返し学習し、本試験では失点のないようにしましょう。

第1回 解答解説

行政法－行政不服審査法（執行停止）

重要度 ★★★　難易度 A

1 ×　処分庁の**上級行政庁**または**処分庁**である審査庁は、必要があると認める場合には、審査請求人の**申立て**によりまたは**職権**で、処分の効力、処分の執行または手続の続行の全部又は一部の停止その他の措置（執行停止）をとることができます（行政不服審査法25条2項）。【3-3-2-⑤】

2 ×　不服申立ての場合であっても、取消訴訟の場合（行政事件訴訟法25条2項ただし書）と同様、処分の効力の停止は、**処分の効力の停止以外の措置によって目的を達することができない場合のみ**行うことができます（行政不服審査法25条6項）。【3-3-2-⑤】

3 ×　執行停止をした後において、執行停止が公共の福祉に重大な影響を及ぼすことが**明らか**となったとき、その他事情が変更したときは、審査庁は、その執行停止を取り消すことができます（26条）。【3-3-2-⑤】

4 ×　再調査の請求は、処分庁自身が簡易な手続で事実関係を調査する手続ですが、執行停止の規定は再調査の請求にも準用されていますので（61条）、再調査の請求人は**執行停止を申し立てることができます**（25条2項）。【3-3-2-⑤】

5 ○　審理員は、必要があると認める場合には、審査庁に対し、執行停止をすべき旨の意見書を提出することができ（40条）、審理員から執行停止をすべき旨の意見書が提出されたときは、審査庁は、**速やかに**、執行停止をするかどうかを決定しなければなりません（25条7項）。【3-3-2-⑤】

関連過去問▶　19－15、29－16、R3－14

講師からのアドバイス

執行停止は超頻出事項で、行政事件訴訟法における執行停止と合わせて横断的に学習しましょう。

問題16　正解 1　行政法－行政不服審査法（裁決等）　重要度★★★　難易度 B

1　○　事実上の行為についての再調査の請求が理由がある場合には、処分庁は、決定で、当該事実上の行為が違法または不当である旨を宣言するとともに、当該事実上の行為の全部もしくは一部を撤廃し、またはこれを変更します（行政不服審査法59条2項）。

2　×　裁決は、主文、事案の概要、審理関係人の主張の要旨、理由を記載し、審査庁が記名押印した裁決書によりしなければなりません（50条1項）。決定は、主文および理由を記載し、処分庁が記名押印した決定書によりしなければなりません（60条1項）。したがって、後半は正しいですが、前半が誤っていますので、本肢は誤りです。【3-2-2-④】

3　×　処分についての審査請求に理由がある場合には、審査庁が処分庁の上級行政庁であるときは、裁決で当該処分を変更することができます（46条1項本文）。ただし、審査請求人の不利益に当該処分を変更することはできません（不利益変更の禁止：48条）。【3-2-2-④】

基本

4　×　処分についての審査請求が不適法である場合には、審査庁は、裁決で、当該審査請求を却下します（45条1項）。しかし、処分についての審査請求が理由がない場合には、審査庁は、裁決で、当該審査請求を棄却します（45条2項）。なお、裁決には理由を記載する必要があります（50条1項4号）。【3-2-2-④】

基本

5　×　審査請求を却下しまたは棄却した原裁決が違法または不当である場合においても、審査請求にかかる原処分が違法または不当でないときは、再審査庁は、当該裁決を取り消すことはできず、再審査請求を棄却しなければなりません（64条3項）。

難問

関連過去問▶　21－14、22－15、28－16、R元－14、R2－16、R5－15

講師からのアドバイス

裁決・決定は繰り返し出題される分野ですし、また、どのような場合に、「認容」「棄却」「却下」の裁決・決定がなされるのか、その内容についても、過去問を徹底的に復習して知識を整理しておきましょう。

問題17	正解	2	行政法－行政事件訴訟法（処分性）	重要度	難易度
				★★★	B

1 ○ 判例（最判令4.12.13）は、健康保険組合が被保険者に対して行うその親族等が被
難問 扶養者に該当しない旨の通知は、当該親族等の法律上の地位を規律するものであ
り、健康保険法所定の被保険者の資格に関する**処分に該当する**としています。【3-
4-2-②】

2 ✕ 判例（最判平9.3.11）は、登記官が不動産登記簿の**表題部に所有者を記載**する行
為は、所有者と記載された特定の個人に不動産登記法に基づき所有権保存登記申請
をすることができる地位を与えるという法的効果を有するため、抗告訴訟の対象と
なる**行政処分に当たる**としています。【3-4-2-②】

3 ○ 判例（成田新幹線訴訟：最判昭53.12.8）は、運輸大臣（当時）が日本鉄道建設公
難問 団（当時）に対して行う全国新幹線鉄道整備法に基づく**工事実施計画の認可**は、行
政機関相互の行為と同視すべきものであり、行政行為として外部に対する効力を有
するものではなく、また、これによって直接国民の権利義務を形成し、またはその
範囲を確定する効果を伴うものではないため、抗告訴訟の対象となる**行政処分にあ
たらない**としています。【3-4-2-②】

4 ○ 判例（最判平21.11.26）は、**特定の市立保育所を廃止する条例**は、保育所の廃止
基本 のみを内容とするものであって、他に行政庁の処分を待つことなく、その施行によ
り保育所廃止の効果を発生させ、当該保育所に現に入所中の児童およびその保護者
という限られた特定の者らに対して、直接、当該保育所において保育を受けること
を期待し得る法的地位を奪う結果を生じさせるものであるから、その制定行為は、
行政庁の処分と実質的に同視し得るものということができるとしています。【3-4-
2-②】

5 ○ 判例（最判昭60.12.17）は、土地区画整理法による**土地区画整理組合の設立の認
可**は、単に設立認可申請に係る組合の事業計画を確定させるだけのものではなく、
その組合の事業施行地区内の宅地について所有権または借地権を有する者をすべて
強制的にその組合員とする公法上の法人たる土地区画整理組合を成立せしめ、これ
に土地区画整理事業を施行する権限を付与する効力を有するものであるため、抗告
訴訟の対象となる**行政処分である**としています。【3-4-2-②】

関連過去問▶	24－18、28－19、R4－18、R5－19・25

講師からのアドバイス

訴訟要件である「処分性」「原告適格」「狭義の訴えの利益」については、日々の学習の
中で判例知識をストックしておくようにしましょう。

20

| 問題 18 | 正解 3 | 行政法－行政事件訴訟法（抗告訴訟における審理） | 重要度 ★★ | 難易度 B |

ア ○
基本 裁判所は、必要があると認めるときは、**職権で**、証拠調べをすることができます（行政事件訴訟法24条本文、38条1項）。ただし、その証拠調べの結果について、当事者の意見をきかなければなりません（24条ただし書、38条1項）。【3-4-2-③】

イ × 当事者は、訴訟について、原則として、裁判所において**口頭弁論**をしなければなりません（民事訴訟法87条1項本文、行政事件訴訟法7条）。したがって、抗告訴訟における審理は原則として書面によるものとはされておらず、当事者からの申立てがあったときに、裁判所が口頭で意見を述べる機会を与えなければならないとする規定もありません。【3-4-2-③】

ウ ○
難問 行政処分が行われた後に法律が改正された場合、当該処分の取消しを求める訴訟においては、改正後の法律ではなく、当該処分が行われた時点における法律を基準にして違法判断を行うべきであるとする最高裁判所の判例があります（処分時説：最判昭27.1.25）。なお、不作為の違法確認訴訟や義務付け訴訟における違法判断は、口頭弁論終結時における法令・事実状態を基準にすべきと解されています（判決時説）。

エ × 取消訴訟においては、自己の法律上の利益に関係のない違法を理由として取消しを求めることができないとする本案審理における**違法事由の主張制限**があります（10条1項）が、この規定は取消訴訟以外の抗告訴訟に**準用されていません**（38条参照）。【3-4-2-③】

オ ○
基本 行政事件訴訟は、裁判所が管轄するため、審理の対象は処分の違法性に限られ、処分の不当性については争うことができません。【3-4-2-①】

以上より、誤っているものはイ・エであり、肢3が正解となります。

| 関連過去問▶ | 18－16、24－16、25－18、30－42 |

講師からのアドバイス

「抗告訴訟」がテーマとなったときは、取消訴訟の規定が取消訴訟以外の訴訟類型に準用されるか否かを問う肢も入ってくる可能性があります。行政事件訴訟法38条にも目を通しておきましょう。

行政法－行政事件訴訟法（当事者訴訟）

重要度 ★★　難易度 B

　行政事件訴訟法4条の当事者訴訟とは、当事者間の法律関係を確認または形成する処分または裁決に関する訴訟で法令の規定によりその法律関係の当事者の一方を被告とするもの（形式的当事者訴訟）および公法上の法律関係に関する確認の訴えその他の公法上の法律関係に関する訴訟（実質的当事者訴訟）のことです。

1　○　次に憲法の規定に基づき臨時会召集決定の要求がなされた場合に、内閣が所定の期間内に臨時会召集決定をする義務を負うことの確認を求める、当該要求をした議員の訴えは、公法上の法律関係に関する訴えであり、**実質的当事者訴訟**に該当します（4条後段、最判令5.9.12）。【3-4-3-⑤】
（難問）

2　○　第1類医薬品および第2類医薬品につき、インターネット販売をすることができる地位にあることの確認を求める事業者らの訴えは、公法上の法律関係に関する確認の訴えであり、**実質的当事者訴訟**に該当します（4条後段、最判平25.1.11）。【3-4-3-⑤】

3　×　土地収用法に基づく都道府県収用委員会による収用裁決の無効を前提とした所有権確認を求める土地所有者の訴えは、「私法上の法律関係に関する訴訟において、処分若しくは裁決の存否又はその効力の有無が争われている場合」であり、**争点訴訟**に該当します（45条1項）。【3-4-3-⑤】
（基本）

4　○　特許無効審判の審決に不服のある者が、特許法の規定に基づき無効審判の相手方を被告として提起する、審決に対する訴え（特許法179条ただし書）は、当事者間の法律関係を確認または形成する処分または裁決に関する訴訟で法令の規定によりその法律関係の当事者の一方を被告とするものであり、**形式的当事者訴訟**に該当します（行政事件訴訟法4条前段）。【3-4-3-⑤】
（難問）

5　○　国が、国外に住所を有することをもって次回の最高裁判所裁判官国民審査にかかる審査権の行使をさせないことが憲法に反して違法であることの確認を求める在外国民の訴えは、公法上の法律関係に関する訴えであり、**実質的当事者訴訟**に該当します（4条後段、最大判令4.5.25）。【3-4-3-⑤】
（難問）

関連過去問▶　19－19、22－16、25－43、R6－43

講師からのアドバイス

　当事者訴訟は本問のように具体例で問われることがあります。学習の中で出会った実質的当事者訴訟の具体例を覚えておきましょう。また、形式的当事者訴訟は構造をしっかり理解しておきましょう。

問題 20	正解	2	行政法－国家賠償法（2条）	重要度	難易度
				★★★	A

1 × 判例（高知落石事件：最判昭45.8.20）は、道路における防護柵の設置の費用が相
基本 当の多額にのぼり、管理者としてその**予算措置に困却する**場合は、それにより直ち
に道路管理の瑕疵によって生じた損害に対する**賠償責任を免れうるものと考える**こ
とはできないとしています。【3-5-1-③】

2 ○ 判例（多摩川水害訴訟：最判平2.12.13）は、改修、整備がされた河川は、その改
基本 修、整備が段階において想定された洪水から、当時の防災技術の水準に照らして**通
常予測し、かつ、回避し得る水害を未然に防止するに足りる安全性を備えるべき**も
のであるとしています。【3-5-1-③】

3 × 判例（大東水害訴訟：最判昭59.1.26）は、改修計画に基づいて改修中の河川につ
基本 いては、未改修部分につき早期の改修工事を施行しなければならないと認めるべき
特段の事由が生じない限り、未改修部分につき改修がいまだ行われていないとの一
事をもって河川管理に**瑕疵があるとすることはできない**としています。【3-5-1-③】

4 × 判例（大東水害訴訟：最判昭59.1.26）は、未改修河川または改修の不十分な河川
基本 の安全性としては、諸制約のもとで一般に施行されてきた治水事業による河川の改
修、整備の過程に対応するいわば**過渡的な安全性をもって足りる**ものとせざるをえ
ないとしています。【3-5-1-③】

5 × 判例（大阪国際空港公害訴訟：最大判昭56.12.16）は、営造物の設置・管理の瑕
基本 疵とは、営造物が通常有すべき安全性を欠いている状態をいい、安全性の欠如、す
なわち、他人に危害を及ぼす危険性のある状態とは、営造物の**物理的・外形的な欠
陥によって危害を生ぜしめる危険性**がある場合のみならず、営造物が**供用目的に沿
って利用されることとの関連において危害を生ぜしめる危険性がある場合をも含む**
としています。【3-5-1-③】

関連過去問▶	21－19、22－20、23－19、24－19、27－20、R元－21、R4－21、R5－20

講師からのアドバイス

河川についての安全性は、未改修、改修中、改修後の段階に応じて、裁判所がどのように判断しているかを比較しながら学習しましょう。

問題 21	正解	1	行政法－損失補償	重要度 ★★★	難易度 B

1 × 判例（最判昭49.2.5）は、公有行政財産たる土地は、その性質上行政財産本来の
基本 用途または目的のために利用され、当該行政財産本来の用途または目的の必要を生
じたときはその時点において使用権は原則として消滅すべきものであって、行政財
産の使用許可はこのような制約を内在しており、使用権を与えられていた者は、**使
用権の消滅は当然受忍すべき**であるから原則として**補償は不要**としています。【3-
5-2-①】

2 ○ 判例（ガソリンタンク事件：最判昭58.2.18）は、道路工事の施行の結果、警察違
基本 反の状態を生じ、危険物保有者が技術上の基準に適合するように工作物の移転等を
余儀なくされ、これによって損失を被った場合であっても、それは道路工事の施行
によって**警察規制に基づく損失**がたまたま現実化するに至ったものにすぎず、道路
法による**損失補償の対象には属さない**としています。【3-5-2-①】

3 ○ 判例（最判平3.4.19）は、予防接種によって後遺障害が発生した場合には、禁忌
難問 者を識別するために必要とされる予診が尽くされたが禁忌者に該当すると認められ
る事由を発見できなかったこと、被接種者が個人的素因を有していたこと等の特段
の事情が認められない限り、**被接種者は禁忌者に該当していたと推定**するのが相当
としています。

4 ○ 判例（最判平9.3.13）は、**戦争損害に対する補償は憲法の各条項の予想しないと**
難問 ころというべきで、その補償の要否および在り方は、事柄の性質上、財政、経済、
社会政策等の国政全般にわたった総合的政策判断を待って初めて決し得るものであ
って、憲法の各条項に基づいて一義的に決することは不可能であるというほかはな
く、国家財政、社会経済、戦争によって国民が被った被害の内容、程度等に関する
資料を基礎とする**立法府の裁量的判断**にゆだねられたものと解するのが相当である
とした上で、本肢のように述べています。

5 ○ 判例（最判平17.11.1）は、本問のような損失は、一般的に当然に受忍すべきもの
基本 とされる制限の範囲を超えて特別の犠牲を課せられたものということがいまだ困難
であるから、直接憲法29条３項を根拠としてその損失につき**補償請求をすることは
できない**ものというべきであるとしています。【3-5-2-①】

関連過去問▶	26−20、28−21、30−21、R元−20、R4−43、R6−42

━━ 講師からのアドバイス ━━

損失補償制度は、令和６年度の多肢選択式で出題されました。過去問で出題された判例
を中心に学習して多肢選択式で問われても解答できるよう知識の定着を図ってくださ
い。

問題 22	正解	3	行政法－地方自治法（議会）	重要度	難易度
				★★	A

1 × 都道府県の議会および市町村の議会の**議員の定数**は、**条例**で定めなければなりま

基本 せん（地方自治法90条1項、91条1項）。【3-6-3-①】

2 × 普通地方公共団体は、**条例**で普通地方公共団体に関する事件（法定受託事務に係

基本 るものにあっては、国の安全に関することその他の事由により議会の議決すべきも

のとすることが適当でないものとして政令で定めるものを除く。）につき**議会の議**

決すべきものを定めることができます（96条2項）。【3-6-3-①】

3 ○ 普通地方公共団体の議会は、**条例**で定めるところにより、定例会および臨時会と

せず、毎年、条例で定める日から翌年の当該日の前日までを会期とすることができ

ます（102条の2第1項）。【3-6-3-①】

4 × 普通地方公共団体の議会は、当該普通地方公共団体の事務に関する調査を行うこ

基本 とができます（**100条調査権**：100条1項前段）。もっとも、自治事務にあっては**労**

働委員会および**収用委員会**の権限に属する事務で政令で定めるもの、法定受託事務

にあっては**国の安全**を害するおそれがあることその他の事由により議会の調査の対

象とすることが適当でないものとして政令で定めるものは**除かれます**。【3-6-3-①】

5 × 普通地方公共団体の議会は、**条例**で、常任委員会、議会運営委員会および特別委

基本 員会を置くことができるものとされ（109条1項）、3つの委員会の設置は**任意**で

す。【3-6-3-①】

関連過去問▶	19－23、29－23、R元－22

■ 講師からのアドバイス ■

議会については、組織や権限のほかにも、長との関係を理解しておくようにしましょう。

1 ×　教育委員会は、地方教育行政の組織及び運営に関する法律を根拠法として（同法2条）、都道府県および市町村に置かなければならない行政委員会です（地方自治法180条の5第1項1号）。【3-6-3-②】

2 ×　選挙管理委員会は、地方自治法を根拠法として（181条）、都道府県および市町村に置かなければならない行政委員会です（180条の5第1項2号）。【3-6-3-②】

3 ○　監査委員は、地方自治法を根拠法として（195条1項）、都道府県および市町村に置かなければならない行政委員会です（180条の5第1項4号）。【3-6-3-②】

4 ×　収用委員会は、土地収用法を根拠法として（同法51条）、都道府県に置かなければならない行政委員会です（地方自治法180条の5第2項3号）。【3-6-3-②】

5 ×　農業委員会は、農業委員会等に関する法律を根拠法として（同法3条1項）、市町村に置かなければならない行政委員会です（地方自治法180条の5第3項1号）。【3-6-3-②】

| 関連過去問 ▶ | なし |

― 講師からのアドバイス ―

行政委員会については、都道府県と市町村に共通して設置されるもの、都道府県に設置されるもの、市町村に設置されるものを区別できるようにしましょう。

| 問題 24 | 正解 3 | 行政法－地方自治法（地縁による団体） | 重要度 ★★ | 難易度 B |

1 ○ 地縁による団体（町または字の区域その他市町村内の一定の区域に住所を有する

基本 者の地縁に基づいて形成された団体）は、地域的な共同活動を円滑に行うため市町村長の認可を受けたときは、その規約に定める目的の範囲内において、権利を有し、義務を負います（地方自治法260条の2第1項）。【3-6-2-④】

2 ○ 市町村長の認可は、当該認可を受けた地縁による団体を、公共団体その他の行政

基本 組織の一部とすることを意味するものと解釈してはなりません（260条の2第6項）。【3-6-2-④】

3 × 市町村長は、地縁による団体が地方自治法上所定の要件に該当していると認める

難問 ときは、認可をしなければならないため（260条の2第5項）、裁量により認可を拒否することができません。【3-6-2-④】

4 ○ 市町村長の認可を受けた地縁による団体（認可地縁団体）は、**正当な理由がない限り**、その区域に住所を有する**個人の加入を拒んではなりません**（260条の2第7項）。したがって、認可地縁団体は、正当な理由があれば、その区域に住所を有する個人の加入を拒むことができます。【3-6-2-④】

5 ○ 市町村長の認可を受けた地縁による団体（認可地縁団体）は、**民主的な運営の下**

基本 に、自主的に活動するものとし、構成員に対し**不当な差別的取扱いをしてはなりません**（260条の2第8項）。【3-6-2-④】

| 関連過去問▶ | なし |

講師からのアドバイス

地縁による団体は、近年出題はありませんが、一度条文の見直しをしておくようにしましょう。

問題25　正解 5　行政法－行政法総合（警察）　重要度 ★　難易度 B

ア ×　警察罰とは、警察法上の義務違反に対し、一般統治権に基づき制裁として科される罰の総称であり、刑法に刑名のある行政刑罰、秩序罰としての過料および反則金等があります。**執行罰は、行政上の強制執行の一手段**であり、警察罰ではありません。【3-1-6-②】
（難問）

イ ×　警察許可とは、警察法規による一般的禁止を特定の場合に特定人に対して解除するものをいうため、妥当です。しかし、警察許可は、法文上は自由裁量行為であるように規定されていても、行政庁の自由裁量は認められず、**羈束裁量行為**となると解されています。【3-1-4-④】

ウ ○　判例（最判昭54.7.10）は、**警察の事務**は、司法警察の面においても、国の事務ではなく、**都道府県の事務**であり、国家公務員である検察官が自ら行う犯罪捜査の補助に係るものであるときのような例外的な場合を除いて、都道府県警察の警察官が交通犯罪の捜査を行うにつき故意または過失によって違法に他人に損害を加えた場合において国家賠償法によりその**損害の賠償**の責めに任ずるのは、原則として当該都道府県であるとしています。【3-5-1-②】

エ ○　判例（最決昭55.9.22）は、自動車検問は、相手方の**任意の協力**を求める形で行われ、自動車利用者の自由を不当に制約することにならない方法、態様で行われる限り、**適法**であるとしています。【3-1-5-⑥】

以上より、妥当なものはウ・エであり、肢5が正解となります。

関連過去問▶　20-26、27-19

―― 講師からのアドバイス ――
テーマを「警察」で出題しましたが、問われている内容は基礎的な事項が理解できていれば正解できる内容です。本試験でも出題テーマに惑わされず、落ち着いて対応しましょう。

問題 26	正解	3	行政法－行政法総合（公務員）	重要度	難易度
				★	B

ア　○　判例（最判昭57.5.27）は、**地方公務員のへの採用内定**は、採用発令の手続を行うための準備手続としてなされる事実上の行為であり、採用内定の取消しは**処分性を有せず**、抗告訴訟の対象とはならないとしています。【3-4-2-②】

イ　×　任免権者が地方公務員に**懲戒処分として降任・免職**を行う場合は、**地方公務員法**で定める事由があることが必要（地方公務員法27条2項、28条1項）であるため、条例に定める事由での処分はできません。

ウ　○　公務員は、その**官職をみだりに奪われない権利**を有し、職員は、法定の事由によらなければ、その意に反して、降任、休職、免職をされません（国家公務員法75条1項）。【3-1-3-④】

エ　○　国家公務員は、職務上知ることのできた**秘密を漏らしてはならない義務**を負い（100条1項前段）、この義務は、職員がその職を退いた後でも負います（100条1項後段）。

オ　×　国家公務員法は、公務員の職を一般職と特別職に分けたうえで（2条1項）、特別職に属する職員の職を列挙し（2条3項）、一般職に対してのみ同法を適用するとしています（2条4項前段）。ただし、特別職の中には、**裁判所職員**（2条3項13号）、**国会職員**（2条3項14号）も含まれており、特別職の職を政治的任用に限定しているわけではありません。【3-1-3-④】

以上より、妥当でないものはイ・オであり、肢3が正解となります。

関連過去問▶	22－25、25－26、26－24、27－26、R元－9、R4－25

講師からのアドバイス

公務員に関する問題は過去数回出題されていますので、過去問等にて確認しておきましょう。

問題27 正解 3 　民法－総則（公序良俗および強行法規）　重要度 ★　難易度 C

1　○　判例（最判令3.6.29）は、「無免許者が宅地建物取引業を営むために宅建業者からその名義を借り、当該名義を借りてされた取引による利益を両者で分配する旨の合意は、同法（宅地建物取引業法）12条1項及び13条1項の趣旨に反するものとして、公序良俗に反し、無効であるというべきである」と述べています。
（難問）

2　○　判例（最判昭35.3.18）は、「本件売買契約が食品衛生法による取締の対象に含まれるかどうかはともかくとして同法は単なる取締法規にすぎないものと解するのが相当であるから、上告人が食肉販売業の許可を受けていないとしても、右法律により本件取引の効力が否定される理由はない。それ故右許可の有無は本件取引の私法上の効力に消長を及ぼすものではない」と述べています。【3-1-2-②】
（基本）

3　×　判例（大判昭9.5.1）は、①他人の窮迫、軽率または無経験を利用し（主観的要件）、②著しく過当な利益を獲得することを目的としてする法律行為（客観的要件）は、暴利行為として**公序良俗に反する法律行為**であり、無効であるとしています。
（難問）

4　○　判例（最判昭61.11.20）は、不倫な関係にある者への遺贈であっても、もっぱら生計を遺贈者に頼っていた受遺者の生活を保全するためになされ、その遺言内容が相続人らの生活基盤を脅かすものでない包括遺贈について、公序良俗違反とはいえないと述べています。
（難問）

5　○　判例（最判平15.4.18）は、「法律行為が公序に反することを目的とするものであるとして無効になるかどうかは、**法律行為がされた時点の公序に照らして判断すべき**である。…法律行為の後の経緯によって公序の内容が変化した場合であっても、行為時に有効であった法律行為が無効になったり、無効であった法律行為が有効になったりすることは相当でないからである」と述べています。
（難問）

関連過去問 ▶ 30-27

―― 講師からのアドバイス ――
マイナー論点ですが、平成30年に出題されたこともあります。重要な判例は押さえておくと安心です。

問題28　正解 4　民法－総則（時効）　重要度 ★★★　難易度 B

1 ○ 裁判上の請求がされた場合には、その事由が終了するまでの間は、時効は完成しません（民法147条1項1号）。そして、**確定判決**または確定判決と同一の効力を有するものによって権利が確定した場合には、**時効は更新**され、**権利が確定することなく終了した場合**には、その終了の時から**6か月を経過後に時効が完成**します（147条1項かっこ書）。したがって、裁判上の請求がされた場合に、確定判決と同一の効力を有するものによって権利が確定したときは、時効は、その事由が終了した時から新たにその進行を始めます。【2-1-7-4】

2 ○ 肢1の解説のとおり、裁判上の請求がされた場合に、権利が確定することなく終了した場合には、その終了の時から6か月を経過後に時効が完成します（147条1項かっこ書）。したがって、裁判上の請求に係る訴訟が訴えの取下げによって終了したときは、その終了の時から6か月を経過するまでの間は、**時効は完成しません**。【2-1-7-4】

3 ○ 権利についての**協議を行う旨の合意**が書面でされた場合は、その期間が1年未満であるときには、その経過するまでは、時効は完成しません（151条1項2号）。そして、この時効の完成が猶予されている間にされた**再度の合意**は、さらなる時効の**完成猶予の効力**を有します（151条2項本文）。したがって、時効の完成が猶予されている間に再度の合意をしたときは、当初書面で合意した6か月間を経過しても、**時効は完成しません**。【2-1-7-4】

4 × 催告があったときは、その時から6か月を経過するまでの間は、時効は完成しません（150条1項）。しかし、催告がこのような効力を有するのは、最初の催告に限られ、催告によって時効の完成が猶予されている間にされた**再度の催告**には、さらに時効の完成を猶予させる**効力はありません**（150条2項）。したがって、催告によって時効の完成が猶予されている間に再度の催告をしたとしても、最初の催告の時から6か月を経過すれば、**時効は完成します**。【2-1-7-4】

5 ○ 時効は、**権利の承認**があったときは、その時から新たにその進行を始めます（152条1項）。そして、この権利の承認をするには、相手方の権利についての処分につき行為能力の制限を受けていないこと、または権限があることを要しません。したがって、被保佐人が、保佐人の同意なく、債権者に対して自己の債務の弁済について支払いの猶予を求めたときは、消滅時効は**更新します**。【2-1-7-4】

関連過去問 ▶ 21－28、22－28、23－28、28－27、R元－27

講師からのアドバイス

令和5年度に消滅時効から出題されていますが、時効の一般原則についてはしっかりと押さえておくようにしましょう。

重要度	難易度
★★★	A

問題 29 **正解 1** 民法－物権（共有）

ア × 各共有者は、共有物の全部について、その持分に応じた使用をすることができま
基本 す（民法249条1項）。したがって、Aは甲土地の**全部**について、持分に応じて使用
することができるため、5分の1の部分のみしか使用できないわけではありませ
ん。【2-2-5-③】

イ × 共有者は、**善良な管理者の注意**をもって、共有物の使用をしなければなりません
基本 （249条3項）。したがって、Aは、甲土地を善良なる管理者の注意をもって使用し
なければなりません。【2-2-5-③】

ウ ○ 共有物を使用する共有者は、別段の合意がある場合を除き、他の共有者に対し、
自己の持分を超える使用の対価を償還する義務を負います（249条2項）。したがっ
て、Aが、自己の持分を超えて使用する場合には、BCDEに対して、Aの持分を
超える使用の対価を償還する義務を負います。【2-2-5-③】

エ ○ 共有者が他の共有者を知ることができず、またはその所在を知ることができない
ときは、裁判所は、共有者の請求により、当該他の共有者以外の**他の共有者の同意**
を得て**共有物に変更を加えることができる**旨の裁判をすることができます（251条
2項）。【2-2-5-③】

オ ○ **軽微な変更**であれば、各共有者の**持分の価格**に従い、その**過半数**で決することで
基本 行うことができます（252条1項）。したがって、ABCの同意があれば、持分価格
の過半数の同意があることとなるため、軽微な変更行為を行うことができます。
【2-2-5-③】

以上より、妥当でないものはア・イであり、肢1が正解となります。

関連過去問 ▶	20－33、22－29、26－29、28－29、R元－45

講師からのアドバイス

共有は今年度の大ヤマ論点です。著しい変更行為、軽微な変更行為、管理行為（利用行
為、改良行為、保存行為）がどのような要件で行うことができるか、決定方法を正確に
整理しておきましょう。また、具体例も覚えられるとベストです。

問題 30	正解	4	民法－物権（質権）	重要度	難易度
				★★	B

ア ○
基本
質権の設定は、債権者にその目的物を**引き渡す**ことによって、その効力を生じます（民法344条）。したがって、甲に質権を設定するには、甲をBに引き渡すことが必要となります。【2-2-7-②】

イ ×
質権は、元本、利息、違約金、質権の実行の費用、質物の保存の費用および債務の不履行または質物の隠れた瑕疵によって生じた損害の賠償を**担保します**（346条本文）。したがって、AのBに対する貸金債務の不履行によって生じた損害賠償も担保することになります。

ウ ○
質権者は、その権利の存続期間内において、**自己の責任で**、質物について、転質をすることができます（348条前段）。また、質権者は、**債務者の承諾を得て**、転質をすることができます（350条、298条2項本文）。したがって、Bは自己の責任で、またAの承諾を得て甲について転質することができます。

エ ○
基本
動産質権者は、**継続して質物を占有**しなければ、その質権をもって第三者に対抗することができません（352条）。したがって、Bは甲を継続して占有しなければ、その質権を第三者に対抗することはできません。【2-2-7-②】

オ ×
基本
動産質権者は、質物の占有を奪われたときは、**占有回収の訴えによってのみ**、その質物を回復することが**できます**（353条）。したがって、BがCに甲を奪われた場合には、Bは占有回収の訴えによってのみ甲を回収することができ、**質権に基づく返還請求**をすることはできません。【2-2-7-②】

以上より、妥当でないものはイ・オであり、肢4が正解となります。

関連過去問▶	R元－31

─(講師からのアドバイス)─

質権は、担保物権の中では抵当権に次いで重要度は高いといえますが、頻出するわけではありません。とはいえ、抵当権も必ず出題されるわけでもありません。担保物権はあまりヤマを張らずに、手広く条文知識を固めておくようにしましょう。

問題 31	正解	1	民法－債権（詐害行為取消権）	重要度	難易度
				★★★	A

1 ○　判例（最判平10.6.22）は、**詐害行為の受益者**は、詐害行為取消権を行使する債権者の債権の消滅によって直接利益を受ける者に当たるため、その債権について消滅時効を**援用することができる**としています。したがって、Cが、Aによる甲土地の贈与がBを害することを知っていた場合、Bが、Cを被告として詐害行為取消請求したときは、Cは、Bの有する債権について消滅時効を援用することができます。【2-1-7-③】

2 ×　受益者に対する詐害行為取消請求に係る訴えの場合には、**受益者を被告とする**こととされている（民法424条の7第1号）ため、債務者は、被告とはなりません。（基本）したがって、Aによる甲土地の贈与が、AとCとが通謀してBを害する意図をもって行われたものであるか否かにかかわらず、Bが詐害行為取消請求をするときは、**Cを被告としなければなりません**。【2-3-2-②】

3 ×　詐害行為取消請求とは、債権者が、債務者が債権者を害することを知ってした行為の取消しを裁判所に請求することです（424条1項本文）。したがって、取消しの（基本）対象とされるのは、**AによるCへの甲土地の贈与**です。被告がDであったとしても、CD間の甲土地の売買について詐害行為取消請求は**できません**。【2-3-2-②】

4 ×　詐害行為取消請求を認容する確定判決は、債務者およびその全ての債権者に対してもその効力を有するとされています（425条）。したがって、被告であるD、債務（基本）者であるAおよびAのすべての債権者に対してその効力が及びますが、受益者である**Cには及びません**。【2-3-2-②】

5 ×　詐害行為取消請求に係る訴えは、債務者が債権者を害することを知って行為をしたことを債権者が**知った時から2年**を経過したとき、**行為の時から10年**を経過したときには、提起することができないとされています（426条）。【2-3-2-②】

関連過去問▶	25－30、26－45、28－32

講師からのアドバイス

詐害行為取消権は、令和2年4月施行の民法改正後、まだ一度も出題されたことがありませんが、重要テーマであり、大ヤマです。記述対策も含め、しっかりと押さえておきましょう。

| 問題 32 | 正解 | **4** | 民法－債権（弁済） | 重要度 ★★ | 難易度 A |

1　○　債務の弁済は、第三者もすることができます（民法474条1項）が、弁済をするについて正当な利益を有する者でない第三者は、債務者の意思に反して弁済をすることができないとされています（474条2項本文）。判例（最判昭63.7.1）は、建物賃借人と土地賃貸人との間には直接の契約関係はないものの、土地賃借権が消滅するときは、建物賃借人は土地賃貸人に対して、賃借建物から退去して土地を明け渡すべき義務を負う法律関係にあるため、**建物賃借人は、敷地の地代を弁済し、敷地の賃借権が消滅することを防止することに法律上の利益を有する**とし、借地上の建物の賃借人は、建物の賃貸人の意思に反しても、その**敷地の地代について土地の賃貸人に弁済をすることができる**としています。【2-3-4-①】

2　○
基本　受領権者以外の者であって取引上の社会通念に照らして受領権者としての外観を有するものに対してした弁済は、その弁済をした者が**善意**であり、**かつ、過失がなかったとき**に限り、有効とされます（478条）。この点につき、判例（最判昭37.8.21）は、債権者の代理人と詐称して債権を行使した者に対してした弁済についても、その弁済をした者が善意であり、かつ、過失がなかった場合には有効となるとしています。【2-3-4-①】

3　○　差押えを受けた債務者は、差押債権者に弁済しなければなりませんから、差押えを受けた債権の第三債務者が自己の債権者に弁済をしたときは、差押債権者は、その受けた**損害の限度**において更に弁済をすべき旨を第三債務者に請求することができます（481条1項）。

4　×
基本　弁済をすべき場所について別段の意思表示がないときは、**特定物の引渡しは債権発生の時にその物が存在した場所**において、その他の弁済は、債権者の現在の住所においてしなければならないとされています（484条1項）。【2-3-4-①】

5　○
基本　弁済の提供は、債務の本旨に従って現実にしなければならないのが原則です（**現実の提供**：493条本文）が、債権者があらかじめその受領を拒み、または債務の履行について債権者の行為を要するときは、弁済の準備をしたことを通知してその受領の催告をすれば足ります（**口頭の提供**：493条ただし書）。そして、債務者は、その弁済の提供の時から、債務を履行しないことによって生ずべき責任を免れることができます（492条）。【2-3-4-①】

| 関連過去問▶ | 26－33、27－32、30－31 |

講師からのアドバイス

弁済の内容は多岐にわたりますが、まずは、基本事項を確実に押さえましょう。

35

問題 33	正解	**1**	民法－債権（請負）	重要度	難易度
				★★★	A

1　〇　請負人が仕事を完成しない間は、**注文者**は、いつでも損害を賠償して契約の解除
基本　をすることができます（民法641条）。【2-3-7-⑥】

2　×　注文者による履行追完請求は、注文者がその**不適合を知った時から1年以内に**そ
基本　の旨を請負人に通知しないときは、原則として、注文者は、その不適合を理由とし
　　　て、履行の追完の請求をすることができません（637条1項）。【2-3-7-⑥】

3　×　目的物の種類または品質に関する担保責任の期間制限は、**注文者がその不適合を
知った時から1年以内にその旨を請負人に通知する**ことを要するとし（637条1項）、
仕事の終了の有無にかかわらず注文者が知った時から起算されます。【2-3-7-⑥】

4　×　請負は、当事者の一方がある仕事を完成することを約し、相手方がその仕事の結
果に対してその報酬を支払うことを約することによって、その効力を生じます（632
条）。したがって、注文者の報酬支払義務は契約と同時に発生し、**請負人の目的物
引渡義務と注文者の報酬支払義務は同時履行の関係に立ちます**（633条本文、533
条）。なお、目的物の引渡しを要しないときは、仕事が終了した後でなければ、報
酬を請求できません（633条ただし書、624条1項）。【2-3-7-⑥】

5　×　請負人が完成させた仕事の目的物に契約内容不適合がある場合、売買契約におけ
る契約内容不適合の場合の代金減額請求の規定（563条1項）が準用される（559
条）ので、注文者は不適合の程度に応じて請負人に対して**代金の減額請求ができま
す**。【2-3-7-⑥】

関連過去問▶	23－34、R5－46

━━━ 講師からのアドバイス ━━━

請負契約における契約内容不適合責任は、請負に関する規定、売買契約における契約内
容不適合の規定、危険負担の規定と横断的な学習が必要になります。

| 問題 34 | 正解 4 | 民法－債権（不法行為） | 重要度 ★★★ | 難易度 B |

第1回 解答解説

1 ○ 判例（最判昭51.7.8）は、使用者が、その事業の執行につきなされた被用者の加
基本 害行為により、直接損害を被りまたは使用者としての損害賠償責任を負担したこと
に基づき損害を被った場合には、使用者は、その事業の性格、規模、施設の状況、
被用者の業務の内容、労働条件、勤務態度、加害行為の態様、加害行為の予防もし
くは損失の分散についての使用者の配慮の程度その他諸般の事情に照らし、**損害の
公平な分担**という見地から**信義則上相当**と認められる限度において、被用者に対し
右損害の賠償または求償の請求をすることができるとしています。【2-3-8-③】

2 ○ 判例（最大判昭39.6.24）は、民法722条にいう過失が認められるためには、被害
者に事理弁識能力があることが必要としています。また、判例（最判昭42.6.27）は、
722条の過失には、被害者本人の過失のみではなく、広く被害者側の過失も包含す
ると解され、その**被害者側の過失**とは、被害者と**身分上**ないしは**生活関係上一体**を
なすとみられるような関係にある過失をいうと解されています。したがって、A
は、過失相殺による損害額の減額を主張することができます。【2-3-8-③】

3 ○ 判例（最判昭42.5.30）は、民法715条2項の代理監督者とは、客観的に見て、使
難問 用者に代わって現実に監督する地位にある者を指称するものと解すべきであり、現
実に右被用者の選任または監督をなす地位にあったことを要するとしています。

4 × 胎児の権利能力について、胎児は、損害賠償の請求権については、すでに生まれ
基本 たものとみなす（721条）としていますが、判例（大判昭7.10.6）は、胎児が生きて
生まれると相続の開始や不法行為の時に遡って権利能力を取得するのであって、**胎
児の間は胎児の条件付権利を保全する代理人はいない**とし、停止条件説に立ってい
ます。【2-1-2-②】

5 ○ 注文者は、請負人がその仕事について第三者に加えた損害を賠償する責任は負い
ません（716条本文）。ただし、注文または指図についてその注文者に過失があった
ときはその限りではありません（716条ただし書）。【2-3-8-③】

| 関連過去問▶ | 18－34、19－34、21－34、24－34、26－34、27－34、28－34、29－34・46、30－33、R元－34、R3－46、R4－34、R5－34 |

講師からのアドバイス

不法行為は超頻出事項ですので、基本事項や判例まで確実に学習しておきましょう。

問題 35	正解	3	民法－親族（内縁）	重要度 ★★	難易度 B

1 × 判例（最判平10.2.26）は、内縁の夫婦が共有する不動産を居住や事業のために共
難問 同で使用してきた事案につき、特段の事情がない限り、一方が死亡した後は他方が
同不動産を単独で使用する旨の合意が成立していたものと推認するのが相当である
としています。したがって、本問においてBはAの相続人からの不当利得返還請求
を拒絶することができます。

2 × 判例（最判昭44.12.18）は、日常の家事に関する債務の連帯責任（民法761条）は、
基本 夫婦が相互に日常の家事に関する法律行為につき他方を代理する権限を有すること
をも規定しているとして、**内縁関係にも761条が適用される**としています。【2-4-
1-②】

3 ○ 判例（最判昭33.4.11）は、内縁を不当に破棄された者について、相手方に対し婚
姻予約の不履行を理由とする損害賠償請求とともに、不法行為を理由とする損害賠
償請求をすることを認めています。

4 × 判例（最判昭29.1.21）は、内縁成立の日から200日後、解消の日から300日以内に
難問 分娩した子は、772条の趣旨を類推し、**内縁の夫の子**と**事実上推定する**としていま
す。

5 × 判例（最判昭47.7.25）は、無効な婚姻の追認について、他方の配偶者が届出の事
実を知ってこれを追認したときは、婚姻の追認によりその**届出の当初に遡って有効**
になるとしています。

関連過去問▶	27－35

講師からのアドバイス

内縁に関しては、選択肢の1つとして出題は何度かありますが、単独の問題としては出
題がありません。多様性の時代ですので、内縁についても確認しておきましょう。

問題 36	正解	3	商法－商法（問屋営業）	重要度	難易度
				★	C

ア ○ 問屋は、他人のためにした販売または買入れにより、相手方に対して、自ら権利を取得し、義務を負います（商法552条1項）。

イ × 問屋は、委託者のためにした販売または買入れにつき相手方がその債務を履行しないときに、自らその履行をする責任を負います（553条本文）。ただし、**当事者の別段の意思表示または別段の慣習があるときは、この限りではありません**（553条ただし書）。

ウ ○ 問屋が委託者の指定した金額より低い価格で販売をし、または高い価格で買入れをした場合において、自らその差額を負担するときは、その販売または買入れは、委託者に対してその効力を生じます（554条）。

エ × 問屋は、取引所の相場がある物品の販売または買入れの委託を受けたときは、自
難問 ら買主または売主となることができます（555条1項前段）。この場合において、売買の代価は、問屋が買主または売主となったことの**通知を発した時**における取引所の相場によって定めます（555条1項後段）。

オ ○ 問屋が買入れの委託を受けた場合において、委託者が買い入れた物品の受領を拒み、またはこれを受領することができないときは、その物品を供託し、または相当の期間を定めて催告をした後に競売に付することができます（556条、524条）。

以上より、誤っているものはイ・エであり、肢3が正解となります。

関連過去問▶	なし

講師からのアドバイス

定番のテーマ以外でも過去に出題実績があるテーマについては、余裕があれば内容を確認しておきましょう。

第1回 解答解説

問題 37	正解	1	商法－会社法（設立）	重要度 ★★	難易度 B

1 〇　発起人は、設立に際して発起人が割当てを受ける設立時発行株式の数や設立時発行株式と引換えに払い込む金銭の額を定めようとするときは、その**全員の同意**を得なければなりません（会社法32条1項1号・2号）。

2 ×　発起人は、定款に株式会社の成立により発起人が受ける報酬その他の特別の利益およびその発起人の氏名または名称についての記載または記録があるときは**公証人の認証の後遅滞なく**当該事項を調査させるため、裁判所に対し、検査役の選任の申立てをしなければなりません（33条1項）。【4-2-2-②】

3 ×　発起人のうち出資の履行をしていないものがある場合には、発起人は、当該出資の履行をしていない発起人に対して、期日を定め、その期日までに当該出資の履行をしなければならない旨を**通知しなければなりません**（36条1項）。通知することができるとする本肢は誤っています。【4-2-2-①】

（基本）

4 ×　発起人は、設立時発行株式を引き受ける者の募集をする旨を定めることができます（57条1項）。そして、発起人が、当該募集をする旨を定めようとするときは、その**全員の同意**を得なければなりません（57条2項）。

5 ×　創立総会の議事については、法務省令で定めるところにより、議事録を作成しなければなりません（81条1項）。そして、発起人は、創立総会の日から**10年間**当該議事録を発起人が定めた場所に備え置かなければなりません（81条2項）。

関連過去問▶	R元－37、R2－37、R3－37、R4－37、R5－37

講師からのアドバイス

令和6年度は出題されなかった「設立」ですが、令和7年度は出題されるはずです。しっかり条文内容を確認しておきましょう。

40

問題 38	正解	5	商法－会社法（単元株制度）	重要度	難易度
				★	B

第1回 解答解説

ア ○ 種類株式発行会社においては、単元株式数は、**株式の種類ごと**に定めなければなりません（会社法188条3項）。

イ ○ 株券発行会社は、単元未満株式に係る株券を発行しないことができる旨を定款で定めることができます（189条3項）。

ウ × 1単元を構成する株式の数は、**1000**および発行済株式総数の200分の1に当たる
（難問） 数以内でなければなりません（188条2項、会社法施行規則34条）。

エ ○ 株式会社は、単元未満株主が当該株式会社に対して単元未満株式売渡請求をする
（基本） ことができる旨を定款で定めることができます（会社法194条1項）。【4-2-3-④】

オ × 取締役会設置会社において、単元株制度の新設および1単元を構成する株式数を
（基本） 増加させる場合の定款変更は**株主総会の特別決議**が必要ですが（466条、309条2項11号）、単元株制度を**廃止**および1単元を構成する株式数を**減少**させる場合は**取締役会の決議**で足ります（195条1項）。【4-2-3-④】

以上より、誤っているものはウ・オであり、肢5が正解となります。

関連過去問 ▶	27－38、29－38

━━ 講師からのアドバイス ━━

定番のテーマではありませんが、過去に出題実績があるテーマについては、余裕があれば内容を確認しておきましょう。

41

問題 39	正解 2	商法－会社法（役員等）	重要度 ★★	難易度 C

1 ✕ 取締役が会社から金銭を借り入れることは利益相反行為にあたり、この取引により会社に損害が生じたときは取締役会決議に賛成した取締役はその任務を怠ったものと推定されるので、反証のない限り会社に対して損害賠償責任を負います（会社法423条）。そして、この責任を負う場合であっても、当該役員等が職務を行うにつき**善意**でかつ**重大な過失**がないときは、**株主総会の特別決議**で責任を一定の限度で免除することができます（425条1項）。

2 ◯ 監査役会設置会社においては、取締役は、定款を変更して当該監査役会設置会社
（難問）が責任限定契約を社外取締役と締結することができる旨の定款の定めを設ける議案を株主総会に提出するには、各監査役の同意を得なければなりません（427条3項、425条3項1号）。

3 ✕ 会計監査人は、その職務を行うため必要があるときは、会計監査人設置会社の子
（難問）会社に対して会計に関する報告を求め、または、会計監査人設置会社もしくはその子会社の業務および財産の状況の調査をすることが**できます**（396条3項）。

4 ✕ 監査役設置会社において、会計参与は、その職務を行うに際して取締役の職務の執行に関し不正の行為または法令もしくは定款に違反する重大な事実があることを発見したときは、遅滞なく、これを**監査役**に報告しなければなりません（375条1項）。【4-2-4-④】

5 ✕ 株主総会の決議により取締役が解任された場合において、当該決議に取消事由が
（基本）存するときは、当該決議の取消しにより取締役となる者は、当該決議の日から**3か月以内**に、訴えをもって当該決議の取消しを請求することができます（831条1項）。【4-2-4-②】

関連過去問▶	R元－40、R3－39、R4－40、R5－40

講師からのアドバイス

役員については、それぞれの役割や責任を横断的に学習するようにしましょう。

42

問題 40	正解 1	商法－会社法（持分会社）	重要度 ★	難易度 C

ア ✕ 合名会社の社員は、会社の財産に対する強制執行がその効を奏しなかった場合は、連帯して、会社の債務を弁済する責任を負います（会社法580条1項2号）。もっとも、この責任は二次的な責任であることから、社員が、当該会社に弁済をする**資力があり、かつ、強制執行が容易**であることを証明した場合は、**責任を負いません**（580条1項2号かっこ書）。

イ ○ 合名会社および合資会社は、定款または総社員の同意によって、641条1号から **(難問)** 3号までに掲げる事由によって解散した場合には、清算人を置くことなく、当該持分会社の財産の処分の方法を定めることができます（任意清算：668条1項・2項）。

ウ ✕ 合資会社の有限責任社員が退社したことにより当該合資会社の社員が無限責任社員のみとなった場合には、当該合資会社は、合名会社となる**定款の変更をしたものとみなされます**（639条1項）。

エ ○ 持分会社は、その社員が死亡した場合または合併により消滅した場合における当該社員の相続人その他の一般承継人が当該社員の持分を承継する旨を定款で定めることができます（608条1項）。

オ ○ 法人が業務を執行する社員である場合には、当該法人は、当該業務を執行する社 **(難問)** 員の職務を行うべき者を選任し、その者の氏名および住所を他の社員に通知しなければなりません（598条1項）。

以上より、誤っているものはア・ウであり、肢1が正解となります。

関連過去問▶	22－39、28－40

━ 講師からのアドバイス ━

令和になってからは一度も出題がありませんが、そろそろ出題されてもおかしくはありません。基本事項については、押さえておきましょう。

| 問題 41 | 正解 | ア 10　イ 2 ウ 16　エ 20 | 憲法－人権（表現の自由） | 重要度 ★★★ | 難易度 A |

　本問は、市長が市庁舎前広場利用の許可申請を不許可処分とした事案に関する最高裁判決（最判令5.2.21）の理解を問うものです。

　憲法21条１項の保障する集会の自由は、民主主義社会における重要な基本的人権の一つとして特に尊重されなければならないものであるが、 ア：10－公共の福祉 による必要かつ合理的な制限を受けることがあるのはいうまでもない。そして、このような自由に対する制限が必要かつ合理的なものとして是認されるかどうかは、制限が必要とされる程度と、制限される自由の内容及び性質、これに加えられる具体的制限の態様及び程度等を較量して決めるのが相当である・・・。

　本件規定・・・は、・・・市長の庁舎 イ：2－管理 権に基づき制定されているものであるところ・・・公務の中核を担う庁舎等において、政治的な対立がみられる論点について集会等が開催され、威力又は気勢を他に示すなどして特定の政策等を訴える示威行為が行われると・・・市長が庁舎等をそうした示威行為のための利用に供したという外形的な状況を通じて・・・特定の立場の者を利しているかのような外観が生じ、これにより外見上の ウ：16－政治的中立性 に疑義が生じて行政に対する住民の信頼が損なわれ、ひいては公務の円滑な遂行が確保されなくなるという支障が生じ得る。本件規定は、上記支障を生じさせないことを目的とするものであって、その目的は合理的であり正当である。

　・・・本件規定により禁止されるのは、飽くまでも公務の用に供される庁舎等において所定の示威行為を行うことに限定されているのであって、他の場所、特に、集会等の用に供することが本来の目的に含まれている エ：20－公の施設 （地方自治法244条１項、２項参照）等を利用することまで妨げられるものではないから、本件規定による集会の自由に対する制限の程度は限定的であるといえ・・・上記場合における集会の自由の制限は、必要かつ合理的な限度にとどまるものというべきである。

　・・・したがって、本件広場における集会に係る行為に対し本件規定を適用することが憲法21条１項に違反するものということはできない。

　集会の自由も公共の福祉による制限を受けるため、 ア には「10－公共の福祉」が入ります。 イ には、市長の庁舎を管理する権限として「2－管理」が入ります。 ウ は、市長が特定の立場の者を利すると政治的中立性を害するおそれがあるため、「16－政治的中立性」が入ります。 エ は、地方自治法244条１項・２項において、集会等の用に供することが本来の目的に含まれているものが入るため、「20－公の施設」が入ります。

| 関連過去問▶ | なし |

講師からのアドバイス

　本判例は出題可能性の高い表現の自由に関する最新判例です。読み込んでおきましょう。

問題 42	正解	ア 12　イ 3　ウ 19　エ 6	行政法－行政事件訴訟法（原告適格）　基本	重要度 ★★★	難易度 A

第1回　解答解説

　本問は、小田急高架化訴訟の最高裁判所判決（最大判平17.12.7）を題材として、行政事件訴訟法９条の原告適格の理解を問うものです。【3-4-2-②】

　行政事件訴訟法９条は、取消訴訟の原告適格について規定するが、同条１項にいう当該処分の取消しを求めるにつき「法律上の利益を有する者」とは、当該処分により自己の権利若しくは法律上保護された利益を　ア：12－侵害　され、又は必然的に　ア：12－侵害　されるおそれのある者をいうのであり、当該処分を定めた行政法規が、不特定多数者の　イ：３－具体的利益　を専ら一般的公益の中に吸収解消させるにとどめず、それが帰属する個々人の　ウ：19－個別的利益　としてもこれを保護すべきものとする趣旨を含むと解される場合には、このような利益もここにいう法律上保護された利益に当たり、当該処分によりこれを　ア：12－侵害　され又は必然的に　ア：12－侵害　されるおそれのある者は、当該処分の取消訴訟における原告適格を有するものというべきである。

　そして、処分の相手方以外の者について上記の法律上保護された利益の有無を判断するに当たっては、当該処分の根拠となる法令の規定の文言のみによることなく、当該法令の　エ：６－趣旨及び目的　並びに当該処分において考慮されるべき利益の内容及び性質を考慮し、この場合において、当該法令の　エ：６－趣旨及び目的　を考慮するに当たっては、当該法令と目的を共通にする関係法令があるときはその　エ：６－趣旨及び目的　をも参酌し、当該利益の内容及び性質を考慮するに当たっては、当該処分がその根拠となる法令に違反してされた場合に害されることとなる利益の内容及び性質並びにこれが害される態様及び程度をも勘案すべきものである（同条２項参照）。

　判例（最大判平17.12.7）は、「法律上の利益を有する者」とは、「当該処分により自己の権利若しくは法律上保護された利益を『侵害』され、又は必然的に『侵害』されるおそれのある者をいう」としていることから、　ア　には「12－侵害」が入ります。そして、同判例は、「当該処分を定めた行政法規が、不特定多数者の『具体的利益』を専ら一般的公益の中に吸収解消させるにとどめず、それが帰属する個々人の『個別的利益』としてもこれを保護すべきものとする趣旨を含むと解される場合には、このような利益もここにいう法律上保護された利益に当たる」としていることから、　イ　には「３－具体的利益」、　ウ　には「19－個別的利益」が入ります。　エ　には、行政事件訴訟法９条２項前段から、「６－趣旨及び目的」が入ります。

関連過去問▶	18－44、22－42、24－17、26－17、R3－19

講師からのアドバイス

　原告適格について、条文と判例を繰り返し学習することによってキーワードを含めて、理解を確実なものにしましょう。

45

問題 43	正解	ア 11　イ 4 ウ 7　エ 18	行政法－地方自治法（住民訴訟）	重要度	難易度
				★★	B

本問は、普通地方公共団体による債権放棄の適法性が争われた事件の最高裁判所判決（最判平30.10.23）からの出題です。【3-6-2-③】

　普通地方公共団体がその債権の放棄をするに当たって、その適否の実体的判断は、住民による直接の選挙を通じて選出された議員により構成される普通地方公共団体の議決機関である　ア：11－議会　の裁量権に基本的に委ねられているものというべきであるところ、住民訴訟の対象とされている損害賠償請求権又は不当利得返還請求権を放棄する旨の議決がされた場合には、個々の事案ごとに、当該請求権の発生原因である財務会計行為等の性質、内容、原因、経緯及び影響、当該議決の趣旨及び経緯、当該請求権の放棄又は行使の影響、住民訴訟の係属の有無及び経緯、事後の状況その他の諸般の事情を総合考慮して、これを放棄することが普通地方公共団体の　イ：4－民主的かつ実効的　な行政運営の確保を旨とする地方自治法の趣旨等に照らして不合理であって上記の裁量権の範囲の逸脱又はその濫用に当たると認められるときは、その議決は　ウ：7－違法　となり、当該放棄は　エ：18－無効　となるものと解するのが相当である。そして、財務会計行為等の性質、内容等については、その　ウ：7－違法　事由の性格や当該職員又は公金の支出等を受けた者の帰責性等が考慮の対象とされるべきものと解される・・・。

　住民による直接の選挙を通じて選出された議員により構成される普通地方公共団体の議決機関は「議会」ですから、　ア　には「11－議会」が入ります。地方自治法の趣旨には、「民主的かつ実効的」な行政運営の確保がありますから、　イ　には「4－民主的かつ実効的」が入ります。普通地方公共団体の議会の議決が、裁量権の範囲の逸脱またはその濫用に当たると認められるときは、その議決は「違法」となり、本件の債権放棄は「無効」となることから、　ウ　には「7－違法」、　エ　には「18－無効」が入ります。

関連過去問▶	なし

講師からのアドバイス

住民監査請求・住民訴訟に関するキーワードを押さえておきましょう。なお、債権放棄に関する判例は、平成24年4月20日の最高裁判所判決もありますので、余裕があれば一読してください。

問題44 行政法－行政事件訴訟法（民衆訴訟） 基本

重要度 ★★　難易度 B

【3-4-1-2】

解答例

民	衆	訴	訟	と	呼	ば	れ	、	選	挙	人	た	る	資
格	そ	の	他	自	己	の	法	律	上	の	利	益	に	か
か	わ	ら	な	い	資	格	で	提	起	す	る	。		

（43字）

　行政事件訴訟法において民衆訴訟とは、国または公共団体の機関の法規に適合しない行為の是正を求める訴訟で、選挙人たる資格その他自己の法律上の利益にかかわらない資格で提起するものをいうとされています（行政事件訴訟法5条）。民衆訴訟は、客観訴訟であり、法律に定める場合において、法律に定める者に限り、提起することができるものとされており（42条）、公職選挙法203条1項のように選挙の効力を争う訴訟は、民衆訴訟の具体例に当たります。

① 行政事件訴訟法上、このような訴訟は何と呼ばれるか

　行政事件訴訟法5条の規定に基づき、**民衆訴訟**と呼ばれる旨を解答します。

② 行政事件訴訟法上、どのような資格で提起するものとされているか

　行政事件訴訟法5条の規定に基づき、**選挙人たる資格その他自己の法律上の利益にかかわらない資格で提起**する旨を解答します。

以上を40字程度にまとめて記述することとなります。

＊ 採点基準 ＊

配点の上限は以下の通りである。用語の使用や文章の表現が不適切・不自然なもの、他の事項が記載されているもの、誤字・脱字等については、減点されることとなる。
1. 民衆訴訟……………………………………………………………………………… 10点
2. 選挙人たる資格その他自己の法律上の利益にかかわらない資格……………… 10点

関連過去問▶ 19-19、28-17、30-18、R元-43、R6-19

講師からのアドバイス

訴訟類型を問う問題は、択一式でも記述式でも頻出です。記述式対策としては、事例から訴訟類型を判別して正しく記述できるよう、準備をしておきましょう。

問題 45	民法－総則（代理）	重要度 ★★	難易度 C

【2-1-5-①】

解答例

								10						15
利	益	相	反	行	為	に	該	当	し	、	無	権	代	理
と	な	り	、	特	別	代	理	人	の	選	任	を	請	求
し	な	け	れ	ば	な	ら	な	い	。					

（40字）

　親権者である母が未成年の子の所有する土地につき、自己の債務の担保のために抵当権の設定を代理することは、**利益相反行為**にあたります（最判昭37.10.2）。

　そして、代理人と本人との利益が相反する行為については、**代理権を有しない者がした行為とみなされます**（民法108条2項）。

　また、親権を行う父または母とその子との利益が相反する行為については、親権を行う者は、その子のために**特別代理人を選任**することを家庭裁判所に請求しなければなりません（826条1項）。したがって、本問の場合、子Cの所有する建物（甲）について抵当権を設定する契約をするには、母Bは、Cのために特別代理人を選任することを家庭裁判所に請求しなければなりません。

＊ 採 点 基 準 ＊

配点の上限は以下の通りである。用語の使用や文章の表現が不適切・不自然なもの、他の事項が記載されているもの、誤字・脱字等については、減点されることとなる。
1. 利益相反行為にあたること……………………………………………………8点
2. 無権代理になること……………………………………………………………8点
3. 特別代理人の選任を家庭裁判所に請求すること…………………………4点

関連過去問 ▶ 　23－46、25－45、R4－45

講師からのアドバイス

代理に関する問題は過去3回出題されています。昨年度（令和6年度）の記述式では民法総則からの出題はなかったため、総則からの出題にも注意しましょう。

| 問題 46 | 民法－債権（受領遅滞後の履行不能と危険負担） | 重要度 ★★ | 難易度 C |

【2-3-1-②】

解答例

Bの責めに帰すべき事由によるものとみなされる結果、Bは代金の支払いを拒むことができない。

(44字)

本問は、A所有の中古自動車甲が、買主Bの受領遅滞中に隣家の失火による延焼により焼失し、売主Aが負担する甲の引渡債務が履行不能となったという事案を通じて、受領遅滞後の履行不能と危険負担に関する理解を問うものです。

① Aが負担する甲の引渡債務の履行不能は、どのようなものとみなされるか

債権者（甲の引渡請求権を有する買主B）が債務（売主Aが負担する甲の引渡債務）の履行を受けることを拒み、または受けることができない場合において（受領遅滞）、履行の提供があった時以後に当事者双方の責めに帰することができない事由（A宅の隣家の失火による延焼）によってその債務の履行が不能となったときは、その履行の不能は、**債権者（買主B）の責めに帰すべき事由によるものとみなされます**（民法413条の2第2項）。

② Bは代金の支払いを拒めるかどうか

債権者（買主B）の責めに帰すべき事由によって債務（甲の引渡債務）を履行することができなくなったときは、債権者（買主B）は、**反対給付の履行（代金支払い）を拒むことができません**（536条2項前段）。

以上より、Aが負担する甲の引渡債務の履行不能は、Bの責めに帰すべき事由によるものとみなされること、その結果、Bは代金の支払いを拒むことができないことを40字程度にまとめて記述することになります。

＊ 採 点 基 準 ＊

配点の上限は以下の通りである。用語の使用や文章の表現が不適切・不自然なもの、他の事項が記載されているもの、誤字・脱字等については、減点されることとなる。
1．Bの責めに帰すべき事由によるものとみなされる・・・・・・・・・・・・・・・・・・・・・・・10点
2．Bは代金の支払いを拒むことができない・・・・・・・・・・・・・・・・・・・・・・・・・・・・・・10点

関連過去問▶ R4-30、R5-32

講師からのアドバイス

受領遅滞と危険負担については択一式では繰り返し出題されていますので、記述式で出題されても、キーワード（法律用語、条文の要件、効果）を正確に、問題文のリクエストに対応させて解答できるように準備しておきましょう。

				重要度	難易度
問題47	正解	**1**	基礎知識－一般知識（選挙）	★★★	C

1 ○ 2024年（令和6年）7月に実施された東京都知事選挙では、選挙ポスターのあり
【難問】 方などの課題も浮き彫りとなりました。また、立候補した56人のうち53人は、その
得票が有効投票数の10分の1に達せず、供託金が没収されています。

2 × 国政選挙においても地方選挙においても、**外国人には投票は認められていませ**
【基本】 **ん**。2024年（令和6年）7月に実施された東京都知事選挙で、外国人による投票や
立候補が認められたという事実もありません。【1-2-1-①・3-6-2-①】

3 × 参議院議員選挙における比例代表では、非拘束名簿式が採用されていますが、あ
らかじめ政党の決めた順位に従って当選者が決まる仕組みである**特定枠**も導入され
ています。そして、特定枠が初めて導入された2019年（令和元年）の参議院議員選
挙では、**3つの政党・政治団体**から特定枠で立候補した者がいましたが、すべての
政党から特定枠による立候補者が擁立されてはいません。

4 × 参議院議員選挙における選挙区での投票は、都道府県を一つの単位として行われ
ていましたが、2016年（平成28年）の参議院議員選挙から**合区制度**が導入されてい
ます。ただし、合区となったのは、**鳥取県と島根県、徳島県と高知県**です。

5 × 2024年（令和6年）10月に実施された衆議院議員選挙では、自由民主党が獲得し
た議席は**191議席**であり、公明党の24議席と合わせても**215議席**の獲得にとどまり
ました。

関連過去問▶	19－48、21－47、26－55、27－48、28－48、R元－48

講師からのアドバイス

選挙制度は繰り返し出題されている一般知識における重要項目です。昨年度（令和6年
度）は出題がなかったため、特に注意が必要です。

| 問題48 | 正解 3 | 基礎知識－一般知識（行財政） | 重要度 ★★ | 難易度 B |

1 × 特定の観光地において、訪問客の著しい増加により、地域住民の生活、自然環境、景観等に対して悪影響をもたらしたり、観光客の満足度を低下させるような状況のことは、**オーバーツーリズム**と呼ばれます。

2 × 増加する観光客のニーズと観光地の地域住民の生活環境の調和を図り、両者の共存・共生に関する対応策のあり方を総合的に検討・推進することを目的に、「持続可能な観光推進本部」が設置されたのは**観光庁**であり、**2018年（平成30年）6月**のことです。 〈難問〉

3 〇 配偶者が一定の年収を超えない場合に配偶者を扶養する納税者が受けられる税金の控除の仕組みを**配偶者控除**といい、配偶者の年収が一定の額を超えると配偶者控除が受けられなくなります。

4 × マイナ保険証とは、マイナンバーカードの健康保険証利用のことを指します。そして、2024年（令和6年）12月には、**従来の健康保険証は原則廃止**され、マイナンバーカードを健康保険証として利用する仕組みに一本化されることになりました。【6-3-1-①】 〈基本〉

5 × 2024年（令和6年）9月、兵庫県では、議会が知事の不信任決議を可決しました。これに対し、知事が**議会を解散させたわけではなく**、解散しなかったことにより失職しました。また、地方公共団体において議会が知事に対する**不信任案が可決された例は他にもある**ため、今回の不信任決議の可決が地方自治法施行以後初めてのこととはいえません。

| 関連過去問▶ | なし |

―― 講師からのアドバイス ――
政治関連の時事問題への対応もできるよう予想問題を通じて確認しておきましょう。

| 問題 49 | 正解 **4** | 基礎知識－一般知識（経済用語） | 重要度 ★★ | 難易度 C |

1 ×　ＧＤＰ（国内総生産）とは、一定期間内に国内で生産されたモノやサービスの付
基本加価値の合計額のことをいい、その国の経済規模や景気の状態を総合的に示す指標
となります。四半期ごとにＧＤＰ速報値を公表しているのは**内閣府**です。【6-1-4-
②】

2 × インクルーシブとは、包括することを意味する用語であり、人間の多種多様性を
認め合うことを指します。なお、本肢は**イクスクルーシブ**に関する説明です。

3 × 従来の出社型のオフィスワークと、自宅などオフィスと離れた場所で働くテレワ
ークを組み合わせた働き方のことは、**ハイブリッドワーク**といいます。なお、**ワー
クライフバランス**とは、仕事と仕事以外の生活との調和をとり、その両方を充実さ
せる働き方・生き方のことをいいます。

4 ○ **消費者物価指数**は、全国の世帯が購入する家計に係る財およびサービスの価格等
難問を総合した物価の変動を時系列的に測定するものです。2023年（令和5年）平均の
総合指数は、2020年を100として105.6となり、前年比は**3.2％の上昇**となりました。
【6-1-4-②】

5 × **燃料デブリ**とは、原子炉内の冷却機能が失われ、核燃料や構造物が溶けた後に、
難問冷えて固まったものをいいます。2024年（令和6年）9月には、福島第一原子力発
電所にあった燃料デブリの**試験的取り出し作業に着手**しましたが、すべての燃料デ
ブリの取り出しが完了したわけではありません。

| 関連過去問▶ | R元－51、R2－52 |

─── **講師からのアドバイス** ───

経済用語に関しては、基本的な用語の知識の確認とともに、時事問題への対応も含めて
確認しておきましょう。

| 問題 50 | 正解 | 2 | 基礎知識－一般知識（外国人） | 重要度 ★★ | 難易度 C |

1　×　難民認定の申請中は強制送還が停止されますが、3回目の申請以降は相当の理由を示さなければ送還停止の規定は適用されません。そのため、難民認定申請を何度も繰り返すことにより強制送還を免れることはできません。【6-2-3-②】

（**難問**）

2　○　2024年（令和6年）6月末における特定技能1号外国人数は251,594人でした。また、国籍別に見ると、最も多いのはベトナムの126,740人でした。【6-2-3-①】

（**難問**）

3　×　2024年（令和6年）6月末における特定技能2号外国人数は153人でした。国籍別に見ると、最も多いのはベトナムの92人でした。中国は36人でベトナムに次いで多い国でした。

（**難問**）

4　×　2024年（令和6年）6月末における在留外国人数は、358万8,956人であり、前年末比5.2％増となり、過去最高となりました。【6-2-3-①】

5　×　2024年（令和6年）6月末における在留外国人を在留資格別に見ると、最も多かったのは永住者の902,203人、次いで技能実習の425,714人、技術・人文知識・国際業務の394,295人でした。

（**難問**）

| 関連過去問▶ | 22－53、26－54、30－47、R6－50 |

━━━ 講師からのアドバイス ━━━

外国人に関する問題は昨年度（令和6年度）にも出題がありますが、統計的な問題や最近の法改正に関する出題にも注意しましょう。

第1回　解答解説

1 ×　認定こども園とは、幼稚園や保育所等が教育と保育の両方の機能を提供するとともに、子育て支援事業を行う施設のことをいいます。「就学前の子どもに関する教育、保育等の総合的な提供の推進に関する法律」の施行により導入されることとなりましたが、同法の施行は2006年（平成18年）10月です。

2 ×　児童手当は、2024年（令和6年）10月から、対象児童を**高校生年代**まで（18歳の誕生日以後の最初の3月31日まで）に拡充されました。また、**所得制限も撤廃**され、所得にかかわらず全額支給となりました。【6-1-7-②】

3 ×　2025年（令和7年）4月から、育児介護休業法に基づく子の看護休暇は、子の行事参加等の場合でも取得可能となり、対象となる子の範囲も拡大されましたが、**小学校3年生**までが対象となります。【6-1-7-②】

4 ○　2025年（令和7年）4月から、育児介護休業法に基づく育児休業の取得状況の公表義務の対象は、常時雇用する労働者数が**1,000人超**の事業主から**300人超**の事業主に拡大されました。【6-1-7-②】

5 ×　**後期高齢者医療制度**では、後期高齢者の窓口負担を除いた額は、**公費と現役世代からの支援金**でも賄われていますが、**後期高齢者自身の保険料**でも賄われています。

| 関連過去問▶ | R2−51、R5−53 |

講師からのアドバイス

育児介護休業法の改正が2025年（令和7年）4月に施行されています。肢3・肢4の知識にも注意しましょう。

| 問題 52 | 正解 | 5 | 基礎知識－業務関連法令（行政書士法） | 重要度 ★★★ | 難易度 A |

1 × 社会保険労務士の資格を有するからといって行政書士となる資格を有する者となるわけではありません（行政書士法２条参照）。【6-2-1-①】
（基本）

2 × 禁錮以上の刑に処せられ、その執行を終わり、又は執行を受けることがなくなってから３年を経過しない者は行政書士となる資格を有しません（２条の２第３号）。
（基本） 【6-2-1-①】

3 × 行政書士となる資格を有する者が、行政書士となるには、**日本行政書士会連合会**の備える行政書士名簿に、その事務所の所在地の属する都道府県の区域に設立されている**行政書士会を経由**して登録の申請を行い、登録を受けなければなりません（６条１項・２項、６条の２第１項）。【6-2-1-②】
（基本）

4 × 行政書士の登録が抹消されたときは、その者、その法定代理人またはその相続人は、**遅滞なく**、行政書士証票を日本行政書士会連合会に**返還**しなければなりません（７条の２第１項前段）。【6-2-1-②】

5 ○ 日本行政書士会連合会は、行政書士の登録を受けた者が、偽りその他不正の手段により当該登録を受けたことが判明したときは、当該登録を**取り消さなければなりません**（６条の５第１項）。【6-2-1-②】
（基本）

| 関連過去問▶ R6－52 |

―――――――――（ 講師からのアドバイス ）―――――――――

業務関連法令では、行政書士法が最も重要です。昨年度（令和６年度）試験でも１問出題がありましたが、引き続き注意しましょう。

1 ○ 住所（国外転出者の場合、国外転出者である旨）は、戸籍の附票の記載事項です（住民基本台帳法17条3号）。【6-2-2-②】
基本

2 ○ 住所を定めた年月日（国外転出者の場合、国外転出届に記載された転出の予定日）は、戸籍の附票の記載事項です（17条4号）。【6-2-2-②】

3 ○ 住民票に記載された住民票コード（国外転出者の場合、国外転出届をしたことにより消除された住民票に記載されていた住民票コード）は、戸籍の附票の記載事項です（17条7号）。【6-2-2-②】

4 × 緊急時の連絡先となる者の住所（国外転出者の場合、国内に居住する者の住所に限る）は、戸籍の附票の記載事項ではありません。【6-2-2-②】

5 ○ 出生の年月日は、戸籍の附票の記載事項です（17条5号）。【6-2-2-②】
基本

関連過去問 ▶ R6-53

講師からのアドバイス

業務関連法令では行政書士法以外の法律にも注意しましょう。住民基本台帳法は、昨年度（令和6年度）、住民票の記載事項を問う問題として出題されています。

| 問題 54 | 正解 | **1** | 基礎知識－情報通信（Ｗｅｂ３） | 重要度 ★★★ | 難易度 B |

第1回 解答解説

ア 「一方向」が入ります

コンテンツ閲覧が中心のコミュニケーションは、「一方向」のコミュニケーションです。したがって、｜ア｜には「一方向」が入ります。

イ 「双方向」が入ります

ブログやＳＮＳ等においては、ユーザーが自らコンテンツを作り出すことにより、「双方向」のコミュニケーションが可能となります。したがって、｜イ｜には「双方向」が入ります。

ウ 「ブロックチェーン」が入ります

Ｗｅｂ３は、「ブロックチェーン」技術を基盤とします。したがって、｜ウ｜には「ブロックチェーン」が入ります。【6-3-1-①】

エ 「非中央集権」が入ります

Ｗｅｂ2.0では、プラットフォーマーにデータが集中しますが、Ｗｅｂ３は、プラットフォーマーにデータが集中しないため、「非中央集権」的と言われます。したがって、｜エ｜には「非中央集権」が入ります。

オ 「代替不可能」が入ります

難問 Ｗｅｂ３の応用事例としては、「ＮＦＴ」を挙げることができます。「ＮＦＴ」は、ブロックチェーンを基盤にして作成された、偽造・改ざん不能である「代替不可能」なデジタルデータの総称です。したがって、｜オ｜には「代替不可能」が入ります。

以上より、｜ア｜には「一方向」、｜イ｜には「双方向」、｜ウ｜には「ブロックチェーン」、｜エ｜には「非中央集権」、｜オ｜には「代替不可能」が入り、肢１が正解となります。

| 関連過去問▶ | 29－50 |

講師からのアドバイス

情報通信用語はこのような形で問われることもあります。「Ｗｅｂ３」「ブロックチェーン」「ＮＦＴ」は相互に関連する用語として覚えておきましょう。

問題 55	正解	2	基礎知識－情報通信（GDPR）	重要度	難易度
				★	C

1 ○ データ主体が、一つまたは複数の特定の目的のための自己の個人データの取扱い
難問 に関し、**同意を与えた場合**、その範囲内で取扱いは**適法である**ものとされています
（GDPR6条）。

2 × データ主体が、一つまたは複数の特定された目的のためのその個人データの取扱
難問 いに関し、**明確な同意を与えた場合**は、原則として、人種的・民族的な出自、政治
的な意見、宗教上・思想上の信条等のいわゆる特別な種類の個人データの取扱いは
禁止されません。なお、EU法または加盟国の国内法が特別な種類の個人データの
取扱いの禁止をデータ主体が解除できないことを定めている場合は除かれます（9
条）。

3 ○ データ主体は、一定の場合、自己と関係する個人データの取扱いに対し、プロフ
難問 ァイリングの場合を含め、いつでも、**異議を述べる権利**を有するものとされていま
す（21条）。

4 ○ データ主体は、その個人データが、それが収集された目的またはその他の取扱い
難問 の目的との関係で、必要のないものとなっている等一定の場合、管理者から、不当
に遅滞することなく、自己に関する**個人データの消去を得る権利**をもつものとされ
ています（17条）。

5 ○ データ主体は、一定の場合においては、自己が管理者に対して提供した自己と関
難問 係する個人データを、構造化され、一般的に利用され機械可読性のある形式で受け
取る権利をもち、また、その個人データの提供を受けた管理者から妨げられること
なく、別の管理者に対し、それらの**個人データを移行する権利**を有するものとされ
ています（20条）。

関連過去問▶	30－55、R6－55

講師からのアドバイス

GDPRについての知識はかなり細かいですが、過去に本試験で問われたこともあるの
で、この問題の範囲で確認しておくと良いでしょう。

問題 56	正解	4	基礎知識－情報通信（地方公共団体情報システム機構）	重要度 ★	難易度 C

1 ×　地方公共団体情報システム機構は、国および地方公共団体が共同して運営する組織として、住民基本台帳法、電子署名等に係る地方公共団体情報システム機構の認証業務に関する法律および行政手続における特定の個人を識別するための番号の利用等に関する法律の規定による事務ならびにその他の地方公共団体の情報システムに関する事務を地方公共団体に代わって行うとともに、地方公共団体に対してその情報システムに関する支援を行い、もって情報通信技術を用いた本人確認の手段の円滑な提供を確保するとともに、地方公共団体の行政事務の合理化および住民の福祉の増進に寄与することを目的としています（地方公共団体情報システム機構法1条）。その目的として、地方自治の本旨に基づく旨は**明記されていません**。

2 ×　地方公共団体情報システム機構は、必要があるときは、その資本金を増加することができます（4条2項）が、地方公共団体以外の者は、機構に**出資することができない**ものとされています（4条3項）。

3 ×　地方公共団体情報システム機構は、定款に、目的、名称等所定の事項を規定しなければならず（5条1項）、定款の変更は、**内閣総理大臣および総務大臣の認可**を受けなければ、その効力を生じないものとされています（5条2項）。

4 ○　地方公共団体情報システム機構は、その業務として、電子署名等に係る地方公共団体情報システム機構の認証業務に関する法律の規定により処理することとされている事務および行政手続における特定の個人を識別するための番号の利用等に関する法律の規定により処理することとされている事務を行うものとされています（22条2号・3号）。

5 ×　**総務大臣**は、地方公共団体情報システム機構が地方公共団体情報システム法もしくは同法に基づく命令または定款に違反し、または違反するおそれがあると認めるときは、機構に対し、その業務ならびに資産および債務の状況に関し**報告**をさせ、またはその職員に、機構の事務所に**立ち入り**、その業務の状況もしくは帳簿、書類その他の物件を**検査**させることができるものとされています（35条1項）。

関連過去問 ▶ 19-56

講師からのアドバイス

地方公共団体情報システム機構については、余裕があれば、肢4の業務についてだけ確認しておくとよいでしょう。

基礎知識－個人情報保護法
（個人情報保護委員会）

重要度 ★★　難易度 B

1　〇　個人情報保護委員会には、専門の事項を調査させるため、**専門委員**を置くことができるものとされています（個人情報保護法140条1項）。

2　〇　個人情報保護委員会は、毎年、内閣総理大臣を経由して**国会**に対し所掌事務の処理状況を**報告**するとともに、その概要を**公表**しなければならないものとされています（168条）。

3　〇　個人情報保護委員会の委員長および常勤の委員は、在任中、内閣総理大臣の許可のある場合を除くほか、報酬を得て他の職務に従事し、または営利事業を営み、その他金銭上の利益を目的とする業務を行ってはならないものとされています（142条2項）。

4　×　個人情報保護委員会の委員長および委員は、**独立して**その職権を行うものとされています（133条）。

5　〇　個人情報保護委員会は、個人情報取扱事業者等の義務等の規定の施行に必要な限度において、個人情報取扱事業者等その他の関係者に対し、個人情報等の取扱いに関し、必要な**報告**もしくは**資料の提出**を求め、またはその職員に、当該個人情報取扱事業者等その他の関係者の事務所その他必要な場所に**立ち入らせ**、個人情報等の取扱いに関し**質問させ**、もしくは帳簿書類その他の物件を**検査させる**ことができるものとされています（146条1項）。【6-3-3-④】

関連過去問▶　R元－57、R4－57

講師からのアドバイス

個人情報保護法は条文知識が問われます。定義、民間部門・公的部門の義務の規定を優先的に押さえ、余裕があったら本問で問われている個人情報保護委員会の規定なども確認しておくと良いでしょう。

問題 58	正解 3	基礎知識－文章理解（並べ替え）	重要度 ★★★	難易度 A

【6-4-1-①】

接続詞、指示語に注意して、各肢の前後関係を検討していきます。

まず、肢エの「そこ」に着目すると、肢エの冒頭の「そこ」での夢や希望は、「かつての…とは大分違う」と述べています。つまり、「そこ」は、現在の状況を指していると考えられます。現在の状況を端的に述べているのは、ポスト・ヒューマンについて述べている肢ウです。ここから「ウ→エ」の順に並ぶことがわかります。

そして、肢エの文末「あらゆる人びとの希望なのかというとそうではない」に続く文章としては「ごく限られた人だけのもの」といった内容のものになると考えられます。このような内容としては、肢アの「桁違いの富を築いて…のような人たちだけでしょう」につながることがわかります。ここから「エ→ア」の流れをつかむことができます。

また、肢アの「そんな計画」は、「桁違いの富」があり、宇宙開発「ＮＡＳＡ（アメリカ航空宇宙局）」まで買えるような限られた人だけができる内容です。このことからすれば、「そんな計画」は、肢イの「テスラの電気自動車を積んでロケットを飛ばす」ことや「宇宙観光産業」を指すといえます。ここから「イ→ア」の流れをつかむことができます。

ここで、肢アにつながる肢イと肢エの前後関係について確定させます。肢イの冒頭が「つまり、それは」で始まっていますから、その前の部分で述べられていることを言い換えている文章になってはずです。「私たちの日常的な生活経験の感覚とはかけ離れている」「誰もがみな隣町に行くように宇宙に行けるわけではけっしてない」という内容は、肢エの文末「それがあらゆる人びとの希望なのかというとそうではない」という内容の言い換えといえますから、ここから「エ→イ」の順に並ぶことがわかります。

さらに、肢オの「そんな一代成金」は、一代で富を築いた「イーロン・マスク」「ビル・ゲイツ」「ベゾス」を指すといえますから、「ア→オ」の順に並ぶことがわかります。

以上のことから、「ウ→エ」「エ→ア」「イ→ア」「エ→イ」「ア→オ」の流れをつかむことができ、これらを総合すると「ウ→エ→イ→ア→オ」と並べ替えることができます。

以上より、肢3が正解となります。

関連過去問▶	24－58、25－58、26－60、27－59、28－58・60、29－58・60、30－59、R2－59、R4－58、R6－59

≡ 講師からのアドバイス ≡

最初にくるものがどれか、ということではなく、接続詞や指示語を手掛かりにして、各肢の前後関係をいくつか確定させて、それをつなげていくと並べ替えしやすくなります。

| 問題 59 | 正解 2 | 基礎知識－文章理解（空欄補充） | 重要度 ★★★ | 難易度 A |

【6-4-1-②】

Ⅰ 「現象」が入る

Ⅰ の前の「この」は、その前の「われわれの日本語の場合でも、心身ともにいちじるしく疲労しているときは、話すのもおっくうになったり、ことばがつかえててでてこなかったりすること…」ですから、 Ⅰ には、実際に起こったことを示す語句である「**現象**」が入ります。状況（うつりゆくさま）、変化（かわりゆくこと）は、 Ⅰ に入る語句として適切ではありません。

Ⅱ 「介入」が入る

Ⅱ の前の「外国語習得の方法で、睡眠法というのがあるが、これは、睡眠をとるまえに一定の単語や文章を学習させておき、一定の睡眠後にそれをおもいださせる方法である」とあるため、 Ⅱ には、睡眠をとる前と睡眠後の間に入ることを示す語句である「**介入**」が入ります。離反（はなれること）は、 Ⅱ に入る語句として適切ではありません。

Ⅲ 「保持」が入る

Ⅲ の前には、「おぼえたものを」とあるため、 Ⅲ には、保つことを継続することを示す語句である「**保持**」が入ります。保管（物を置いておくこと）、廃棄（捨てること）は、 Ⅲ に入る語句として適切ではありません。

Ⅳ 「無意識」が入る

Ⅳ の前には、「体験や風俗習慣のことなるものを直接に知る…」とあるため、 Ⅳ には、行いに対して意識のないことを示す語句である「**無意識**」が入ります。無自覚（立場などを意識・自覚がないこと）、無機質（生命活動に必要な元素や塩のこと）は、 Ⅳ に入る語句として適切ではありません。

Ⅴ 「原書」が入る

Ⅴ の前には、「外国人の思想や感じかたを、日本語的な文章になおした翻訳にたよらずに…」とあるため、 Ⅴ には、翻訳書などの起源となる書物を示す語句である「**原書**」が入ります。原紙（印刷用紙の紙のこと）は、 Ⅴ に入る語句として適切ではありません。

以上より、 Ⅰ には「現象」、 Ⅱ には「介入」、 Ⅲ には「保持」、 Ⅳ には「無意識」、 Ⅴ には「原書」が入り、肢２が正解となります。

| 関連過去問 ▶ | 19－60、20－60、21－58、22－59・60、23－60、24－59・60、25－60、26－58、27－60、29－59、30－60、R2－60、R3－59、R4－60、R6－58 |

講師からのアドバイス

空欄補充問題は、空欄の前後の文章にヒントがありますから、選択肢の中から入りうる語句を絞りながら正解肢を導くようにしましょう。

| 問題 60 | 正解 | 5 | 基礎知識－文章理解（脱文挿入） | 重要度 ★★★ | 難易度 A |

【6-4-1-③】

　空欄の段落で述べていることは、雌雄の区別がつかないこと、その例として、カラスの嘴（くちばし）が猛禽類（もうきんるい）と同様、なんでも引き裂いて食べることができることを説明しています。これに対して、空欄の次の段落では、個体の識別の困難性については述べているものの、猛禽類同様、なんでも引き裂いて食べることができる嘴については触れていません。そして、ここで段落分けがなされていることからすれば、空欄のある段落で述べられていて、次の段落で述べられていない内容のことが、空欄で述べられていると考えられます。そうすると、空欄には「なんでも引き裂いて食べることができる嘴の話」が述べられていると考えられます。

1　×　「スズメの幼鳥に飛翔力がつくにつれて捕食が困難になるだけに、巣立ちの時期を察知することが何よりも重要である」ことは、「嘴を使って何でも引き裂くこと」により「何でも食べること」と関連する内容の文ではないため、本肢は空欄に入る文章として妥当ではありません。

2　×　「銀座や渋谷、新宿といった繁華街の残飯情報を交換」することは、「食べること」に関連する事情ではありますが、「嘴を使って何でも引き裂くこと」と関連する内容ではないため、本肢は空欄に入る文章として妥当ではありません。

3　×　「鋭く曲がった嘴でつついて腕を傷つけてくる」ことは、「嘴を使って何でも引き裂くこと」に関連する事情はありますが、「手にしてみると体に温もりがあり親近感を感じる」ことは、「何でも食べること」と関連する内容ではないため、本肢は空欄に入る文章として妥当ではありません。

4　×　「カラスが野外に設置した精密器具を鋭く曲がった嘴でつついたほんの僅かな破損により、都市機能が停止しないとも言い切れない」ことは、「嘴を使って何でも引き裂くこと」に関連する事情はありますが、「何でも食べること」と関連する内容ではないため、本肢は空欄に入る文章として妥当ではありません。

5　○　「普通の野鳥では食べられないような肉類や動物の死体なども食べることができるのは、この鋭く強靭な嘴によるものと思われる」ことは、「嘴を使って何でも引き裂くこと」により「何でも食べること」と関連する内容の文であるため、本肢は空欄に入る文章として妥当です。

| 関連過去問 ▶ | 23－58、27－58、28－59、30－58、R元－58・60、R2－58、R3－60、R4－59、R5－60、R6－60 |

講師からのアドバイス

脱文挿入は、空欄の前後の文を通じて、入りうる文章を絞り正解を導くことが攻略のポイントです。

第2回

解答解説

第2回　解答一覧

【法令等（5肢択一式）】（各4点）

科目	No.	テーマ	出題内容	正解	重要度	難易度
基礎法学	1	裁判制度（公訴時効）	知識・条文	2	★★	B
	2	法学（法格言）	知識	5	★★	C
憲 法	3	人権（人権の享有主体）	判例	5	★★★	A
	4	人権（表現の自由）	判例	1	★★★	B
	5	人権（適正手続の保障）	判例	3	★★	B
	6	統治（国会）	条文	4	★★★	A
	7	統治（司法権の範囲・限界）	判例	3	★★★	A
行政法	8	一般的な法理論（法律による行政の原理）	知識	2	★★	B
	9	一般的な法理論（行政計画）	知識・判例	1	★★	B
	10	一般的な法理論（公務員）	知識・判例	4	★★	C
	11	行政手続法（目的）	条文	5	★★★	A
	12	行政手続法（聴聞）	条文	3	★★★	A
	13	行政手続法（行政指導）	条文	2	★★★	B
	14	行政不服審査法（不服申立ての対象）	条文	1	★★★	B
	15	行政不服審査法（裁決）	条文	3	★★★	A
	16	行政不服審査法（教示）	条文	4	★★	B
	17	行政事件訴訟法（裁判管轄）	条文	5	★★	B
	18	行政事件訴訟法（原告適格）	判例	1	★★★	A
	19	行政事件訴訟法（仮の権利保護手続）	条文	2	★★★	B
	20	国家賠償法（1条）	判例	5	★★★	A
	21	国家賠償法（3条～6条）	条文・判例	5	★★★	A
	22	地方自治法（地方公共団体の事務）	条文	3	★★	B
	23	地方自治法（直接請求）	条文	1	★★	A
	24	地方自治法（国の関与）	条文	1	★★	C
	25	行政法総合（上水道）	判例	4	★★	B
	26	行政法総合（都市計画）	知識・判例	2	★★	C
民 法	27	総則（意思表示）	条文・判例	4	★★★	B
	28	総則（代理）	条文・判例	5	★★★	A
	29	物権（177条の第三者）	判例	1	★★★	A
	30	物権（抵当権）	条文・判例	2	★★★	B
	31	債権（債権者代位権）	条文・判例	3	★★★	B
	32	債権（連帯債務）	条文	5	★★	B
	33	債権（同時履行の抗弁権）	条文・判例	1	★★★	A
	34	債権（不法行為）	条文・判例	3	★★★	B
	35	親族（親子）	条文・判例	4	★★★	B
商 法	36	商法（商号）	条文	2	★★	B
	37	会社法（定款）	条文	3	★★★	B
	38	会社法（株式の併合および分割）	条文	4	★★★	C
	39	会社法（株主総会）	条文	5	★★★	B
	40	会社法（剰余金の配当）	条文	3	★★★	C

重要度ランク

★★★＝絶対に復習

★★　＝要復習

★　　＝最後に復習

難易度ランク

A＝易しい：必ず正解しなければいけない問題

B＝普　通：合否をわけるような問題

C＝難しい：解けなくても合否に影響がない問題

【法令等（多肢選択式）】（各8点）

科目	No.	テーマ・正解				出題内容	重要度	難易度
憲　法	41	人権（幸福追求権）				判例	★★★	A
		ア－4	イ－16	ウ－9	エ－18			
行政法	42	一般的な法理論（行政立法）				知識	★★	A
		ア－2	イ－16	ウ－8	エ－20			
行政法	43	行政不服審査法（適用除外）				判例	★★	A
		ア－8	イ－11	ウ－2	エ－19			

【法令等（記述式）】（各20点）

科目	No.	テーマ・解答例	出題内容	重要度	難易度
行政法	44	一般的な法理論（行政行為の効力） 不可変更力に反し、新たな裁決は公定力を有するので、適法に取り消されるまでは有効である。（43字）	知識・判例	★★★	B
民　法	45	総則（制限行為能力者） 家庭裁判所に対し、被保佐人Aが請求し、保佐人Bの同意に代わる許可を得ればよい。（39字）	条文	★★★	B
民　法	46	債権（賃貸借） BとCが賃貸人たる地位を移転する合意をし、Cは甲土地の所有権移転登記を備える必要がある。（44字）	条文	★★★	B

【基礎知識（5肢択一式）】（各4点）

科目	No.	テーマ	出題内容	正解	重要度	難易度
一般知識	47	政党助成法	知識	1	★★	B
	48	国際連合	知識	2	★★	A
	49	消費税	知識	4	★★★	C
	50	OECD	知識	2	★	C
	51	地球環境保護条約	知識	5	★★	A
業務関連法令	52	行政書士法	条文	2	★★★	A
	53	戸籍法	条文	4	★★	A
情報通信個人情報保護	54	情報通信（マイナンバーカード）	知識	1	★	A
	55	情報通信（情報公開法）	条文	1	★★★	B
	56	情報通信（用語）	知識	3	★★★	B
	57	個人情報保護法（罰則）	条文	2	★★	B
文章理解	58	脱文挿入	論理	4	★★★	A
	59	空欄補充	論理	1	★★★	A
	60	並べ替え	論理	5	★★★	A

法令等（5肢択一式） （No.1〜40）	法令等（多肢選択式） （No.41〜43）	法令等（記述式） （No.44〜46）	基礎知識（5肢択一式） （No.47〜60）
／160点	／24点	／60点	／56点

法令等（5肢択一式＋多肢選択式＋記述式）基準点……122点
基礎知識基準点…… 24点
合格点……180点

合計
／300点

基礎法学－裁判制度（公訴時効）

重要度 ★★ 難易度 B

1 × 平成22年の法改正以前は、すべての犯罪に公訴時効が存在しましたが、平成22年の法改正後は、**人を死亡させた罪であって死刑に当たるもの**（殺人罪、強盗殺人罪）については、**公訴時効が撤廃**されました（刑事訴訟法250条1項柱書）。人を死亡させた罪のすべてについて、公訴時効が撤廃されたわけではありません。

2 ○ 公訴時効は、当該事件について行われた公訴の提起によってその進行を停止しますが、その後、管轄違いの裁判または公訴棄却の裁判が確定した場合には、その時から再びその進行を始めるとされています（254条1項）。
【難問】

3 × 平成22年の改正内容は、施行日である平成22年4月27日以前に犯された犯罪であっても、その時点で公訴時効が完成していない事件には**適用されます**。罪刑法定主義による遡及処罰の禁止は、実体法である刑罰法規について憲法が明文で禁じています（憲法39条前段）が、手続法である訴訟法の原則は、新しい法律ができた場合には新法を適用するという新法適用主義が採られていることから、施行日にすでに公訴時効が完成しているものには適用しないこととし、憲法の許容する範囲内での必罰主義の徹底を図ったものと評価されています。
【難問】

4 × 公訴時効は、**犯罪行為が終わった時**から進行します（刑事訴訟法253条1項）。傷害致死罪においては、傷害行為があっても死亡という結果がなければ当該犯罪は成立しませんから、傷害行為が終了した時点からではなく、**死亡結果が生じた時点**から時効が進行します。
【難問】

5 × 公訴の権限は検察官が独占しており、**本肢のような例外は存在しません**。したがって、公訴の提起をしない限り、告訴状や告発状の提出および受理や被疑者の逮捕だけで公訴時効が停止することはありません。
【難問】

関連過去問▶	なし

講師からのアドバイス

行政書士は、検察庁に提出する告訴状・告発状の作成を業務として行うことはできませんが、警察署に提出する告訴状・告発状、検察審査会に提出する不起訴処分に対する審査申立書の作成を業務として行うことはできますので、公訴時効についても知っておくとよいでしょう。

| 問題 2 | 正解 5 | 基礎法学－法学（法格言） | 重要度 ★★ | 難易度 C |

ア × 「悪法も法である」とは、**法実証主義**の考え方を表す法格言です。

基本

イ × 「国王といえども神と法の下にある」とは、**法の支配**の考え方を表す法格言です。

基本 【6-1-2-⑥】

ウ ○ 刑法38条3項の「法律を知らなかったとしても、そのことによって、罪を犯す意思がなかったとすることはできない。ただし、情状により、その刑を減軽することができる」との規定は、「**法の不知はこれを許さず**」という法格言の表れといえます。

エ × 刑事訴訟法336条の「被告事件が罪とならないとき、又は被告事件について犯罪の証明がないときは、判決で無罪の言渡をしなければならない」との規定は、「**疑わしきは罰せず**」という法格言の表れといえます。

オ ○ 刑法244条1項の「配偶者、直系血族又は同居の親族との間で第235条の罪（窃盗）、第235条の2の罪（不動産侵奪）又はこれらの罪の未遂罪を犯した者は、その刑を免除する」との規定は、「**法は家庭に入らず**」という法格言の表れといえます。

以上より、妥当なものはウ・オであり、肢5が正解となります。

| 関連過去問▶ | なし |

― **講師からのアドバイス** ―

本問のテーマは頻出ではありません。余裕があれば確認しておくとよいでしょう。

問題				重要度	難易度
3	正解	**5**	憲法－人権（人権の享有主体）	★★★	A

1 ○ 判例（よど号ハイジャック新聞記事抹消事件：最大判昭58.6.22）は、本肢のよう
基本 に述べ、未決勾留により監獄に拘禁されている者の**新聞閲読の自由の制限は許され
る**としています。【1-2-1-④】

2 ○ 判例（塩見訴訟：最判平元.3.2）は、本肢のように述べ、社会保障上の施策にお
基本 いて在留外国人をどのように処遇するかについては、その限られた財源の下で福祉
的給付を行うに当たり、**自国民を在留外国人より優先的に扱うことも許される**とし
ています。【1-2-1-①】

3 ○ 判例（マクリーン事件：最大判昭53.10.4）は、本肢のように述べ、**政治活動の自
基本 由**についても、わが国の政治的意思決定またはその実施に影響を及ぼす活動等外国
人の地位にかんがみこれを認めることが相当でないと解されるものを**除き**、在留外
国人にその**保障が及ぶ**としています。【1-2-1-①】

4 ○ 判例（外国人職員昇任試験拒否訴訟：最大判平17.1.26）は、本肢のように述べ、
基本 原則として日本の国籍を有する者が公権力行使等地方公務員に就任することが想定
されているとみるべきであり、我が国以外の国家に帰属し、その国家との間でその
国民としての権利義務を有する**外国人が公権力行使等地方公務員に就任すること
は、本来我が国の法体系の想定するところではない**としています。【1-2-1-①】

5 × 判例（八幡製鉄事件：最大判昭45.6.24）は、憲法は政党について規定するところ
基本 がなく、これに特別の地位を与えてはいないのであるが、憲法の定める議会制民主
主義は政党を無視しては到底その円滑な運用を期待することはできないのであるか
ら、憲法は、**政党の存在を当然に予定**しているものというべきであり、政党は議会
制民主主義を支える不可欠の要素なのであると同時に、政党は国民の政治意思を形
成する最も有力な媒体であるから、政党のあり方いかんは、国民としての重大な関
心事でなければならないとして、その健全な発展に協力することは、会社に対して
も、社会的実在としての当然の行為として**期待されるところであり**、協力の一態様
として政治資金の寄附についても例外ではないとしています。【1-2-1-②】

関連過去問▶	23－4、27－3、29－3、R2－3

講師からのアドバイス

人権の享有主体は、法人、外国人、在監者の判例を中心に押さえておくようにしましょ
う。

| 問題 4 | 正解 1 | 憲法－人権（表現の自由） | 重要度 ★★★ | 難易度 B |

ア ✕ 判例（暴走族追放条例事件：最判平19.9.18）は、暴走族追放条例の対象となる
難問 「集会」は、暴走行為を目的として結成された集団である本来的な意味における暴
走族の外、服装、旗、言動などにおいてこのような暴走族に類似し社会通念上これ
と同視することができる集団によって行われるものに限定されると解され、このよ
うに解釈すれば、公共の場所で公衆に不安または恐怖を覚えさせるような集いまた
は集会を行うことの中止または当該場所からの退去命令に違反した者を処罰するこ
とは、憲法21条1項に違反しないとしています。

イ ✕ 判例（立川反戦ビラ配布事件：最判平20.4.11）は、政治的意見を記載したビラを
投かんする目的で、公務員宿舎に管理権者の意思に反して立ち入った行為をもって
刑法130条前段の罪に問うことの是非につき、「**表現そのものを処罰することの憲法
適合性が問われているのではなく**、表現の手段すなわちビラの配布のために『**人の
看守する邸宅**』に管理権者の承諾なく立ち入ったことを処罰することの憲法適合性
が問われている」ところ、たとえ表現の自由の行使のためとはいっても、管理権者
の意思に反して立ち入ることは、管理権者の管理権を侵害するのみならず、そこで
私的生活を営む者の私生活の平穏を侵害するものといわざるを得ないとし、本件被
告人らの行為をもって刑法130条前段の罪に問うことは、憲法21条1項に違反する
ものではないとしています。【1-2-5-③】

ウ 〇 判例（泉佐野市民会館事件：最判平7.3.7）は、本肢の内容を述べたうえで、この
基本 ような較量をするに当たっては、集会の自由の制約は、基本的人権のうち**精神的自
由を制約**するものであるから、経済的自由の制約における以上に**厳格な基準**の下に
されなければならないとしています。【1-2-5-③】

エ 〇 判例（破防法事件：最判平2.9.28）は、「破壊活動防止法39条及び40条のせん動は、
難問 政治目的をもって、各条所定の犯罪を実行させる目的をもって、文書若しくは図画
又は言動により、人に対し、その犯罪行為を実行する決意を生ぜしめ又は既に生じ
ている決意を助長させるような勢のある刺激を与える行為をすることであるから、
表現活動としての性質を有している」としつつも、本肢のように述べて、せん動を
処罰することが憲法21条1項に違反するものでないとしています。

以上より、誤っているものはア・イであり、肢1が正解となります。

| 関連過去問▶ | 23－5・41、25－7・41、27－41、29－41、30－41、R元－41、R2－4、R4－3、R5－3 |

■ 講師からのアドバイス ■

表現の自由は頻出テーマであり、どの判例も出題可能性がありますから、関連する判例
は理解しておくようにしましょう。

問題 5	正解	3	憲法－人権（適正手続の保障）	重要度	難易度
				★★	B

本問は、ＧＰＳ捜査事件（最大判平29.3.15）からの出題です。【1-2-3-③】

　ＧＰＳ捜査は、対象車両の時々刻々の位置情報を検索し、把握すべく行われるものであるが、その性質上、公道上のもののみならず、個人の ア：プライバシー が強く保護されるべき場所や空間に関わるものも含めて、対象車両及びその使用者の所在と移動状況を逐一把握することを可能にする。このような捜査手法は、個人の行動を継続的、網羅的に把握することを必然的に伴うから、個人の ア：プライバシー を侵害し得るものであり、また、そのような侵害を可能とする機器を個人の所持品に秘かに装着することによって行う点において、公道上の所在を肉眼で把握したりカメラで撮影したりするような手法とは異なり、公権力による イ：私的領域 への侵入を伴うものというべきである。
　憲法35条は、「住居、書類及び所持品について、侵入、捜索及び押収を受けることのない権利」を規定しているところ、この規定の保障対象には、「住居、書類及び所持品」に限らずこれらに準ずる イ：私的領域 に「侵入」されることのない権利が含まれるものと解するのが相当である。そうすると、個人の ア：プライバシー の侵害を可能とする機器をその所持品に秘かに装着することによって、合理的に推認される個人の意思に反してその イ：私的領域 に侵入する捜査手法であるＧＰＳ捜査は、個人の意思を制圧して憲法の保障する重要な法的利益を侵害するものとして、刑訴法上、特別の根拠規定がなければ許容されない ウ：強制 の処分に当たる・・・とともに、一般的には、現行犯人逮捕等の エ：令状 を要しないものとされている処分と同視すべき事情があると認めるのも困難であるから、 エ：令状 がなければ行うことのできない処分と解すべきである。

　ＧＰＳ捜査は個人の行動を継続的に把握する捜査手法であり、個人のプライバシーを侵害しうるものであるため、 ア には「**プライバシー**」が入ります。個人のプライバシーの侵害は、公権力による私的領域への侵入であるため、 イ には「**私的領域**」が入ります。 ウ の前後には、「刑訴法上、特別の根拠規定がなければ許容されない…処分」とあり、その処分を強制処分というため、 ウ には「**強制**」が入ります。憲法35条は、捜索・押収の強制処分が恣意的に行われないように司法官憲が発する令状によることを定めた規定であるため、 エ には「**令状**」が入ります。

関連過去問 ▶	R3－4

講師からのアドバイス

本判例は、出題可能性が高い判例ですから、内容を押さえておくようにしましょう。

憲法－統治（国会）

重要度 ★★★　難易度 A

1　○　両議院は、各々その**総議員**の３分の１以上の出席がなければ、議事を開き議決す
基本　ることができないと規定されています（憲法56条１項）。【1-3-1-②】

2　○　両議院の議員は、議院で行った演説、討論または表決について、**院外**で責任は問
基本　われないと規定されています（51条）が、両議院は、院内の秩序をみだした議員を
　　　懲罰することができます（58条２項）。したがって、議員の演説や討論で問題があ
　　　れば懲罰の対象にはなり得ます。【1-3-1-④】

3　○　両議院の議員は、法律の定める場合を除いては、**国会の会期中逮捕されず**、会期
基本　前に逮捕された議員は、その議院の要求があれば、会期中これを釈放しなければな
　　　らないと規定されています（50条）。【1-3-1-④】

4　×　内閣が臨時会の召集を決定しなければならないのは、いずれかの議院の**総議員の
基本　４分の１以上**の要求があった場合です（53条後段）。【1-3-1-②】

5　○　衆議院で可決し、参議院でこれと異なった議決をした法律案は、衆議院で**出席議
基本　員の３分の２以上**の多数で再び可決したときは、法律となると規定されています
　　　（59条２項）。【1-3-1-③】

| 関連過去問 ▶ | 21－5、25－6、28－5、R6－7 |

講師からのアドバイス

統治機構に関する問題は、条文を正確に覚えていれば正解できる問題がよく出題されます。再度、過去問集、テキストに登場した条文は確認しておきましょう。

| 問題 7 | 正解 | 3 | 憲法－統治（司法権の範囲・限界） | 重要度 ★★★ | 難易度 A |

ア ○ 判例（最大判昭37.3.7）は、両院において議決を経たものとされ適法な手続によって公布されている法律につき、裁判所は両院の自主性を尊重すべく同法制定の議事手続に関する事実を審理してその有効無効を**判断すべきでない**としています。【1-3-3-①】

イ ×
基本 判例（最判昭52.3.15）は、**大学の単位の授与（認定）**という行為は、学生が履修した授業科目について合格したことを確認する教育上の措置であり、卒業の要件をなすものではあるが、当然に一般市民法秩序と直接の関係を有するものではないことは明らかであり、特段の事情がない限り、**純然たる大学内部の問題**として大学の自主的、自律的な判断に委ねられるべきものであって、裁判所の**司法審査の対象にはならない**と解するのが相当であるとしています。【1-3-3-①】

ウ ○ 判例（最判昭41.2.8）は、国家試験における合格、不合格の判断は、学問上または技術上の知識、能力、意見等の優劣、当否の判断を内容とする行為であるから、当該試験実施機関の最終判断に委ねられているとし、**司法裁判所の権限の外にある**としています。【1-3-3-①】

エ ○ 判例（最判昭63.12.20）は、「**政党の結社としての自主性**に鑑みると…**政党の内部的自律権に属する行為**は…原則として自律的な解決に委ねるのを相当とし、…右処分が一般市民としての権利利益を侵害する場合であっても、右処分の当否は、当該政党の自律的に定めた規範が公序良俗に反するなどの特段の事情のない限り右規範に照らし、右規範を有しないときは条理に基づき、**適正な手続に則ってされたか否かによって決すべきである**」としています。【1-3-3-①】

オ × 判例（最大判令2.11.25）は、「出席停止の懲罰…が科されると、当該議員はその期間、会議及び委員会への出席が停止され、議事に参与して議決に加わるなどの議員としての中核的な活動をすることができず、住民の負託を受けた議員としての責務を十分に果たすことができなくなる。このような出席停止…が議員の権利行使の一時的制限にすぎないものとして、その適否が専ら議会の自主的、自律的な解決に委ねられるべきであるということはできない。…したがって、普通地方公共団体の議会の議員に対する出席停止の懲罰の適否は、**司法審査の対象となる**というべきである」としています。【1-3-3-①】

以上より、妥当でないものはイ・オであり、肢3が正解となります。

| 関連過去問▶ | 27－6、R4－41 |

━━ 講師からのアドバイス ━━

司法権の限界は頻出事項ですので、その他の判例も確認しておきましょう。

ア ○ 法律による行政の原理は、権力分立の統治機構を前提とするものであるから、ここでいう法律とは議会の立法した法という意味であって、法規範であればどのような手続で定められたものでもよいわけではありません。【3-1-1-①】

イ × **すべての行政活動**は、法律に違反して行うことはできず、違法な行政活動は無効とする原則を**法律の優位**の原則といいます。【3-1-1-①】
基本

ウ × 法律によってのみ人の権利義務を左右する法規を創造することができるとする原則を法律の法規創造力の原則といい、憲法学でいう**国会中心立法の原則**と同義とされています。【3-1-1-①】
基本

エ × 行政活動は、法律の根拠に基づいて行わなければならないとする原則を**法律の留保**の原則といい、この原則の適用範囲については、侵害行政を行うには法律の根拠を必要としますが、給付行政や授益的行政、国民の権利義務には関係のない行政活動を行うには法律の根拠は不要とする侵害留保説が通説とされています。【3-1-1-①】
基本

オ ○ 相手方の抵抗を排して実力を行使するような直接強制調査については、侵害留保説によっても権力留保説によっても法律の根拠は必要であり、相手方の任意の協力をもって行われる**任意調査**については、侵害留保説によっても権力留保説によっても**法律の根拠は不要**です。【3-1-1-①】

以上より、妥当なものはア・オであり、肢2が正解となります。

| 関連過去問 ▶ | R2－8 |

講師からのアドバイス

行政法を理解するために、法律による行政の原理、そこから派生する法律の法規創造力の原則、法律の優位の原則、法律の留保の原則について、しっかり理解を深めるようにしましょう。

ア ○ 法律の留保の原則における侵害留保説によると、国民の権利を制限したり、新たに義務を課す内容を含む行政計画には法律の根拠が必要とされますが、国民には直接法的効力が生じない行政計画には**法律の根拠は不要**とされます。【3-1-5-③】

イ ×（基本） 判例（最判昭56.1.27）は、「社会観念上看過することのできない程度の積極的損害を被る場合に、地方公共団体において右損害を補償するなどの代償的措置を講ずることなく施策を変更することは、それがやむを得ない客観的事情によるものでない限り、当事者間に形成された信頼関係を不当に破壊するものとして違法性を帯び、地方公共団体の不法行為責任を生ぜしめるものといわなければならない」としています。したがって、**契約締結前でも損害賠償は認められます**。【3-1-5-③】

ウ ○ 判例（最判平4.11.26）は、「都市再開発法に基づく**第二種市街地再開発事業の事業計画**について、公告された再開発事業計画の決定は、施行地区内の土地の所有者等の法的地位に直接的な影響を及ぼすことから、当該計画を対象として取消訴訟において**処分性は認められる**」としています。【3-4-2-②】

エ ×（難問） 地方公共団体が都市計画法に基づいて**都市計画の案を作成**しようとする場合には、意見書の提出、公聴会の開催等当該計画の作成について利害関係を有する住民の意見を反映させるために必要な措置を講じることは**義務づけられておりません**。なお、住民には意見書の提出をする権利は認められており（都市計画法17条2項）、また地方公共団体が公聴会を開催するかどうかは（必要があると認めるとき）裁量に任されています（同法16条1項）。

以上より、妥当なものはア・ウであり、肢1が正解となります。

関連過去問▶	21-8、30-43

― 講師からのアドバイス ―

行政計画に、取消訴訟における処分性が認められるどうかは、行政事件訴訟法においても重要な論点となります。しっかり判例を押さえておきましょう。

ア ○ 国家公務員の給与は法律によって定めることとされており（国家公務員法63条）、勤務条件については人事院の規則で定めることができます（106条1項）。一方、地方公務員の給与および勤務条件は、条例で定めることとされています（地方公務員法24条5項）。【3-1-3-④】

イ × 日本の国籍を有する者が公権力を行使する公務員に就任することが想定されていますが、国家公務員法および地方公務員法に日本国籍を有する者のみを任用する旨の規定（国籍要件）は存在しません。なお、国家公務員については人事院規則8―18（採用試験）第9条1項3号（日本の国籍を有しない者は、採用試験を受けることができない）による受験資格の制限により外国人が国家公務員になることは想定されていません。地方公務員については各自治体の判断に委ねられています。

ウ ○ 判例（最判昭57.5.27）は、「地方公共団体の職員採用内定が取り消された場合、当該内定の通知を信頼し、当該地方公共団体の職員として採用されることを期待して、他の就職の機会を放棄するなど、当該地方公共団体に就職するための準備を行った者に対し、当該地方公共団体が損害賠償責任を負う場合がある」としています。

エ × 国家公務員の職員が、人事評価または勤務の状況を示す事実に照らして、勤務実績がよくない場合、人事院の規則で定めるところにより、その意に反して、これを降任または免職することができます（国家公務員法78条1号）。【3-1-3-④】

以上より、妥当でないものはイ・エであり、肢4が正解となります。

| 関連過去問▶ | 22-25、25-26、26-24、27-26 |

講師からのアドバイス

公務員については、国家公務員と地方公務員、一般職と特別職、懲戒処分と分限処分の相違点に注意しましょう。

行政法－行政手続法（目的）

重要度 ★★★　難易度 A

本問は、行政手続法1条1項の目的条文に関する問題です。目的条文は、以下の通りです。【3-2-1-①】

（行政手続法1条1項）

　この法律は、処分、ア：行政指導 及び イ：届出 に関する手続並びに命令等を定める手続に関し、共通する事項を定めることによって、行政運営における ウ：公正 の確保と透明性（行政上の エ：意思 決定について、その内容及び過程が国民にとって明らかであることをいう。第46条において同じ。）の向上を図り、もって オ：国民の権利利益の保護 に資することを目的とする。

ア 「行政指導」が入る
基本 行政手続法1条1項では、その対象として、「行政指導」を挙げており、「行政契約」はその対象としていません。

イ 「届出」が入る
基本 行政手続法1条1項では、その対象として、「届出」を挙げており、「確認」はその対象としていません。

ウ 「公正」が入る
基本 行政手続法1条1項では、行政運営における「公正」の確保を図ることとしており、「適正」という語は用いていません。

エ 「意思」が入る
　行政手続法1条1項では、透明性の定義として、行政上の「意思」決定について、内容と過程を国民に明らかであることをいうとしており、「政策」決定という語は用いていません。

オ 「国民の権利利益の保護」が入る
基本 行政手続法1条1項では、「国民の権利利益の保護」に資することを目的としており、「効率的な行政運営」に資することを目的とはしていません。

関連過去問▶ 29-11

講師からのアドバイス

目的規定は、このような穴埋め問題として出題される可能性があります。その言葉は空欄となっても埋められるようにしておきましょう。また、他の法律の目的規定を並べて、行政手続法の目的規定がどれかを選択させることもあります。特に「透明性の向上」は、行政手続法の目的規定での特徴的な文言ですので覚えておきましょう。

問題12 正解 3 　行政法－行政手続法（聴聞）　重要度 ★★★　難易度 A

ア ○ 聴聞の当事者は、代理人を選任することができ（行政手続法16条1項）、代理人
基本 は、各自、当事者のために、聴聞に関する**一切の行為をすることができます**（16条
2項）。【3-2-2-②】

イ × 聴聞の当事者の代理人の資格は、**書面で証明しなければなりません**（16条3項）。
基本 また、代理人がその資格を失ったときは、「当該代理人を選任した当事者は」、書面
でその旨を**行政庁に届け出なければなりません**（16条4項）。したがって、代理人
が資格を失ったときに届け出るのは「代理人自身」ではありません。

ウ × 聴聞は、行政庁が指名する職員その他政令で定める者が主宰します（19条1項）。
そして、この主宰者については、当該聴聞の当事者または参加人や、その配偶者
等、聴聞を主宰できない者が法により規定されていますが、その中に行政庁の職員
のうち、当該**不利益処分に係る事案の処理に直接関与した者は除外されていない**た
め、このような職員であっても、**主宰者となることはできます**（19条2項参照）。
【3-2-2-②】

エ ○ 当事者および当該不利益処分がされた場合に自己の利益を害されることとなる参
加人は、**聴聞の通知があった時から聴聞が終結する時までの間、行政庁に対し、当
該事案についてした調査の結果に係る調書その他の当該不利益処分の原因となる事
実を証する資料の閲覧を求めることができます**（18条1項前段）。【3-2-2-②】

以上より、誤っているものはイ・ウであり、肢3が正解となります。

| 関連過去問▶ | 18-11、19-11、25-11、26-11、29-13、R元-12、R2-12、R4-12、R5-12 |

――― 講師からのアドバイス ―――
聴聞の手続は、よく出題されています。特に、主宰者、当事者、参加人の聴聞手続における役割を時系列に従って把握しておきましょう。

問題 13	正解	2	行政法－行政手続法（行政指導）	重要度	難易度
				★★★	B

1 ✕　法令に違反する行為の是正を求める**行政指導**（その根拠となる規定が法律に置か
基本 れているものに限る）の**相手方**は、当該行政指導が当該法律に規定する要件に適合
しないと思料するときは、当該行政指導をした行政機関に対し、その旨を申し出
て、当該行政指導の中止その他必要な措置をとることを求めることができます（行
政手続法36条の２第１項）。したがって、何人もこの求めをすることができるわけ
ではありません。【3-2-3-①】

2 ◯　申請の取下げまたは内容の変更を求める行政指導にあっては、行政指導に携わる
基本 者は、申請者が当該行政指導に従う意思がない旨を表明したにもかかわらず当該行
政指導を継続すること等により当該申請者の権利の行使を妨げるようなことをして
はならないものとされています（33条）。【3-2-3-①】

3 ✕　行政指導に携わる者は、その相手方に対して、当該行政指導の**趣旨**および**内容**な
基本 らびに**責任者**を明確に**示さなければならない**ものとされています（35条１項）。こ
の義務は努力義務にとどまらず法的義務とされています。【3-2-3-①】

4 ✕　行政指導に携わる者は、当該行政指導をする際に、行政機関が許認可等をする権
基本 限または許認可等に基づく処分をする権限を行使し得る旨を示すときは、その相手
方に対して、行政手続法の定める事項（①当該権限を行使し得る根拠となる法令の
条項、②①の条項に規定する要件、③当該権限の行使が②の要件に適合する理由）
を示さなければなりません（35条２項１号～３号）。また、行政指導が口頭でされ
た場合には、その相手方からこれらの事項を記載した書面の交付を求められたとき
は、当該行政指導に携わる者は、行政上特別の支障がない限り、これを**交付しなけ
ればならない**のが原則です（35条３項）。【3-2-3-①】

5 ✕　同一の行政目的を実現するため一定の条件に該当する複数の者に対し行政指導を
基本 しようとするときは、行政機関は、**あらかじめ**、事案に応じ、**行政指導指針**を定
め、かつ、行政上特別の支障がない限り、これを**公表しなければならない**ものとさ
れています（36条）。したがって、この義務は努力義務ではなく法的義務です。【3-
2-3-①】

関連過去問▶	18－12、22－13、27－42、28－11・12、30－12、 R元－11・13、R2－13、R3－13・44、R5－11、R6－12

講師からのアドバイス

行政指導は、択一、多肢、記述、いずれの形式でも出題されたことがありますし、出題
頻度も高い重要テーマです。行政指導について法的規制をかけていること自体、行政手
続法の特徴的な内容といえますから、行政指導の関わる条文（２条６号、32条～36条
の２、36条の３）を丁寧に押さえておくようにしましょう。

問題14　正解 1　行政法－行政不服審査法（不服申立ての対象）　重要度 ★★★　難易度 B

1　○　行政不服審査法は、行政不服申立てについての一般法です（行政不服審査法1条2項）。したがって、**他の法律で不服申立てできないと規定**されていたら、特別法が優先されるので不服申立てができなくなります。【3-3-1-①】

2　×（基本）　行政不服審査法において、審査請求できる行政活動は「処分」と「不作為」で（2条、3条）、「処分」には、行政庁の処分その他公権力の行使に当たる行為をいいます。したがって、「人の収用、物の留置その他その内容が継続的性質を有するもの」などの事実行為も「処分」に含まれます。また、行政事件訴訟法3条2項において、「処分の取消しの訴え」とは、行政庁の処分その他公権力の行使に当たる行為の取消しを求める訴訟をいいます。したがって、**取消訴訟においても**「人の収容、物の留置その他その内容が継続的性質を有するもの」などの**事実行為も「処分」に含まれます**。【3-3-2-①】

3　×　「不作為」は、法令に基づく申請に対して何らの処分をしないことをいいます（行政不服審査法3条）。本肢は、申請に対して拒否処分を行っていますので、不作為には**含まれません**。【3-3-2-①】

4　×（基本）　行政不服審査法は、行政手続法3条3項と異なり、地方公共団体の機関が条例・規則に基づいてする処分は**適用除外としていません**（行政不服審査法7条1項各号参照）。【3-3-1-②】

5　×（基本）　行政不服審査法は、行政不服申立てについての一般法です（1条2項）。したがって、他の法律に特別の定めがある場合はそちらを優先することになりますので、別に個別の法令で特別な不服申立制度を規定することは**できないわけではありません**。【3-3-1-①】

関連過去問▶　29－14、R6－15

―講師からのアドバイス―
適用除外については、行政手続法の適用除外と対比して押さえておきましょう。

問題 15	正解 3	行政法－行政不服審査法（裁決）	重要度 ★★★	難易度 A

1 × 審査請求が法定の期間経過後にされたものであるとき、その他不適当であるとき
基本 は、審査庁は、**却下裁決**を行うのであり（行政不服審査法45条1項）、棄却裁決を
行うのではありません。【3-3-2-④】

2 × 処分についての審査請求に**理由があるとき**は、処分庁の上級行政庁である審査庁
基本 は、当該処分を**取り消す**ことができます（46条1項）。さらに、法令に基づく申請
を却下し、または棄却する処分の全部または一部を取り消す場合において、当該申
請に対して一定の処分をすべきものと認めるときは、当該処分庁に対し**当該処分を
すべき旨を命ずる措置をとる**ことはできます（46条2項）。しかし、処分庁に代わ
って一定の処分を行うことはできません。【3-3-2-④】

3 ○ 不作為庁についての審査請求に**理由がある**場合には、審査庁は、**裁決**で、当該不
基本 作為が**違法**または**不当**である旨を**宣言**します（49条3項前段）。この場合、不作為
庁の上級行政庁である審査庁は、当該処分をすべき旨を**命ずる措置**をとります（49
条3項1号）。【3-3-2-④】

4 × 事実上の行為についての審査請求に**理由がある**場合は、その審査請求は認容さ
れ、このとき、処分庁である審査庁は、当該事実上の行為の全部もしくは一部を**撤
廃**し、またはこれを**変更**することができます（47条2号）。しかし、**処分庁以外の
審査庁**は、当該処分庁に対し、当該事実上の行為の全部もしくは一部を**撤廃し、ま
たはこれを変更すべき旨を命じる**ことができる（47条1号）だけで、当該事実上の
行為を撤廃することはできません。

5 × 行政不服審査法における**事情裁決**は、処分が**不当**にとどまる場合であっても行う
基本 ことができます（45条3項）。なお、行政事件訴訟法における事情判決は、違法な
場合にのみ行うことができます（行政事件訴訟31条1項）。【3-3-2-④】

関連過去問▶	21－14、22－15、28－16、R元－14、R2－16、R5－15

講師からのアドバイス

裁決については、審査庁が処分庁の上級行政庁の場合、処分庁自身の場合、処分庁以外
の場合と細かく条文で規定されていますので、復習するときに注意しましょう。

問題 16	正解	4	行政法－行政不服審査法（教示）	重要度 ★★	難易度 B

ア ○
基本 審査請求することができる処分につき、処分庁が誤って審査請求をすべき行政庁でない行政庁を審査請求をすべき行政庁として教示した場合において、その教示された行政庁に書面で審査請求がされたときは、当該行政庁は、**速やかに、審査請求書を処分庁または審査庁となるべき行政庁に送付し、かつ、その旨を審査請求人に通知しなければなりません**（行政不服審査法22条1項）。【3-3-4-②】

イ ○ 行政庁は、利害関係人から、①当該処分が不服申立てをすることができる処分であるかどうか、②当該処分が不服申立てをすることができるものである場合における不服申立てを**すべき行政庁**、③不服申立てをすることができる期間につき教示を求められたときは、当該事項を教示しなければなりません（82条2項）。【3-3-4-①】

ウ × 行政庁は、不服申立てをすることができる処分をする場合には、処分の相手方に
基本 対し、①当該処分につき不服申立てをすることができる旨、②不服申立てを**すべき行政庁**、③不服申立てをすることができる期間を書面で教示しなければなりません（82条1項本文）。ただし、**当該処分を口頭でする場合は、教示は不要です**（82条1項ただし書）。【3-3-4-①】

エ ○ 行政庁が処分に際し、行政不服審査法において必要とされている教示をしなかった場合には、当該処分について不服がある者は、当該処分庁に不服申立書を提出することができます（83条1項）。【3-3-4-①】

オ × 行政庁は、不服申立てをすることができる処分をする場合には、処分の相手方に対し、①当該処分につき不服申立てをすることができる旨、②不服申立てを**すべき行政庁**、③不服申立てをすることができる期間を書面で教示すればよく（82条1項本文）、**執行停止の申立てについては教示事項ではありません**。【3-3-4-①】

以上より、妥当でないものはウ・オであり、肢4が正解となります。

関連過去問 ▶	26－15、R4－16

【講師からのアドバイス】

行政不服審査法における教示は、条文が細かいので、過去問に出題されている事項については最低限押さえるようにしておきましょう。

ア 「被告」が入る

基本 行政事件訴訟法12条1項は、「取消訴訟は、**被告**の普通裁判籍の所在地を管轄する裁判所又は**処分**若しくは**裁決**をした行政庁の所在地を管轄する裁判所の管轄に属する」と規定しています。【3-4-2-②】

イ 「不動産又は場所」が入る

難問 12条2項は、「土地の収用、鉱業権の設定その他不動産又は特定の場所に係る処分又は裁決についての取消訴訟は、その**不動産又は場所**の所在地の裁判所にも、提起することができる」と規定しています。【3-4-2-②】

ウ 「下級行政機関」が入る

基本 12条3項は、「取消訴訟は、当該処分又は裁決に関し事案の処理に当たつた**下級行政機関**の所在地の裁判所にも、提起することができる」と規定しています。【3-4-2-②】

エ 「原告」が入る

12条4項は、「国又は独立行政法人通則法第2条第1項に規定する独立行政法人若しくは別表に掲げる法人を被告とする取消訴訟は、**原告**の普通裁判籍の所在地を管轄する高等裁判所の所在地を管轄する地方裁判所（次項において「特定管轄裁判所」という。）にも、提起することができる」と規定しています。【3-4-2-②】

オ 「特定管轄裁判所」が入る

12条4項の規定については、肢エの解説のとおりです。原告の普通裁判籍の所在地を管轄する高等裁判所の所在地を管轄する地方裁判所のことを、「**特定管轄裁判所**」といいます。【3-4-2-②】

以上より、ア には「被告」、イ には「不動産又は場所」、ウ には「下級行政機関」、エ には「原告」、オ には「特定管轄裁判所」が入り、肢5が正解となります。

関連過去問▶ 22-17、R3-18

講師からのアドバイス

裁判管轄については過去に出題が少ないため、手薄となっているかもしれません。この機会に条文を一読しておきましょう。

| 問題 18 | 正解 1 | 行政法－行政事件訴訟法（原告適格） | 重要度 ★★★ | 難易度 A |

ア ○ 判例（最判平26.7.29）は、本肢のように述べ、産業廃棄物の最終処分場の周辺に居住する住民のうち、当該最終処分場から有害な物質が排出された場合にこれに起因する大気や土壌の汚染、水質の汚濁、悪臭等による**健康または生活環境に係る著しい被害を直接的に受けるおそれのある者**につき、産業廃棄物等処分業の許可処分および許可更新処分の取消訴訟における**原告適格を認めています**。【3-4-2-②】

イ × 判例（最判平25.7.12）は、「滞納者と他の者との共有に係る不動産につき滞納者の持分が国税徴収法47条１項に基づいて差し押さえられた場合における他の共有者は、その差押処分の法的効果による権利の制限を受けるものであって、当該処分により**自己の権利を侵害され又は必然的に侵害されるおそれのある者**として、その差押処分の取消しを求めるにつき法律上の利益を有する者に当たり、その取消訴訟における**原告適格を有する**」としています。【3-4-2-②】

ウ ○
基本 判例（最大判平17.12.7）は、「都市計画事業の事業地の周辺に居住する住民のうち当該事業が実施されることにより騒音、振動等による**健康又は生活環境に係る著しい被害を直接的に受けるおそれのある者**は、当該事業の認可の取消しを求めるにつき法律上の利益を有する者として、その取消訴訟における**原告適格を有する**」としています。【3-4-2-②】

エ ×
基本 判例（最判平21.10.15）は、**生活環境に関する利益**は、基本的には**公益に属する利益**というべきであって、自転車競技法が周辺住民等において生活環境悪化の被害を受けないという利益を個々人の個別的利益としても保護する趣旨を含むと解することはできないとして、周辺住民の**原告適格を否定**しています。【3-4-2-②】

オ ×
基本 判例（最判平14.3.28）は、建築基準法の総合設計許可の規定は、「許可に係る建築物の建築が市街地の環境の整備改善に資するようにするとともに、当該建築物により日照を阻害される周辺の他の建築物に居住する者の**健康を個々人の個別的利益としても保護すべきものとする趣旨を含む**」とし、当該許可に係る建築物により日照を阻害される周辺の他の建築物の居住者について、**原告適格を認めています**。【3-4-2-②】

以上より、妥当なものはア・ウであり、肢１が正解となります。

| 関連過去問 ▶ | 26－17、R3－19 |

講師からのアドバイス

訴訟要件は判例も頻出です。この機会に、原告適格の判例をテキストで確認しておきましょう。

問題19 正解 2　行政法－行政事件訴訟法（仮の権利保護手続）
重要度 ★★★　難易度 B

1 ○ 処分の取消しの訴えの提起があった場合において、処分、処分の執行または手続の続行により生ずる**重大な損害**を避けるため**緊急の必要**があるときは、裁判所は、**申立て**により、**決定**をもって、処分の効力、処分の執行または手続の続行の全部または一部の停止をすることができます（**執行停止**：行政事件訴訟法25条２項本文）。ただし、処分の効力の停止は、処分の執行または手続の続行の停止によって目的を達することができる場合には、することができません（25条２項ただし書）。【3-4-2-⑥】

2 × 執行停止は、口頭弁論を経ることなくすることができます（25条６項本文）。そして、この規定は仮の義務付けおよび仮の差止めに準用されています（37条の５第４項）。したがって、仮の義務付けの決定および仮の差止めの決定も、**口頭弁論を経ることなくすることができます**。【3-4-2-⑥】

3 ○ 執行停止は、**本案について理由がないとみえるとき**はすることができません（25条４項）。他方、仮の義務付けおよび仮の差止めは、本案について理由があるとみえるときでなければすることができません（37条の５第１項・２項）。【3-4-3-③・④】

4 ○ 仮の義務付けの申立てがあった場合も、仮の義務付けの決定があった後においても、**内閣総理大臣**は、裁判所に対し、**異議**を述べることができます（37条の５第４項、27条１項）。【3-4-3-③】

5 ○ 仮の差止めに対し、内閣総理大臣の異議があったときは、裁判所は、仮の差止めをすることができず、また、すでに仮の差止めの決定をしているときは、当該決定を取り消さなければなりません（37条の５第４項、27条４項）。【3-4-3-④】

関連過去問 ▶ 21－17、23－17、27－17、29－19、R元－17、R5－44

講師からのアドバイス
仮の権利保護手続は頻出テーマです。執行停止・仮の義務付け・仮の差止めの３つの制度をしっかり整理しておきましょう。

| 問題20 | 正解 5 | 行政法－国家賠償法（1条） | 重要度 ★★★ | 難易度 A |

ア ✕ 判例（最判令2.7.14）は、国または公共団体の公権力の行使に当たる複数の公務員が、その職務を行うについて、共同して故意によって違法に他人に加えた損害につき、国または公共団体がこれを賠償した場合においては、当該公務員らは、国または公共団体に対し、**連帯して国家賠償法1条2項による求償債務を負う**ものと解すべきであるとしています。【3-5-1-②】

イ ✕ 判例（最判平30.10.25）は、刑事収容施設法79条1項2号に該当するとして保護室に収容されている未決拘禁者との面会の申出が弁護人等からあった場合に、その申出があった事実を未決拘禁者に告げないまま、**保護室に収容中**であることを理由として**面会を許さない**刑事施設の長の措置は、未決拘禁者が精神的に著しく不安定であることなどによりその事実を告げられても依然として同号に該当することとなることが明らかであるといえる特段の事情がない限り、未決拘禁者および弁護人等の**接見交通権を侵害**するものとして、国家賠償法1条1項の適用上**違法となる**と解するのが相当であるとしています。

ウ ○
基本 判例（最判平21.10.23）は、市町村が設置する中学校の教諭がその職務を行うについて故意または過失によって違法に生徒に損害を与えた場合において、当該教諭の給料その他の給与を負担する都道府県が国家賠償法1条1項、3条1項に従い生徒に対して損害を賠償したときは、**都道府県は**、3条2項に基づき、賠償した損害の全額を当該中学校を設置する**市町村に対して求償することができる**ものと解するのが相当であるとしています。【3-5-1-②】

エ ○
基本 判例（最判平22.6.3）は、公務員が納税者に対する職務上の法的義務に違背して固定資産の価格を過大に決定したときは、これによって損害を被った**納税者**は、地方税法432条1項本文に基づく審査の申出および同法434条1項に基づく**取消訴訟等の手続を経るまでもなく**、国家賠償請求を行い得るものと解すべきであるとしています。【3-5-1-⑤】

以上より、妥当なものはウ・エであり、肢5が正解となります。

| 関連過去問 ▶ | 20－20、21－20、23－20、24－20、25－20、26－19、27－19、29－20、R2－20・21・43、R3－21、R4－20、R5－21、R6－20・21 |

━━ 講師からのアドバイス ━━

国家賠償法1条は判例の学習がとても重要となります。過去問を何度も繰り返しながら、正誤の判断がつけられるようにしてください。

行政法－国家賠償法（3条～6条）

重要度 ★★★　難易度 A

ア ×　国家賠償法に規定がない事項については**民法が適用**されます（国家賠償法4条）。国家賠償法には消滅時効に関する規定はないため、**民法の消滅時効の規定が適用**されます。不法行為による損害賠償請求権は、①被害者またはその法定代理人が損害および加害者を知った時から3年間行使しないとき、または、②不法行為の時から20年間行使しないとき、時効によって消滅します（民法724条）。また、人の生命または身体を害する不法行為による損害賠償請求権は、①は5年間で時効によって消滅します（724条の2）。【3-5-1-①】

イ ×　基本　国または公共団体が損害を賠償する責に任ずる場合において、公務員の選任または監督に当たる者と公務員の俸給、給与その他の費用を負担する者とが異なるときは、**費用を負担する者**もまた、その**損害賠償責任**を負います（国家賠償法3条）。費用負担者が故意または重大な過失があるときに限り損害賠償責任を負う、という限定はありません。【3-5-1-②】

ウ ×　基本　国または公共団体の損害賠償の責任について民法以外の他の法律に別段の定があるときは、その定めるところによります（5条）。したがって、民法以外の法律に別段の定めがある場合は、**その定めのある法律が民法に優先**して適用されます。【3-5-1-①】

エ ○　基本　国家賠償法は、外国人が被害者である場合には、相互の保証があるときに限り、これを適用することとされています（6条）。したがって、日本に住所がある**外国人が被害者であっても、相互の保証がなければ国家賠償法は適用されません**。【3-5-1-④】

オ ○　基本　判例（最判昭53.7.17）は、失火ノ責任ニ関スル法律（失火責任法）は、失火者の責任条件について民法709条の特則を規定したものであるから、国家賠償法4条の「**民法**」に含まれると解するのが相当であるとしており、公権力の行使に当たる消防職員の失火があった場合には、失火責任法が適用されます。【3-5-1-①】

以上より、妥当なものはエ・オであり、肢5が正解となります。

関連過去問 ▶	22−19、25−19、26−19、27−20、28−20、29−21、R3−20、R6−20

講師からのアドバイス

国家賠償法は全部で6条と、他の法律に比べて条文数が少ない法律です。3条から6条についても条文を繰り返し読み込んで正誤判断ができるようにしておきましょう。

問題22 正解 3　行政法－地方自治法（地方公共団体の事務）　重要度 ★★　難易度 B

1　○　地方公共団体は、法令に違反してその事務を処理してはなりません（地方自治法2条16項前段）。また、市町村および特別区は、当該都道府県の条例に違反してその事務を処理してはなりません（2条16項後段）。**この規定に違反して行われた地方公共団体の行為は、無効となります**（2条17項）。

2　○　普通地方公共団体は、協議により規約を定め、普通地方公共団体の事務の一部を、他の普通地方公共団体に委託して、当該他の普通地方公共団体の長または同種の委員会もしくは委員をして管理しおよび執行させることができます（事務の委託：252条の14第1項）。【3-6-1-②】

3　×　普通地方公共団体の議会は、当該普通地方公共団体の事務（**自治事務**にあっては**労働委員会**および**収用委員会**の権限に属する事務で政令で定めるものを除き、**法定受託事務**にあっては**国の安全**を害するおそれがあることその他の事由により議会の調査の対象とすることが適当でないものとして政令で定めるものを除く）に関する調査を行うことができます（100条1項前段）。したがって、法定受託事務に関する調査につき除外されるのは、国の安全を害するおそれがあることその他の事由により議会の調査の対象とすることが適当でないものとして政令で定めるものであるため、労働委員会および収用委員会の権限に属する事務で政令で定めるものを法定受託事務の除外事由としている本肢は誤っています。

4　○　普通地方公共団体は、他の普通地方公共団体の求めに応じて、協議により規約を定め、当該他の普通地方公共団体の事務の一部を、当該他の普通地方公共団体または当該他の普通地方公共団体の長もしくは同種の委員会もしくは委員の名において管理しおよび執行することができます（**事務の代替執行**：252条の16の2第1項）。【3-6-1-②】

5　○　都道府県は、都道府県知事の権限に属する事務の一部を、**条例**の定めるところにより、**市町村**が処理することとすることができます（条例による事務処理の特例：252条の17の2第1項前段）。この場合においては、当該市町村が処理することとされた事務は、当該市町村の長が管理しおよび執行するものとします（252条の17の2第1項後段）。

関連過去問▶　28-23、30-24、R2-23、R4-24、R5-24、R6-22

講師からのアドバイス

地方公共団体の事務は、肢3の自治事務と法定受託事務との区別のほか、肢2と肢4の普通地方公共団体相互間の協力や肢5の条例による事務処理の特例についても理解しておくようにしましょう。

問題23	正解	1	行政法－地方自治法（直接請求）	重要度	難易度
				★★	A

1 × 　選挙権を有する者は、その総数の**3分の1以上**の者の連署をもって、その代表者から、普通地方公共団体の**長**に対し、副知事もしくは副市町村長、指定都市の総合区長の**解職の請求**をすることができます（地方自治法86条1項）。もっとも、副知事もしくは副市町村長または指定都市の総合区長の解職の請求は、その就職の日から1年間および解職請求による議会の議決の日から1年間はすることができません（88条1項）。【3-6-2-②】

2 ○ 　普通地方公共団体の議会の議員および長の選挙権を有する者は、その総数の**50**
基本 　分の**1以上**の者の連署をもって、その代表者から、普通地方公共団体の**長**に対し、地方税の賦課徴収ならびに分担金、使用料および手数料の徴収に関するものを除く**条例の制定**または**改廃の請求**をすることができ（74条1項）、普通地方公共団体の長は、条例の制定改廃請求を受理した日から20日以内に議会を招集し、意見を付けてこれを議会に付議し、その結果を代表者に通知するとともに、これを公表しなければなりません（74条3項）。【3-6-2-②】

3 ○ 　選挙権を有する者は、所属の選挙区におけるその総数の**3分の1以上**の者の連署
基本 　をもって、その代表者から、普通地方公共団体の**選挙管理委員会**に対し、当該選挙区に属する普通地方公共団体の議会の議員の**解職の請求**をすることができます（80条1項前段）。議員の解職請求があったときは、選挙管理委員会は、これを当該選挙区の選挙人の投票に付さなければならず（80条3項前段）、普通地方公共団体の議会の議員は、解職の投票において、過半数の同意があったときは、その職を失います（83条）。【3-6-2-②】

4 ○ 　選挙権を有する者は、その総数の**3分の1以上**の者の連署をもって、その代表者
基本 　から、普通地方公共団体の**選挙管理委員会**に対し、当該普通地方公共団体の**議会の解散の請求**をすることができ（76条1項）、議会の解散請求があったとき、選挙管理委員会は、これを選挙人の投票に付さなければなりません（76条3項）。そして、普通地方公共団体の議会は、解散の投票において過半数の同意があったときは、解散します（78条）。【3-6-2-②】

5 ○ 　選挙権を有する者は、その総数の**50分の1以上**の者の連署をもって、その代表者から、普通地方公共団体の**監査委員**に対し、**事務監査の請求**をすることができます（75条1項）。事務監査請求があったときは、監査委員は、直ちに当該請求の要旨を公表しなければなりません（75条2項）。【3-6-2-②】

関連過去問▶　18－23、19－22、26－22、R4－26、R5－23

講師からのアドバイス

直接請求は、連署数、請求先、請求後の措置を必ず押さえておきましょう。

問題 24	正解 1	行政法－地方自治法（国の関与）	重要度 ★★	難易度 C

1 × 普通地方公共団体は、**自治事務であるか法定受託事務であるかを問わず**、その事
基本 務の処理に関し、法律またはこれに基づく政令によらなければ、普通地方公共団体
に対する国または都道府県の関与を受け、または要することとされることはありま
せん（地方自治法245条の2）。【3-6-6-①】

2 ○ 都道府県の執行機関は、市町村の自治事務の処理が法令の規定に違反していると
難問 認めるとき、または著しく適正を欠き、かつ、明らかに公益を害していると認める
ときは、当該市町村に対し、当該自治事務の処理について違反の是正または改善の
ため必要な措置を講ずべきことを勧告することができます（245条の6）。

3 ○ 各大臣は、その所管する法律またはこれに基づく政令に係る都道府県の法定受託
難問 事務の処理が法令の規定に違反していると認めるとき、または著しく適正を欠き、
かつ、明らかに公益を害していると認めるときは、当該都道府県に対し、当該法定
受託事務の処理について違反の是正または改善のため講ずべき措置に関し、必要な
指示をすることができます（245条の7第1項）。

4 ○ 各大臣は、その担任する事務に関し、都道府県知事その他の都道府県の執行機関
難問 に対し、市町村に対する助言もしくは勧告または資料の提出の求めに関し、必要な
指示をすることができます（245条の4第2項）。普通地方公共団体の長その他の執
行機関は、各大臣または都道府県知事その他の都道府県の執行機関に対し、その担
任する事務の管理および執行について技術的な助言もしくは勧告または必要な情報
の提供を求めることができます（245条の4第3項）。

5 ○ 各大臣は、その担任する事務に関し、都道府県の自治事務の処理が法令の規定に
難問 違反していると認めるとき、または著しく適正を欠き、かつ、明らかに公益を害し
ていると認めるときは、当該都道府県に対し、当該自治事務の処理について違反の
是正または改善のため必要な措置を講ずべきことを求めることができます（245条
の5第1項）。普通地方公共団体は、当該是正または改善のため必要な措置を講ず
べきことの求めを受けたときは、当該事務の処理について違反の是正または改善の
ための必要な措置を講じなければなりません（245条の5第5項）。

関連過去問▶	20－43、24－21、R4－24

講師からのアドバイス

国の関与は、基本条文は理解しておくようにしましょう。

問題25 正解 4　行政法－行政法総合（上水道）　重要度 ★★　難易度 B

1 ×　判例（最判平18.7.14）は、別荘給水契約者の基本料金を別荘以外の給水契約者の基本料金よりも高額に設定すること自体は、水道事業者の裁量として許されないものではないとしていますが、同判例の事案においては、改正条例による別荘給水契約者の基本料金の改定は、地方自治法244条3項にいう不当な差別的取扱いに当たるというほかはなく、改正条例のうち**別荘給水契約者の基本料金を改定**した部分は、地方自治法244条3項に違反するものとして**無効**であるとしています。

2 ×　判例（最決平元.11.8）は、水道法上給水契約の締結を義務づけられている水道事業者として、たとえ指導要綱を事業主に順守させるために行政指導を継続する必要があったとしても、これを理由として事業主らとの給水契約の締結を留保することは許されず、水道事業者としては、たとえ指導要綱に従わない事業主からの**給水契約の申込み**であっても、その締結を**拒む**ことは許されないとしています。

3 ×　判例（最判平11.1.21）は、ある町が人口増加による水不足を考慮してマンション分譲事業者との間で給水契約の締結を拒否した事件において、給水契約の申込みが**適正かつ合理的な水の給水計画によって対応することができない**ものである場合、そのような事情は水道法15条1項にいう「正当の理由」にあたるので、給水契約締結の**拒否は許される**としています。【3-1-5-⑤】

4 ○　判例（最判平18.7.14）は、条例の改正は、水道料金を一般的に改定するものであって、そもそも限られた特定の者に対してのみ適用されるものではなく、改正条例の制定行為をもって行政庁が法の執行として行う処分と実質的に同視することができないから、改正条例の制定行為は、抗告訴訟の対象となる行政処分には当たらないとして、**処分性を否定**しています。【3-4-2-②】

5 ×　判例（最判昭56.7.16）は、違法建築物についての給水装置新設工事申込に対し、市が事実上その受理を拒絶した行為につき、市は申込者に対して不法行為上の損害賠償責任を負うものではないとしています。したがって、**違法状態にある建築物**に関し、**適法に建築確認を受けることを指導し、再度申請をするように勧告**することは**違法な拒否**とはなりません。【3-1-5-⑤】

関連過去問▶　28-25、R元-25

講師からのアドバイス

上水道に関する問題は、過去数回出題されていますので、過去問も含めて関連知識を総まとめしておきましょう。

| 問題26 | 正解 2 | 行政法－行政法総合（都市計画） | 重要度 ★★ | 難易度 C |

ア ×　判例（最判昭57.4.22）は、**工業地域に指定する計画決定**は、様々な建築制限の効
基本　果を生じさせますが、その結果は、当該地域内の不特定多数の者に対する一般的抽
　　　象的なものにすぎず、このような効果を生ずるというだけから直ちに当該工業地域
　　　内の個人に対する具体的な権利侵害を伴う処分があったものとして、これに対する
　　　抗告訴訟を肯定することはできないとしています。【3-4-2-②】

イ ×　要綱も裁量基準の一種なので、裁量権の公正な行使の確保、平等取扱いの原則、
　　　相手方の信頼保護といった要請から、違法の問題が生ずる余地があり、**違法な行政
　　　指導に基づく損害については国家賠償を求めることができます**。【3-5-1-②】

ウ ×　判例（最判平21.12.17）は、建築基準法に基づく**建築確認における接道要件充足**
基本　の有無の判断と、東京都建築安全条例に基づく**安全認定における安全上の支障**の有
　　　無の判断は異なる機関がそれぞれの権限に基づき行うこととされており、安全認定
　　　が行われた上で建築確認がされている場合、安全認定が取り消されていなくても、
　　　建築確認の取消訴訟において、安全認定が違法であるために本件条例4条1項所定
　　　の接道義務の違反があると主張することは許されるとし、**違法性の承継を認めてい
　　　ます**。【3-1-4-③】

エ ○　判例（最判平18.9.4）は、都市計画法上の都市施設は、その性質、土地利用、交
難問　通等の現状および将来の見通しを勘案して、適切な規模で必要な位置に配置するこ
　　　とにより、円滑な都市活動を確保し、良好な都市環境を保持するように定めなけれ
　　　ばならないものであるから、都市施設の区域は、当該都市施設が適切な規模で必要
　　　な位置に配置されたものとなるような合理性をもって定められるべきであるといえ
　　　ます。この場合において、**民有地に変えて公有地を利用**することができるときは、
　　　そのことも当該**合理性を判断する考慮要素となり得る**と解すべきとしています。

以上より、妥当でないものはア・イ・ウであり、肢2が正解となります。

| 関連過去問▶ | 29-25 |

【講師からのアドバイス】

今回は総合問題として「都市計画」に関する問題を出題しましたが、都市計画に関連する事案は、行政法全般から出題されていますので、都市計画に関連する事項を学習するときは、分野ごとのテーマを掘り下げて理解しましょう。

| 問題 27 | 正解 **4** | 民法－総則（意思表示） | 重要度 ★★★ | 難易度 B |

1 × 　意思表示の相手方が、その意思表示が表意者の**真意ではないことを知り**、または
基本 　知ることができたときは、その意思表示は**無効**とされます（民法93条1項ただし
書）。しかし、この意思表示の無効は、**善意の第三者に対抗することができない**と
されています（93条2項）。したがって、Cに過失があっても、心裡留保につき善
意であれば、Aは、Cに対して、無効を対抗できません。【2-1-4-②】

2 × 　相手方と通じてした**虚偽の意思表示**は、**無効**です（94条1項）が、この意思表示
基本 　の無効は、**善意の第三者に対抗することができません**（94条2項）。したがって、
AとBとの売買契約が虚偽表示によるものであった場合、Bから甲土地の売却を受
けたCが虚偽表示について善意であるときは、Aは、Cに対して意思表示の無効を
対抗することができません。しかし、これは、Aが、Cに対して意思表示の無効を
対抗することができないだけであって、これにより、**AB間の売買契約が有効とな
るわけではありません**。【2-1-4-③】

3 × 　表意者は、その錯誤が法律行為の目的および取引上の社会通念に照らして**重要な**
基本 　ものであるときは、**取り消すことができます**（95条1項）が、錯誤が**表意者の重大
な過失**によるものであった場合には、原則として、意思表示を**取り消すことができ
ない**とされています（95条3項柱書）。判例（大判大7.12.3）は、表意者に重過失が
あることについての主張、**立証責任**は、表意者ではなく、**相手方**が負うとしていま
す。したがって、Aが意思表示を取り消すためには、自己に重過失がないことをA
が立証する必要はありません。【2-1-4-④】

4 〇 　相手方に対する意思表示について第三者が詐欺を行った場合においては、相手方
基本 　がその**事実を知り**、または**知ることができたとき**に限り、その意思表示を**取り消す
ことができます**（96条2項）。したがって、Bが、CがAに対して詐欺を行った事
実を知らなかったものの過失があったときは、Aはその意思表示を**取り消すことが
できます**。【2-1-4-⑤】

5 × 　強迫による意思表示は、**取り消すことができ**（96条1項）、詐欺の場合と異なり、
基本 　**第三者保護規定も置かれていません**。したがって、AがBに甲土地を売却したの
が、AがBから強迫されたことが原因であった場合、Aはこの意思表示を**取り消す
ことができます**。本肢の場合、Cは、取消し前の第三者に当たりますから、Cが甲
土地の登記を備えていることは考慮する必要がありません。【2-1-4-⑥】

| 関連過去問▶ | 20－27、22－27、25－27、26－28、27－28、29－28、R2－45、R3－27 |

講師からのアドバイス

意思表示は条文の内容を正確に押さえて、いろいろなパターンについてきちんと整理し
ておきましょう。

| 問題 28 | 正解 | 5 | 民法－総則（代理） | 重要度 ★★★ | 難易度 A |

1 × 代理人が本人のためにすることを**示さないでした**意思表示は、**自己のためにした**
基本 ものとみなされます（民法100条本文）。しかし、相手方が、代理人が本人のために
することを知り、または**知ることができた**ときは、**本人に対して直接にその効力を**
生じます（100条ただし書）。したがって、前半部分が妥当ではありません。【2-1-5-1】

2 × 任意代理人は、本人の許諾を得たとき、またはやむを得ない事由があるときでな
ければ、復代理人を選任することができません（104条）が、法定代理人は、自己
の責任で復代理人を選任することができます（105条前段）。この場合において、法
定代理人は、やむを得ない事由があるときは、本人に対して復代理人の選任および
監督についての責任のみを負うとされています（105条後段）。しかし、任意代理人
については、このような規定がないため、債務不履行の一般原則に従って責任を負
うものとされています。【2-1-5-1】

3 × 代理人が自己または第三者の利益を図る目的で代理権の範囲内の行為をした場合
基本 において、相手方がその目的を知り、または**知ることができた**ときは、その行為
は、**代理権を有しない者がした行為とみなされます**（107条）。したがって、当該行
為の効力は無効でなく、**無権代理行為**とされます。【2-1-5-1】

4 × 判例（最判昭62.7.7）は、「無権代理人の責任の要件と表見代理の要件がともに存
基本 在する場合においても、表見代理の主張をすると否とは相手方の自由であると解す
べきであるから、…無権代理人が表見代理の成立要件を主張立証して自己の責任を
免れることは、制度本来の趣旨に反するというべきであり、…**無権代理人は、表見**
代理が成立することを抗弁として主張することはできない」と述べています。【2-
1-5-4】

5 ○ 代理人が与えられた代理権の権限外の行為をした場合、第三者が代理人の権限が
基本 あると**過失なく信じた**ときは、**本人は、その第三者の行為について責任を負います**
（110条）。この場合、本人の過失の有無は、問題となりません（最判昭34.2.5）。【2-
1-5-4】

| 関連過去問▶ | 20－28、21－27、24－28、25－45、28－28、R元－28、R4－45 |

講師からのアドバイス

代理は、重要テーマですが、2年連続未出題ですから、令和7年度の大ヤマです。記述
式での出題も考えられますから、本問で出題されていない無権代理や表見代理も含め、
条文、判例ともに正確に押さえておきましょう。

|問題 29|正解 **1**|民法－物権（177条の第三者）|重要度 ★★★|難易度 A|

1 ○ Cは、甲建物をBに高値で売りつける目的でAから甲建物を買い受けていますか
基本 ら、背信的悪意者といえます。**背信的悪意者は民法177条の第三者とはいえないた**
め（最判昭43.8.2）、Bは、Cに対しては登記がなくても所有権の取得を対抗できま
す。しかし、背信的悪意者Cからの譲受人Dは、甲建物がBに売却されていること
を知っているだけの単純悪意者ですから、177条の第三者に該当します（大判明
38.10.20）。したがって、Bは、Dに対しては登記がなければ、所有権の取得を**対抗**
できません（最判平8.10.29参照）。【2-2-2-①】

2 × A所有の甲建物について登記書類を偽造してCが登記簿上の名義人となったとし
ても、Cは**実質的無権利者**ですから、Bは、**登記なくして甲建物の所有権の取得を**
Cに**対抗できます**（最判昭34.2.12）。また、実質的無権利者からの譲受人Dも無権
利者ですから、Dに対しても、Bは登記なくして甲建物の所有権の取得を対抗する
ことができます。【2-2-2-①】

3 × Cが甲建物を不法に占有している場合、**不法行為者は177条の第三者ではありま**
基本 せんから、Bは所有権移転登記を備えていなくても、Cに対して甲建物の所有権の
取得を対抗することができます（最判昭25.12.19）。【2-2-2-①】

4 × 甲建物がAからB、BからCに順次譲渡され、登記はいまだAにある場合、C
基本 は、**所有権移転登記がなくても、Aに対して甲建物の所有権の取得を対抗できます**
（最判昭39.2.13）。【2-2-2-①】

5 × Aの債権者Cが甲建物を差し押えた場合、**Cは177条の第三者に該当します**（最
基本 判昭39.3.6）。したがって、Bが甲建物を譲り受けたのがCによる差押えよりも先で
あっても、Bは所有権移転登記を備えていなければ、Cに対して甲建物の所有権の
取得を**対抗することができません**。【2-2-2-①】

| 関連過去問 ▶ | 20－29、21－46、30－29、R2－46、R5－28、R6－29 |

講師からのアドバイス

177条の第三者に関する判例は数多く存在しますので、177条の第三者に該当するかど
うかを判断できるようにしておきましょう。

| 問題30 | 正解 2 | 民法－物権（抵当権） | 重要度 ★★★ | 難易度 B |

ア × 抵当権設定登記後に賃借人が登記を備えても、賃借権を抵当権実行による買受人Dに対抗できません。ただし、Dからの明渡請求に対しては、明渡しまでの**使用の対価を支払えば**（民法395条2項参照）、**6か月の明渡猶予期間**を与えられます（395条1項）。【2-2-7-①】

イ ○ 抵当権は非占有担保です。したがって、同一の不動産上に複数の抵当を設定する
基本 ことができます（373条）。【2-2-7-①】

ウ ○ 抵当権者は、抵当不動産の賃借人を所有者と同視することを相当とする場合を除
基本 き、右賃借人が取得すべき転貸賃料債権について物上代位権を行使することはできません（最決平12.4.14）。したがって、BはCに甲土地を貸し、さらにCがDに甲土地を転貸した場合、抵当権者Aは、原則として**転貸賃料に対して物上代位はできません**。【2-2-7-①】

エ × 被担保債権について不履行があったときは、その後に生じた抵当不動産の**果実**に
難問 抵当権の効力が及びます（371条）。抵当権者が、抵当不動産を差し押さえることにより、その果実を収取できることになります（372条、304条1項）。したがって、甲土地がAから差し押さえられた後は、甲土地から生ずる賃料を取得するのはAになります。【2-2-7-①】

以上より、誤っているものはア・エであり、肢2が正解となります。

| 関連過去問▶ | 20－31、30－30、R5－45、R6－30 |

講師からのアドバイス

抵当権に関する一般的な問題です。担保物権でも最重要なのがこの抵当権です。条文知識に加えて、判例知識も確実にしておきましょう。

| 問題 31 | 正解 | 3 | 民法－債権（債権者代位権） | 重要度 ★★★ | 難易度 B |

1　×　債権者は、自己の債権を保全するため必要があるときは、債務者の一身に専属する権利および差押えを禁じられた権利を除き、債務者に属する権利を行使することができます（民法423条1項）。判例（最判昭43.9.26）は、債務者が他の債権者に対して負う**債務の消滅時効**についても、債権者が債務者に**代位して援用する**ことができると述べています。したがって、BがDに対して負う債務の消滅時効について、Aは、Bに代位して、時効の援用をすることができます。【2-3-2-1】

2　×　債権者が債権者代位権を行使するには、**被保全債権が弁済期**になければなりません（423条2項本文）。これは、債権者代位権の行使を**訴訟によって行うか否か**には**かかわりません**。したがって、Aが、乙債権を代位行使するためには、甲債権が弁済期になければなりません。なお、保存行為を行う場合には、被保全債権が弁済期になくてもかまいません（423条2項ただし書）。【2-3-2-1】
（基本）

3　○　債権者が**動産の引渡し**について代位行使する場合には、相手方に対し、**直接自己に対して引き渡すよう求める**ことができ（423条の3前段）、その代位行使の範囲は、被代位権利の目的が可分であるときは、自己の債権の額の限度においてのみ、権利を行使できます（423条の2）が、不可分であれば、全部について行使できます。したがって、Aは、Cに対し、自己に対して丙動産の引渡しを求めることができますが、**当然に丙動産の所有権がAに帰属するわけではなく**、債務者と間で代物弁済契約を締結するか、強制執行することになります。【2-3-2-1】
（難問）

4　×　債権者代位権は債権者の固有の権利ですが、代位行使の目的となる権利自体は債務者の権利ですから、債権者が被代位権利を行使したときは、第三債務者は、債務者に対して主張することができる抗弁をもって、債権者に対抗することができます（423条の4）。したがって、Cは、Bに対して有している**同時履行の抗弁権**を、Aに対しても主張することができます。【2-3-2-1】

5　×　債権者は、被代位権利の行使に係る訴えを提起したときは、遅滞なく、債務者に対し、**訴訟告知**をしなければなりません（423条の6）。しかし、この場合でも、債務者は、被代位権利について、**自ら取立て**その他の処分をすることができます（423条の5前段）。したがって、債務者の有する被代位権利は債権者の代位によって制限されないこととされていますから、Bは、乙債権を第三者Eに譲渡することもできます。【2-3-2-1】
（難問）

| 関連過去問▶ | R3－32、R4－46 |

講師からのアドバイス

債権者代位権は、被保全債権が特定債権の場合には、債務者の無資力要件は不要です。
きちんと区別をして、整理しておきましょう。

| 問題 32 | 正解 5 | 民法－債権（連帯債務） | 重要度 ★★ | 難易度 B |

1 × 　連帯債務者の1人について**法律行為の無効または取消しの原因があっても**、他の**連帯債務者の債務**は、有効です（民法437条）。連帯債務は、別個独立の債務ですから、その成立原因も個別的に取り扱うのが当事者の意思に適うものといえるからです。したがって、BとCは、Dに対して、連帯して600万円の貸金債務について履行する義務を負います。【2-3-5-②】

2 × 　連帯債務者の1人が債権者に対して債権を有する場合において、その債権を有する連帯債務者が相殺を援用しない間は、その連帯債務者の**負担部分の限度**において、他の連帯債務者は、債権者に対して債務の履行を**拒むことができます**（439条2項）。したがって、Bが拒むことができるのは、Aの負担部分の限度であって負担部分ではないため、300万円ではなく、負担部分の限度で、Aが有している債権の額の200万円についてです。【2-3-5-②】

3 × 　連帯債務者の1人が弁済をし、共同の免責を得たときは、その連帯債務者は、その**基本** の免責を得た額が**自己の負担部分を超えるかどうかにかかわらず**、他の連帯債務者に対し、その免責を得るために支出した財産の額のうち各自の負担部分に応じた額を求償することができます（442条1項）。各自の負担部分の割合は、A：B：Cが3：2：1ですから、Aが120万円を弁済した場合、Aが60万円、**Bが40万円、Cが20万円**を負担することになります。したがって、Aは、Bに40万円、Cに20万円を求償することができます。【2-3-5-②】

4 × 　1人の連帯債務者に**時効が完成**した場合でも、**他の連帯債務者**には、その効力は**及びません**（相対効：441条本文）。したがって、BはCに対して100万円を求償できます。なお、連帯債務者の1人のために時効が完成した場合であっても、他の連帯債務者は、その1人の連帯債務者に対し、求償権を行使できるとされています（445条）から、Bは、Aに対して300万円を求償できます。【2-3-5-②】

5 ○ 　他の連帯債務者があることを知りながら、連帯債務者の1人が**他の連帯債務者に**
基本 通知しないで弁済をした場合、他の連帯債務者は、債権者に対抗することができる事由を有していたときは、その負担部分について、その事由をもって**弁済した連帯債務者に対抗することができます**（443条1項前段）。したがって、Bは、自己の負担部分について、Dに対して有している200万円の債権で相殺をするとして、Aに対抗することができます。【2-3-5-②】

| 関連過去問▶ | 20－33、21－31、29－32、R5－30 |

講師からのアドバイス

連帯債務は、絶対効と相対効について令和5年に出題されていますが、一応確認したうえで求償関係などを押さえるようにしましょう。

| 問題 33 | 正解 | 1 | 民法－債権（同時履行の抗弁権） | 重要度 ★★★ | 難易度 A |

ア ○
基本 判例（最判昭47.9.7）は、売買契約が詐欺を理由として取り消された場合、買主の売買目的物返還請求義務と売主の代金相当額の金銭支払義務は、明文はないが、当事者間の公平という民法533条の趣旨から同時履行の関係にあると考えられています。【2-3-6-②】

イ ○
基本 双務契約の当事者の一方は、相手方がその債務の履行を提供するまでは、自己の債務を拒むことができます（民法533条）。土地の売買契約は双務契約にあたるので（大判大7.8.14）、売主の所有権移転登記義務と買主の代金支払義務は、同時履行の関係に立ちます。【2-3-6-②】

ウ × 判例（最判昭29.7.22）は、建物の賃借人が造作買取請求権（借地借家法33条1項）の行使をした場合、造作代金支払義務は造作に関して生じた債権であって、建物に関して生じた債権ではないので、賃貸人の造作代金支払義務と賃借人の建物引渡債務は、同時履行の関係に立ちません。【2-3-6-②】

エ × 債権譲渡があった場合に、債務者は、対抗要件具備前までに譲渡人に対して生じた事由をもって譲受人に対抗することができる（民法468条1項）としています。債権譲渡における債務者の抗弁には、本肢のような、譲渡人が債務者に譲渡の通知をした後その債務者が遅滞なく異議を述べることは要求されません。【2-3-3-①】

オ ×
基本 賃貸借終了時における敷金返還義務と目的物の明渡義務については明渡義務が先履行とされるべきであり、同時履行の関係にはないとしています（622条の2）。【2-3-6-②】

以上より、正しいものはア・イであり、肢1が正解となります。

| 関連過去問▶ | R2－32 |

講師からのアドバイス

同時履行の抗弁権と留置権を比較すると理解が深まりますので、判例問題などを参照して整理しておきましょう。

| 問題 34 | 正解 3 | 民法－債権（不法行為） | 重要度 ★★★ | 難易度 B |

1　×　判例（最判昭33.8.5）は、不法行為により**身体に損害を受けた者の両親**が、そのために被害者の生命侵害の場合にも比肩しうべき精神上の苦痛を受けたときは、民法709条および710条に基づき、**固有の慰謝料請求**をすることができるとしています。【2-3-8-③】

2　×　判例（最大判昭39.6.24）は、未成年者が被害者の場合の過失相殺の可否については、被害者である未成年者が、**事理弁識能力を備えていれば足り、責任能力まで備えている必要はない**としています。したがって、被害者に責任能力が備わっていないときでも、事理弁識能力があれば、その過失を考慮して損害賠償の額を定めることができます。【2-3-8-③】

3　○　判例（最判昭58.10.6）は、名誉毀損に基づく慰謝料請求権は、代位行使上の**一身**　**難問**　専属権にあたり、債権者代位権の対象にはならないものの、**請求額が具体的に特定**した場合には、**代位行使が可能**となるとしています。したがって、具体的な金額が確定する前は、慰謝料請求権を**代位行使できません**。【2-3-2-①】

4　×　不法行為による損害賠償の請求権は、被害者またはその法定代理人が損害および　**難問**　加害者を知った時から３年間（生命侵害を理由とするときは５年）行使しないとき（民法724条１項、724条の２）、不法行為の時から20年間行使しないとき（724条２項）は、時効によって消滅します。そして、判例（大連判昭11.7.15）は、同条は不法行為による損害賠償そのものだけでなく、その不履行により発生する**遅延損害金債権についても適用がある**としています。【2-3-8-③】

5　×　他人の生命を侵害した者は、被害者の父母、配偶者および子に対しては、その財産権が侵害されなかった場合においても、損害の賠償をしなければならないとされています（711条）が、判例（最判昭49.12.17）は、711条に明文で定められない近親者であっても、同条所定の者と実質的に**同視すべき身分関係が存在**し、被害者の死亡により**甚大な精神的苦痛を受けた者**は、同条の類推適用により、加害者に対し直接に固有の慰謝料を請求しうるとしています。【2-3-8-③】

| 関連過去問▶ | 18－34、19－34、21－34、24－34、26－34、27－34、28－34、29－34・46、30－33、R元－34、R3－34、R4－34、R6－34 |

講師からのアドバイス

不法行為は本試験で毎年のように出題される分野です。直前期前にもう一度、過去問、答練などの問題も見直しておきましょう。また、加害者の責任能力、被害者側の過失における事理弁識能力の整理、不法行為における損害賠償請求権と一般債権の消滅時効の整理もしておきましょう。

				重要度	難易度
問題 35	正解	4	民法－親族（親子）	★★★	B

1　○　妻が婚姻中に懐胎した子は、当該婚姻における**夫の子**と推定されます（民法772
基本　条前段）。そして、子が嫡出であることにつき、父、子、母、前夫には否認権が与え
えられ（774条１項・３項・４項）、子の否認権の行使は、父に対する**嫡出否認の訴**
えにより行います（775条１項２号）。この場合の嫡出否認の訴えは、子の**出生の時**
から**３年以内**に提起しなければなりません（777条２号）。【2-4-1-③】

2　○　認知をするには、父または母が未成年者または成年被後見人であるときであって
基本　も、その**法定代理人の同意を要しません**（780条）。【2-4-1-③】

3　○　父または母が**死亡した子**であっても、その**直系卑属があるとき**に限り、認知する
基本　ことができます（783条３項前段）。この場合において、その直系卑属が**成年者**であ
るときは、その**承諾**を得なければなりません（783条３項後段）。【2-4-1-③】

4　×　判例（最判昭53.2.24）は、**嫡出でない子**につき、父から、これを**嫡出子とする出**
生届がされた場合において、戸籍事務管掌者によって受理されたときは、**認知届と**
しての効力を有するとしています。【2-4-1-③】

5　○　子またはその法定代理人、認知をした者、子の母は、原則として、法所定の期間
内に限り、認知について反対の事実があることを理由として、認知の無効の訴えを
提起することができます（786条１項本文）。なお、子の母は、その認知の無効の主
張が子の利益を害することが明らかなときは、認知の無効の訴えを提起することが
できません（786条１項ただし書）。

関連過去問 ▶	22－34、27－46、R元－35

＝＝＝ 講師からのアドバイス ＝＝＝

親子関係は、実親子関係と養親子関係の基本的事項はテキストにて確認しておきましょ
う。また、令和４年に民法の一部が改正（令和６年４月１日施行）され、女性の再婚禁
止期間の撤廃、嫡子否認の訴えが、父、子、母、前夫に否認権が与えられるなど改正さ
れていますので、過去問を復習するときは必ず法改正に対応した教材で学習しましょ
う。

問題36　正解 2　商法－商法（商号）　重要度 ★★　難易度 B

1　○　商人は、その氏、氏名その他の名称をもってその商号とすることができます（商法11条1項）。そして、商人は、その商号の登記をすることができます（11条2項）。商号自体が経済的に重要な価値があり、より確実に保護を受けるためです。
（基本）

2　×　何人も、**不正の目的をもって**、他の商人であると誤認されるおそれのある名称または商号を使用してはなりません（12条1項）。条文上は何人もとされており、**利害関係を有する者**とは限定されていません。
（基本）

3　○　不正の目的による名称または商号の使用によって営業上の利益を侵害され、または侵害されるおそれのある商人は、その営業上の利益を侵害する者または侵害するおそれのある者に対し、その侵害の停止または**予防**を請求することができます（12条2項）。重要な価値がある商号を守るためです。

4　○　自己の商号を使用して営業または事業を行うことを他人に許諾した商人は、当該商人が当該営業を行うものと誤認して当該他人と取引をした者に対し、当該他人と**連帯して**、当該取引によって生じた**債務を弁済する責任**を負います（名板貸人の責任：14条）。名板借人と取引をした相手方を保護するためです。【4-1-1-②】

5　○　商人の商号は、**営業とともにする場合**または**営業を廃止する場合**に限り、**譲渡す
（基本）ることができます**（15条1項）。商号と営業を切り離し、単独での譲渡を認めると、一般公衆に誤認を生じさせ、妥当ではないためです。また商号の譲渡は登記をしなければ、第三者に対抗することができません（15条2項）。

関連過去問▶　R4－36

講師からのアドバイス

商号に関する基本的な問題です。商業登記と異なり、商号の譲渡の登記には消極的公示力が認められていないことに注意しましょう。

| 問題 37 | 正解 3 | 商法－会社法（定款） | 重要度 ★★★ | 難易度 B |

ア ○ 発行可能株式総数は、定款の絶対的記載事項です（会社法37条1項）。また発行
基本 可能株式総数は、登記すべき事項です（911条3項6号）。【4-2-2-①】

イ × 本店の所在地は定款の絶対的記載事項ですが、本店の所在場所および支店の所在
基本 場所は定款の絶対的記載事項ではありません（27条1項3号）。所在地は所在場所
の最小行政区間（例：千代田区）のことであり、所在場所は具体的な住所地のこと
であり、両者は区別されています。【4-2-2-①】

ウ × 株式会社を設立するには、**発起人が定款を作成し、その全員がこれに署名**する
基本 か、**または記名押印しなければなりません**（26条1項）。

エ ○ 原始定款が効力を生じるためには、**公証人の認証が必要**です（30条1項）。もっ
とも、会社成立後の定款変更の場合には、株主総会の決議を要するだけであり、改
めて公証人の認証を受ける必要はありません（466条）。【4-2-2-①】

オ ○ **会社が成立するまで**は、発起人は、定款を発起人が定めた場所に備え置かなけれ
ばなりません（31条）。定款は会社の組織および活動を定める根本規則であり、重
要なものであるためです。

以上より、誤っているものはイ・ウであり、肢3が正解となります。

| 関連過去問 ▶ | R元－37、R2－37、R3－37、R4－37、R5－37 |

講師からのアドバイス

会社設立時における定款に関する基本問題です。設立時における定款に関する規定と設
立後における定款に関する規定に注意しましょう。

| 問題38 | 正解 4 | 商法－会社法（株式の併合および分割） | 重要度 ★★★ | 難易度 C |

1　×　株式の併合については、法令または定款に違反する場合において、株主が不利益を受けるおそれがあるときは、株主は会社に対し株式の併合をやめることを請求することができます（会社法182条の3）。一方、**株式分割**の場合には、既存株主に持分比率の低下という不利益は生じないので、**株式分割をやめることの請求は認められていません**。

2　×　株式の分割については、反対株主の株式買取請求権は認められていませんが、**株式の併合**については、**反対株主の買取請求権が認められています**（182条の4第1項）。株式の併合により株式の数に一株に満たない端数が生ずることがあるからです。【4-2-3-④】

3　×　取締役会設置会社においては、株式の分割は取締役会の決議によって決定することができますが（183条2項）、**株式の併合**を行うには、**株主総会の特別決議**により、併合の割合、効力発生日等を定めなければなりません（180条2項、309条2項4号）。株式の併合の場合、併合比率によっては株主としての地位を失うおそれがあるからです。【4-2-3-④】

基本

4　〇　株式の分割をする際には、定款変更に本来必要な株主総会の特別決議を経ずに株式の分割がその効力を生ずる日における発行可能株式総数を、その日の前日の発行可能株式総数（①）に株式の分割により増加する株式の総数の株式の分割前の発行済株式の総数に対する割合（②）を乗じて得た数の範囲内で増加する定款の変更をすることができます（184条2項）。したがって、発行可能株式総数が100株（①）であり、発行済株式総数が30株である会社が、1株を5株にする（②）株式の分割をする場合、株主総会の決議によらないで、発行可能株式総数を400株に増加（①×②＝500株の範囲内）する定款の変更をすることができます。

難問

5　×　株式の併合をした株式会社は、効力発生後**遅滞なく**、株式の併合が効力を生じた時における発行済株式の総数その他の株式の併合に関する事項として法務省令で定める事項を記載し、または記録した書面または電磁的記録を作成しなければなりません（182条の6第1項）。

難問

| 関連過去問 ▶ | 26－38、27－38、29－38 |

―――― 講師からのアドバイス ――――
株式の併合および分割に関する条文問題です。相違点に注意しながら条文を確認しておきましょう。

| 問題 39 | 正解 | **5** | 商法－会社法（株主総会） | 重要度 ★★★ | 難易度 B |

1 ○ 株主総会は、会社法に規定する事項および株式会社の組織、運営、管理その他株
基本 式会社に関する**一切の事項**について決議をすることができます（会社法295条1項）。
会社は株主が所有するものであるためです。なお、取締役会設置会社においては、
取締役会が業務執行の意思決定をするので、株主総会は、会社法に規定する事項お
よび定款で定めた事項に限り、決議をすることができます（295条2項）。【4-2-4-
②】

2 ○ 会社法の規定により株主総会の決議を必要とする事項について、取締役、執行
役、取締役会その他の株主総会以外の機関が決定することができることを内容とす
る定款の定めは、その効力を**有しません**（295条3項）。会社を支配するのは、所有
者である株主であり、すべての事項を取締役等に任せるとなると、取締役等による
会社支配が可能となるためです。【4-2-4-②】

3 ○ 公開会社である株式会社において、総株主の議決権の**100分の3**（これを下回る
基本 割合を定款で定めた場合にあっては、その割合）以上の議決権を**6か月**（これを下
回る期間を定款で定めた場合にあっては、その期間）前から引き続き有する株主
は、取締役に対し、株主総会の目的である事項および招集の理由を示して、株主総
会の招集を請求することが**できます**（297条1項）。株主総会で決議すべき事項があ
るにもかかわらず、取締役が招集をしない場合があるためです。【4-2-4-②】

4 ○ 取締役は、書面投票による旨を定めた場合には、株主総会の招集通知に際して、
難問 法務省令で定めるところにより、株主に対し、議決権の行使について参考となるべ
き事項を記載した書類および株主が議決権を行使するための書面を交付しなければ
なりません（301条1項）。

5 × 株主総会の招集の通知の規定にかかわらず、株主総会は、**株主の全員の同意が**
あるときは、**招集の手続を経ることなく開催**することができます（300条本文）。ただ
し、**書面投票または電子投票によりうる旨を定めた場合は、この限りではありませ**
ん（300条ただし書）。書面投票や電子投票制度を採用した場合には、株主総会参考
書類などを交付しなくてはならないためです。【4-2-4-②】

| 関連過去問▶ | 25-38、26-39、R2-39、R4-39 |

講師からのアドバイス

株主総会に関する基本的な問題です。株主総会の権限、いつ誰がどのように招集するの
かといった手続きに注意しましょう。

| 問題 40 | 正解 | 3 | 商法－会社法（剰余金の配当） | 重要度 ★★★ | 難易度 C |

ア ✕
難問
金銭以外の財産を配当財産とする剰余金の配当をする場合において、当該配当財産に代えて金銭を交付することを会社に対して請求する権利を株主に**与えないとき**は、**株主総会の特別決議**によらなければなりません（会社法309条2項10号、454条4項）。【4-2-5-①】

イ 〇
難問
株式会社が分配可能額を超えて剰余金の配当をした場合において、当該株式会社に対して交付を受けた金銭等の帳簿価額に相当する金銭を支払う義務を負う株主に対し、会社の債権者は、その債権額を上限としてその交付を受けた金銭等の帳簿価額に相当する金銭を支払わせることができます（463条2項）。

ウ 〇
基本
取締役会設置会社は、一事業年度の途中において**1回に限り取締役会の決議**によって**剰余金の配当**をすることができる旨を定款で定めることができます（中間配当：454条5項）が、この場合の配当財産は金銭に限られます（454条5項かっこ書）。【4-2-5-①】

エ ✕
難問
配当財産が金銭以外の財産である場合において、株主に対して金銭分配請求権を与えるときは、**株主総会の決議**によって、その旨および金銭分配請求権を行使することができる期間を定めることができます（454条4項1号）。そして、この場合、株式会社は当該期間の末日の**20日前**までに、株主に対し、株主総会の決議によって定めた当該事項を通知しなければなりません（455条1項）。

オ ✕
配当財産は、株主名簿に記載し、または記録した株主の住所または株主が株式会社に通知した場所において、これを交付しなければなりません（457条1項）。なお、当該**配当財産の交付に要する費用**は、株主の責めに帰すべき事由によってその費用が増加したときの増加額を除き、**株式会社の負担**とされています（457条2項）。

以上より、正しいものはイ・ウであり、肢3が正解となります。

| 関連過去問▶ | 20－38、23－40、30－40、R3－40 |

━━ 講師からのアドバイス ━━

剰余金の配当については、条文が読みづらく、難しく感じると思います。過去に出題された基本的な条文だけは押さえておくようにしましょう。

107

問題 41	正解	ア 4　イ 16 ウ 9　エ 18	憲法－人権（幸福追求権）	重要度 ★★★	難易度 A

本問は、マイナンバー（個人番号）利用差止等請求事件（最判令5.3.9）からの出題です。

　憲法13条は、国民の ア：4－私生活 上の自由が公権力の行使に対しても保護されるべきことを規定しているものであり、個人の ア：4－私生活 上の自由の一つとして、何人も、個人に関する情報をみだりに第三者に開示又は イ：16－公表 されない自由を有するものと解される・・・。

　そこで、行政機関等が番号利用法に基づき特定個人情報の利用、提供等をする行為が・・・上記自由を侵害するものであるか否かを検討するに、・・・同法は、・・・行政運営の効率化、給付と負担の公正性の確保、国民の利便性向上を図ること等を ウ：9－目的 とするものであり、正当な行政 ウ：9－目的 を有するものということができる・・・。

　・・・また、・・・特定個人情報の漏えいや ウ：9－目的 外利用等がされる エ：18－危険 性は極めて低いものということができる。

　さらに、・・・仮に個人番号が漏えいしたとしても、直ちに各行政機関等が分散管理している個人情報が外部に流出するおそれが生ずるものではないし、・・・個人番号が漏えいして不正に用いられるおそれがあるときは、本人の請求又は職権によりこれを変更するものとされている。

　これらの諸点を総合すると、番号利用法に基づく特定個人情報の利用、提供等に関して法制度上又はシステム技術上の不備があり、そのために特定個人情報が法令等の根拠に基づかずに又は正当な行政 ウ：9－目的 の範囲を逸脱して第三者に開示又は イ：16－公表 される具体的な エ：18－危険 が生じているということもできない。

　そうすると、行政機関等が番号利用法に基づき特定個人情報の利用、提供等をする行為は、・・・憲法13条の保障する個人に関する情報をみだりに第三者に開示又は イ：16－公表 されない自由を侵害するものではないと解するのが相当である。

　ア の後には、「個人に関する情報」とあるため、ア には「4－私生活」が入ります。
　何人も、個人に関する情報をみだりに第三者に開示されない自由を有するため、イ には、「開示」と同義の「16－公表」が入ります。最初の ウ の前には、「同法は、…行政運営の効率化、給付と負担の公正性の確保、国民の利便性向上を図ること等」とあるため、ウ には「9－目的」が入ります。特定個人情報の漏えいや目的外利用等は個人の私生活上の自由に対する危険といえるため、エ には「18－危険」が入ります。

関連過去問▶	なし

講師からのアドバイス

　多肢選択式は、空欄の前後の文をヒントに語句群の中から選択するようにしましょう。

108

問題 42	正解	ア 2　イ 16 ウ 8　エ 20	行政法－一般的な法理論 （行政立法）　基本	重要度	難易度
				★★	A

本問は、行政立法に関する理解を問うものです。【3-1-5-②】

　行政立法の分類には、制定する機関による分類と効力による分類とがある。前者は、政令、内閣府令、省令、外局規則、独立行政機関の規則などに分類される。このうち、政令は、内閣が制定する命令で、閣議決定が必要である。

　一方、後者は、国民の権利・義務に直接影響を与えるかどうかで、 ア：2－法規命令 と イ：16－行政規則 に分類される。 ア：2－法規命令 は、国民の権利・義務に直接影響を与えるものであり、さらに委任命令と執行命令に分類される。委任命令は、法律や上位の命令の委任に基づき発せられるものであり、法律の委任は個別具体的なものであることを要する。さらに、制定した場合の国民に対する ウ：8－公示 が必要である。執行命令は、法律や上位の命令の実施に必要な手続規定など技術的細目を定める命令であり、法律による委任は一般的委任で足りる。 ア：2－法規命令 は、国民の権利・義務に直接影響を及ぼすものであるため、 エ：20－裁判規範 となり得るものであり、法律の委任の範囲を超えた ア：2－法規命令 は無効となる。

　また、 イ：16－行政規則 は、国民の権利・義務に直接影響を与えないものであり、訓令や通達などがその例である。 イ：16－行政規則 は、法律による委任を受けずに制定でき、制定した場合の ウ：8－公示 も不要とされる。

　国民の権利・義務に直接影響を与える行政立法を法規命令といい、直接影響を与えない行政立法を行政規則といいますから、 ア には「2－法規命令」が入り、 イ には「16－行政規則」が入ります。法規命令を制定した場合に国民に対して公示が必要となりますので、 ウ には「8－公示」が入ります。そして、法規命令は、国民の権利・義務に直接影響を及ぼすものであるため、裁判所が事件を解決する際の準則としての裁判規範となりますから、 エ には「20－裁判規範」が入ります。

関連過去問▶	19－42、22－9、23－9、24－42、26－9、27－10、29－42、 R3－10、R6－9

◀ 講師からのアドバイス ▶

行政立法については行政組織との関連でも出題が予想されます。用語の意味を正確に押さえておきましょう。

第2回　解答解説

109

| 問題 43 | 正解 | ア 8　イ 11
ウ 2　エ 19 | 行政法－行政不服審査法
（適用除外）　基本 | 重要度 ★★ | 難易度 A |

本問は、公有水面埋立法42条1項に基づく埋立ての承認と行政不服審査法7条2項にいう「固有の資格」について争われた事件に関する最高裁判所判決（最判令2.3.26）からの出題です。【3-3-1-②】

　行政不服審査法は、国民が ［ア：8－簡易迅速］ かつ公正な手続の下で広く行政庁に対する不服申立てをすることができるための制度を定めることにより、国民の権利利益の ［イ：11－救済］ を図るとともに、行政の適正な運営を確保することを目的とする・・・。そして、同法7条2項は、国の機関等に対する処分のうち、国民の権利利益の ［イ：11－救済］ 等を図るという上記目的に鑑みて上記制度の対象とするのになじまないものにつき、同法の規定を適用しないこととしているものと解される。このような同項の趣旨に照らすと、同項にいう「 ［ウ：2－固有の資格］ 」とは、国の機関等であるからこそ立ち得る特有の立場、すなわち、 ［エ：19－一般私人］ （国及び国の機関等を除く者をいう。以下同じ。）が立ち得ないような立場をいうものと解するのが相当である。

　行政不服審査法は、行政庁の処分に対する不服申立てに係る手続・・・を規定するものであり、上記「 ［ウ：2－固有の資格］ 」は、国の機関等に対する処分がこの手続の対象となるか否かを決する基準であることからすれば、国の機関等が ［エ：19－一般私人］ が立ち得ないような立場において相手方となる処分であるか否かを検討するに当たっては、当該処分に係る規律のうち、当該処分に対する不服申立てにおいて審査の対象となるべきものに着目すべきである。

　所論にいう埋立承認のような特定の事務又は事業を実施するために受けるべき処分について、国の機関等が上記立場において相手方となるものであるか否かは、当該事務又は事業の実施主体が国の機関等に限られているか否か、また、限られていないとすれば、当該事務又は事業を実施し得る地位の取得について、国の機関等が ［エ：19－一般私人］ に優先するなど特別に取り扱われているか否か等を考慮して判断すべきである。

　行政不服審査法1条1項の目的規定より、 ［ア］ には「8－簡易迅速」が入り、 ［イ］ には「11－救済」が入ります。さらに、7条2項の規定により、国の機関等が固有の資格において処分の相手方になるものは行政不服審査法が適用除外とされていますから、 ［ウ］ には「2－固有の資格」が入ります。 ［エ］ には、国の機関等であるからこそ立ちうる特有の立場（固有の資格）と反対の立場となるのは一般私人ですので、「19－一般私人」が入ります。

| 関連過去問 ▶ | 29－14、R6－15 |

講師からのアドバイス

適用除外について、行政不服審査法7条1項と行政手続法3条1項、行政不服審査法7条2項と行政手続法4条1項を比べながら押さえておきましょう。

行政法－一般的な法理論（行政行為の効力）

重要度 ★★★　難易度 B

【3-1-4-②】

解答例（本件裁決の）

不	可	変	更	力	に	反	し	、	新	た	な	裁	決	は
公	定	力	を	有	す	る	の	で	、	適	法	に	取	り
消	さ	れ	る	ま	で	は	有	効	で	あ	る	。

（43字）

本問のように、一度なされた裁決を裁決庁が自ら取り消し、新たな裁決をやり直した場合の、新たな裁決の効力につき、最高裁判所の判例（最判昭30.12.16）は、「訴願裁決庁が一旦なした訴願裁決を自ら取り消すことは、原則として許されない…しかしながら、行政処分は、たとえ違法であつても、その違法が重大かつ明白で当該処分を当然無効ならしめるものと認むべき場合を除いては、適法に取り消されない限り完全にその効力を有する」としています。裁決には不可変更力が認められるため、裁決庁が自ら取り消すことは不可変更力に反し、許されません。そして、新たになされた裁決には、不可変更力に反した瑕疵がありますが、行政行為として公定力を有するため、重大かつ明白な瑕疵を有する場合を除き、適法に取り消されない限り有効であるということになります。

① 本件裁決の何と呼ばれる効力に反するか

不可変更力とは、一度行った行政行為の効力を、行政庁自らが取り消し、または変更することができなくなる効力のことをいい、裁決のような**争訟裁断的行政行為**に認められる効力です。Y県知事が新たな裁決を行ったことは、本件裁決の不可変更力に反することを解答します。

② 新たな裁決は有効か（行政法学上有する効力）

公定力とは、行政行為にたとえ**瑕疵（重大かつ明白な瑕疵を除く）**があっても、権限のある行政機関または裁判所が取り消すまでは、**一応有効として扱われる効力**をいいます。新たな裁決は行政行為として公定力を有するため、**適法に取り消されるまでは有効である**ことを解答します。

以上を40字程度にまとめて記述することとなります。

＊ 採点基準 ＊

配点の上限は以下の通りである。用語の使用や文章の表現が不適切・不自然なもの、他の事項が記載されているもの、誤字・脱字等については、減点されることとなる。
1．（本件裁決の効力）不可変更力 ･････････････････････････････････････ 6点
2．（新たな裁決の効力）公定力 ･･･ 6点
3．適法に取り消されるまでは有効 ･････････････････････････････････････ 8点

関連過去問▶ 28-10、29-43

講師からのアドバイス

行政行為の4つの効力（公定力・不可争力・不可変更力・執行力）については、記述式で問われても対応できるよう、理解しておきましょう。

| 問題 45 | 民法－総則（制限行為能力者） | 重要度 ★★★ | 難易度 B |

【2-1-2-④】

解答例

家	庭	裁	判	所	に	対	し	、	被	保	佐	人	A	が
請	求	し	、	保	佐	人	B	の	同	意	に	代	わ	る
許	可	を	得	れ	ば	よ	い	。						

（39字）

　被保佐人が借財または保証をするには、その**保佐人の同意を得なければなりません**（民法13条1項2号）。
　このような保佐人の同意を得なければならない行為について、保佐人が被保佐人の利益を害するおそれがないにもかかわらず同意をしないときは、家庭裁判所は、被保佐人の請求により、**保佐人の同意に代わる許可**を与えることができます（13条3項）。
　なお、保佐人の同意を得なければならない行為であって、その同意がなくても、これに代わる許可を得てしたものについては、取り消すことはできません（13条4項）。
　したがって、保佐人Bが被保佐人Aの利益を害するおそれがないにもかかわらず同意をしないときでも、被保佐人AがCとの間で売買契約を締結し、保佐人Bにも取り消されないようにしておくためには、**家庭裁判所**に対し、**被保佐人A**が請求し、**保佐人Bの同意に代わる許可**を得ればよいことになります。以上を40字程度で記述することになります。

＊採点基準＊

配点の上限は以下の通りである。用語の使用や文章の表現が不適切・不自然なもの、他の事項が記載されているもの、誤字・脱字等については、減点されることとなる。
1. 家庭裁判所に対して……………………………………………………………6点
2. 被保佐人Aが請求………………………………………………………………4点
3. 保佐人Bの同意に代わる許可を得る…………………………………………10点

関連過去問▶ 18－27、24－27、27－27、30－45、R2－27

講師からのアドバイス

制限行為能力者は、民法総則における重要テーマといえます。記述式でも過去に一度出題されたことがありますが、制限行為能力者をテーマとした記述の再出題に備えておきましょう。

| 問題 46 | 民法－債権（賃貸借）　基本 | | 重要度 ★★★ | 難易度 B |

【2-3-7-⑤】

解答例

Ｂ	と	Ｃ	が	賃	貸	人	た	る	地	位	を	移	転	す
る	合	意	を	し	、	Ｃ	は	甲	土	地	の	所	有	権
移	転	登	記	を	備	え	る	必	要	が	あ	る	。	

（44字）

　本問は、甲土地を買い受けたＣが、甲土地の賃借人Ａに対して、賃料を請求することを検討している事案を通じて、賃貸人たる地位の移転に関する理解を問うものです。

　本問において、Ａは、賃貸借の登記をしていないほか（不動産賃貸借の対抗力：民法605条）、建築資材の保管場所として使用する目的で甲土地を借り、既登記建物の所有もしていないため（借地権の対抗力につき借地借家法10条１項）、賃借人が対抗要件を備えていない場合における賃貸人たる地位の移転が問題となります。

　不動産の譲渡人Ｂが賃貸人であるときは、その賃貸人たる地位は、賃貸借の対抗要件を備えていない賃借人Ａの承諾を要しないで、**譲渡人Ｂと譲受人Ｃとの合意**により、譲受人に移転させることができます（合意による不動産の賃貸人たる地位の移転：民法605条の３前段）。この場合においては、賃貸人たる地位の移転は、賃貸物である甲土地について**所有権の移転の登記**をしなければ、賃借人Ａに対抗することができません（605条の３後段、605条の２第３項）。

　以上より、ＣがＡに対して賃料を請求するには、甲土地の旧所有者Ｂ（譲渡人）と新所有者Ｃ（譲受人）が賃貸人の地位を移転する合意をし、Ｃは甲土地の所有権移転登記を備える必要があることを40字程度で記述することになります。

━━━━━ ＊ 採 点 基 準 ＊ ━━━━━

配点の上限は以下の通りである。用語の使用や文章の表現が不適切・不自然なもの、他の事項が記載されているもの、誤字・脱字等については、減点されることとなる。
1．ＢとＣが合意をする‥‥‥‥‥‥‥‥‥‥‥‥‥‥‥‥‥‥‥4点
2．賃貸人たる地位を移転する合意‥‥‥‥‥‥‥‥‥‥‥‥‥‥6点
3．Ｃは甲土地の所有権移転登記を備える‥‥‥‥‥‥‥‥‥‥‥10点

関連過去問▶ 18－32、20－45、21－33、24－33、30－32、R元－32、R2－33、R4－32

━━━━━ 講師からのアドバイス ━━━━━

賃借権の無断譲渡が平成20年の記述式で出題されているため、賃貸借の分野では賃貸人の地位の移転や賃借権に基づく妨害排除請求などの準備をしておくようにしましょう。

第2回　解答解説

問題 47	正解	1	基礎知識－一般知識（政党助成法）	重要度 ★★	難易度 B

1 ✕ 　国は、政党の政治活動の自由を尊重し、政党交付金の交付に当たっては、**条件を付し、またはその使途**について**制限してはなりません**（政党助成法4条1項）。

2 〇 　政治団体であり、当該政治団体に所属する衆議院議員または参議院議員を5人以上有するものは、政党助成法における「政党」に該当します（2条1項1号）。【6-1-1-②】

（基本）

3 〇 　政党交付金の交付を受けようとする政党は、原則としてその年の1月1日現在を基準日とし、所定の事項を、基準日の翌日から起算して15日以内に、**総務大臣**に届け出なければなりません（5条1項）。

（難問）

4 〇 　毎年分として各政党に対して交付すべき政党交付金の算定の基礎となる政党交付金の総額は、基準日における人口に**250円**を乗じて得た額を基準として予算で定められます（7条1項）。【6-1-1-②】

（基本）

5 〇 　総務大臣は、毎年12月31日現在で、総務省令で定めるところにより、その年分として交付した政党交付金の総額および各政党に対して交付した政党交付金の額を、告示しなければなりません（13条）。

（難問）

関連過去問 ▶	26－47、R6－47

講師からのアドバイス

本問は政党助成法に関する問題でしたが、政治とカネについては、政治資金規正法もあわせて押さえておきましょう。

| 問題48 | 正解 2 | 基礎知識－一般知識（国際連合） | 重要度 ★★ | 難易度 A |

1 ○ 国際連合は、国際連合憲章に基づき、1945年10月に、**51か国**の加盟国によって
基本　設立された国際機関です。【6-1-2-②】

2 × 国際連合には、総会、安全保障理事会、**経済社会理事会**、信託統治理事会、国際
基本　司法裁判所、事務局という**6つの主要機関**が置かれています。国際協力銀行は、国
　　　際連合の主要機関ではありません。【6-1-2-②】

3 ○ 安全保障理事会は、**5か国の常任理事国**と**10か国の非常任理事国**で構成されて
　　　おり、平和に対する脅威等の存在を決定し、国連憲章に基づいて、制裁等を含む措
　　　置の実施を勧告および決定する権限を有しています。【6-1-2-②】

4 ○ 日本は、2023年1月から2年間の任期で安全保障理事会の非常任理事国を務めて
　　　いました。1956年の国連加盟以来12回目の非常任理事国への選出であり、**国連加盟
　　　国中最多**となっています。

5 ○ 国際司法裁判所は、**オランダのハーグ**に置かれています。15人の裁判官から構成
難問　され、裁判官の任期は9年であり、裁判官はそれぞれ異なる国から選出されます。

| 関連過去問▶ | 27-47 |

講師からのアドバイス

国際連合に関する問題では、国際連合の基本知識のほか、国際連盟との比較という視点
でも確認しておきましょう。

基礎知識－一般知識（消費税）

重要度 ★★★　難易度 C

ア ○　適格請求書等保存方式（インボイス）は、2023年10月から開始されました。買手が仕入税額控除の適用を受けるためには、売手から交付を受けた適格請求書の保存が必要となります。

イ ○　適格請求書とは、売手が買手に対して正確な適用税率や消費税額等を伝えるための手段であり、適格請求書を交付することができるのは税務署長の登録を受けた適格請求書発行事業者に限られます。

ウ ×（難問）　基準期間の課税売上高が1000万円以下の事業者は、**免税事業者**とされますが、適格請求書発行事業者の登録を受けることで適格請求書等保存方式（インボイス）を利用することは**可能**です。ただし、この場合、課税売上高が1000万円以下であっても課税事業者として扱われます。

エ ×　適格請求書は、適格請求書発行事業者の押印のうえ**書面**で交付するほか、**電磁的記録**（電子データ）で提供することも**可能**です。

オ ○　適格請求書に記載すべき消費税額は、取引に係る税抜価額または税込価額を税率ごとに区分して合計した金額に対して端数処理を行い、算出する必要があります。

以上より、誤っているものはウ・エであり、肢4が正解となります。

関連過去問 ▶	なし

講師からのアドバイス

消費税だけを題材とした問題は出題されたことはありませんが、財政は一般知識における重要テーマですので、税に関する問題の肢の一つとしての出題や、消費税に関する問題としての出題のいずれにも対応できるよう準備しておきましょう。

| 問題50 | 正解 2 | 基礎知識－一般知識（OECD） | 重要度 ★ | 難易度 C |

1 ○ 1948年、アメリカによるマーシャル・プランの受入体制の整備のため、OEEC
基本 （欧州経済協力機構）が設立されました。その後、OEECを発展的に改組し、
1961年に設立されたものがOECD（経済協力開発機構）です。

2 × 日本は、**1964年**にOECDに加盟しています。その後、**オーストラリア**（1971
基本 年）、**ニュージーランド**（1973年）、**韓国**（1996年）も加盟しており、現在、アジア・オセアニア地域での唯一の加盟国となっているわけではありません。

3 ○ OECDには、2020年にコロンビアが、2021年にコスタリカが加盟しており、
難問 2025年2月1日現在、OECD加盟国は38か国となっています。

4 ○ OECD設立条約では、加盟国の財政金融上の安定を維持しつつ、できる限り高度の経済と雇用、生活水準の向上の達成を図り、もって世界経済の発展に貢献することがOECDの目的の一つとされています。

5 ○ OECD事務総長の任期は5年とされ、多選を制限する規定は設けられていません。
難問 現在は、2021年6月から5年の任期で、マティアス・コーマンが務めています。

| 関連過去問▶ | なし |

―― 講師からのアドバイス ――
OECDだけを題材とした問題は過去に出題されていませんが、念のため注意しておきましょう。

問題51 正解 5　基礎知識－一般知識（地球環境保護条約）　重要度 ★★　難易度 A

1　○　カルタヘナ議定書（2000年採択）は、**遺伝子組換え**生物等が生物の多様性の保全および持続可能な利用に及ぼす可能性のある悪影響を防止するための措置を定めた議定書のことをいいます。

2　○　ロンドン条約（1972年採択）は、陸上で発生した**廃棄物の海洋投棄や洋上での焼却処分**の規制について定めた条約のことをいいます。【6-1-5-①】

3　○　バーゼル条約（1989年採択）は、**有害廃棄物の国境を越える移動**およびその処分
基本　の規制に関する条約のことをいいます。【6-7-5-①】

4　○　ロッテルダム条約（1998年採択）は、国際貿易の対象となる特定の**有害な化学物質**および**駆除剤**についての事前のかつ情報に基づく同意の手続を定めた条約のことをいいます。

5　×　ワシントン条約は、1973年に採択された条約であり、**絶滅のおそれのある野生動**
基本　植物の種の国際取引に関する条約のことをいいます。なお、本肢は**ラムサール条約**に関する記述です。【6-1-5-①】

関連過去問▶　21－50、R4－54

講師からのアドバイス
地球環境保護条約については、繰り返し出題されたことがあるテーマです。条約の名称とどのようなことが定められたものであるかを組み合わせて押さえておきましょう。

| 問題52 | 正解 2 | 基礎知識-業務関連法令（行政書士法） | 重要度 ★★★ | 難易度 A |

ア × 資格審査会は、**日本行政書士会連合会**に置かれています（行政書士法18条の4第
基本 1項）。【6-2-1-④】

イ ○ 資格審査会は、会長および委員4人をもって組織します（18条の4第3項）。そして、委員は、会長が、**総務大臣の承認**を受けて、行政書士、総務省の職員および学識経験者のうちから委嘱します（18条の4第5項）。【6-2-1-④】

ウ ○ 資格審査会の委員の任期は2年とし、欠員が生じた場合の補欠の委員の任期は、
難問 前任者の残任期間とされています（18条の4第6項）。

エ ○ 日本行政書士会連合会は、行政書士の登録の申請を受けた場合において、当該申請者の登録を拒否しようとするときは、資格審査会の**議決に基づいて**しなければなりません（6条の2第2項）。【6-2-1-②】

オ × 都道府県知事が、行政書士に対して、懲戒処分をしようとする場合、資格審査会に諮問してその決定を経ることは要求されていません。【6-2-1-③】

以上より、誤っているものはア・オであり、肢2が正解となります。

| 関連過去問▶ | なし |

―― 講師からのアドバイス ――
令和6年度から出題された「行政書士法等行政書士業務と密接に関連する諸法令」では、行政書士法が最も重要ですので、条文知識を押さえておきましょう。

ア × 国内で出生があった場合は出生の届出は14日以内にしなければなりませんが、
基本 国外で出生があった場合は3か月以内にしなければなりません（戸籍法49条1項）。
【6-2-2-①】

イ × 子の名には、常用平易な文字を用いなければなりません（50条1項）。常用平易
難問 な文字の範囲は、法務省令でこれを定めます（50条2項）。

ウ ○ 届出は、届出事件の本人の本籍地または届出人の所在地でこれをしなければなり
基本 ません（25条1項）。ただし、出生の届出は、出生地ですることもできます（51条
1項）。【6-2-2-①】

エ ○ 市町村長により出生届の不受理処分がされた場合、当該処分を不当とする者は、
難問 家庭裁判所に不服の申立てをすることができます（122条）。

オ × 嫡出子出生の届出は、父または母が行わなければならず、子の出生前に父母が離
婚をした場合においては、母が行わなければなりません（52条1項）。【6-2-2-①】

以上より、正しいものはウ・エであり、肢4が正解となります。

関連過去問▶	なし

―― 講師からのアドバイス ――
「行政書士法等行政書士業務と密接に関連する諸法令」では、行政書士法よりは重要度
は低くなりますが、戸籍法についても押さえておきましょう。

問題54　正解 1　基礎知識−情報通信（マイナンバーカード）　重要度 ★　難易度 A

ア × マイナンバーカードは、本人の申請に基づき、**地方公共団体情報システム機構**が発行し（行政手続における特定の個人を識別するための番号の利用等に関する法律16条の2第1項）、市町村長が本人確認をした上で交付します（17条1項）。【6-3-1-①】

イ ○ マイナンバーカードには、**マイナンバーカード用署名用電子証明書**（公的個人認証法3条1項）が記録され、当該電子証明書は、インターネット等で電子文書を作成・送信する際に、作成・送信した電子文書が、利用者が作成した真正なものであり、利用者が送信したものであることを証明するために利用することができます。
（基本）

ウ × マイナンバーカードを利用して、**市町村**が発行する証明書を、全国のコンビニエンスストア等のキオスク端末（マルチコピー機）から取得することができます（コンビニ交付）。

エ ○ マイナンバーカードには、**マイナンバーカード用利用者証明用電子証明書**（22条1項）が記録され、当該電子証明書は、マイナポータルへのログインの際に、ログインした者が、利用者本人であることを証明するために利用することができます。
（基本）

以上より、妥当でないものはア・ウであり、肢1が正解となります。

| 関連過去問▶ | 19−56 |

――― 講師からのアドバイス ―――
マイナンバーカードに関する知識も時事問題として問われる可能性があります。今回出題されていた点について、覚えておくとよいでしょう。

基礎知識－情報通信（情報公開法）

重要度 ★★★　難易度 B

1　× この法律は、国民主権の理念にのっとり、行政文書の開示を請求する権利につき定めること等により、行政機関の保有する情報の一層の公開を図り、もって**政府の有するその諸活動を国民に説明する責務が全うされるようにする**とともに、国民の的確な理解と批判の下にある公正で民主的な行政の推進に資することを目的としています（行政機関の保有する情報の公開に関する法律1条）。【6-3-2-①】

2　○ この法律において「行政文書」とは、行政機関の職員が**職務上作成**し、または**取得**した文書、図画および電磁的記録であって、当該行政機関の職員が組織的に用いるものとして、当該行政機関が保有しているものをいいます（2条2項本文）が、官報、白書、新聞、雑誌、書籍その他不特定多数の者に販売することを目的として発行されるものは除かれます（2条2項ただし書・1号）。

3　○ 何人も、行政機関の長に対し、この法律に定める事項を記載した開示請求書を提出して、当該行政機関の保有する行政文書の**開示を請求**することができます（3条、4条1項）。【6-3-2-①】

4　○ 行政機関の長は、開示請求に係る行政文書に不開示情報が記録されている場合であっても、**公益上特に必要がある**と認めるときは、開示請求者に対し、当該行政文書を開示することができます（7条）。【6-3-2-①】

5　○ 開示決定等または開示請求に係る不作為に係る審査請求については、行政不服審査法第9条（審理員）の規定は、適用されません（行政機関の保有する情報の公開に関する法律18条1項）。したがって、開示決定等または開示請求に係る不作為に係る審査請求があった場合においても、審査請求がされた行政庁は、審理員を指名する必要はありません。

関連過去問▶　23－55、25－54・55、27－54、29－57

講師からのアドバイス

情報公開法は頻出です。個人情報保護法との比較問題にも対応できるよう、条文を確認しておくとよいでしょう。

| 問題 56 | 正解 | 3 | 基礎知識－情報通信（用語） | 重要度 ★★★ | 難易度 B |

ア ○ アドオンとは、ソフトウェアへ新たな機能を追加するためのプログラムのことです。

イ × ファイアウォールとは、防火壁のことであり、社内のネットワーク環境への外部 **基本** のネットワークからの不正アクセスを防ぐソフトウェア、またはハードウェアのことです。【6-3-1-①】

ウ ○ ＢＹＯＤとは、「Bring Your Own Device」の略であり、個人所有のパソコンやスマートフォンなどの端末を、業務に活用することです。

エ × ＳａａＳとは、「Software as a Service」の略であり、サーバー側で稼働しているソフトウェアを、インターネットなどのネットワークを経由して、ユーザーが利用できるサービスのことです。【6-3-1-①】

オ ○ インシデントとは、コンピュータやネットワークのセキュリティを脅かす事象のことです。

以上より、誤っているものはイ・エであり、肢3が正解となります。

| 関連過去問▶ | 20－56、27－55 |

講師からのアドバイス

情報通信用語は毎年のように出題されています。今回の問題で知らない用語があれば、知識をプラスしておきましょう。

| 問題 57 | 正解 2 | 基礎知識－個人情報保護法（罰則） | 重要度 ★★ | 難易度 B |

ア × 個人情報取扱事業者等が、個人情報保護委員会の**命令に違反**した場合、1年以下
難問 の**懲役または100万円以下の罰金**に処するものとされています（個人情報の保護に
関する法律178条）。そして、この規定は両罰規定とされており、行為者を罰するほ
か、その法人に対しても、**1億円以下の罰金刑**を科するものとされています（184
条1項1号）。したがって、法人にも罰金刑が科されますが、行為者と同じ内容で
はありません。【6-3-3-②】

イ ○ 個人情報保護委員会の委員が職務上知ることのできた**秘密を漏らし**、または**盗用**
難問 した場合、**2年以下の懲役または100万円以下の罰金**に処するものとされています
（177条）。

ウ ○ 個人情報取扱事業者等の義務に違反し、個人情報保護委員会から当該違反行為の
基本 中止その他違反を是正するために必要な措置をとるべき旨の勧告を受けた個人情報
取扱事業者等が、その勧告に係る措置をとらなかった場合は、個人情報保護委員会
は、その勧告に係る措置をとるべきことを命ずることができ（148条2項）、この**命**
令に違反した場合には**罰則**が用意されています（178条）が、勧告にかかる措置を
とらなかった場合に直ちに罰金刑を科す旨の規定はありません。【6-3-3-②】

エ × 個人情報取扱事業者が、その業務に関して取り扱った個人情報データベース等を
難問 自己もしくは第三者の**不正な利益を図る目的**で提供し、または**盗用**したときは、処
罰されます（179条）。そして、この規定は、日本国外においてこれらの条の罪を犯
した者にも**適用されます**（国外犯処罰：183条）【6-3-3-②】

オ ○ 認定個人情報保護団体が、その認定に係る業務の廃止にあたり、個人情報保護委
難問 員会に対し**廃止の届出をしなかった**場合、**10万円以下の過料**に処せられます（185
条2号、51条1項）。

以上より、妥当でないものはア・エであり、肢2が正解となります。

| 関連過去問▶ | 19－53 |

> ### 講師からのアドバイス
> 罰則規定はかなり細かいですが、代表的なものをこの問題を通して確認しておくとよい
> でしょう。

124

| 問題58 | 正解 | 4 | 基礎知識－文章理解（脱文挿入） | 重要度 ★★★ | 難易度 A |

【6-4-1-③】

　空欄の前には、「そんな心理メカニズムが透けて見える」とあり、「そんな心理メカニズム」とは、その前の「…他人を見下すことで自分が上の立ち位置を取り、不安をかき消そうとしている」ことであるため、空欄には、①他人に目を向けることによって、②自分を保とうとするという内容と整合性のある文章が入ることになります。

1　×　「農業改革をするうえで大切なことは、生産施設を整備すること」とする本肢は、①他人に目を向ける要素が欠けるため、空欄に入りうる内容と整合性がありません。したがって、本肢は、空欄に入る文章として妥当ではありません。

2　×　「何となく惰性で生きることは、気楽に生きられる…」とする本肢は、①他人に目を向ける要素が欠けるため、空欄に入りうる内容と整合性がありません。したがって、本肢は、空欄に入る文章として妥当ではありません。

3　×　「チャレンジには不安が伴うが、新たな一歩を踏み出すには、今の安定感を捨てるべきだ」とする本肢は、①他人に目を向ける要素が欠けるため、空欄に入りうる内容と整合性がありません。したがって、本肢は、空欄に入る文章として妥当ではありません。

4　○　「外敵を設定することで、国内の矛盾から国民の目を逸らさせようとする国があるが、それと同じ戦略だ」とする本肢は、①他人に目を向けること（＝外敵を設定すること）によって、②自分を保とうとすること（＝国内の矛盾から国民の目を逸らさせようとする…）と整合性があります。したがって、本肢は、空欄に入る文章として妥当です。

5　×　「いろんな生き方が認められるようになることで、生きるのが楽になるかというと、そうでもない」とする本肢は、①他人に目を向ける要素もないため、空欄に入りうる内容と整合性がありません。したがって、本肢は、空欄に入る文章として妥当ではありません。

| 関連過去問▶ | 23－58、27－58、28－59、R元－60、R2－58、R3－60、R4－59、R5－60、R6－60 |

講師からのアドバイス

脱文挿入は、空欄の前後の内容から、整合性のある文章を各選択肢の中から選ぶことが必要です。

第2回　解答解説

問題 59	正解	1	基礎知識－文章理解（空欄補充）	重要度	難易度
				★★★	A

【6-4-1-②】

I 「意識」が入る

Ⅰ の前には、「ファッションをいわゆる「飾る」ではなくて、「彩る」こととしてとらえる。そのように」とあるため、 Ⅰ には、物事をとらえることに関する「意識」が入ります。

Ⅱ 「後回し」が入る

Ⅱ の前には、「ことに男性は、そこ（ファッション）にお金や時間を費やすのはもったいない、と思って」とあるため、 Ⅱ には、ファッションを生活の後の順位にすることである「後回し」が入ります。

Ⅲ 「自戒」が入る

Ⅲ の前には、「…後回し（＝ Ⅱ ）にしがちです。でもよく考えれば」とあるため、 Ⅲ には、自ら戒めることに関する「自戒」が入ります。

Ⅳ 「手段」が入る

Ⅳ の後には、「本来は人と会うということが第一義なのだと思います」とあるため、 Ⅳ には、目的を導く上でとられる方法に関する「手段」が入ります。

Ⅴ 「変化」が入る

Ⅴ の前には、「結果として、自分たちの世界を大きく」とあるため、現状を変更させることに関する「変化」が入ります。

以上より、 Ⅰ には「意識」、 Ⅱ には「後回し」、 Ⅲ には「自戒」、 Ⅳ には「手段」、 Ⅴ には「変化」が入り、肢1が正解となります。

関連過去問▶	19－60、20－60、21－58、22－59・60、23－60、24－59・60、25－60、26－58、27－60、29－59、30－60、R2－60、R3－59、R5－58・59、R6－58

講師からのアドバイス

空欄補充問題は、前後の言葉から空欄に入ることばを推測したり、用意されている選択肢の中から最も適切な言葉はどれかを考慮して正解を導き出してみましょう。

問題 60	正解	**5**	基礎知識－文章理解（並べ替え）	重要度	難易度
				★★★	A

【6-4-1-①】

　空欄の前には、「オランダの人々のガーデニング」に関する文章があるため、空欄に続く最初の段落の文の冒頭には、エ（これがオランダのガーデニングの発想なのである。）が入ることになります。したがって、この時点で正解は、エが最初にある肢4と肢5に絞られることになります。そして、空欄の後には、「しかしオランダにそのような木は一本もない」とあり、「そのような」に対応するイ（だから、樹齢二百～三百年の木が敷地の中や庭にあったりする。）ですから、イが空欄の最後に並ぶことがわかります。

　この時点で肢5が正解となりますが、念のため、ア、ウおよびオの並びについても検討します。

　エに続くウ（そこには、百年を超えるような樹木は、ほとんどない。）は、空欄の前のオランダの人々のガーデニングは、季節の変わり目に「それまで咲いていた花をすべて取り除くという」風習と整合的ですから、オランダに関する文であるエと整合性があります（「エ→ウ」）。そして「エ→ウ」に続くオ（日本人なら、春に花が咲き、秋になって紅葉となり、枯れ葉となって落ちる、という季節とともに変化する自然に風情がある、という見方をする。）とア（人生もまたそのように、時とともに移ろうものだ、と。）の並びについては、アの「そのように、時とともに移ろう」こととオの「季節とともに変化する自然」と整合性がありますから、「（エ→ウ）オ→ア」の並びについても不自然さはありません。

　したがって、「エ→ウ→オ→ア→イ」の順となり、肢5が正解となります。

関連過去問▶	24－58、25－58、26－60、27－59、28－58・60、29－58・60、30－59、R2－59、R4－58、R6－59

■ 講師からのアドバイス ■

　並べ替え問題では、空欄の前後の文、接続詞や指示語に注目することが重要です。つながる文を組み合わせることによって正解できますから、十分に時間をとって解答するようにしましょう。

第3回

解答解説

第3回　解答一覧

【法令等（5肢択一式）】（各4点）

科目	No.	テーマ	出題内容	正解	重要度	難易度
基礎法学	1	裁判制度（紛争処理−民事上の紛争解決方法・ＡＤＲ）	知識	1	★★	B
	2	法学（法思想−法思想家）	知識	4	★	B
憲　法	3	人権（法の下の平等）	判例	2	★★★	A
	4	人権（信教の自由）	判例	1	★★★	A
	5	人権（教育を受ける権利）	判例	1	★★	A
	6	統治（内閣）	条文	4	★★★	A
	7	統治（財政）	条文・判例	5	★★	A
行政法	8	一般的な法理論（行政行為の効力）	知識・判例	2	★★★	A
	9	一般的な法理論（行政契約）	知識・判例	3	★★	B
	10	一般的な法理論（行政調査）	判例	2	★★	B
	11	行政手続法（適用除外）	条文	3	★★	A
	12	行政手続法（聴聞の審理の方式）	条文	5	★★★	A
	13	行政手続法（総合）	条文	5	★★★	A
	14	行政不服審査法（目的）	条文	3	★★★	A
	15	行政不服審査法（再調査の請求）	条文	1	★★★	B
	16	行政不服審査法（審理員）	条文	4	★★★	B
	17	行政事件訴訟法（取消訴訟と審査請求）	条文	4	★★	A
	18	行政事件訴訟法（訴えの利益）	判例	1	★★★	A
	19	行政事件訴訟法（判決）	条文・判例	3	★★★	B
	20	国家賠償法（1条）	判例	4	★★★	B
	21	国家賠償法（総合）	条文・判例	2	★★★	A
	22	地方自治法（住民監査請求および住民訴訟）	条文・判例	1	★★★	B
	23	地方自治法（長と議会の関係）	条文	2	★★★	A
	24	地方自治法（地域自治区）	条文	1	★	C
	25	行政法総合（土地収用）	判例	2	★★	A
	26	行政法総合（国公立学校）	判例	2	★★	B
民　法	27	総則（未成年者）	条文	5	★★★	A
	28	総則（錯誤）	条文・判例	4	★★★	A
	29	物権（即時取得）	条文・判例	5	★★★	B
	30	物権（留置権）	条文・判例	3	★★	B
	31	債権（債務不履行）	条文・判例	3	★★★	B
	32	債権（債務引受）	条文	3	★★	B
	33	債権（賃貸借）	条文・判例	5	★★★	C
	34	債権（不法行為）	条文・判例	4	★★★	B
	35	相続（遺留分）	条文	4	★★	B
商　法	36	商法（商業使用人）	条文	5	★★	B
	37	会社法（設立する際の役員）	条文	2	★★★	B
	38	会社法（株主および株式）	条文	3	★★★	B
	39	会社法（取締役および取締役会）	条文	5	★★★	C
	40	会社法（吸収合併・吸収分割）	条文	1	★	C

重要度ランク
★★★＝絶対に復習
★★　＝要復習
★　　＝最後に復習

難易度ランク
A＝易しい：必ず正解しなければいけない問題
B＝普　通：合否をわけるような問題
C＝難しい：解けなくても合否に影響がない問題

【法令等（多肢選択式）】（各8点）

科目	No.	テーマ・正解				出題内容	重要度	難易度
憲　法	41	統治（在外国民の国民審査権）				判例	★★★	A
		ア－8	イ－17	ウ－10	エ－3			
行政法	42	一般的な法理論（私法法規の適用）				判例	★★★	B
		ア－19	イ－5	ウ－6	エ－13			
行政法	43	一般的な法理論（国家行政組織）				知識	★★	B
		ア－4	イ－1	ウ－13	エ－10			

【法令等（記述式）】（各20点）

科目	No.	テーマ・解答例	出題内容	重要度	難易度
行政法	44	行政事件訴訟法（裁決主義） 被告は国で、本問の場合を裁決主義といい、原処分の違法を理由に取消しを求めることができる。（44字）	知識・条文	★★	B
民　法	45	物権（占有訴権） 占有回収の訴えを提起し、占有を奪われた時から1年以内に提起しなければならない。（39字）	条文	★★★	A
民　法	46	親族（嫡出否認の訴え） CまたはB女に対して、A男がCの出生を知った時から3年以内に提起しなければならない。（42字）	条文	★★★	C

【基礎知識（5肢択一式）】（各4点）

科目	No.	テーマ	出題内容	正解	重要度	難易度
一般知識	47	民主主義	知識	1	★★	B
	48	憲章、宣言、声明	知識	2	★	C
	49	国債	知識	2	★★	B
	50	経済連携協定	知識	3	★★	B
	51	感染症	知識	5	★	C
業務関連法令	52	行政書士法	条文	4	★★★	A
	53	戸籍法	条文	5	★★	A
情報通信個人情報保護	54	情報通信（公文書管理法）	知識	4	★★	A
	55	情報通信(情報通信技術を活用した行政の推進等に関する法律)	知識	1	★★	B
	56	情報通信（人工知能に関する用語）	知識	4	★★★	B
	57	個人情報保護法（適用除外）	条文	5	★★★	B
文章理解	58	脱文挿入	論理	4	★★★	A
	59	空欄補充	論理	2	★★★	A
	60	並べ替え	論理	3	★★★	A

法令等（5肢択一式） （No.1～40）	法令等（多肢選択式） （No.41～43）	法令等（記述式） （No.44～46）	基礎知識（5肢択一式） （No.47～60）
／160点	／24点	／60点	／56点

法令等（5肢択一式＋多肢選択式＋記述式）基準点……122点
基礎知識基準点…… 24点
合格点……180点

合計
／300点

第3回　解答解説

131

問題1 正解1 基礎法学－裁判制度（紛争処理－民事上の紛争解決方法・ＡＤＲ） 重要度★★ 難易度B

1 × **基本** 裁判外紛争解決手続（ＡＤＲ）とは、民事上の紛争を訴訟以外の方法によって解決する手続をいいます。裁判外紛争解決手続については、平成16年に裁判外紛争解決手続に関する基本法として、裁判外紛争解決手続の利用の促進に関する法律（ＡＤＲ基本法）が制定され、民事上の裁判外紛争解決手続が整備、拡充されています。

2 ○ **難問** 公害等調整委員会のような行政機関、国民生活センターのような独立行政法人のほか、民間事業者も紛争解決サービスを行っています。民間事業者がこれを行うには、法律により法務大臣の認証を受ける必要がありますが、認証を受けた民間事業者は、認証紛争解決事業者と呼ばれます（裁判外紛争解決手続の利用の促進に関する法律2条4号）。

3 ○ **難問** 当事者またはその代理人が話し合い、争いを止める約束をすることを裁判外の和解（示談）といいます。一般的な示談では、一方がその履行をしないときは、示談書があったとしても、それだけでは債務名義にはなりませんから、強制執行をすることはできません。しかし、認証紛争解決手続において紛争の当事者間に成立した和解であって、当該和解に基づいて民事執行をすることができる旨の合意がされた特定和解（2条5号）については、裁判所の執行決定を得たうえで、強制執行をすることができます（27条の2）。なお、認証紛争解決手続とは、紛争の当事者が和解をすることができる民事上の紛争について、紛争の当事者双方からの依頼を受け、当該紛争の当事者との間の契約に基づき、和解の仲介を行う裁判外紛争解決手続（2条1号本文）を、民間事業者が法務大臣の認証を受けて業務として行うもの（2条3号）をいいます。

4 ○ **仲裁合意**とは、民事上の紛争の解決を**仲裁人にゆだね**、かつ、その**判断に服する**旨の合意をいい（仲裁法2条1項）、仲裁とは、その合意に基づいて、仲裁人の判断によって示された事項に確定判決としての拘束力を認め、紛争を解決する制度です。【5-2-2-③】

5 ○ ＡＤＲをオンライン上で行う仕組みをＯＤＲ（Online Dispute Resolution）といい、対面での話し合いを、ウェブ会議システムを通じた話し合いに置き換えるものやチャット機能等を利用してプラットフォーム上で紛争解決手続を完結させるものがあります。

関連過去問▶ 18-1、R2-1

―― 講師からのアドバイス ――
裁判外紛争解決手続の利用の促進に関する法律、仲裁法の法改正とシンガポール条約実施法が、令和6年4月1日から施行されましたので、押さえておくとよいでしょう。

問題2	正解	4	基礎法学－法学（法思想－法思想家）	重要度	難易度
				★	B

1　○　オランダの法学者**グロティウス**は、戦争の防止や収束のために、自然法の理念に基づいた国際法が必要であると主張し、後の国際法の成立に大きな影響を与えたことから、「**国際法の父**」「**自然法の父**」と称されています。

2　○
基本　イギリスの思想家**ホッブズ**は、人間は自由・平等な自然権を有するが、その利己的動物としての本質から、自然状態は「**万人の万人による闘争**」とならざるを得ず、その状態を克服するために、個人はその権利を国王に委譲するという社会的な契約を結んでいると主張し、この考え方は結果として絶対王政を擁護することとなりました。【6-1-2-⑥】

3　○
基本　イギリスの思想家**ロック**は、個人は相互に同意して**自然権**の一部を政府に委託して国家を作っているのであり、政府が人民の自然権を侵害することがあれば、人民には**政府に抵抗**し、それを**覆す権利があ**ると主張し、ホッブズの社会契約説を覆しました。【6-1-2-⑥】

4　×　フランスの思想家**モンテスキュー**は、イギリスの政治に影響を受け、ロックの提唱する**社会契約説を継承**し、政治権力を分割しない統治形態では自由が保障されないと主張し、政治権力を立法・行政・司法に分割する**三権分立論**を展開しました。【6-1-2-⑥】

5　○
難問　オーストリアの法学者**ケルゼン**は、自然法と実定法の差異を挙げ、法の本質は強制であり、自然法は強制機関を持たない観念的な無政府主義に陥ると主張し、自然法論を批判しました。

関連過去問▶	29－2、R元－1

＝ 講師からのアドバイス ＝

本問のテーマは準備をされていなかった方も多いかと思います。本番でも合否を分ける問題とはなりません。余裕があれば確認しておく程度でよいでしょう。

問題 3	正解	**2**	憲法－人権（法の下の平等）	重要度	難易度
				★★★	A

1 ○ 判例（女子再婚禁止期間事件：最大判平27.12.16）は、医療や科学技術が発達し
基本 た今日においては、再婚禁止期間を厳密に父性の推定が重複することを回避するた
めの期間に限定せず、一定の期間の幅を設けることを正当化することは困難になっ
たといわざるを得ないとしたうえで、**女性についてのみ100日を超えて再婚禁止期**
間を設けることは合理性を欠いた過剰な制約を課すものとなっているというべきで
あるため、**憲法14条1項等に違反する**としています。【1-2-4-①】

2 × 判例（外国人職員昇任試験拒否訴訟：最大判平17.1.26）は、在留外国人を職員に
採用するに当たって管理職への昇任を前提としない条件の下でのみ就任を認める場
合には、そのように取り扱うことにつき合理的な理由が存在することが必要であ
り、**日本国民である職員に限って管理職に昇任することができることとする措置を**
執ることは、合理的な理由に基づいて日本国民の職員と在留外国人の職員を区別す
るものであり、**憲法14条1項に違反しない**としています。【1-2-1-①】

3 ○ 判例（生後認知児童国籍確認事件：最大判平20.6.4）は、**日本国民である父と日**
基本 **本国民でない母との間に出生した後に父から認知された子について、父母の婚姻に**
より嫡出子たる身分を取得した（準正のあった）場合に限り届出による日本国籍の
取得を認めることは、我が国との密接な結び付きを有する者に限り日本国籍を付与
するという立法目的自体に合理的な根拠は認められるものの、立法目的との合理的
関連性は、我が国の内外における社会的環境の変化等によって失われており、認知
されたにとどまる子と準正のあった子との間に合理性を欠いた過剰な要件を課する
ものであるため、**憲法14条1項に違反する**としています。【1-2-4-①】

4 ○ 判例（非嫡出子相続分規定違憲事件：最大決平25.9.4）は、本肢のように述べ、
法定相続分について嫡出性の有無により差異を設ける規定は、憲法14条1項に違
反するとしています。【1-2-4-①】

5 ○ 判例（尊属殺重罰規定事件：最大判昭48.4.4）は、尊属に対する尊重報恩は、刑
基本 法上の保護に値するが、**尊属殺の法定刑を死刑または無期懲役刑のみに限ること**
は、普通殺に関する刑法199条の法定刑に比し著しく不合理な差別的取扱いをする
ものと認められるとして、**憲法14条1項に違反する**としています。【1-2-4-①】

関連過去問▶	28－7、R元－4

講師からのアドバイス

一部の肢の正誤判断はできなくても、他の肢の基本判例から消去法で正解を導きましょ
う。

		重要度	難易度
問題 **4** 正解 **1**	憲法－人権（信教の自由）	★★★	A

1 ○ 判例（エホバの証人剣道実技拒否事件：最判平8.3.8）は、本肢のように述べ、**代**
基本 **替措置を採ることが憲法20条3項に違反するということはできない**としています。
【1-2-5-②】

2 × 判例（愛媛玉串料訴訟：最大判平9.4.2）は、一般に、神社自体がその境内におい
て挙行する恒例の重要な祭祀に際して**玉串料等を奉納**することは、建築主が主催し
て建築現場において土地の平安堅固、工事の無事安全等を祈願するために行う儀式
である起工式の場合とは異なり、時代の推移によって既にその宗教的意義が希薄化
し、慣習化した社会的儀礼にすぎないものになっているとまでは到底いうことがで
きず、一般人が本件の玉串料等の奉納を**社会的儀礼の一つにすぎないと評価してい
るとは考え難い**ところであるとしています。【1-2-5-②】

3 × 判例（砂川政教分離訴訟：最大判平22.1.20）は、市が国公有地を無償で宗教的施
基本 設の敷地としての用に供する行為は、市が、憲法89条にいう「宗教上の組織若しく
は団体」に当たる氏子集団においてこれを利用して宗教的活動を行うことを容易に
させているものといわざるを得ず、一般人の目から見て、市が特定の宗教に対して
特別の便益を提供し、これを援助していると評価されてもやむを得ないとしていま
す。【1-2-5-②】

4 × 判例（孔子廟敷地無償貸与事件：最大判令3.2.24）は、本件**施設の設置を許可し、
その公園使用料の全額を免除**することは、当該施設の観光資源等としての意義や歴
史的価値を考慮しても、一般人の目から見て、市が特定の宗教に対して特別の便益
を提供し、これを援助していると評価されてもやむを得ないものといえるとして、
憲法20条3項の禁止する宗教的活動に該当するとしています。【1-2-5-②】

5 × 判例（宗教法人解散命令事件：最決平8.1.30）は、**宗教法人法に基づく宗教法人**
基本 解散命令は、専ら**宗教法人の世俗的側面を対象**とし、かつ、**専ら世俗的目的による**
ものであって、宗教団体や信者の精神的・宗教的側面に容かいする意図によるもの
ではなく、その制度の目的も合理的であるということができ、解散命令によって宗
教団体やその信者らが行う宗教上の行為に何らかの支障を生ずることが避けられな
いとしても、その支障は、解散命令に伴う間接的で事実上のものにとどまるもので
あり、**憲法20条1項に反しない**としています。【1-2-5-②】

関連過去問▶ 20－41、21－5、28－6、R3－5

［講師からのアドバイス］

信教の自由は、令和3年度以降出題されていないため、判例を中心に押さえておくよう
にしましょう。

問題5　正解 1　憲法－人権（教育を受ける権利）　重要度 ★★　難易度 A

本問は、旭川学力テスト事件（最大判昭51.5.21）からの出題です。【1-2-8-②】

1　× 上記判例は、わが国の法制上子どもの教育の内容を決定する権能が誰に帰属するとされているかについては、二つの極端に対立する見解（国家教育権説と国民教育権説）があり、いずれも極端かつ一方的であり、そのいずれをも全面的に採用することはできないとして、本肢の**国民教育権説を全面的に採用できない**としています。

2　○ 上記判例は、「**憲法26条**の規定の背後には、国民各自が、一個の人間として、また、一市民として、成長、発達し、自己の人格を完成、実現するために必要な学習をする固有の権利を有すること、特に、みずから学習することのできない子どもは、その学習要求を充足するための**教育を自己に施すことを大人一般に対して要求する権利**を有するとの観念が存在している」としています。

3　○ 上記判例は、「大学教育の場合には、学生が一応教授内容を批判する能力を備えていると考えられるのに対し、普通教育においては、児童生徒にこのような能力がなく、教師が児童生徒に対して強い影響力、支配力を有することを考え、また、普通教育においては、子どもの側に学校や教師を選択する余地が乏しく、教育の機会均等をはかる上からも全国的に一定の水準を確保すべき強い要請があること等に思いをいたすときは、**普通教育における教師に完全な教授の自由を認めることは、とうてい許されない**」としています。

4　○ 上記判例は、「個人の基本的自由を認め、その人格の独立を国政上尊重すべきものとしている憲法の下においては、子どもが自由かつ独立の人格として成長することを妨げるような国家的介入、例えば、誤った知識や一方的な観念を子どもに植えつけるような内容の教育を施すことを強制するようなことは、憲法26条、13条の規定上からも許されない」としています。

5　○ 上記判例は、「一般に社会公共的な問題について国民全体の意思を組織的に決定、実現すべき立場にある**国**は、国政の一部として広く適切な教育政策を樹立、実施すべく、また、しうる者として、憲法上は、あるいは子ども自身の利益の擁護のため、あるいは子どもの成長に対する社会公共の利益と関心にこたえるため、**必要かつ相当と認められる範囲において、教育内容についてもこれを決定する権能を有する**」としています。

| 関連過去問 ▶ | 20－4、24－41、29－3、R元－6、R6－5 |

講師からのアドバイス

教育権の所在は、繰り返し出題されていますから、判旨の重要な部分は一読しておくようにしましょう。

| 問題 6 | 正解 **4** | 憲法－統治（内閣） | 重要度 ★★★ | 難易度 A |

1 ○　内閣は、法律の定めるところにより、その**首長たる内閣総理大臣**およびその他の**国務大臣**でこれを組織するとされています（憲法66条1項）。【1-3-2-①】

2 ○
基本　内閣には条約締結権が与えられていますが、**事前に、時宜によっては事後に**、国会の承認を経ることを必要とします（73条3号）。【1-3-2-①】

3 ○　憲法上、内閣の責任の原因や内容について規定されていませんが、憲法66条3項の責任は、一般的に**政治責任**であると解されています。

4 ×
基本　内閣は、衆議院で不信任の決議案を可決し、または信任の決議案を否決したときは、**10日以内に衆議院が解散されない限り、総辞職**をしなければならないとされています（69条）。したがって、必ず総辞職をしなければならないわけではなく、衆議院を解散することもできます。【1-3-2-②】

5 ○
基本　内閣は、総辞職の後、新たに**内閣総理大臣が任命されるまで引き続きその職務**を行うとされています（71条、69条、70条）。【1-3-2-②】

| 関連過去問▶ | 24－3、26－6、29－5、R4－6 |

講師からのアドバイス

総辞職に関しては、69条、70条、71条の3つの条文を正確に理解し、内閣不信任案可決、解散、総辞職、新内閣総理大臣の任命までの流れを押さえましょう。

第3回　解答解説

1 ○ 国の収入支出の決算は、すべて毎年会計検査院がこれを検査し、内閣は、次の年度に、その検査報告とともに、これを国会に提出しなければならないとし（憲法90条1項）、内閣は、国会および国民に対し、定期に、少なくとも毎年1回、国の財政状況について報告しなければならないとされています（91条）。【1-3-5-②】

2 ○ 判例（最大判平18.3.1）は、市町村が行う国民健康保険は、保険料を徴収する方式のものであっても、強制加入とされ、保険料が強制徴収され、賦課徴収の強制の度合いにおいては租税に類似する性質を有するものであるから、これについても憲法84条の趣旨が及ぶと解すべきであるとしています。【1-3-5-①】

3 ○ 判例（最判昭33.3.28）は、パチンコ球遊器に対する課税がたまたま通達を機縁として行われたものであっても、通達の内容が法の正しい解釈に合致するものである以上、その変更が法の正しい解釈の範囲内であれば違法ではないとしています。

4 ○ すべて皇室の費用は、予算に計上して国会の議決を経なければなりません（憲法88条後段）。【1-3-5-②】
基本

5 × 予見し難い予算の不足に充てるため、国会の議決に基づいて予備費を設け、内閣の責任でこれを支出することができると定めており（87条1項）、そして、すべて予備費の支出については、内閣は、事後に国会の承諾を得なければならないと定め（87条2項）、国会の民主的コントロールが及ぶようになっています。【1-3-5-②】
基本

関連過去問▶　19－3、22－6、24－5、27－7、R5－7

講師からのアドバイス

財政については、租税法律主義に関する判例（旭川市国民健康保険条例事件：最大判平18.3.1）を見直しておきましょう。

問題8 正解 2 　行政法－一般的な法理論（行政行為の効力）　重要度 ★★★　難易度 A

ア ○　判例（最判昭29.9.28）は「行政行為が書面でなされる場合は、内部的意思決定ではなく、書面の作成により行政行為が成立するので、内部的意思決定と相違する書面が作成された場合でも、書面の内容の行政行為が成立する」としています。

イ ×　公定力とは、行政行為にたとえ瑕疵（重大かつ明白な瑕疵を除く）があっても、権限のある行政機関または裁判所が取り消すまでは、一応有効として扱われる効力です。**瑕疵が重大かつ明白なものである場合または刑事訴訟や国家賠償請求訴訟を中心とする民事訴訟には公定力は及びません**。【3-1-4-②】
（基本）

ウ ×　不可争力とは、行政行為に瑕疵があっても、一定期間が経過すると、**相手方や利害関係人**からは、もはやその行政行為の効力を争うことができなくなる効力です。なお、当該一定期間が経過した後であっても、**行政庁が職権に基づき自発的に取り消すことはできます**。【3-1-4-②】
（基本）

エ ×　不可変更力とは、一度行った争訟裁断的行政行為の効力を、**行政庁自らが取消しまたは変更することができなくなる効力**です。判例（最判昭30.12.26）は「不可変更力に反してなされた行政行為も違法な行政行為として原則として公定力が働き、**取り消すまでは有効**」としています。【3-1-4-②】

オ ○　執行力とは、行政庁自らが裁判所の力を借りずに、行政行為の内容を強制的に実現できる効力であり、行政庁が強制執行を行うには、**法律の特別の根拠が必要**です。【3-1-4-②】

以上より、妥当なものはア・オであり、肢2が正解となります。

| 関連過去問 ▶ | 28－10、29－43、R2－9、R6－8 |

―　講師からのアドバイス　―

公定力、不可争力、不可変更力、執行力について、重要ポイントを押さえておきましょう。

| 問題 9 | 正解 | 3 | 行政法－一般的な法理論（行政契約） | 重要度 ★★ | 難易度 B |

ア × 判例（最判平11.1.21）は、「水道事業者は、給水区域内の需要者から給水契約の申込みを受けたときは、水道法上、正当の理由があればこれを拒むことができるところ、水道は国民生活上欠くことのできないものであるから、給水契約の申込みをみだりに拒否することは許されないが、水道事業者が**水需給の逼迫を理由として給水契約を拒むことには正当の理由があるとして許される**」としています。【3-1-5-⑤】

イ ○ 判例（最判平21.7.10）は「産業廃棄物の処分を業として行おうとする者に対する
(難問) 知事の許可は、処分業者に対し、事業や処理施設の使用を継続すべき義務を課すものではないことは明らかであり、処分業者は協定の相手方に対し、事業や処理施設を将来廃止する旨を約束することは処分業者の自由な判断で行うことができるから、処分業者と町が締結した**公害防止協定における最終処分場の使用期限を定めた条項は、契約としての法的拘束力が認められる**」としています。【3-1-5-⑤】

ウ ○ 判例（最判昭62.3.20）は、地方公共団体が行う随意契約の拒否に関して、その性
(難問) 質または目的が競争入札に適しないものをするときに該当するか否かは、地方公共団体の契約担当者が、契約の公正および価格の有利性を図ることを目的として地方公共団体の契約締結の方法に制限を加えている法令の趣旨を勘案し、個々具体的な契約ごとに、当該契約の種類、内容、性質、目的等諸般の事情を考慮して、その合理的な裁量に基づいて判断すべきであるとしています。

エ × 行政主体間における行政契約の締結手続については、行政手続の一般法である行
(基本) 政手続法の中に規定は設けられておりませんし、行政主体と私人間における行政契約の締結手続についても、同様に、**行政手続法の中に規定が設けられておりません**。【3-1-5-⑤】

オ × 地方公共団体と企業との間で、公害防止協定を締結して、企業の操業に関して取
(基本) り決めを行う場合、当該公害防止協定によって、違反に対する**罰則を定めることはできない**し、実力を行使する**強制的な立入調査権限を定めることもできません**。【3-1-5-⑤】

以上より、妥当なものはイ・ウであり、肢3が正解となります。

| 関連過去問▶ | 20－10、24－9、R元－25、R4－9 |

━━━━━ 講師からのアドバイス ━━━━━

令和になって行政契約の出題が増えています。注意しておきましょう。

ア　×　判例（最判昭63.3.31）は、「収税官吏が犯則嫌疑者に対し国税犯則取締法に基づく調査を行った場合に、課税庁が右**調査**により収集された資料を右の者に対する課税処分及び青色申告承認の**取消処分を行うために利用することは許される**」としています。

イ　○　判例（最判昭53.9.7）は、「職務質問に付随して行う**所持品検査**について、捜索に至らない程度の行為であるならば、**強制にわたらなければ**、たとえ所持人の承諾がなくても、所持品検査の**必要性、緊急性**、これによって侵害される個人の法益と保護されるべき公共の利益の権衡等を考慮し、具体的状況の下で**相当**と認められる限度で許容される」としています。【3-1-5-⑥】

ウ　×　判例（最大判昭47.11.22）は、「**憲法35条１項**の規定は、本来、主として刑事責任追及の手続における強制について、それが司法権による事前の抑制の下におかれるべきことを保障した趣旨であるが、当該手続が**刑事責任追及を目的とするものでない**との理由のみで、その手続における一切の強制が当然に右規定による**保障の枠外にあると判断することは相当ではない**」としています。

エ　○　判例（最決昭48.7.10）は、「質問検査の範囲、程度、時期、場所等実定法上特段の定めのない実施の細目については、質問検査の必要があり、かつ、これと相手方の私的利益との衡量において社会通念上相当な限度にとどまる限り、権限ある税務職員の合理的な選択に委ねられており、実施の日時や場所の通知、調査の理由および必要性の個別的、具体的な告知のごときも、質問検査を行う上での法律上一律の要件とされているものではない」としています。【3-1-5-⑥】

以上より、妥当でないものはア・ウであり、肢２が正解となります。

| 関連過去問▶ | 20－26、26－10、R4－10 |

講師からのアドバイス

行政調査については、任意調査の限界や憲法上の手続的保障に関する判例に注意しておきましょう。

| 問題 11 | 正解 **3** | 行政法－行政手続法（適用除外） | 重要度 ★★ | 難易度 A |

1 × 地方公共団体の機関がする**行政指導**については、その根拠となる規定が法令に置
基本 かれているか、条例または規則に置かれているかにかかわらず、行政手続法の行政
指導に関する規定が**適用されません**（行政手続法３条３項）。【3-2-1-②】

2 × 地方公共団体の機関に対する**届出**については、当該届出の通知の根拠となる規定
基本 が**条例**または**規則**に置かれているものについては行政手続法の届出に関する規定が
適用されません（３条３項かっこ書）。なお、当該届出の通知の根拠となる規定が
法令に置かれているものについては、行政手続法の届出に関する規定が**適用されま**
す（３条３項かっこ書参照）。【3-2-1-②】

3 ○ 地方公共団体の機関がする**処分**であっても、その根拠となる規定が**法律**に置かれ
基本 ているものについては、行政手続法の処分に関する規定が**適用されます**（３条３項
かっこ書参照）。なお、地方公共団体の機関がする処分で、その根拠となる規定が
条例または**規則**におかれているものについては、行政手続法の処分に関する規定が
適用されません。【3-2-1-②】

4 × 国の機関または地方公共団体もしくはその機関に対する**処分**のうち、これらの機
基本 関または団体がその**固有の資格**において当該処分の名あて人となるものに限り、行
政手続法の規定が**適用されません**（４条１項かっこ書）。したがって、これらの機
関等に対する処分であっても、**一般国民と同様の立場**で名あて人となるものについ
ては、行政手続法が**適用される**ことになります（４条１項かっこ書参照）。【3-2-1-
②】

5 × 国の機関または地方公共団体もしくはその機関に対する**行政指導**については、こ
基本 れらの機関または団体が一般国民と同様の立場で行政指導の名あて人となるもので
あっても、行政手続法が**適用されません**（４条１項）。【3-2-1-②】

| 関連過去問▶ | 19－13、26－13、R6－12 |

講師からのアドバイス

適用除外については、覚えてしまえば得点源になるところです。30分程度でいいので、
集中して覚える時間を作って、一気に覚えてしまいましょう。

| 問題12 | 正解 5 | 行政法－行政手続法（聴聞の審理の方式） | 重要度 ★★★ | 難易度 A |

1 ○ 主宰者は、最初の聴聞の期日の冒頭において、**行政庁の職員**に、予定される不利
基本 益処分の内容および根拠となる法令の条項ならびにその原因となる事実を聴聞の期
日に出頭した者に対し**説明させなければなりません**（行政手続法20条1項）。

2 ○ **当事者**または**参加人**は、聴聞の期日に出頭して、意見を述べ、および**証拠書類等**
基本 を提出し、ならびに**主宰者の許可**を得て行政庁の職員に対し**質問を発する**ことがで
きます（20条2項）。

3 ○ 主宰者は、聴聞の期日において**必要があると認めるとき**は、当事者もしくは参加
基本 人に対し**質問を発し**、意見の陳述もしくは証拠書類等の提出を促し、または行政庁
の職員に対し説明を求めることができます（20条4項）。

4 ○ 聴聞の期日における審理は、**行政庁が公開することを相当と認めるとき**を除き、
基本 **公開しません**（20条6項）。

5 × 聴聞の期日に出頭する場合に、当事者または参加人は、いずれも、**主宰者の許可**
基本 を得て、**補佐人とともに出頭**することができます（20条3項）。

| 関連過去問 ▶ | 18-11、19-11、25-11、29-13、R元-12、R2-12、R5-12 |

―― 講師からのアドバイス ――
聴聞の審理の方式については、「誰が」「何を」「どうするか」の要素を正確に覚えてお
く必要があります。

| 問題 13 | 正解 5 | 行政法－行政手続法（総合） | 重要度 ★★★ | 難易度 A |

1 ○ 行政庁は、処分基準を定めるに当たっては、不利益処分の性質に照らしてできる
基本 限り具体的なものとしなければなりません（行政手続法12条2項）。【3-2-2-②】

2 ○ 行政指導にあっては、行政指導に携わる者は、いやしくも当該行政機関の任務ま
基本 たは所掌事務の範囲を逸脱してはならないことおよび行政指導の内容があくまでも
相手方の任意の協力によってのみ実現されるものであることに留意しなければなり
ません（32条1項）。【3-2-3-①】

3 ○ 許認可等をする権限または許認可等に基づく処分をする権限を有する行政機関
が、当該権限を行使することができない場合または行使する意思がない場合におい
てする行政指導にあっては、行政指導に携わる者は、当該権限を行使し得る旨を殊
更に示すことにより相手方に当該行政指導に従うことを余儀なくさせるようなこと
をしてはなりません（34条）。【3-2-3-①】

4 ○ 何人も、法令に違反する事実がある場合において、その是正のためにされるべき
基本 処分または行政指導（その根拠となる規定が法律に置かれているものに限る。）が
されていないと思料するときは、当該処分をする権限を有する行政庁または当該行
政指導をする権限を有する行政機関に対し、その旨を申し出て、当該処分または行
政指導をすることを求めることができます（36条の3）。【3-2-3-②】

5 × 届出が届出書の記載事項に不備がないこと、届出書に必要な書類が添付されてい
ることその他の法令に定められた届出の形式上の要件に適合している場合は、当該
届出が法令により当該届出の提出先とされている機関の事務所に到達したときに、
当該届出をすべき手続上の義務が履行されたものとされます（37条）。【3-2-3-③】

| 関連過去問 ▶ | 20－13、22－13、28－11・13、R元－44、R3－13、R4－13、R6－13 |

講師からのアドバイス

行政手続法は処分、行政指導、届出、命令等制定手続のどこから出題されても対応できるように、条文知識を幅広く押さえておくようにしましょう。

| 問題 14 | 正解 3 | 行政法－行政不服審査法（目的） 基本 | 重要度 ★★★ | 難易度 A |

行政不服審査法1条1項の目的等の規定からの問題です。条文は以下のとおりです。【3-3-1-①】

この法律は、行政庁の違法又は不当な ア：処分 その他公権力の行使に当たる行為に関し、国民が イ：簡易迅速 かつ公正な手続の下で広く行政庁に対する ウ：不服申立て をすることができるための制度を定めることにより、国民の エ：権利利益 の救済を図るとともに、行政の オ：適正 な運営を確保することを目的とする。

以上より、ア には「処分」、イ には「簡易迅速」、ウ には「不服申立て」、エ には「権利利益」、オ には「適正」が入り、肢3が正解となります。

| 関連過去問▶ | 21－12・14、25－14 |

講師からのアドバイス

行政法では、法の目的に関する事項が問われます。行政不服審査法だけでなく、行政手続法や地方自治法についても目的に関する条文を確認しておきましょう。

第3回 解答解説

重要度	難易度
★★★	B

行政法－行政不服審査法（再調査の請求）

ア ○ 行政庁の処分につき処分庁以外の行政庁に対して審査請求をすることができる場合に**審査請求を行ったとき**は、法律に再調査の請求ができる旨の規定がある場合でも、審査請求人は、当該処分について**再調査の請求を行うことができません**（行政不服審査法5条1項ただし書）。【3-3-3-①】

イ × 再調査の請求の対象は**行政庁の処分のみ**です（5条1項本文）。したがって、法令に基づく処分についての申請に対して、当該申請から相当の期間が経過したにもかかわらず、行政庁が何らの処分もしない場合であっても、申請者は当該**不作為**につき再調査の請求を行うことはできません。【3-3-3-①】

ウ ○ 再調査の請求における**審理**は、審理員でなく、**処分庁**が行います（5条1項後段参照）。また、行政不服審査会等に諮問しなければならないという規定も存在しません（43条参照）。【3-3-3-①】

エ × 処分庁の**上級行政庁**または処分庁である**審査庁**は、必要があると認める場合には、審査請求人の**申立て**によりまたは**職権**で、処分の効力、処分の執行または手続の続行の全部または一部の停止その他の措置をとることができます（25条2項）。この規定は、再調査の請求にも**準用されています**（61条）。【3-3-3-①】

オ × 再調査の請求においては、請求人または参加人からの**申立て**があった場合には、**処分庁**は、原則として口頭で再調査の請求に係る事件に関する**意見を述べる機会を与えなければなりません**（61条、31条1項本文）。ただし、申立人の所在その他の事情によって当該意見を述べる機会を与えることが困難であると認められる場合には機会を与える必要はありません（31条1項ただし書）。したがって、処分庁がこれを必要と認めた場合に限って口頭で意見を述べる機会が認められるわけではありません。【3-3-3-①】

以上より、正しいものはア・ウであり、肢1が正解となります。

関連過去問 ▶	28－14、R3－15

―― 講師からのアドバイス ――
再調査の請求は審査請求との関係や審査請求手続との違いについて正確に押さえておきましょう。

| 問題 16 | 正解 | 4 | 行政法－行政不服審査法（審理員） | 重要度 ★★★ | 難易度 B |

1 × 審理員となるべき者の名簿の作成義務は**努力義務**ですので、前半部分が誤っています。なお、これを作成したときは、当該審査庁となるべき行政庁および関係処分庁の事務所における備付けその他の適当な方法により公にしておかなければならないと規定されているので、後半部分は妥当です（行政不服審査法17条）。【3-3-2-③】

2 × 審査請求がされた行政庁は、**審査庁に所属する職員**のうちから**審理員を指名**しなければなりません（9条1項）が、審査請求が不適法であって**補正することができないことが明らかなとき**は、審査庁は審理手続を経ないで**却下**することができます（24条1項・2項）。このようなときは審理員を**指名する必要はありません**（9条1項ただし書）。【3-3-2-③】

3 × 審査請求の証拠調べについては、職権探知主義が採られていますから、審理員は、審査請求人もしくは参加人の**申立て**によりまたは**職権**で、必要な場所につき、**検証をすることができます**（35条1項）。【3-3-2-③】

4 ○ 審理員は、必要があると認める場合には、数個の審査請求に係る審査手続を**併合**することも、併合された数個の審査請求に係る審理手続を**分離**することもできます（39条）。【3-3-2-③】

5 × 審理員は、審理手続を終結したときは、**遅滞なく**、審査庁がすべき裁決に関する**意見書（審理員意見書）を作成**しなければなりません（42条1項）。また、審理員は、審理員意見書を作成したときは、**速やかに**、これを**事件記録**とともに、**審査庁に提出**しなければなりません（42条2項）。また、行政不服審査会等への諮問について、審査庁は、審理員意見書の提出を受けたときは、原則として行政不服審査会等へ諮問しなければなりません（43条1項）。【3-3-2-③】

| 関連過去問▶ | 28－15、R4－15 |

講師からのアドバイス

審理手続において、審理員と審査庁が登場しますので、復習するときはその違いに注意して学習しましょう。

行政法－行政事件訴訟法（取消訴訟と審査請求）

重要度 ★★　難易度 A

1 ○ 処分の取消しの訴えは、当該処分につき法令の規定により審査請求をすることができる場合においても、原則として**直ちに提起**することができます（行政事件訴訟法8条1項）が、この場合において、当該処分につき**審査請求がされているとき**は、裁判所は、その審査請求に対する**裁決があるまで**（審査請求があった日から3か月を経過しても裁決がないときは、その期間を経過するまで）、**訴訟手続を中止**することができます（8条3項）。【3-4-2-①】

2 ○ 行政庁は、取消訴訟を提起することができる処分をする場合において、法律に当該処分についての審査請求に対する裁決を経た後でなければ処分の取消しの訴えを提起することができない旨の定めがあるときは、当該処分の相手方に対し、その旨を**書面で教示**しなければなりません（46条1項3号）。【3-4-4-①】

3 ○ 処分の取消しの訴えは、法律に当該処分についての審査請求に対する裁決を経た後でなければ処分の取消しの訴えを提起することができない旨の定めがあるときであっても、審査請求があった日から3か月を経過しても裁決がないときは、**裁決を経ないで、提起することができます**（8条2項1号）。【3-4-2-①】

4 × 処分の取消しの訴えは、法律に当該処分についての審査請求に対する裁決を経た後でなければ処分の取消しの訴えを提起することができない旨の定めがあるときであっても、処分、処分の執行または手続の続行により生ずる**著しい損害**を避けるため**緊急の必要**があるときは、裁決を経ないで、提起することができます（8条2項2号）。【3-4-2-①】

5 ○ 処分につき審査請求をすることができる場合において、審査請求があったときは、処分に係る取消訴訟は、正当な理由があるときを除き、審査請求に対する裁決があったことを**知った日から6か月**を経過したときまたは当該**裁決の日から1年**を経過したときは、提起することができません（14条3項）。【3-4-2-②】

関連過去問▶　26－14、R2－18

講師からのアドバイス

取消訴訟と審査請求の関係について、本問で出題されている条文は確認しておくようにしましょう。

				重要度	難易度
問題 18	正解 1	行政法－行政事件訴訟法（訴えの利益）		★★★	A

ア ○ 判例（最判平27.12.14）は、「市街化調整区域内にある土地を開発区域とする開発行為ひいては当該開発行為に係る予定建築物等の建築等が制限されるべきであるとして開発許可の取消しを求める者は、当該開発行為に関する工事が完了し、当該工事の検査済証が交付された後においても、当該開発許可の取消しによって、その効力を前提とする上記予定建築物等の建築等が可能となるという法的効果を排除することができる」とし、当該開発許可に関する工事が完了し、当該工事の検査済証が交付された後においても、当該開発許可の取消しを求める訴えの利益は失われないとしています。【3-4-2-②】

イ × 判例（最判平27.3.3）は、本肢のような処分基準の定めがある場合においては、先行の処分に当たる処分を受けた者は、将来において後行の処分に当たる処分の対象となり得るときは、先行の処分に当たる処分の効果が期間の経過によりなくなった後においても、当該処分基準の定めにより不利益な取扱いを受けるべき期間内はなお当該処分の取消しによって回復すべき法律上の利益を有するとしています。【3-4-2-②】

ウ ○
基本 判例（最判平21.2.27）は、「客観的に優良運転者の要件を満たす者であれば優良運転者である旨の記載のある免許証を交付して行う更新処分を受ける法律上の地位を有することが肯定される以上、一般運転者として扱われ上記記載のない免許証を交付されて免許証の更新処分を受けた者は、上記の法律上の地位を否定されたことを理由として、これを回復するため、同更新処分の取消しを求める訴えの利益を有する」としています。【3-4-2-②】

エ ×
基本 判例（最判平4.1.24）は、本肢のように、取消訴訟係属中に原状回復が社会通念上不可能となった場合であっても、そのような事情は、行政事件訴訟法31条（事情判決）の適用に関して考慮されるべき事柄であって、当該認可処分の取消しを求める法律上の利益を消滅させるものではないとしています。【3-4-2-②】

オ ×
基本 判例（最判平14.2.28）は、「公開請求権者は、本件条例に基づき公文書の公開を請求して、所定の手続により請求に係る公文書を閲覧し、又は写しの交付を受けることを求める法律上の利益を有する」ため、本肢のように、当該請求に係る公文書が書証として提出されたときであっても、当該公文書の非公開決定の取消しを求める訴えの利益は消滅しないとしています。【3-4-2-②】

以上より、妥当なものはア・ウであり、肢1が正解となります。

関連過去問▶	20－17、26－18、R元－42、R2－17、R6－17

＜講師からのアドバイス＞

訴訟要件は判例も頻出です。この機会に、訴えの利益の判例をテキストで確認しておきましょう。

行政法-行政事件訴訟法（判決）

重要度 ★★★　難易度 B

ア ○　建築基準法に基づき除却命令を受けた違反建築物について代執行による**除却工事が完了**した場合、当該除却命令および代執行令書発付処分の取消しを求める訴えは、その利益を有しないものとして、**却下**されることとなります（最判昭48.3.6）。【3-4-2-⑤】

イ ×（基本）　取消訴訟においては、原告適格を有する者の主張する違法事由がいずれも**自己の法律上の利益に関係のない違法**である場合、主張自体失当として、**棄却**されることとなります（最判平元.2.17）。【3-4-2-③】

ウ ○（難問）　裁判所は、相当と認めるときは、終局判決前に、判決をもって、処分または裁決が違法であることを宣言することができます（行政事件訴訟法31条2項）。

エ ×（難問）　処分または裁決を取り消す判決は、第三者に対しても効力を有します（**第三者効**：32条1項）が、この規定は取消訴訟以外の抗告訴訟に**準用されていません**（38条）。【3-4-2-⑤】

オ ○　申請に基づいてした処分または審査請求を認容した裁決が判決により手続に違法があることを理由として取り消された場合、その処分または裁決をした行政庁は、**判決の趣旨に従い**、改めて申請に対する処分または**審査請求に対する裁決**をしなければなりません（拘束力：33条3項・2項）。【3-4-2-⑤】

以上より、妥当でないものはイ・エであり、肢3が正解となります。

関連過去問▶	21-44、22-18、25-14、28-17、30-17・42、R元-19、R2-19、R5-17、R6-18

―― 講師からのアドバイス ――
判決は頻出テーマです。記述式においても「どのような理由でいかなる判決がされることとなるか」といった出題がなされることもあります。条文知識および判例知識を充実させておきましょう。

問題 20	正解 **4**	行政法－国家賠償法（1条）	重要度 ★★★	難易度 B

ア ×
基本 判例（最判平元.11.24）は、知事が宅地建物取引業者に対し宅地建物取引業法による業務停止処分ないし免許取消処分を行使しなかったことは、当該業者の不正な行為により個々の取引関係者が損害を被った場合であっても、具体的事情の下において、知事等に監督処分権限が付与された趣旨・目的に照らし、その不行使が著しく不合理と認められるときでない限り、権限の不行使は、当該取引関係者に対する関係で国家賠償法1条1項の適用上違法の評価を受けるものではないとしています。

イ ○
難問 判例（最判令4.6.17）は、経済産業大臣が、津波による原子力発電所の事故を防ぐために電気事業法に基づく規制権限を行使しなかったことは、仮に、経済産業大臣が、電気事業法40条に基づく規制権限を行使していたとしても、本件事故と同様の事故が発生するに至っていた可能性が相当にあるといわざるを得ないのであり、経済産業大臣が規制権限を行使しなかったことを理由として、国家賠償法1条1項に基づく損害賠償責任を負うということはできないとしています。【3-5-1-②】

ウ ×
難問 判例（最判平26.10.9）は、昭和33年には、局所排気装置の設置等に関する実用的な知識および技術が相当程度普及して石綿工場において有効に機能する局所排気装置を設置することが可能となり、石綿工場に局所排気装置を設置することを義務付けるために必要な実用性のある技術的知見が存在するに至っていたものであり、昭和33年当時、労働大臣（現・厚生労働大臣）が、労働基準法に基づく省令制定権限を行使して石綿工場に局所排気装置を設置することを義務付けることが可能であったと解する余地があり、同年以降、労働大臣（現・厚生労働大臣）が省令制定権限を行使しなかったことが、国家賠償法1条1項の適用上違法となるとしています。【3-5-1-②】

エ ○
基本 判例（最判平7.6.23）は、厚生大臣（現・厚生労働大臣）が医薬品の副作用による被害の発生を防止するために薬事法上の権限を行使しなかったことが、副作用を含めた当該医薬品に関するその時点における医学的、薬学的知見の下において、薬事法の目的および厚生大臣（現・厚生労働大臣）に付与された権限の性質等に照らし、権限の不行使がその許容される限度を逸脱して著しく合理性を欠くと認められるときは、その不行使は、副作用による被害を受けた者との関係において国家賠償法1条1項の適用上違法となるとしています。

以上より、妥当なものはイ・エであり、肢4が正解となります。

関連過去問 ▶	20-20、21-20、23-20、24-20、25-20、26-19、27-19、29-20、R2-20・21・43、R3-21、R4-20、R5-21、R6-20・21

― 講師からのアドバイス ―

判例は、判決文が長くて読みにくいものがあっても、繰り返し読み込んで、言い回しに慣れましょう。また、争点と結論を意識するようにして学習しましょう。

問題 21	正解 2	行政法－国家賠償法（総合）	重要度 ★★★	難易度 A

ア ○ 判例（最判昭45.8.20）は、国家賠償法2条1項の公の営造物の設置または管理の
基本 瑕疵とは、営造物が**通常有すべき安全性を欠いていること**をいい、これに基づく国
または公共団体の賠償責任については、その過失を必要としない、としています
（**無過失責任**）。したがって、A県は、C観光施設の設置につき過失がなかったとし
ても、Xに対して損害賠償責任を免れません。【3-5-1-③】

イ × 公の営造物の設置者と管理者が別であっても、国または公共団体は、国家賠償法
難問 2条1項に基づく損害賠償責任を負います。指定管理者制度（地方自治法244条の
2）に基づく指定管理者の管理に瑕疵があった場合でも同様です。したがって、C
観光施設の設置者である**A県**は、Xに対して損害賠償責任を**負います**。【3-5-1-③】

ウ ○ 公の営造物の設置または管理にあたる者と公の営造物の設置または管理の費用を
基本 負担する者とが異なるときは、費用を負担する者もまた、その損害を賠償する責任
を負います（国家賠償法3条1項）。したがって、**B市**もXに対して損害を賠償す
る責任を**負います**。【3-5-1-③】

エ × 判例（最判昭30.4.19）は、国家賠償法に基づく損害賠償請求について、国または
基本 公共団体が賠償の責に任ずるのであって、公務員が行政機関としての地位において
賠償の責任を負うものではなく、また公務員個人もその責任を負うものではないと
しています。したがって、Xは、**A県知事個人**に対し、国家賠償法に基づく損害賠
償請求をすることも、民法上の損害賠償請求をすることも**できません**。【3-5-1-②】

オ × 国家賠償法は、外国人が被害者である場合には、**相互の保証があるときに限り**、
基本 これを適用するとされています（6条）。したがって、Xが外国籍であった場合、
Xは、当然に、A県に損害賠償請求をすることができるとはいえません。【3-5-1-
④】

以上より、妥当なものはア・ウであり、**肢2**が正解となります。

関連過去問▶	27－20、28－20、R6－20

講師からのアドバイス

事例を通じた総合問題です。事例問題が出題されても解けるように、各条文や判例につ
いて復習をしっかりしましょう。

1 ×　住民監査請求は、普通地方公共団体の住民であれば1人でも、監査委員に対して することができます（地方自治法242条1項）。したがって、A市の住民Xは、選挙権を有する者の総数の50分の1以上の者の**連署がなくても**、A市の監査委員に対し、住民監査請求をすることができます。【3-6-2-③】

2 ○　判例（最判平10.12.18）は、監査委員が**適法な住民監査請求を不適法であるとして却下した場合**、当該住民監査請求をした住民は、適法な住民監査請求を経たものとして、**直ちに住民訴訟を提起する**ことができるとしています。【3-6-2-③】

3 ○　違法な財務会計上の行為の取消しを求める住民訴訟（242条の2第1項2号）は、当該行為をした**行政庁の所属する地方公共団体を被告**として提起しなければなりません（行政事件訴訟法43条1項、11条1項1号）。したがって、A市の住民Xは、**A市を被告**として住民訴訟を提起しなければなりません。

4 ○　執行機関等に対して違法な財務会計上の行為または怠る事実の相手方への損害賠償請求または不当利得返還請求を義務付けることを求める住民訴訟（地方自治法242条の2第1項4号）について、損害賠償または不当利得返還の請求を命ずる判決が確定した場合においては、普通地方公共団体の**長は**、当該判決が確定した日から60日以内の日を期限として、当該請求に係る**損害賠償金**または**不当利得の返還金の支払を請求**しなければなりません（242条の3第1項）。したがって、A市の住民XがA市市長Bに対してCへの不当利得返還請求を義務付けることを求める住民訴訟を提起し、不当利得返還の請求を命ずる判決が確定した場合、A市市長Bは、Cに対し不当利得の返還金の支払を請求しなければなりません。

5 ○　住民訴訟を提起した者が勝訴した場合において、弁護士、弁護士法人または弁護士・外国法事務弁護士共同法人に報酬を支払うべきときは、当該普通地方公共団体に対し、その報酬額の範囲内で相当と認められる額の支払を請求することができます（242条の2第12項）。したがって、A市の住民Xが住民訴訟に勝訴した場合、A市に対して、弁護士に支払う報酬額の範囲内で相当と認められる額の支払を請求することができます。【3-6-2-③】

| 関連過去問 ▶ | 18-24、19-25、20-24、21-24、22-24、23-21、25-21、27-21、29-24、R2-24、R4-23、R6-23 |

講師からのアドバイス

住民監査請求および住民訴訟は、毎年のように出題される可能性が高いテーマですから、必ず条文を一読しておくようにしましょう。

| 問題 23 | 正解 2 | 行政法－地方自治法（長と議会の関係） | 重要度 ★★★ | 難易度 A |

ア ×
基本 普通地方公共団体の議会において**非常の災害による応急**もしくは**復旧の施設のた**めに必要な**経費を削除**しまたは**減額する議決**をしたときは、その経費およびこれに伴う収入について、当該普通地方公共団体の長は、理由を示してこれを**再議に付さ**なければなりません（特別的拒否権：地方自治法177条1項2号）。この場合において、議会の議決がなおその経費を削除しまたは減額したときは、当該普通地方公共団体の長は、その議決を**不信任の議決とみなすことができます**（177条3項）。【3-6-3-③】

イ ○
基本 普通地方公共団体の議会の条例の制定もしくは改廃に関する議決について**異議が**あるときは、当該普通地方公共団体の長は、地方自治法に特別の定めがあるものを除くほか、その送付を受けた日から10日以内に理由を示してこれを**再議に付すること**ができます（一般的拒否権：176条1項）。この場合、議会の議決が再議に付された議決と**同じ議決**であるときは、その**議決は確定します**が（176条2項）、議決のうち条例の制定もしくは改廃または予算に関するものについては、出席議員の3分の2以上の者の同意がなければなりません（176条3項）。【3-6-3-③】

ウ ○
基本 普通地方公共団体の議会において**法令により負担する経費を削除**しまたは**減額す**る議決をしたときは、その経費およびこれに伴う収入について、当該普通地方公共団体の長は、理由を示してこれを**再議に付さ**なければなりません（特別的拒否権：177条1項1号）。この場合において、議会の議決が**なおその経費を削除しまたは減額したときは、当該普通地方公共団体の長は、その経費およびこれに伴う収入を予算に計上してその経費を支出することができます**（177条2項）。【3-6-3-③】

エ ×
基本 普通地方公共団体の議会において、議員数の3分の2以上の者が出席し、その4分の3以上の者の同意をもって当該普通地方公共団体の長の不信任の議決をしたときは、普通地方公共団体の長は、議長からその旨の通知を受けた日から**10日以内**に限り、**議会を解散**することができます（178条1項・3項）。【3-6-3-③】

以上より、誤っているものはア・エであり、肢2が正解となります。

| 関連過去問 ▶ | 19－23、24－23、26－21、29－23、R3－24 |

講師からのアドバイス

長と議会の関係は頻出テーマです。肢アと肢ウの経費の関する議決に対する長の拒否権とその効果の違いについては理解しておくようにしましょう。

		重要度	難易度
問題24 正解 1	行政法－地方自治法（地域自治区）	★	C

1 × 基本　**市町村**は、**市町村長**の権限に属する事務を分掌させ、および地域の住民の意見を反映させつつこれを処理させるため、条例で、その区域を分けて定める区域ごとに地域自治区を設けることができます（地方自治法202条の4第1項）。

2 ○　地域自治区に事務所を置き（202条の4第2項）、地域自治区の事務所の長は、当該普通地方公共団体の長の補助機関である職員をもって充てられます（202条の4第3項）。

3 ○ 難問　地域協議会の構成員の任期は、4年以内において条例で定める期間です（202条の5第4項）。地域協議会に置かれる会長および副会長の任期は、地域協議会の構成員の任期によります（202条の6第3項）。

4 ○ 基本　地域自治区に、地域協議会を置き（202条の5第1項）、地域協議会の構成員は、地域自治区の区域内に住所を有する者のうちから、市町村長が選任します（202条の5第2項）。

5 ○　地域協議会の構成員には報酬を支給しないこととすることができます（202条の5第5項）。

関連過去問 ▶	18－25

講師からのアドバイス

地域自治区は、頻出事項ではありませんが、本試験で出題されたテーマは周辺条文も含めて学習しておくようにしましょう。

行政法－行政法総合（土地収用）

重要度 ★★　難易度 A

1　×　判例（最判平9.1.28）は、収用委員会に裁量はなく、裁判所は正当な補償額を客観的に認定することができるとしています。したがって、本肢では、裁判所は、収用委員会の補償に関する認定判断に**裁量権の逸脱濫用があるかどうかを審理判断して認定判断すべきであるとしている部分が誤り**で、裁判所は、あくまでも正当な補償額を客観的に認定することができるにとどまります。【3-5-2-①】

2　○　形式的当事者訴訟とは、当事者間の法律関係を確認または形成する処分または裁決に関する訴訟で、法令の規定（個別法）によりその法律関係の当事者の一方を被告とするものをいいます（行政事件訴訟法4条前段）。具体例としては、土地収用における補償金が少ないとして起業者を被告として起こす増額訴訟（土地収用法133条3項）が挙げられます。【3-4-3-⑤】

3　×　判例（最大判平20.9.10）は、仮換地の指定や換地処分は行政処分として取消訴訟における処分性が認められるとされています。さらに、違法性の承継については、先行行為たる**事業計画決定**と、後行行為たる**仮換地の指定・換地処分**との関係は、お互いに結合して1つの効果の実現を目指し、これを完成するものであるので、**違法性の承継が生じ**、判例（最判昭25.9.15）も、後行行為の取消訴訟において先行行為の違法性を主張できるとされています。【3-1-4-③】

4　×　判例（最判昭63.1.21）は、土地収用法にいう「通常受ける損失」とは**経済的・財政的損失**をいうのであって、経済的価値でない特殊な価値についてまで補償の対象とする趣旨ではなく、市場価格の形成に影響を与えない**文化的価値は、それ自体経済的評価になじまない**としています。したがって、本肢では、当該価値を反映した市場価格が形成されているので、**損失補償の対象とされる**ことになります。

5　×　判例（最大判平20.9.10）は、**事業計画の決定**により、施行地区内の宅地所有者等の**法的地位に変動をもたらすもの**あって、事業計画決定に伴う法的効果が一般的、抽象的なものにすぎないということはできないとし、抗告訴訟の処分とするに足る法的効果を有するとして、**処分性を肯定**しています。【3-1-5-③】

関連過去問▶　なし

──── 講師からのアドバイス ────
土地収用は、事業計画、事業認定、換地処分、形式的当事者訴訟など横断的に理解しましょう。

ア × 判例（最判平8.3.8）は、信仰上の理由により格技の履修拒否をした生徒に対する**原級留置（留年）処分と退学処分**のいずれに対しても、慎重な配慮が必要としています。そのうえで、学校長による代替措置の検討過程で、**考慮すべき事項の不考慮、事実評価の明白な合理性欠如**があったとし、学校長の処分には、**裁量権の逸脱**があったと認定しています。【3-1-4-④】

イ ○ 判例（最判平18.2.7）は、**学校施設の目的外使用を許可するか否かは、原則として、管理者の裁量にゆだねられている**と解するのが相当であるとしています。すなわち、学校教育上支障があれば許可することができないのは明らかであるが、そのような支障がないからといって当然に許可しなければならないものではなく、行政財産である学校施設の目的および用途と目的外使用の目的、態様等との関係に配慮した**合理的な裁量判断により使用許可をしないこともできる**としています。【3-1-4-④】
基本

ウ × 判例（最判平24.2.9）は、公立学校の儀式行事において**学校長が発する職務命令**は、上級行政機関である都教育委員会から関係下級行政機関である都立学校の各校長に対する通達に基づいて発せられ、それ自体によって教職員個人の権利義務を直接形成しまたはその範囲を確定することが法律上認められるものとはいえないから、抗告訴訟の対象となる**行政処分に当たらない**としています。【3-4-2-②】
難問

エ ○ 判例（最判昭62.2.6）は、**公立学校における教師の教育活動も国家賠償法1条1項にいう「公権力の行使」に当たり**、教師は、学校における教育活動により生ずるおそれのある危惧から生徒を保護すべき義務を負うとされ、体育の授業中に、プールへの飛び込みについて未熟な者の多い生徒に対して、適切な措置、配慮をせずに助走を伴う危険な方法で飛び込みをさせたことは、教諭に**注意義務違反**があったとしています。【3-5-1-②】

オ ○ 判例（最判平29.9.15）は、重大な不正に関与した職員に対する県の求償について、抽象的な事情のみから直ちに、過失相殺または信義則により、県による**求償権の行使が制限される**ということはできないとしています。
難問

以上より、妥当でないものはア・ウであり、肢2が正解となります。

| 関連過去問 ▶ | R元-26、R3-26、R6-25 |

講師からのアドバイス

国公立学校に関する問題は、過去数回出題されていますので、過去問も含めて関連知識を総まとめしておきましょう。

問題 27	正解	**5**	民法－総則（未成年者）	重要度 ★★★	難易度 A

1 ○ 　未成年者が法律行為をするには、その**法定代理人の同意を得なければならない**こ
基本 ととされており（民法５条１項本文）、未成年者が、法定代理人の**同意を得ずに行
った法律行為**は、**取り消すことができます**（５条２項）。しかし、制限行為能力者
の財産の保全を害することのない行為、すなわち**単に権利を得**、または**義務を免れ
る法律行為**については、法定代理人の同意は不要です（５条１項ただし書）。未成
年者がその保有する債権についてその弁済を受けることは、保有していた債権を失
うことになりますから、単に権利を得る法律行為には当たりません。したがって、
Ａが、Ｂの同意を得ずにＣから**弁済を受けた場合**、Ｂは、これを**取り消すことがで
きます**。【2-1-2-④】

2 ○ 　認知をするには、父または母が未成年者であっても、その法定代理人の同意を要
しません（780条）。したがって、Ａは、Ｂの同意を得ずに、自己の子について認知
をすることができます。なお、成年被後見人も、その**法定代理人の同意を得ずに認
知をすることができます**（780条）。

3 ○ 　制限行為能力者の相手方は、その制限行為能力者が行為能力者となった後、その
基本 者に対し、**１か月以上の期間を定めて**、その期間内にその取り消すことができる行
為を追認するかどうかを確答すべき旨の催告をすることができ（20条１項前段）、
その者がその期間内に**確答を発しないときは**、その行為を**追認したものとみなされ
ます**（20条１項後段）。【2-1-2-④】

4 ○ 　制限行為能力者が代理人としてした行為は、**行為能力の制限を理由に取り消すこ
基本** とができないのが原則です（102条本文）が、制限行為能力者が他の制限行為能力
者の法定代理人としてした場合には、取り消すことができます（102条ただし書）。
これは、本人である制限行為能力者を保護する必要があるからです。したがって、
Ｂは、行為能力の制限を理由とする**取消しができます**。【2-1-5-①】

5 × 　行為能力の制限によって取り消すことができる行為は、制限行為能力者またはそ
基本 の代理人、承継人もしくは同意をすることができる者に限り、取り消すことができ
ます（120条１項）。そして、制限行為能力者が取り消す場合に、あらかじめその代
理人等の同意を得て行わなければならないとされてはいません。制限行為能力者自
身が取り消したとしても、本人の財産保全に資するからです。したがって、Ａは、
Ｂの同意がなくても取り消すことができます。【2-1-2-④】

関連過去問▶ 　18－27、24－27、27－27、30－45、R2－27

講師からのアドバイス

本問は、制限行為能力者のうち、未成年者についての出題ですが、成年被後見人、被保
佐人、被補助人についても、未成年者と比較して、覚えるようにしましょう。

158

問題 28	正解	**4**	民法－総則（錯誤）	重要度	難易度
				★★★	A

1 × 　Aが意思表示を取り消した場合、取り消された行為は、**初めから無効であったも**
基本 　のとみなされ（民法121条）、Aには**原状回復義務**が生じます（121条の2第1項）。
Aは、売買という有償行為に基づく債務の履行として給付を受けており、また、意
思無能力者でなく、制限行為能力者でもありませんから、**全額返還義務**を負い、現
に利益を受けている限度において返還すれば足りるわけではありません（121条の
2第2項・3項参照）。

2 × 　錯誤が**表意者の重大な過失**によるものであった場合には、原則として、意思表示
基本 　を取り消すことができませんが、その場合でも、相手方が表意者に錯誤があること
を**知り**、または**重大な過失によって知らなかったとき**は、表意者は意思表示を**取り**
消すことができます（95条3項1号）。したがって、Bが、Aに錯誤があることを
知り、または**重大な過失によって知らなかったとき**でなければ、Aは意思表示を取
り消すことができません。【2-1-4-④】

3 × 　表意者に重大な過失がある場合でも、例外として、**相手方が表意者と同一の錯誤**
基本 　に陥っていたときは、表意者は意思表示を**取り消すことができます**（95条3項2
号）。したがって、BもまたAと同一の錯誤に陥っていたときは、Aは意思表示を
取り消すことができますが、無効となるわけではありません。【2-1-4-④】

4 ○ 　表意者が法律行為の**基礎とした事情**についてのその認識が真実に反する錯誤に陥
っていた場合の意思表示の取消しは、その事情が法律行為の基礎とされていること
が**表示されていたときに限り**、することができます（95条2項）。判例（最判平元.
9.14）は、動機の表示について、**明示的**なものに限らず、**黙示的**に表示されている
ときでもそれが法律行為の内容になっていればよいと述べています。したがって、
Aが、その事情について法律行為の基礎とされていることを黙示的であっても表示
していたと認められれば、意思表示を**取り消すことができます**。【2-1-4-④】

5 × 　錯誤による意思表示の取消しは、**善意でかつ過失がない第三者**に対抗することが
基本 　できないとされています（95条4項）。したがって、Aは、善意でかつ過失がない
Cに対し、その取消しを**対抗することができません**。なお、この場合、Aが取り消
した時点でCが対抗要件を備えている必要はないため、甲の引渡しを受けていない
ことは問題となりません。【2-1-4-④】

関連過去問▶	25－27、29－28

講師からのアドバイス

意思表示は重要テーマです。令和2年度に詐欺が、令和4年度に虚偽表示が出題されて
いますから、錯誤についても押さえておきましょう。

問題 29	正解 **5**	民法－物権（即時取得）	重要度 ★★★	難易度 B

1 × Cから時計を盗んだAは無権利者であるため、その無権利者Aから時計を買い受
基本 けてもBは時計の所有権を取得できません。ここで、即時取得（民法192条）の成
否が問題となりますが、判例（最判昭35.2.11）は、**占有改定**による引渡しによって
は即時取得は**成立しない**としています。【2-2-4-①】

2 × 本肢のBが、時計を即時取得するためには、**平穏、公然、善意、無過失**で時計の
基本 占有を始める必要があります（192条）。そして、占有者は、所有の意思をもって、善
意で、平穏に、かつ、公然と占有をするものと推定されます（186条1項）。したがっ
て、Bは、所有の意思を持って、平穏に、かつ、公然と占有することについて**立証
する必要はありません**。なお、本問のBは善意かつ無過失であるため、即時取得の
要件をすべて満たし、Bは時計の所有権を即時取得することとなります。【2-2-4-①】

3 × 占有者が即時取得（192条）できる場合でも、占有物が**盗品または遺失物**である
ときは、被害者または遺失者は、**盗難または遺失の時**から**2年間**、占有者に対して
その物の回復を請求することができます（193条）。しかし、占有者が、盗品を、そ
の物と**同種の物を販売する商人**から、**善意**で買い受けたときは、被害者は、占有者
が支払った**代価を弁償**しなければ、その物を回復することができません（194条）。
したがって、Cが、時計店を営むAから時計を買ったBから時計を回復するには、
Bが支払った代価を弁償しなければならず、無償で回復することはできません。
【2-2-4-②】

4 × 肢3にあるように、Cが、時計店を営むAから時計を買ったBから時計を回復す
るには、Bが支払った**代価を弁償**しなければならず、保管に要した費用を支払うの
みで時計を回復することはできません。【2-2-4-②】

5 ○ 代理人によって占有をする場合において、本人がその**代理人に対して以後第三者
のためにその物を占有することを命じ**、その**第三者がこれを承諾**したときは、その
第三者は、占有権を取得します（指図による占有移転：184条）。判例（最判昭57.9.7）
は、**指図による占有移転**でも即時取得は成立するとしています。したがって、本肢
のBは即時取得により、時計の所有権を取得することになります。【2-2-4-①】

関連過去問 ▶	19－29、23－29、25－46、R2－28、R4－28

講師からのアドバイス

即時取得は、動産物権変動のなかでも重要度の高いテーマです。1問まるまる即時取得
の知識を問う問題が出題される可能性も高いですし、記述でも問われる可能性がありま
すから、即時取得に関する条文・判例は十分に復習しておきましょう。

問題 30	正解	3	民法－物権（留置権）	重要度 ★★	難易度 B

1 ○
基本 留置権者は、留置物の保存に必要な使用をすることを除き、**債務者の承諾を得な**ければ、留置物を**使用し、賃貸し、または担保に供することができません**（民法298条2項本文）。**承諾を得ることなく、留置物を使用し、賃貸し、または担保に供**したときは、債務者は留置権の消滅を請求できます（298条3項）。したがって、Bは A の承諾を得なければ、パソコンを使用・賃貸・担保供与することができませんし、また、BがAの承諾を得ずにパソコンを使用した場合には、Aは留置権の消滅を請求できます。【2-2-7-③】

2 ○
基本 建物賃借人が、債務不履行により賃貸借契約を解除された後、**権限がないことを**知りながら建物を不法占有する間に**有益費を支出しても**、その者は、占有が不法行為によって始まった場合には留置権は取得できないとする民法295条2項の類推適用により、有益費の償還請求権に基づき建物の**留置権を行使できません**（最判昭46.7.16）。したがって、Bは、Aに対する有益費償還請求権を保全するために留置権を行使できません。【2-2-7-③】

3 ×
基本 不動産の二重譲渡において、第二買主のために所有権移転登記がなされた場合、第一買主は売主に対して債務不履行に基づく損害賠償請求権を取得しますが、第二買主の不動産の所有権に基づく明渡請求に対し、第一買主の売主に対する**損害賠償請求権を保全**するために**留置権を行使できません**（最判昭43.11.21）。したがって、CのBに対する甲土地の明渡請求に対して、Bは、**留置権を行使できません**。【2-2-7-③】

4 ○
基本 Aは自己所有の時計の修理をBに依頼し、その際、時計の引渡しはAの修理代金の支払いと引換えにすることを約していたが、Aは修理代金を支払わない場合には、Bは修理代金を保全するために留置権を行使できます（295条1項）。そして、**留置権は物権**ですから、時計がAからCに譲渡されたとしても、Bに対するのと同様にCに対して**留置権を主張する**ことができます（最判昭47.11.16）。【2-2-7-③】

5 ○
基本 他人物売買において、売主が、権利者から権利を取得できず、物の引渡しを受けている買主に権利を移転できなかった場合、買主は売主に対して債務不履行に基づく損害賠償請求権を取得しますが、権利者から買主への目的物返還請求がなされた場合に、買主が売主に対して有する**損害賠償請求権を保全するために留置権を行使できません**（最判昭51.6.17）。したがって、Cは、Aに対する債務不履行に基づく損害賠償請求権を保全するための**留置権は行使できません**。【2-2-7-③】

関連過去問 ▶	25－29、27－30、R2－28、R3－30

―――――― 講師からのアドバイス ――――――

留置権は、担保物権の中でも、盲点となるところです。令和になってからも出題されていますので、留置権が成立するかしないかについて、判例知識も押さえておきましょう。

161

問題 31	正解	**3**	民法－債権（債務不履行）	重要度 ★★★	難易度 B

1 ○ 判例（最判平30.12.14）は、詐害行為取消しによる受益者の返還債務は、判決確
難問 定により受領時に遡って生じ、期限の定めのない債務となると述べています。期限
の定めがない債務は、債務者が、履行の請求を受けた時から遅滞の責任を負う（民
法412条3項）ことから、受益者は、不動産の返還請求を受けた時から遅滞の責任
を負うと考えられます。

2 ○ 契約に基づく債務の履行がその契約の成立の時に不能であったとしても、契約は
有効に成立し、債権者は、債務者に対して、その履行の不能によって生じた損害に
ついて賠償を請求することができます（412条の2第2項）。【2-3-1-②】

3 × 債務不履行の場合において、債務者が自己に責めに帰すべき事由がないことを立
基本 証できないときは、債権者は、損害賠償の請求をすることができます（415条1項）。
そして、債務者が、その債務の履行を拒絶する意思を明確に表示したときは、債権
者は、債務の履行に代わる損害賠償の請求をすることができます（填補賠償：415
条2項2号）。しかし、本肢の場合、そもそも、**債務者に責めに帰すべき事由がな
かった場合**ですから、債務者が、その債務の履行を拒絶する意思を明確に表示した
かどうかにかかわらず、債権者は、債務者に対して債務の履行に代わる**損害賠償の
請求をすることができません。**【2-3-1-②】

4 ○ 当事者は、債務不履行について損害賠償の額を予定することができます（420条
基本 1項）が、その後、債務者が債務を履行しなかった場合に、賠償額の予定をしたこ
とを理由に、債権者が、履行の請求または解除権の行使ができなくなるわけであり
ません（420条2項）。したがって、損害賠償の額の予定を約定した場合において、
履行不能を理由に、債務者がその約定した予定額の支払いを申し入れたとしても、
債権者は解除権を行使することができます。【2-3-1-②】

5 ○ 金銭の給付を目的とする債務の不履行について、その損害賠償の額は、債務者が
遅滞の責任を負った最初の時点における**法定利率**によって定めますが、約定利率が
法定利率を超えるときは、**約定利率**によります（419条1項）。このように、金銭債
務の場合には、実際に生じた損害額にかかわりなく、一律に損害賠償の額が決定さ
れますので、貸主が約定利率以上の損害が生じていることを立証したとしても、そ
の賠償を請求することはできません（最判昭48.10.11参照）。

関連過去問▶	19－46、28－33、R3－31、R5－32

講師からのアドバイス

令和5年度に受領遅滞が出題されましたが、債務不履行は、債権の基本事項ですから、
損害賠償請求を中心に確実に押さえておきましょう。

| 問題 32 | 正解 | **3** | 民法－債権（債務引受） | 重要度 ★★ | 難易度 B |

1 ○　併存的債務引受とは、引受人が債務者と連帯して、債務者が債権者に対して負担
基本 する債務と同一の内容の債務を負担することです（民法470条1項）。判例（最判昭
41.12.20）も、重畳的（併存的）債務引受があった場合、特段の事情がない限り、
原債務者と引受人との間には連帯債務関係が生ずると述べています。したがって、
併存的債務引受によってCが引受人となった場合、特段の事情がない限り、AとC
との間には連帯債務関係が生じます。【2-3-3-②】

2 ○　併存的債務引受は、保証に類似する効果をもたらすものであるから、債務者の意
思にかかわらず、**債権者と引受人**となる者との契約によってすることができます
（470条2項）。したがって、Cを引受人とする併存的債務引受は、それがAの意思
に反するとしても、BとCとの契約によって有効に成立します。【2-3-3-②】

3 ×　併存的債務引受は、債務者と引受人となる者との契約によってもすることができ
ますが、この場合は、**債権者が**引受人となる者に対して**承諾**をした時に、その効力
を生じます（470条3項）。したがって、Cを引受人とする併存的債務引受は、Aと
Cとの契約によってもすることができますが、**BがCに対して承諾**をした時に、そ
の効力を生じます。【2-3-3-②】

4 ○　免責的債務引受とは、引受人が、債務者が債権者に対して負担する債務と同一の
内容の債務を負担して、債務者は自己の債務を免れることです（472条1項）。引受
人は債務者と同一内容の債務を負担しますから、債務者が債権者に対して取消権ま
たは解除権を有するときは、引受人は、免責的債務引受がなければこれらの権利の
行使によって債務者がその債務を免れることができた限度において、債権者に対し
て**債務の履行を拒む**ことができます（472条の2第2項）。したがって、AがBに対
して解除権を有していた場合、Cは、免責的債務引受がなければ解除権の行使によ
ってAがその債務を免れることができた限度において、Bに対して債務の履行を拒
むことができます。【2-3-3-②】

5 ○　免責的債務引受の引受人は、債務者に対して**求償権を取得しません**（472条の3）。
基本 引受人自らが、債務者の債務を自己の債務として引き受けて履行する以上、債務者
の債務を最終的に負担する意思があるものと考えられるからです。したがって、免
責的債務引受によってCが引受人となった場合、Cは、Aに対して求償権を行使す
ることはできません。【2-3-3-②】

| 関連過去問 ▶ | 26－32、R2－31 |

講師からのアドバイス

併存的債務引受と免責的債務引受の定義を踏まえ、その違いを理解するようにしましょう。

問題 33	正解	**5**	民法－債権（賃貸借）	重要度	難易度
				★★★	C

1 ○ 不動産の**賃貸人たる地位**が譲受人に**移転**した場合、民法608条における賃借人による費用の償還に係る債務は、**譲受人が承継します**（民法605条の2第4項）。【2-3-7-⑤】

2 ○ **基本** 賃借人は、賃借物を受け取った後にこれに生じた損傷（通常の使用および収益によって生じた賃借物の損耗ならびに賃借物の経年変化を除く）がある場合において、**賃貸借が終了したとき**は、その損傷を**原状に復する義務を負います**（621条本文）。【2-3-7-⑤】

3 ○ 賃借物の全部が滅失その他の事由により**使用および収益**をすることができなくなった場合には、賃貸借は、これによって**終了します**（616条の2）。【2-3-7-⑤】

4 ○ 賃借人が適法に賃借物を転貸した場合には、賃貸人は、賃借人との間の賃貸借を**合意により解除**したことをもって転借人に**対抗できない**としています（613条3項本文）。一方、その解除の当時、賃貸人が賃借人の債務不履行により賃貸借を解除した場合は、その解除を転借人に対抗できます（613条3項ただし書）。【2-3-7-⑤】

5 × **難問** 判例（大判昭8.12.11）は、建物所有を目的とする**土地賃貸借**の賃借人が、当該土地上に建物を建築し、土地の**賃貸人の承諾**なくしてその建物を**第三者に賃貸**しても、土地賃借人は建物所有のために自ら土地を使用しているのであるから、第三者に使用収益させたとしても、**土地の無断転貸には該当しない**としています。

関連過去問▶	18－32、20－45、21－33、24－33、30－32、R元－32、R2－33、R4－32

講師からのアドバイス

賃貸借は、民法改正より判例が条文化された事案が多数ありますので、テキスト等で基本事項と共に条文も確認しておきましょう。

| 問題 34 | 正解 | **4** | 民法－債権（不法行為） | 重要度 ★★★ | 難易度 B |

1 ×　責任無能力者がその責任を負わない場合において、その責任無能力者を**監督する**

基本　**法定の義務を負う者**は、その責任無能力者が第三者に加えた**損害を賠償する責任を**負います（民法714条本文）。ただし、監督義務者がその義務を怠らなかったとき、またはその義務を怠らなくても損害が生ずべきであったときは、損害賠償責任は負いません（714条ただし書）。したがって、監督義務者は、監督義務を怠らなかったことを抗弁とすることが**できます**。【2-3-8-③】

2 ×　土地の工作物の設置または保存に瑕疵があることによって他人に損害を生じたときは、その工作物の**占有者**は、被害者に対してその**損害を賠償する責任を負います**（717条本文）。ただし、占有者が損害の発生を防止するのに**必要な注意をしたとき**は、**所有者がその損害を賠償しなければなりません**（717条ただし書）。なお、本条において土地の工作物等の所有者の負う責任は**無過失責任**であり、また、精神上の障害により自己の行為の責任を弁識する能力を欠く状態にある間に他人に損害を加えた者は、その賠償の責任を負わない（713条本文）とする規定は**適用されません**。【2-3-8-③】

3 ×　他人の生命を侵害した者は、被害者の父母、配偶者および子に対しては、その財産権が侵害されなかった場合においても、慰謝料として**損害の賠償をしなければなりません**（711条）。【2-3-8-③】

4 〇　判例（最判昭49.3.22）は、未成年者が責任能力を有する場合であっても、**監督義**

基本　**務者の義務違反**と未成年者の不法行為によって生じた**結果**との間に相当因果関係が認められるときは、被害者は、監督義務者に対して不法行為に基づく**損害賠償を請求することができる**としています。【2-3-8-③】

5 ×　被害者に過失があったときは、裁判所は、これを考慮して損害賠償の額を定めることができます（722条2項）。この場合、被害者本人の過失でなくても、被害者と**身分上ないし生活関係上一体**をなすと認められるような関係にある者の過失も考慮されます（最判昭42.6.27）。したがって、交通事故の被害者の父または母に過失があれば、それを理由として過失相殺が行われ、**損害額が減額されることがあります**。【2-3-8-③】

| 関連過去問▶ | 18－34、19－34、21－34、24－34、26－34、27－34、28－34、29－34・46、30－33、R元－34、R3－34、R4－34、R6－34 |

講師からのアドバイス

不法行為は本試験で頻出する分野です。直前期前にもう一度、過去問、答練などの問題も見直しておきましょう。

ア ✗　遺留分権利者およびその承継人は、受遺者（特定財産承継遺言により財産を承継しまたは相続分の指定を受けた相続人を含む）または受贈者に対し、遺留分侵害額に相当する金銭の支払を請求することができます（**遺留分侵害額の請求：民法1046条1項**）。遺留分侵害額の請求権者が数人いても、各自の請求額に応じて、それぞれ遺贈・贈与について請求すればよく、**全員で共同して行使する必要はない**とされています。

イ ✗　遺留分侵害額の請求権は、遺留分権利者が、**相続の開始および遺留分を侵害する贈与または遺贈があったことを知った時**から1年間行使しないときは、時効によって消滅します（1048条前段）。【2-4-2-①】

ウ 〇　民法は、**兄弟姉妹以外の相続人**に一定割合の遺留分を認めており、**兄弟姉妹を遺留分権利者から除外**しています（1042条参照）。【2-4-2-①】
基本

エ ✗　相続の開始前における遺留分の放棄は、家庭裁判所の許可を受けたときに限り、その効力を生じます（1049条1項）。遺留分の放棄は、相続放棄と異なり、家庭裁判所の許可を受ければ**相続開始前でも行うことができます**。【2-4-2-①】

オ 〇　遺留分侵害額の請求権は、相手方に対する意思表示によって効力が生じる形成権であり、必ずしも裁判上で行使する必要はなく、**裁判外で意思表示することにより行使することもできます**。【2-4-2-①】

以上より、正しいものはウ・オであり、肢4が正解となります。

| 関連過去問▶ | 24－35 |

―――――― 講師からのアドバイス ――――――

遺留分については、ここ数年出題されていませんので要注意の分野です。テキスト等で基本事項を確認しておきましょう。

1 ○ 支配人は、商人に代わってその営業に関する**一切の裁判上**または**裁判外**の行為を
基本 する権限を有します（商法21条1項）。そして、支配人は、他の使用人を選任し、
または解任することができます（21条2項）。支配人は、包括的な代理権を有する
ためです。【4-1-1-③】

2 ○ 商人が支配人を選任したときは、その**登記**をしなければなりません（22条前段）。
支配人の代理権が消滅したときも、同様とされています（22条後段）。取引の安全
を保護するためです。【4-1-1-③】

3 ○ 商人の営業所の営業の主任者であることを示す名称を付した使用人は、相手方が
基本 悪意であったときを除き、当該営業所の営業に関し、**一切の裁判外**の行為をする権
限を有するものとみなされます（表見支配人：24条）。外観を信頼した者を保護し、
取引の安全を図るためです。【4-1-1-③】

4 ○ 商人の営業に関するある種類または特定の事項の委任を受けた使用人は、当該事
項に関する**一切の裁判外**の行為をする権限を有します（25条1項）。支配人のよう
な包括的な代理権を有するのではなく、販売、仕入れ等営業に関する一定の事項に
ついてのみ代理権を有する商業使用人です。

5 × 物品の販売等を目的とする店舗の使用人は、その店舗にある物品の販売等をする
権限を有するものとみなされます（26条本文）。ただし、相手方が**悪意**であったと
きは、**この限りではありません**（26条ただし書）。したがって、相手方が**善意重過
失**の場合は物品販売店舗の使用人は、その店舗にある物品の販売等の権限があるも
のとみなされます。

関連過去問▶ 26-36、30-36

― 講師からのアドバイス ―
商業使用人に関する基本的な問題です。条文内容を正確に押さえるようにしましょう。

問題 37	正解	2	商法－会社法（設立する際の役員）	重要度	難易度
				★★★	B

ア × 発起人は、単元株式数を定款で定めている場合を除き、出資の履行をした設立時
基本 発行株式１株につき１個の議決権を有します（会社法40条２項本文）。そして、設
立時役員等の選任は、**発起人の議決権の過半数**をもって決定します（40条１項）。
全員の同意をもって決定するのではありません。【4-2-2-□】

イ ○ 設立しようとする株式会社が監査等委員会設置会社である場合には、設立時取締
難問 役の選任は、設立時監査等委員である設立時取締役とそれ以外の設立時取締役とを
区別してしなければなりません（38条２項）。【4-2-4-⑥】

ウ ○ 定款で設立時取締役、設立時会計参与、設立時監査役または設立時会計監査人と
して定められた者は、**出資の履行が完了した時**に、それぞれ設立時取締役、設立時
会計参与、設立時監査役または設立時会計監査人に**選任**されたものとみなされます
（38条４項）。

エ ○ 発起人は、**出資の履行が完了した後**、遅滞なく、設立時取締役を選任しなければ
基本 なりません（38条１項）。【4-2-2-□】

オ × 設立時取締役は、設立しようとする株式会社が指名委員会等設置会社ではない取
基本 締役会設置会社である場合には、設立時取締役の中から株式会社の設立に際して代
表取締役となる者を選定しなければなりません（47条１項）。指名委員会等設置会
社ではない取締役会設置会社においては、代表取締役は**選定しなければならず**、選
定することができるわけではありません。【4-2-4-③】

以上より、誤っているものはア・オであり、肢２が正解となります。

関連過去問 ▶	R元－37、R2－37、R3－37、R4－37、R5－37

━━ 講師からのアドバイス ━━

会社設立時における役員等に関する問題です。どのようにして選任されるのか注意しま
しょう。

168

問題38　正解 3　商法－会社法（株主および株式）　重要度 ★★★　難易度 B

1 ×　株主に剰余金の配当を受ける権利および残余財産の分配を受ける権利の全部を与えない旨の定款の定めは、その効力を有しません（会社法105条2項）。いずれかを与えない旨の定款の定めは効力が認められますが、全部を与えない旨の定款の定めは無効です。剰余金配当請求権や残余財産分配請求権は、株主の基本的な権利であるためです。

2 ×（難問）株式が2人以上の者の共有に属するときは、共有者は、当該株式についての権利を行使する者1人を定め、株式会社に対し、その者の氏名または名称を通知しなければ、株式会社が当該株式についての権利を行使することに同意した場合を除き、当該株式についての権利を行使することができません（106条）。住所を通知する必要はなく、承認を得る必要もありません。

3 ○（難問）株式会社が特定の株主に対して無償で財産上の利益の供与をしたときは、当該株式会社は、株主の権利の行使に関し、財産上の利益の供与をしたものと推定されます（120条2項前段）。

4 ×　株式会社は、株主を、その有する株式の内容および数に応じて、平等に取り扱わなければなりません（109条1項）。もっとも、公開会社でない株式会社は、株主ごとに異なる取扱いを行う旨を定款で定めることができます（109条2項）。【4-2-3-①】

5 ×　株式会社は、定款を変更して発行可能株式総数についての定めを廃止することができません（113条1項）。発行可能株式総数は定款の絶対的記載事項であるためです。【4-2-2-①】

関連過去問▶　23－40、26－40、29－38

講師からのアドバイス
株主および株式に関する基本的な問題です。条文内容を正確に覚えておきましょう。

1 ○ 監査等委員会設置会社において、監査等委員である取締役は、株主総会において、**監査等委員である取締役**の**選任**もしくは**解任**または**辞任**について意見を述べることができます（会社法342条の2第1項）。

2 ○ 取締役会の決議事項について**特別の利害関係を有する取締役は決議に参加することができません**（369条2項）。したがって、定款に取締役の員数および取締役会の決議要件についての定めがなく、3人の取締役がいる場合において、2人の取締役が取締役会の決議について特別の利害関係を有するときは、他の1人の取締役により取締役会の決議をすることができます。【4-2-4-③】

3 ○ 取締役会の議事については、法務省令で定めるところにより、議事録を作成し、議事録が書面をもって作成されているときは、出席した取締役および監査役は、これに署名し、または記名押印しなければなりません（369条3項）。【4-2-4-③】

4 ○ 取締役会を招集する者は、取締役会の日の**1週間**（これを下回る期間を定款で定めた場合にあっては、その期間）**前**までに、各取締役（監査役設置会社にあっては、各取締役および各監査役）に対してその**通知**を発しなければなりません（368条1項）。そして、取締役会は、取締役（監査役設置会社にあっては、取締役および監査役）の全員の同意があるときは、**招集の手続を経ることなく開催することができます**（368条2項）。【4-2-4-③】

5 × 監査役会設置会社の場合、取締役は、株式会社に著しい損害を及ぼすおそれのある事実があることを発見したときは、**直ちに**、当該事実を**監査役会に報告**しなければなりません（357条1項・2項）。

関連過去問▶ 26-40、30-39、R元-39

講師からのアドバイス

取締役および取締役会に関する条文問題です。今回は出題しておりませんが、取締役会については株主総会との相違点に注意して学習しましょう。

| 問題 40 | 正解 1 | 商法－会社法（吸収合併・吸収分割） | 重要度 ★ | 難易度 C |

ア ○ 吸収合併に反対する消滅会社の株主であって、当該吸収合併をするための決議を
基本 する株主総会において議決権を行使することができる者が、株式買取請求権を行使するには、当該株主総会に先立って当該吸収合併に反対する旨を当該消滅会社に対し通知するとともに、当該株主総会において当該吸収合併に反対しなければなりません（会社法785条1項・2項）。

イ × 吸収合併消滅株式会社は、吸収合併契約備置開始日から吸収合併がその効力を生ずる日後6か月を経過する日までの間、吸収合併契約の内容その他法務省令で定める事項を記載し、または記録された書面または電磁的記録をその本店に備えなければなりません（782条1項1号）。

ウ ○ 吸収合併消滅株式会社が種類株式発行会社でない場合において、吸収合併消滅株
難問 式会社の株主に対して交付する金銭等の全部または一部が持分等（持分会社の持分その他これに準ずるものとして法務省令で定めるもの）であるときは、吸収合併契約について吸収合併消滅株式会社の総株主の同意を得なければなりません（783条2項）。

エ × その発行する全部の株式の内容として譲渡による当該株式の取得について株式会社の承認を要する旨の定款の定めを設けている吸収合併存続会社は、吸収合併に際して消滅会社の株主に対して当該存続会社の株式を交付する場合において、当該株式の数に1株当たり純資産額を乗じて得た額が当該存続会社の5分の1を超えないときであっても、株主総会の決議によって、吸収合併契約の承認を受けなければなりません（796条2項ただし書）。

オ × 吸収分割後吸収分割株式会社に対して債務の履行を請求することができる吸収分
難問 割株式会社の債権者は、分割対価である株式を吸収分割株式会社の株主に全部取得条項付種類株式の取得対価または剰余金の配当として分配する場合でない限り、その吸収分割について異議を述べることができません（789条1項2号）。

以上より、正しいものはア・ウであり、肢1が正解となります。

| 関連過去問 ▶ | 18-39、24-40 |

―― 講師からのアドバイス ――
吸収合併および吸収分割に関する問題です。出題される可能性はさほど高くないので、基本的な部分だけ押さえておくようにしましょう。

問題41	正解	ア 8　イ 17 ウ 10　エ 3	憲法－統治 （在外国民の国民審査権）基本	重要度	難易度
				★★★	A

本問は、国外に居住する日本国民（在外国民）に最高裁判所裁判官の国民審査権の行使が認められていないことの適否等に関する事件（在外邦人国民審査権確認等事件：最大判令4.5.25）からの出題です。【1-3-3-②】

国民審査の制度は、国民が　ア：8－最高裁判所の裁判官　を罷免すべきか否かを決定する趣旨のものであるところ…、憲法は、…この制度を設け、主権者である国民の権利として審査権を保障しているものである。そして、このように、審査権が国民主権の原理に基づき憲法に明記された主権者の権能の一内容である点において選挙権と同様の性質を有することに加え、憲法が　イ：17－衆議院議員総選挙　の際に国民審査を行うこととしていることにも照らせば、憲法は、選挙権と同様に、国民に対して審査権を行使する機会を平等に保障しているものと解するのが相当である。

憲法の以上の趣旨に鑑みれば、国民の審査権又はその行使を制限することは原則として許されず、審査権又はその行使を制限するためには、そのような制限をすることがやむを得ないと認められる事由がなければならないというべきである。そして、そのような制限をすることなしには国民審査の　ウ：10－公正　を確保しつつ審査権の行使を認めることが事実上不可能ないし著しく困難であると認められる場合でない限り、上記のやむを得ない事由があるとはいえず、このような事由なしに審査権の行使を制限することは、憲法15条1項、79条2項、3項に違反するといわざるを得ない…。

在外国民は、…現行法上、審査権の行使を認める規定を欠いている状態にあるため、審査権を行使することができないが、憲法によって審査権を保障されていることには変わりがないから、国民審査の　ウ：10－公正　を確保しつつ、在外国民の審査権の行使を可能にするための所要の　エ：3－立法措置　をとることが事実上不可能ないし著しく困難であると認められる場合に限り、当該　エ：3－立法措置　をとらないことについて、上記やむを得ない事由があるというべきである。

国民審査は、最高裁判所の裁判官を対象とし、衆議院議員総選挙の際に行われるため（憲法79条2項）、　ア　には「8－最高裁判所の裁判官」、　イ　には「17－衆議院議員総選挙」が入ります。審査権の制限がやむを得ないと認められるのは、そのような制限をしなければ国民審査の公正確保が著しく困難であると認められる場合であるため、　ウ　には「10－公正」が入ります。国民審査に関する事項は法律で定めるため（79条4項）、　エ　には「3－立法措置」が入ります。

関連過去問▶	18－41、26－41、27－6、R元－3

講師からのアドバイス

多肢選択式は、空欄の前後の文や語句を駆使して検討するようにしましょう。

| 問題 42 | 正解 | ア 19　イ 5
ウ 6　エ 13 | 行政法－一般的な法理論
（私法法規の適用）　基本 | 重要度
★★★ | 難易度
B |

第3回　解答解説

　本問は、国の国家公務員に対する安全配慮義務の有無について争われた事件に関する最高裁判所判決（最判昭50.2.25）からの出題です。【3-1-2-②】

　国と国家公務員（以下「公務員」という。）との間における主要な義務として、法は、公務員が ア：19－職務に専念 すべき義務（国家公務員法101条1項前段、自衛隊法60条1項等）並びに法令及び上司の命令に従うべき義務（国家公務員法98条1項、自衛隊法56条、57条等）を負い、国がこれに対応して公務員に対し イ：5－給与支払 義務（国家公務員法62条、防衛庁職員給与法4条以下等）を負うことを定めているが、国の義務は右の給付義務にとどまらず、国は、公務員に対し、国が公務遂行のために設置すべき場所、施設もしくは器具等の設置管理又は公務員が国もしくは上司の指示のもとに遂行する公務の管理にあたつて、公務員の生命及び健康等を危険から保護するよう配慮すべき義務（以下「 ウ：6－安全配慮 義務」という。）を負つているものと解すべきである。……国が、不法行為規範のもとにおいて私人に対しその生命、健康等を保護すべき義務を負つているほかは、いかなる場合においても公務員に対し ウ：6－安全配慮 義務を負うものではないと解することはできない。けだし、右のような ウ：6－安全配慮 義務は、ある法律関係に基づいて特別な社会的接触の関係に入つた当事者間において、当該法律関係の付随義務として当事者の一方又は双方が相手方に対して エ：13－信義則 上負う義務として一般的に認められるべきものであつて、国と公務員との間においても別異に解すべき論拠はなく、公務員が前記の義務を安んじて誠実に履行するためには、国が、公務員に対し ウ：6－安全配慮 義務を負い、これを尽くすことが必要不可欠であり、また、国家公務員法93条ないし95条及びこれに基づく国家公務員災害補償法並びに防衛庁職員給与法27条等の災害補償制度も国が公務員に対し ウ：6－安全配慮 義務を負うことを当然の前提とし、この義務が尽くされたとしてもなお発生すべき公務災害に対処するために設けられたものと解されるからである。

　国家公務員法101条1項には、公務員の職務専念義務が規定されていますから、 ア には「19－職務に専念」が入ります。国家公務員法62条には、国の公務員に対する給与支払いが規定されていますから、 イ には「5－給与支払」が入ります。国が公務員に対して、公務員の生命および健康等を危険から保護するよう配慮すべき義務（安全配慮義務）を負っていますから、 ウ には「6－安全配慮」が入ります。安全配慮義務は、ある法律関係に基づいて特別な社会的接触の関係に入った当事者間において、当該法律関係の付随義務として当事者の一方または双方が相手方に対して信義則上負う義務ですから、 エ には「13－信義則」が入ります。

| 関連過去問▶ | 24－8、25－10、27－9、30－9、R3－8、R5－42 |

講師からのアドバイス

　信義則は、民法1条2項に明文規定がある民法上の原則ですが、行政上の法律関係においても適用されます。行政法の空欄補充問題で空欄に埋められるようにしておきましょう。

問題 43	正解	ア 4　イ 1 ウ 13　エ 10	行政法－一般的な法理論 （国家行政組織）	重要度	難易度
				★★	B

　本問は、日本の国家行政組織である内閣府と内閣官房に関する理解を問うものです。【3-6-2-③】

　　ア：4－内閣府　は、内閣に置かれ、内閣の重要政策に関する内閣の事務を助けることを任務とする。

　　ア：4－内閣府　の長は、　イ：1－内閣総理大臣　とされ、　イ：1－内閣総理大臣　は、　ア：4－内閣府　に係る事項についての内閣法にいう主任の大臣として、事務を分担管理し、　ア：4－内閣府　の事務を統括し、職員の服務について統督する。

　　イ：1－内閣総理大臣　は、　ア：4－内閣府　に係る主任の行政事務について、法律もしくは政令を施行するため、または法律もしくは政令の特別の委任に基づいて、　ア：4－内閣府　の命令として　ア：4－内閣府　令を発することができる。

　また、　ア：4－内閣府　には、その外局として、法律に基づき、委員会および庁が置かれており、その一つに、令和2年に置かれたカジノ管理委員会がある。

　一方、　ウ：13－内閣官房　は、　ア：4－内閣府　と同様、内閣に置かれ、内閣の重要政策に関する基本的な方針に関する企画および立案ならびに総合調整に関する事務などをつかさどるほか、政令の定めるところにより、内閣の事務を助けるものとされている。

　　ウ：13－内閣官房　に係る事項についての主任の大臣は、　イ：1－内閣総理大臣　とされ、　イ：1－内閣総理大臣　は、　ウ：13－内閣官房　に係る主任の行政事務について、法律もしくは政令を施行するため、または法律もしくは政令の特別の委任に基づいて、　ウ：13－内閣官房　の命令として　ウ：13－内閣官房　令を発することができる。

　また、　ウ：13－内閣官房　には、国家安全保障局や内閣人事局が置かれており、令和5年には　エ：10－内閣感染症危機管理統括庁　が置かれている。

　内閣府は、内閣に置かれ、内閣の重要政策に関する内閣の事務を助けることを任務とします（内閣府設置法2条、3条1項）。一方、内閣官房も内閣に置かれ、内閣の重要政策に関する基本的な方針に関する企画および立案ならびに総合調整に関する事務などをつかさどるほか、内閣の事務を助けるものとされています（内閣法12条1項・2項）。内閣府も内閣官房も主任の大臣は、内閣総理大臣です（内閣府設置法6条、内閣法25条1項）。内閣府の外局には、委員会および庁が置かれ、その一つに、令和2年に設置されたカジノ管理委員会があり、また、令和5年に設置されたこども家庭庁もあります。一方、内閣官房には、国家安全保障局や内閣人事局が置かれており、2023年に設置された内閣感染症危機管理統括庁（内閣法15条の2）があります。

　以上から、　ア　には「4－内閣府」が入り、　イ　には「1－内閣総理大臣」が入り、　ウ　には「13－内閣官房」が入り、　エ　には「10－内閣感染症危機管理統括庁」が入ります。

関連過去問▶　25-25、27-24、R4-25

講師からのアドバイス

令和5年4月1日にこども家庭庁が内閣府の外局として設置され、また、外局ではありませんが、令和5年9月1日に内閣感染症危機管理統括庁が内閣官房に設置されました。最近設置された組織も含め、国家行政組織について過去問で基本事項を押さえましょう。

問題44　行政法－行政事件訴訟法（裁決主義）　基本

重要度 ★★　難易度 B

【3-4-2-1・2】

解答例

被	告	は	国	で	、	本	問	の	場	合	を	裁	決	主
義	と	い	い	、	原	処	分	の	違	法	を	理	由	に
取	消	し	を	求	め	る	こ	と	が	で	き	る	。	

（44字）

処分の取消しの訴えとその処分についての審査請求を棄却した裁決の取消しの訴えとを提起することができる場合には、裁決の取消しの訴えにおいては、処分の違法を理由として取消しを求めることができません（原処分主義：行政事件訴訟法10条2項）。しかし、個別法により、裁決取消訴訟のみを提起することができるとされている場合があり、この場合は、裁決取消訴訟において原処分の違法を主張することができます。本問において、総務大臣のした申請拒否処分については、電波法96条の2により、裁決取消訴訟のみを提起することができるとされており、Xは、原処分に不服があるものの、裁決取消訴訟の提起を検討しています。

① 裁決取消訴訟の被告について

　裁決をした行政庁が国または公共団体に所属する場合、裁決の取消しの訴えは、当該裁決をした行政庁の所属する**国または公共団体を被告**とするものとされています（行政事件訴訟法11条1項2号）。本問においては、総務大臣が裁決をしているため、国が被告となります。

② 電波法第96条の2のような規定がある場合（本問の場合）のことを何というか

　処分の取消しの訴えとその処分についての審査請求を棄却した裁決の取消しの訴えとを提起することができる場合であっても、個別法により、裁決取消訴訟のみを提起することができるとされている場合のことを**裁決主義**といいます。

③ いかなることを理由に取消しを求めることができるか

　裁決取消訴訟においては、裁決固有の瑕疵のみ主張することができるのが原則ですが、裁決主義の場合は、例外的に、**原処分の違法を理由に取消しを求める**ことができます。

　以上を40字程度にまとめて記述することとなります。

＊ 採点基準 ＊

配点の上限は以下の通りである。用語の使用や文章の表現が不適切・不自然なもの、他の事項が記載されているもの、誤字・脱字等については、減点されることとなる。

1．（被告）国 ……………………………………………………………… 8点
2．（本問の場合）裁決主義 ……………………………………………… 6点
3．（理由）原処分の違法 ………………………………………………… 6点

関連過去問▶ 26－14、27－44、29－18

講師からのアドバイス

原処分主義については、平成27年度に記述式で問われています。裁決主義について問われても対応できるように、確認しておきましょう。

問題 45 民法－物権（占有訴権） 基本

重要度 ★★★　難易度 A

【2-1-7-4】

解答例

占有回収の訴えを提起し、占有を奪われた時から1年以内に提起しなければならない。

（39字）

本問は、動産質権者であるAが占有している質物をCに奪われたことに対し、当該動産（宝石）の返還を求めることを題材としたものです。

占有者がその**占有を奪われたとき**は、**占有回収の訴え**により、その物の返還および損害の賠償を請求することができます（民法200条1項）。

そして、占有回収の訴えは、占有を奪われた時から**1年以内に提起**しなければならないものとされています（201条3項）。

なお、動産質権者は、質物の占有を奪われたときは、占有回収の訴えによってのみ、その質物を回復することができ（353条）、質権に基づく返還請求はできません。

したがって、占有回収の訴えを提起すればよいこと、および当該訴えは、占有を奪われた時から1年以内に提起すればよいことについて、40字程度で記述することになります。

＊ 採 点 基 準 ＊

配点の上限は以下の通りである。用語の使用や文章の表現が不適切・不自然なもの、他の事項が記載されているもの、誤字・脱字等については、減点されることとなる。
1．占有回収の訴えを提起する ……………………………………………… 10点
2．占有を奪われた時から1年以内に提起する ………………………… 10点

関連過去問▶ R4-28

講師からのアドバイス

占有訴権については、5肢択一式での出題はありますが、まだ記述式では出題されていません。占有回収の訴えのほか、占有保持の訴え、占有保全の訴えについても押さえておきましょう。

重要度	難易度
★★★	C

問題46 民法－親族（嫡出否認の訴え）

【2-4-1-③】

解答例

C	ま	た	は	B	女	に	対	し	て	、	A	男	が	C
の	出	生	を	知	っ	た	時	か	ら	3	年	以	内	に
提	起	し	な	け	れ	ば	な	ら	な	い	。			

（42字）

本問は、B女が婚姻成立の日から180日となる日にCを出産した後に、A男が提起する嫡出否認の訴えに関する理解を問うものです。

婚姻の成立の日から200日以内に生まれた子は、婚姻前に懐胎したものと推定され（民法772条2項前段）、女が婚姻前に懐胎した子であって、婚姻が成立した後に生まれたものは、当該婚姻における夫の子と推定されます（772条1項後段）。本問では、婚姻の成立の日から200日以内に生まれたCは、婚姻前に懐胎したものと推定される結果、当該婚姻におけるA男の子と推定されるため、A男がCとの父子関係を否定するには、嫡出否認の訴えによることが必要となります（774条1項）。

① 嫡出否認の訴えの被告（いかなる者に対して）について

嫡出推定（772条）により子の父が定められる場合において、父であるA男の否認権の行使は、**子であるCまたは親権を行う母であるB女に対する**嫡出否認の訴えによって行います（775条1項1号）。

② 嫡出否認の訴えの出訴期間（いつから何年以内）について

父であるA男の否認権の行使に係る嫡出否認の訴えは、父である**A男が子であるCの出生を知った時から3年以内に提起しなければなりません**（777条1号）。

以上より、A男の否認権の行使に係る嫡出否認の訴えの被告および出訴期間について、40字程度にまとめて記述することになります。

＊ 採 点 基 準 ＊

配点の上限は以下の通りである。用語の使用や文章の表現が不適切・不自然なもの、他の事項が記載されているもの、誤字・脱字等については、減点されることとなる。
1．C（子）またはB女（親権を行う母）に対して･････････････････････8点
2．A男（父）がC（子）の出生を知った時から･････････････････････6点
3．3年以内に提起しなければならない･･････････････････････････････6点

関連過去問▶ 27－46

講師からのアドバイス

嫡出否認の訴えに関する問題は、平成27年に出題されましたが、法改正があったため、改正事項を含めて記述での準備をしておくようにしましょう。

問題 47	正解	1	基礎知識－一般知識（民主主義）	重要度 ★★	難易度 B

ア ○ ライツゲマインデとは、スイスで行われてきた直接投票の青空議会のことをいい
難問 ます。スイスでは、一部の州ではこの投票方法が採られています。

イ ○ ポリスとは、古代ギリシアにおいて、市民による民主政治が行われており、自立
した国家を形成していた都市のことをいいます。

ウ × 直接民主主義の原理には、イニシアティブ、リコール、レファレンダムの要素が
基本 あります。日本国憲法には、**憲法改正における国民投票の規定**があり（憲法96条1
項）、レファレンダムを認める規定が存在しないとはいえません。【1-1-2-③】

エ × 地方自治法では、議会に代えて町村総会を設置する規定が置かれています（地方
基本 自治法94条）。ただし、現在、**町村総会を設置している町村はなく**、多くの町村で
は条例を定めて町村総会を設置しているとはいえません。【3-6-3-①】

オ × ジャン・ジャック・ルソーは、民主主義は一般意志の行使であり、他人によって
基本 代表され得ないとし、**直接民主政**を唱えました。【6-1-2-⑥】

以上より、妥当なものはア・イであり、肢1が正解となります。

関連過去問▶	なし

講師からのアドバイス

本問はマイナーテーマからの出題ですが、法令科目で学習する憲法や地方自治法の知識
で解ける肢は対応できるようにしておきましょう。

| 問題 48 | 正解 | 2 | 基礎知識－一般知識（憲章、宣言、声明） | 重要度 ★ | 難易度 C |

1　×　マグナ・カルタは、イギリスにおいてジョン王の時代に制定された憲章です。しかし、マグナ・カルタでは、国王の課税権を制限し、国王の決定だけでは課税することはできず、**議会の同意が必要**とされています。

2　○　アメリカ独立宣言は、イギリスによって統治されていた北米の13の植民地が独立
基本　したことを宣言する文書です。**1776年7月4日**、フィラデルフィアで採択されました。

3　×　フランス人権宣言は、人間の自由と平等、三権分立、所有権の保障などを内容と
基本　する17条から成るフランス革命の基本原則を記したものです。しかし、フランス人権宣言は、モンテスキューではなく、**ラファイエット**によって起草されました。

4　×　日中共同声明は、**1972年**、日本国と中華人民共和国が国交を結ぶために調印した共同声明のことです。しかし、日本の東京ではなく、中華人民共和国の**北京**で調印されました。

5　×　カイロ宣言は、第二次世界大戦中の**1943年**に開催されたカイロ会談により示された宣言であり、日本の無条件降伏など**連合国の対日方針**が定められたものです。

| 関連過去問▶ | 24－49、R2－48 |

――――― **講師からのアドバイス** ―――――

本問はマイナー知識を問うものであり、基本問題とはいえませんが、アメリカ独立宣言やフランス人権宣言などの有名な宣言等は押さえておきましょう。

第3回　解答解説

問題49	正解	**2**	基礎知識－一般知識（国債）	重要度 ★★	難易度 B

ア × 令和6年度一般会計当初予算歳入において公債金は35兆4490億円が計上されています。その内訳は**建設公債が6兆5790億円、特例公債（赤字公債）が28兆8700億円**でしたので、これを逆にしている本肢は誤りです。

イ ○ 令和6年度一般会計当初予算歳入における**公債依存度は31.5%**であり、前年度の公債依存度31.1%とほぼ同じ比率でした。

ウ ○ 令和6年12月末時点における普通国債の残高は1173兆5559億円であり、前年度末に比べ16兆4550億円**増加**しています。

エ × 令和6年12月末時点における財政投融資特別会計国債は92兆6854億円でしたが、前年度末は94兆5988億円であり、**初めて90兆円を超える**ことになったとはいえません。

以上より、誤っているものはア・エであり、肢2が正解となります。

関連過去問▶	26－50、R2－50

━━━━ 講師からのアドバイス ━━━━

財政は、一般知識における重要テーマであり、中でも国債は過去にも繰り返し出題されていますので、国債の基本知識とともに、統計問題にも対応できるよう準備しておきましょう。

| 問題50 | 正解 3 | 基礎知識－一般知識（経済連携協定） | 重要度 ★★ | 難易度 B |

ア ○ ＥＰＡ（経済連携協定）は、貿易の自由化に加え、投資、人の移動、知的財産の
基本　保護や競争政策におけるルール作り、様々な分野での協力の要素等を含む、幅広い
　　　経済関係の強化を目的とする協定です。【6-1-4-④】

イ × 日本は、2002年に発効したシンガポールとの二国間ＥＰＡを最初に、その後、
基本　アジア諸国や、ＥＵ、アメリカともＥＰＡを締結しています。【6-1-4-④】

ウ × 日英包括的経済連携協定（日英ＥＰＡ）は、2020年６月に交渉が開始され、同年
　　　10月に署名され、2021年１月１日に発効しています。このＥＰＡは、ＥＵ離脱後
　　　のイギリスとの間で、日ＥＵ・ＥＰＡに代わる新たな経済連携協定となるもので
　　　す。なお、イギリスは2020年１月にＥＵを離脱しています。

エ ○ 日英包括的経済連携協定（日英ＥＰＡ）では、ジェンダーに関する規定も設けら
　　　れており、女性による国内経済および世界経済への衡平な参加の機会の増大の重要
　　　性を認めることが規定されています。

オ ○ 地域的な包括的経済連携（ＲＣＥＰ）協定は、ＡＳＥＡＮ10か国、日本、中国、
難問　韓国、オーストラリア、ニュージーランドを参加国とする協定です。世界のＧＤ
　　　Ｐ、貿易総額、人口の約３割を占める地域の経済連携協定になります。【6-1-4-④】

以上より、誤っているものはイ・ウであり、肢３が正解となります。

| 関連過去問 ▶ | 18－50、23－50、26－52、28－50、30－50 |

―― 講師からのアドバイス ――
貿易は、一般知識の中でも繰り返し出題されているテーマです。代表的な協定については押さえておきましょう。

| 問題 51 | 正解 5 | 基礎知識－一般知識（感染症） | 重要度 ★ | 難易度 C |

ア ✕ 政府対策本部長が、新型インフルエンザ等緊急事態が発生したと認めるときに公示すべき新型インフルエンザ等緊急事態措置を実施すべき期間は、**2年を超えてはならない**ものとされています（新型インフルエンザ等対策特別措置法32条2項）。

イ ✕
基本 都道府県知事は、新型インフルエンザ等のまん延を防止するため、施設管理者等に対し、都道府県知事からの要請に係る措置を講ずべきことを命ずることができ、命令に違反した者に対しては、**30万円以下の過料**に処することができますが、罰金刑に処することは認められていません（79条、45条3項）。

ウ ✕ 都道府県知事が新型インフルエンザ等緊急事態における臨時の医療施設を開設するため土地を使用する必要があると認める場合において、土地の所有者・占有者が正当な理由がないのに同意をしないとき、または土地の所有者・占有者の所在が不明であるため同意を求めることができないときは、臨時の医療施設を開設するため特に必要があると認めるときに限り、その**同意を得ないで**、当該土地を使用することができます（49条）。

エ 〇 新型インフルエンザ等対策の推進を図るため、**内閣**に、**新型インフルエンザ等対策推進会議**を置きます（70条の2の2）。会議に関する事務は、内閣感染症危機管理統括庁において処理し、会議に係る事項については、内閣法にいう主任の大臣は、内閣総理大臣とされています（70条の7、70条の8）。

オ 〇 新型インフルエンザ等対策推進会議は、委員35人以内をもって組織します（70条の4）。委員は、感染症に関して高い識見を有する者その他の学識経験者のうちから、内閣総理大臣が任命します（70条の5第1項）。

以上より、正しいものはエ・オであり、肢5が正解となります。

| 関連過去問▶ | R3−48 |

講師からのアドバイス

新型インフルエンザ等対策特別措置法は、令和5年9月に新たに発足した内閣感染症危機管理統括庁に関連する知識も含めて押さえておきましょう。

| 問題52 | 正解 4 | 基礎知識－業務関連法令（行政書士法） | 重要度 ★★★ | 難易度 A |

1 ○ 都道府県知事は、必要があると認めるときは、**日没から日出までの時間を除き**、当該職員に行政書士の事務所に**立ち入り**、その業務に関する帳簿および関係書類を**検査**させることができます（行政書士法13条の22第1項）。【6-2-1-③】

2 ○ 行政書士が、行政書士たるにふさわしくない**重大な非行**があったときは、都道府県知事は、当該行政書士に対し、**2年以内の業務の停止**の処分をすることができます（14条2号）。【6-2-1-③】

3 ○ 都道府県知事は、行政書士に対して**懲戒処分として業務の禁止**をしようとするときは、**聴聞を行わなければなりません**（14条の3第3項）。そして、当該聴聞の期日における審理は、**公開により行わなければなりません**（14条の3第5項）。　<難問>

4 × 何人も、行政書士について懲戒処分に該当する事実があると思料するときは、当該行政書士の事務所の所在地を管轄する**都道府県知事に対し**、当該事実を通知し、適当な措置をとることを求めることができます（14条の3第1項）。この通知があったときは、都道府県知事は、通知された事実について必要な**調査をしなければなりません**（14条の3第2項）。懲戒処分をしなければならないわけではありません。

5 ○ 都道府県知事は、行政書士に対して懲戒処分として業務の禁止をしたときは、**遅滞なく**、その旨を当該都道府県の**公報**をもって**公告**しなければなりません（14条の5）。

| 関連過去問 ▶ | R6－52 |

――― 講師からのアドバイス ―――
令和6年度から出題された「行政書士法等行政書士業務と密接に関連する諸法令」では、行政書士法が最も重要ですので、条文知識を押さえておきましょう。

ア × 死亡届には、死亡の年月日時分および場所、その他法務省令で定める事項を記載し、**診断書**または**検案書を添付しなければなりません**（戸籍法86条2項）。

イ × 死亡届は、第一に同居の親族、第二にその他の同居者、第三に家主、地主または家屋もしくは土地の管理人の順序に従って届出をしなければなりませんが、その**順序にかかわらず届出をすることができます**（87条1項）。【6-2-2-①】

ウ × 死亡の届出は、同居の親族のほか、同居の親族以外の親族、後見人、保佐人、補助人、任意後見人、任意後見受任者もすることができます（87条2項）。

エ ○ 国内での死亡の場合、死亡の届出は、届出義務者が、死亡の事実を**知った日**から**7日以内**にしなければなりません（86条1項）。【6-2-2-①】

オ ○ 届出は、届出事件の本人の本籍地または届出人の所在地でしなければなりません（25条1項）。ただし、**死亡の届出は、死亡地でもできます**（88条1項）。【6-2-2-①】

以上より、正しいものはエ・オであり、肢5が正解となります。

関連過去問▶	なし

講師からのアドバイス

「行政書士法等行政書士業務と密接に関連する諸法令」では、行政書士法よりは重要度は低くなりますが、戸籍法についても押さえておきましょう。

基礎知識-情報通信（公文書管理法）

重要度 ★★　難易度 A

1　○　この法律は、行政文書の管理に関する規律を置いており（公文書等の管理に関する法律第2章）、この法律の「行政文書」の定義は、行政機関の保有する情報の公開に関する法律における「行政文書」の定義と同じです（2条4項、行政機関の保有する情報の公開に関する法律2条2項）。【6-3-2-②】

2　○　行政機関の職員は、当該行政機関における経緯も含めた意思決定に至る過程ならびに当該行政機関の事務および事業の実績を**合理的に跡付け**、または**検証**することができるよう、処理に係る事案が軽微なものである場合を除き、法令の制定または改廃およびその経緯につき、**文書を作成しなければなりません**（公文書等の管理に関する法律4条1号）。【6-3-2-②】

3　○　独立行政法人等は、保存期間が満了した法人文書ファイル等について、歴史公文書等に該当するものにあっては政令で定めるところにより国立公文書館等に**移管**し、それ以外のものにあっては**廃棄**しなければなりません（11条4項）。【6-3-2-②】

4　×　行政機関の長は、行政文書ファイル管理簿の記載状況その他の行政文書の管理の状況について、**毎年度、内閣総理大臣に報告**しなければなりません（9条1項）。なお、この報告を怠った場合について、罰則規定はありません。【6-3-2-②】

5　○　地方公共団体は、この法律の趣旨にのっとり、その保有する文書の適正な管理に関して**必要な施策を策定**し、およびこれを**実施**するよう**努めなければならない**ものとされています（34条）。【6-3-2-②】

関連過去問▶　27-54、28-57

―講師からのアドバイス―
公文書管理法は条文数も多くありません。余裕があれば、条文に一通り目を通しておくとよいでしょう。

1 × 申請等のうち当該申請等に関する他の法令の規定において書面等により行うことその他のその方法が規定されているものについては、**当該法令の規定にかかわらず**、主務省令で定めるところにより、主務省令で定める電子情報処理組織を使用する方法により行うことができます（情報通信技術を活用した行政の推進等に関する法律6条1項）。

2 ○ この法律は、政府に対し、情報通信技術を利用して行われる手続等に係る国の行政機関等の情報システムの整備を総合的かつ計画的に実施するため、**情報システムの整備に関する計画を作成**することを**義務付けています**（4条1項）。

3 ○ この法律は、国の行政機関等に対し、情報システム整備計画に従って情報システムを整備することを義務付けており（5条1項）、国の行政機関等以外の行政機関等に対しては、国の行政機関等が講ずる措置に準じて、情報通信技術を利用して行われる手続等に係る当該行政機関等の情報システムの整備その他の情報通信技術を活用した行政の推進を図るために**必要な施策を講ずる努力義務**を課しています（5条4項）。

4 ○ 電子情報処理組織を使用する方法により行われた申請等は、当該申請等を受ける行政機関等の使用に係る電子計算機に備えられた**ファイルへの記録がされた時**に当該行政機関等に**到達**したものとみなされます（6条3項）。

5 ○ 申請等のうち当該申請等に関する他の法令の規定において署名等をすることが規定されているものを電子情報処理組織を使用する方法により行う場合には、当該署名等については、当該法令の規定にかかわらず、電子情報処理組織を使用した個人番号カードの利用その他の氏名または名称を明らかにする措置であって主務省令で定めるものをもって代えることができます（6条4項）。

関連過去問 ▶ 19-55

講師からのアドバイス

情報通信技術を活用した行政の推進等に関する法律は、電子情報処理組織による申請等の規定（6条）を中心に確認しておくとよいでしょう。

ア ○ ディープラーニングとは、コンピュータ自身が膨大なデータを読み解いて、その
　基本　中からルールや相関関係などの特徴を発見する技術のことです。

イ × 汎用型ＡＩとは、役割が限定されず、さまざまな役割や課題を処理できるＡＩのことです。個別の分野・領域に特化したＡＩのことは、特化型ＡＩといいます。

ウ ○ 生成ＡＩとは、コンピュータが学習したデータを元に、新しいデータや情報をアウトプットする技術のことであり、ＯｐｅｎＡＩ社が開発したＣｈａｔＧＰＴは、条件に応じた文章を生成することができる生成ＡＩの一種です。

エ ○ ニューラルネットワークとは、人間の脳内にある神経回路網を数値モデル化し、データから特徴を学習して分類や予測を行うアルゴリズムであり、主に音声や画像などのパターンを認識する際に活用されています。

オ × シンギュラリティとは、人工知能が人類の知能を超える転換点（技術的特異点）のことです。

以上より、誤っているものはイ・オであり、肢４が正解となります。

関連過去問 ▶	28－54、R4－55

講師からのアドバイス

情報通信用語の中でも、人工知能に関する用語の知識を問う問題です。今回の問題で知らない用語があれば、知識をプラスしておきましょう。

重要度	難易度
★★★	B

1 ○ 放送機関、新聞社、通信社その他の報道機関（報道を業として行う個人を含む。）の個人情報等および個人関連情報を取り扱う目的の全部または一部が**報道**の用に供する目的であるときは、法第4章の規定は、**適用しない**ものとされています（個人情報の保護に関する法律57条1項1号）。【6-3-3-②】

2 ○ 著述を業として行う者の個人情報等および個人関連情報を取り扱う目的の全部または一部が**著述**の用に供する目的であるときは、法第4章の規定は、**適用しない**ものとされています（57条1項2号）。【6-3-3-②】

3 ○ 宗教団体の個人情報等および個人関連情報を取り扱う目的の全部または一部が**宗教**活動（これに付随する活動を含む。）の用に供する目的であるときは、法第4章の規定は、**適用しない**ものとされています（57条1項3号）。【6-3-3-②】

4 ○ 政治団体の個人情報等および個人関連情報を取り扱う目的の全部または一部が**政治**活動（これに付随する活動を含む。）の用に供する目的であるときは、法第4章の規定は、**適用しない**ものとされています（57条1項4号）。【6-3-3-②】

5 × 法第4章の規定を適用除外とする57条1項に、「学術研究機関等の個人情報等および個人関連情報を取り扱う目的の全部または一部が学術研究の用に供する目的であるとき」は掲げられていません。【6-3-3-②】

関連過去問 ▶ 18-56、26-57、R6-57

講師からのアドバイス

肢5は、かつては個人情報取扱事業者の義務等の規定が一律に適用除外とされていましたが、近年の改正により、一律に適用除外とするのではなく、個々に適用除外とされるケースが規定されるようになりました。このような改正点は出題されやすいといえます。注意しましょう。

問題 58	正解	4	基礎知識－文章理解（脱文挿入）	重要度	難易度
				★★★	A

【6-4-1-③】

　空欄の前には、「…単に集団の一員として在るのでもなくて、そのような意味を持った関係の中にある…」としたうえで、その後に、「…すべての態度、なにもしないことでさえ、…なんらかの意味を帯びてくる」とあるため、空欄には、無関心の集団であっても、集団の中にいることにもなることと整合性のある文章が入ることになります。

1　×　「…集団に属する意思を…条件として集団に属する」とする本肢は、無関心の集団であっても、集団の中にいることにもなるとする内容と整合性がありません。したがって、本肢は、空欄に入る文章として妥当ではありません。

2　×　「…社会と隔絶した日常生活を送ることによって、ひとびとは社会的なストレスから解放されることが必要となる」とする本肢は、無関心の集団であっても、集団の中にいることにもなることと整合性がありません。したがって、本肢は、空欄に入る文章として妥当ではありません。

3　×　「…自らの意思に従って、形成される社会、政治的集団に依存して生きなければ、私たちは自己の存在価値はありえない」とする本肢は、無関心の集団であっても、集団の中にいることにもなることと整合性がありません。したがって、本肢は、空欄に入る文章として妥当ではありません。

4　○　「自分では社会や政治にまったく関心を持たなくとも、私たちはそれらと無関係でいることはありえないことにもなる」とする本肢は、無関心の集団であっても、集団の中にいることにもなることと整合性があります。したがって、本肢は、空欄に入る文章として妥当です。

5　×　「…集団の意思、思想などが一致した状況でなければ、一人ひとりはその集団との関係性を持つことはできない」とする本肢は、無関心の集団であっても、集団の中にいることにもなることと整合性がありません。したがって、本肢は、空欄に入る文章として妥当ではありません。

関連過去問▶	23－58、27－58、28－59、30－58、R元－58・60、R2－58、R3－60、R4－59、R5－58・60、R6－60

講師からのアドバイス

脱文挿入は、空欄の前後の内容から、整合性のある文章を各選択肢の中から選ぶことが必要です。

第3回　解答解説

問題 59	正解	2	基礎知識－文章理解（空欄補充）	重要度	難易度
				★★★	A

【6-4-1-②】

I 「態度」が入る

　Ⅰ　の前には、「上席につけばひとに指令をあたえる気持がでるし、下座にかしこまっていると服従か反抗か無関心かという」とあるため、　Ⅰ　には、人の様子や振舞いを内容とする「態度」が入ります。

II 「的確」が入る

　Ⅱ　の前後には、「もっと　Ⅱ　にいうならば、」とあり、前の文章（これは人と人がたがいに近くにいれば気持も近くなり、遠くへだたっている者同士は…もともと一つのものだからである）をより後の文章（空間的な近さと心理的な親しさとが相即しているというよりも、「居場所の近さ」と「心の親しさ」とが相即しているのだといいかえなくてはいけない）で、間違いのないように言い換えているため、　Ⅱ　には、「的確」が入ります。なお、「適格」は、必要な資格を備えていることであるため、間違いのないように言い換える内容とする　Ⅱ　に入る語句として妥当ではありません。

III 「空虚」が入る

　Ⅲ　の前には、「なぜかというと、空間ということばで私たちにあたえられるものは、無限な」とあるため、　Ⅲ　には、内容や中身のないことを内容とする「空虚」が入ります。

IV 「主体」が入る

　Ⅳ　の前には、「ここに私がいる、その場所が」とあるため、　Ⅳ　には、動作の中心となることを内容とする「主体」が入ります。

V 「客観」が入る

　Ⅴ　の前には、「幾何学的空間の世界では、そのなかでさまざまな人間がどこに位置をとり、どう運動して位置をかえるかは、すべて」とあるため、　Ⅴ　には、観察の対象を内容とする「客観」が入ります。

　以上より、　Ⅰ　には「態度」、　Ⅱ　には「的確」、　Ⅲ　には「空虚」、　Ⅳ　には「主体」、　Ⅴ　には「客観」が入り、肢２が正解となります。

関連過去問▶	19－60、20－60、21－58、22－59・60、23－60、24－59・60、25－60、26－58、27－60、29－59、30－60、R2－60、R3－59、R4－60、R5－59、R6－58

＜講師からのアドバイス＞

空欄補充問題は、空欄の前後の文章から、選択肢１～５にある語句の中から入りうる語句を選択しながら正解肢を絞り、確実に正確するようにしましょう。

190

問題60	正解	3	基礎知識－文章理解（並べ替え）	重要度	難易度
				★★★	A

【6-4-1-①】

　空欄の前には「もちろん私は『枇杷』という言葉を知らない」とあるため、空欄の続く最初の文は、ウ（「枇杷」という言葉を知らないから、目の前にはないモノの有る無しを問うことができない）が続きますから、この時点で正解は肢2と肢3に絞ることができます。そして、ア、イ、エおよびオのうち、ウの「枇杷」、「モノの有る無しを問うことができない」に続く文としてふさわしいのは、オ（言葉を知らないから、現実世界ではなく、可能世界―「枇杷がある」、あるいは「枇杷がない」、という可能世界について語ることができない）ですから、「ウ→オ」の組合せができます。

　この時点で肢3が正解となりますが、念のため、ア、イおよびエの並びについても検討します。

　ア（このことは、逆に、言葉の本質について教えてくれる）の後に続く文としてふさわしいのは、「言葉の本質は」から始まるイ（言語の本質は、現実世界について語ることなく、可能世界について語ることにある）ですから、「ア→イ」の順は不自然ではありません。そして、エ（人類が、太古の昔から言葉を紡いで「物語」をつくってきたのは、そもそも言語の本質が、現実世界ではなく、可能世界について語ることにあるからにほかならない）は、イの「言語の本質は、…可能世界について語ることにある」ことを強調しているため、「（ア→）イ→エ」の組合せができます。また、アの「このことは」は、言葉の本質つまりイとエの「言語の本質が可能世界について語ること」とは逆の内容となる、オの「言葉を知らないから、…可能世界について語ることができない」のことを指しますから、「オ→ア」の並びについても不自然さはありません。

　したがって、「ウ→オ→ア→イ→エ」の順となり、肢3が正解となります。

関連過去問▶	24－58、25－58、26－60、27－59、28－58・60、29－58・60、30－59、R2－59、R4－58、R6－59

講師からのアドバイス

　並べ替え問題では、空欄の前後の文、接続詞や指示語に注目することが重要です。つながる文を組み合わせることによって正解できますから、十分に時間をとって解答するようにしましょう。

191

令和６年度
行政書士試験

解答解説

令和6年度　解答一覧

【法令等（5肢択一式）】（各4点）

科目	No.	テーマ	出題内容	正解	重要度	正答率
基礎法学	1	法治国と法の支配	知識	4	★★	46%
	2	訴訟の手続の原則	知識	3	★★	62%
憲　法	3	人権（人格権と夫婦同氏制）	判例	5	★★★	52%
	4	人権（URL等の情報の削除）	判例	2	★★	66%
	5	人権（教育に関する判例）	判例	3	★★	72%
	6	統治（選挙制度の形成に関する国会の裁量）	判例	1	★★★	41%
	7	統治（国会議員の地位・特権）	条文·判例·知識	4	★★★	51%
行政法	8	一般的な法理論（行政行為－処分）	条文・判例	5	★★★	60%
	9	一般的な法理論（行政立法）	条文・判例	2	★★★	54%
	10	一般的な法理論（行政法における一般原則）	判例	4	★★★	80%
	11	行政手続法（行政手続法適用）	条文	5	★★	59%
	12	行政手続法（行政指導）	条文	2	★★★	87%
	13	行政手続法（審査基準と処分基準）	条文	1	★★★	70%
	14	行政不服審査法（審査請求）	条文	5	★★★	85%
	15	行政不服審査法（適用除外等）	条文・判例	4	★★	55%
	16	行政不服審査法・行政事件訴訟法（比較）	条文	5	★★★	68%
	17	行政事件訴訟法（訴えの利益の消滅）	判例	2	★★★	89%
	18	行政事件訴訟法（抗告訴訟における判決）	条文	4	★★★	76%
	19	行政事件訴訟法（民衆訴訟・機関訴訟）	条文	3	★	40%
	20	国家賠償法（国家賠償一般）	判例	1	★★★	78%
	21	国家賠償法（1条に基づく責任）	判例	3	★★★	88%
	22	地方自治法（普通地方公共団体の事務）	条文	1	★★	65%
	23	地方自治法（住民監査請求および住民訴訟）	条文	5	★★★	61%
	24	地方自治法（条例または規則）	条文	4	★★★	69%
	25	総合（公立学校をめぐる裁判）	判例	3	★	67%
	26	総合（公文書管理法）	条文	2	★★	59%
民　法	27	総則（失踪の宣告）	条文・判例	1	★	76%
	28	総則（無効および取消し）	条文	1	★★	66%
	29	物権（相続と登記）	条文・判例	4	★★★	81%
	30	物権（抵当権と賃借権）	条文・判例	3	★★★	64%
	31	債権（保証）	条文	2	★★★	46%
	32	債権（売買契約を素材とする横断問題）	条文・判例	5	★★★	41%
	33	債権（組合）	条文	5	★	26%
	34	債権（不法行為に基づく損害賠償）	条文・判例	3·5	★★	全員正解
	35	相続（共同相続における遺産分割）	条文・判例	2	★★★	37%
商　法	36	商法（匿名組合）	条文	2	★	34%
	37	会社法（株主の議決権）	条文	4	★★★	54%
	38	会社法（監査等委員会設置会社の取締役の報酬等）	条文	4	★	49%
	39	会社法（株式交換）	条文	3	★★	37%
	40	会社法（会社訴訟）	条文	1	★★★	20%

重要度ランク

★★★＝絶対に復習

★★　＝要復習

★　　＝最後に復習

難易度ランク（記述式のみ）

Ａ＝易しい：必ず正解しなければいけない問題

Ｂ＝普　通：合否をわけるような問題

Ｃ＝難しい：解けなくても合否に影響がない問題

【法令等（多肢選択式）】（各8点）

科目	No.	テーマ・正解				出題内容	重要度	正答率	
憲法	41	統治（違憲判断の効力）				判例	★★	ア 17%	イ 22%
		アー8	イー2	ウー4	エー10			ウ 65%	エ 86%
行政法	42	損失補償（土地収用と損失補償）				知識	★★★	ア 62%	イ 38%
		アー13	イー18	ウー4	エー10			ウ 78%	エ 74%
行政法	43	行政事件訴訟法（実質的当事者訴訟）				条文・知識	★★★	ア 42%	イ 58%
		アー16	イー7	ウー13	エー3			ウ 7%	エ 33%

【法令等（記述式）】（各20点）

科目	No.	テーマ・解答例	出題内容	重要度	難易度
行政法	44	行政事件訴訟法（原告適格と訴訟選択） 国を被告として、免許処分又は拒否処分のいずれかに対する取消訴訟を提起できる。（38字）	条文・判例	★★★	A
民法	45	物権（動産売買の先取特権） Aは、動産売買の先取特権に基づき、一般債権者に優先して売買代金を確保することができる。（43字）	条文	★	C
民法	46	債権（債権者代位権） Aは、Bに対する登記請求権の保全のため、BのCに対する登記請求権を、Bに代位して行使する。（45字）	条文	★★★	A

【基礎知識（5肢択一式）】（各4点）

科目	No.	テーマ	出題内容	正解	重要度	正答率
一般知識	47	政治一般	知識	5	★★	80%
	48	中東やパレスチナ	知識	5	★★	79%
	49	日本円の外国為替	知識	2	★★★	38%
	50	日本における外国人	知識	2	★★★	75%
	51	ジェンダー	知識	3	★★★	72%
業務関連法令	52	行政書士法	条文	1	★★★	87%
	53	住民基本台帳法	条文	5	★★★	90%
情報通信個人情報保護	54	情報通信（デジタル環境での情報流通）	知識	1	★★	40%
	55	情報通信（欧米の情報通信法制）	知識	2	★	7%
	56	情報通信（デジタル庁）	知識	4	★★★	52%
	57	個人情報保護法（個人情報保護法の適用）	条文	4	★★★	64%
文章理解	58	空欄補充	論理	2	★★★	87%
	59	並べ替え	論理	4	★★★	89%
	60	脱文挿入	論理	1	★★★	90%

法令等（5肢択一式） （No.1〜40）	法令等（多肢選択式） （No.41〜43）	法令等（記述式） （No.44〜46）	基礎知識（5肢択一式） （No.47〜60）
／160点	／24点	／60点	／56点

法令等（5肢択一式＋多肢選択式＋記述式）基準点……122点
基礎知識基準点…… 24点
合格点……180点

合計
／300点

正答率：ＴＡＣ行政書士講座データリサーチ（本試験直後に実施する解答採点サービス）の結果、算出された数字

令和6年度 解答解説

基礎法学-法治国と法の支配

重要度 ★★　正答率 46%

本問は、法治国と法の支配について、その意義といかなる法体系（大陸法系または英米法系）に由来するかについての知識を問う問題です。

「 ア：法治国 」と「 イ：法の支配 」とは基本的に共通な発想に立脚する概念であるが、前者が大陸的背景のもとで何よりも ウ：議会立法 の国政における優位を含意するのに対し、後者は、そのイギリス的伝統に対応して、 エ：判例法 としての オ：コモン・ロー をまず前提しているという点で、必ずしも同一の思想を表わしているとは言い難い。

選択肢から、ア、イには「法の支配」または「法治国」のいずれかが入ることがわかります。しかし、「前者が大陸的背景のもとで」とあることから、アには、大陸法の法律用語である「法治国」が入り、イには、「法の支配」が入ります。この時点で、答えは肢2か肢4に絞られます。そして、前者すなわち「法治国」は、議会が制定した立法を重んじるものであるため、ウには、憲法ではなく、議会が制定した立法である「議会立法」が入ることがわかります。この時点で、肢4が正解であることが導き出されます。

エ、オについても確認します。後者すなわち「法の支配」は、「イギリス的伝統に対応して、エとしてのオをまず前提している」とありますが、イギリス的伝統である英米法は、判例法を重んじ、裁判所における判決の積み重ねによって生み出された法体系で、多くの場合は文字として表されていない不文法の形式をとるコモン・ローをその前提とします。したがって、エには「判例法」、オには「コモン・ロー」が入ります。

以上より、アには「法治国」、イには「法の支配」、ウには「議会立法」、エには「判例法」、オには「コモン・ロー」が入り、肢4が正解となります。

関連過去問▶ なし

講師からのアドバイス

基礎法学では、大陸法、英米法における法体系や、法治主義、法の支配などの概念が問われることがあります。定義も含めて押さえておきましょう。

| 問題 2 | 正解 3 | 基礎法学－訴訟の手続の原則 | 重要度 ★★ | 正答率 62% |

1 ○ 民事訴訟手続において、裁判長は、口頭弁論の期日または期日外に、訴訟関係を明瞭にするため、事実上および法律上の事項に関し、当事者に対して問いを発し、または立証を促すことができるものとされています（**釈明権**：民事訴訟法149条1項）。

2 ○ 刑事訴訟手続において、公訴は検察官が行うものとされています（刑事訴訟法
難問 247条）が、検察官は、犯人の性格、年齢および境遇、犯罪の軽重および情状ならびに犯罪後の情況により訴追を必要としないときは、**公訴を提起しないことができる**ものとされています（248条）。【5-2-1-②】

3 × 非訟事件の手続は、原則として**公開しない**ものとされています（非訟事件手続法30条）。非訟事件手続において、裁判所が、原則的に手続を公開しなければならないとする本肢は妥当ではありません。

4 ○ 民事訴訟手続において、裁判所は、判決をするに当たり、口頭弁論の全趣旨および証拠調べの結果をしん酌して、自由な心証により、事実についての主張を真実と認めるべきか否かを判断するものとされています（**自由心証主義**：民事訴訟法247条）。【5-2-1-②】

5 ○ 刑事訴訟手続において、検察官は、**起訴状を提出**して公訴を提起するものとされていますが（刑事訴訟法247条、256条1項）、起訴状には、裁判官に事件につき予断を生ぜしめる虞のある書類その他の物を添付し、またはその内容を引用してはならないものとされています（256条6項）。

| 関連過去問▶ | なし |

―― 講師からのアドバイス ――

裁判手続は、基礎法学では頻出のテーマです。憲法の司法権にもつながるところですから、民事裁判、刑事裁判の仕組みを幅広く押さえておきましょう。

令和6年度　解答解説

問題3　正解 5　憲法－人権（人格権と夫婦同氏制）　重要度 ★★★　正答率 52%

本問は、夫婦同氏制を定める民法750条の合憲性が争点となった最高裁判所大法廷判決（最大判平27.12.16）からの出題です。

1　○　上記判例は、「**氏名**は、社会的にみれば、個人を他人から識別し特定する機能を有するものであるが、同時に、その個人からみれば、人が個人として尊重される基礎であり、その個人の人格の象徴であって、**人格権の一内容を構成**するものというべきである」としています。

2　○　上記判例は、「氏は、婚姻及び家族に関する法制度の一部として法律がその具体的な内容を規律しているものであるから、氏に関する…人格権の内容も、憲法上一義的に捉えられるべきものではなく、憲法の趣旨を踏まえつつ定められる**法制度をまって初めて具体的に捉えられるものである**」としています。
（難問）

3　○　上記判例は、「家族は社会の自然かつ基礎的な集団単位であるから、このように個人の呼称の一部である氏をその個人の属する集団を想起させるものとして**一つに定めることにも合理性がある**といえる」とした上で、「氏が、親子関係など一定の身分関係を反映し、婚姻を含めた身分関係の変動に伴って改められることがあり得ることは、その性質上予定されている」としています。
（難問）

4　○　上記判例は、「現行の法制度の下における氏の性質等に鑑みると、婚姻の際に『**氏の変更を強制されない自由**』が憲法上の権利として保障される**人格権の一内容であるとはいえない**」としています。

5　×　上記判例は、「婚姻前に築いた個人の信用、評価、名誉感情等を婚姻後も維持する利益等は、憲法上の権利として保障される人格権の一内容であるとまではいえないものの、…氏を含めた婚姻及び家族に関する法制度の在り方を検討するに当たって考慮すべき人格的利益であるとはいえるのであり、憲法24条の認める**立法裁量の範囲を超えるものであるか否かの検討に当たって考慮すべき事項である**」としています。したがって、前段は妥当ですが、後半部分は、「当該利益を婚姻及び家族に関する法制度の在り方を検討する際に考慮するか否かは、専ら立法裁量の問題である」としている点が妥当ではありません。
（難問）

関連過去問▶　なし

講師からのアドバイス

夫婦同氏制の問題については、社会の関心が高いテーマです。選択的夫婦別姓制度も含めて、姓のことについての議論を整理しておきましょう。

| 問題 4 | 正解 2 | 憲法－人権（ＵＲＬ等の情報の削除） | 重要度 ★★ | 正答率 66% |

本問は、過去の逮捕歴に関する記事の削除を検索事業者に求めた事案に関する最高裁決定（最決平29.1.31）からの出題です。

1 ○　上記決定は、「個人のプライバシーに属する事実をみだりに公表されない利益は、法的保護の対象となるというべきである」とした上で、「児童買春をしたとの被疑事実に基づき逮捕されたという本件事実は、他人にみだりに知られたくない…プライバシーに属する事実である」として、**過去の逮捕歴も個人のプライバシーに属する事実をみだりに公表されない利益**としています。

2 ×　上記決定は、「検索事業者は、インターネット上のウェブサイトに掲載されている（難問）情報を網羅的に収集してその複製を保存し、同複製を基にした索引を作成するなどして情報を整理し、利用者から示された一定の条件に対応する情報を同索引に基づいて検索結果として提供するものであるが、この情報の収集、整理及び提供はプログラムにより自動的に行われるものの、同プログラムは検索結果の提供に関する検索事業者の方針に沿った結果を得ることができるように作成されたものであるから、**検索結果の提供は検索事業者自身による表現行為という側面を有する**」としています。

3 ○　上記決定は、「検索事業者による検索結果の提供は、公衆が、インターネット上に情報を発信したり、インターネット上の膨大な量の情報の中から必要なものを入手したりすることを支援するものであり、現代社会においてインターネット上の情報流通の基盤として大きな役割を果たしている」としています。

4 ○　上記決定は、「検索事業者が、ある者に関する条件による検索の求めに応じ、その者のプライバシーに属する事実を含む記事等が掲載されたウェブサイトのＵＲＬ等情報を検索結果の一部として提供する行為が違法となるか否かは、…当該事実を**公表されない法的利益**と当該ＵＲＬ等情報を**検索結果として提供する理由に関する諸事情を比較衡量して判断**すべきもので、その結果、当該事実を公表されない法的利益が優越することが明らかな場合には、検索事業者に対し、当該ＵＲＬ等情報を検索結果から削除することを求めることができる」としています。

5 ○　上記決定は、「児童買春をしたとの被疑事実に基づき逮捕されたという本件事実は、他人にみだりに知られたくない…プライバシーに属する事実であるものではあるが、児童買春が児童に対する性的搾取及び性的虐待と位置付けられており、社会的に強い非難の対象とされ、罰則をもって禁止されていることに照らし、今なお**公共の利害に関する事項**であるといえる」としています。

| 関連過去問▶ | なし |

講師からのアドバイス

プライバシー権は、憲法13条での最重要テーマです。関連判例は、広く押さえておきましょう。

令和6年度　解答解説

199

| 問題 5 | 正解 **3** | 憲法－人権（教育に関する判例） | 重要度 ★★ | 正答率 72% |

1 ○
基本 憲法26条2項後段は「義務教育は、これを無償とする。」と規定しています。判例（最大判昭39.2.26）は、「同条項の無償とは**授業料不徴収の意味と解する**」とした上で、「授業料のほかに、教科書、学用品その他教育に必要な一切の費用まで無償としなければならないことを定めたものと解することはできない」としています。【1-2-8-②】

2 ○
難問 判例（最大判平5.3.16）は、「教科書は、…普通教育の場において使用される児童、生徒用の図書であって…学術研究の結果の発表を目的とするものではなく、本件検定は、申請図書に記述された研究結果が、…教育として取り上げるにふさわしい内容と認められないときなど旧検定基準の各条件に違反する場合に、教科書の形態における研究結果の発表を制限するにすぎない。このような本件**検定**が学問の自由を保障した**憲法23条の規定に違反しないことは**…明らかである」としています。

3 ×
基本 教育内容の決定権については国家教育権説や国民教育権説といった見解があります。判例（最大判昭51.5.21）は、「わが国の法制上子どもの教育の内容を決定する権能が誰に帰属するとされているかについては、二つの極端に対立する見解がある」とした上で「二つの見解はいずれも極端かつ一方的であり、そのいずれをも**全面的に採用することはできない**」としています。なお、本肢の記述は**国家教育権説**の説明です。【1-2-8-②】

4 ○
基本 判例（最大判昭51.5.21）は、国民の教育を受ける権利を定める憲法26条の「規定の背後には、国民各自が、一個の人間として、また、一市民として、成長、発達し、自己の人格を完成、実現するために必要な学習をする固有の権利を有すること、特に、みずから学習することのできない子どもは、その学習要求を充足するための**教育を自己に施すことを大人一般に対して要求する権利**を有するとの観念が存在している」としています。【1-2-8-②】

5 ○
基本 判例（最大判昭51.5.21）は、「大学教育の場合には、学生が一応教授内容を批判する能力を備えていると考えられるのに対し、普通教育においては、児童生徒にこのような能力がなく、…また、…教育の機会均等をはかる上からも全国的に一定の水準を確保すべき強い要請があること等に思いをいたすときは、**普通教育における教師に完全な教授の自由を認めることは、とうてい許されない**」としています。【1-2-8-②】

| 関連過去問▶ | 24－41、R元－6 |

講師からのアドバイス

教育に関する問題は、人権分野ではマイナーテーマではありますが、家永教科書検定裁判（最大判平5.3.16）や、旭川学力テスト事件（最大判昭51.5.21）などの重要判例は押さえておくようにしましょう。

問題6	正解 1	憲法－統治（選挙制度の形成に関する国会の裁量）	重要度 ★★★	正答率 41％

1　×　判例（最大判平24.10.17）は、都道府県を参議院議員の選挙区の単位としなければならない憲法上の要請はなく、むしろ、都道府県を選挙区の単位と固定する結果、その間の人口較差に起因して投票価値の大きな不平等状態が長期にわたって継続していると認められる状況下では、上記の仕組み自体を見直すことが必要になるものといわなければならないとしています。したがって、参議院に選挙区選出の議員に都道府県代表的な意義を付与し、その枠内で投票価値の平等の実現を図ることは、憲法上許容されるとする本肢は誤っています。

2　○　判例（最大判平11.11.10）は、小選挙区制の下においては死票を多く生む可能性
基本　があることは否定し難いが、死票はいかなる制度でも生ずるものであり、**小選挙区制**は、選挙を通じて国民の総意を議席に反映させる一つの**合理的方法**ということができるとしています。【6-1-1-①】

3　○　判例（最判平18.2.7）は、所定の要件を充足する政党その他の政治団体に所属する候
基本　補者に限り衆議院小選挙区選出議員の選挙と衆議院比例代表選出議員の選挙に**重複して立候補**することを認め、重複立候補者が前者の選挙において当選人とされなかった場合でも後者の選挙においては候補者名簿の順位に従って当選人となることができるなどと定めていることは国会が裁量により決定できる事項であり、また、憲法14条1項、15条1項、3項、44条ただし書及び**憲法に違反するとはいえない**としています。

4　○　判例（最大判平16.1.14）は、政党等にあらかじめ候補者の氏名および当選人となるべき順位を定めた名簿を届け出させた上、選挙人が政党等を選択して投票し、各政党等の得票数の多寡に応じて当該名簿の順位に従って当選人を決定する方式（**比例代表選挙における非拘束名簿式**）は、**立法目的は不当ではなく**、立法目的と手段との間に合理的関連が認められ、国会の裁量権の逸脱も認められないとしており、比例代表選挙における非拘束名簿式を採用することは**国会の裁量**に属します。

5　○　判例（最判令2.10.23）は、政党等にあらかじめ候補者の氏名および特定枠の候補者を定める場合にはその氏名等を記載した名簿を届け出させた上、選挙人が名簿登載者または政党等を選択して投票を行い、各政党等の得票数に基づきその当選人数を決定した上、各政党等の名簿に記載された特定枠の順位および各候補者の得票数の多寡に応じて当選人を決定する選挙制度であるから、投票の結果すなわち選挙人の総意により当選人が決定される点において、選挙人が候補者個人を直接選択して投票する方式と異なるところはないとし、憲法に違反しないとしています。

関連過去問▶	26－5、R元－5

講師からのアドバイス

選挙制度は基礎知識でも出題可能性があります。判例だけでなく選挙の仕組みを押さえましょう。

令和6年度　解答解説

201

問題 7	正解 **4**	憲法－統治（国会議員の地位・特権）	重要度 ★★★	正答率 51%

1 ×　両議院の議員は、法律の定めるところにより、国庫から相当額の歳費を受ける（憲法49条）とされていますが、議員の任期の途中に歳費の**減額を行うことができない**との規定はありません。【1-3-1-④】

2 ×　両議院の議員は、法律の定める場合を除いては、国会の会期中は逮捕されず、会
（基本）期間に逮捕された議員は、その議院の要求があれば、会期中これを釈放しなければならない（50条）とされています。しかし、**所属する議院の同意がなければ訴追されない**との規定はありません。【1-3-1-④】

3 ×　両議院の議員は、議院で行った演説、討論または表決について、院外で責任を問
（基本）われない（51条）とされています。ここで、「議院で行った」とは、院の内外を問わず、議院の活動として議員が職務上行った発言をいいます。また「演説、討論又は表決」には、職務行為に付随する行為も含まれます。したがって、**議場外の行為**については、議員の職務として行ったものであっても、**免責の対象とならないとしている本肢は誤っています。【1-3-1-④】

4 ○　緊急集会の期間中は国会の会期中と同様と考えられるため、**緊急集会中の参議院議員**には、議員の有する**不逮捕特権**（50条、国会法100条）や発言・表決に対する**免責特権**（憲法51条）も**認められます。【1-3-1-④】

5 ×　両議院の議員に対する懲罰に対して司法審査が及ぶかどうかについて、判例はあ
（基本）りませんが、学説上は懲罰を受けた国会議員は、裁判所に出訴して懲罰（58条2項）の議決を取り消すことはできないと解されています。したがって、議院が所属議員に科した懲罰には、議院自律権の趣旨から司法審査は及びません。また、判例（最大判昭37.3.7）は、裁判所は、両議院の自主性を尊重して、議事手続に関する事実を審理して、その有効無効を判断すべきではないとしています。したがって、除名の手続の適正さについても、議院自律権の趣旨から**司法審査は及びません。**【1-3-3-①】

関連過去問▶	27－6、R元－3、R4－41

■ 講師からのアドバイス ■

国会の権能、議院の権能、議員の特権は頻出分野です。条文知識は丸暗記するレベルで押さえておき、本試験では瞬時に正誤判断できるようにしておきましょう。

| 問題 8 | 正解 | 5 | 行政法－一般的な法理論（行政行為－処分） | 重要度 ★★★ | 正答率 60% |

1 × 処分に瑕疵があることを理由とする処分の取消しは、行政事件訴訟法上の取消訴
基本 訟における判決や行政不服審査法上の不服申立てにおける裁決または決定だけでな
く、処分行政庁や監督行政庁（上級行政庁）が**職権**によりすることができます。
【3-1-4-②】

2 × 判例（最判平22.6.3）は、公務員が納税者に対する職務上の法的義務に違背して
基本 固定資産の価格を過大に決定したときは、これによって損害を被った当該納税者
は、地方税法に基づく**取消訴訟等の手続を経るまでもなく、国家賠償請求を行い得**
るとしています。したがって、金銭納付義務を課す処分の違法を理由として国家賠
償請求をするために、**事前に当該処分を取り消しておく必要はありません。**【3-1-
4-②】

3 × 処分取消訴訟の出訴期間が経過した後に当該処分の無効を争うための訴訟として
は、行政事件訴訟法が法定する無効確認の訴えのみではなく、当事者訴訟や民事訴
訟（争点訴訟）、処分取消しの義務付けを求めて非申請型義務付け訴訟を提起する
など、**他の訴訟を提起することもできます。**【3-4-3-①】

4 × 処分Aの違法がこれに後続する処分Bに承継されることが認められる場合におい
て、処分Aの取消訴訟の出訴期間が経過している場合でも、処分Bの取消訴訟にお
いて処分Aの違法を主張することは、**違法性の承継として許される場合がありま**
す。【3-1-4-③】

5 ○ 判例（最判昭48.4.26）は、「行政行為の無効を認めても**第三者の信頼保護に支障**
がない場合には、重大性の要件だけで足り、**明白性の要件は必ずしも必要としな**
い」としています。【3-1-4-③】

| 関連過去問▶ | 18－10、20－8、28－8、29－8、30－10、R2－9、R5－8 |

講師からのアドバイス

行政活動の中でも、行政行為（行政処分）は特に重要な概念です。定義から始まり、類
型、効力、附款、瑕疵に至るまで、幅広く押さえておく必要があります。過去問も多い
ですから、過去問も確実に潰しておきましょう。

令和6年度 解答解説

| 問題 9 | 正解 2 | 行政法－一般的な法理論（行政立法） | 重要度 ★★★ | 正答率 54% |

1 **×** 行政手続法上の命令等とは、内閣または行政機関が定める法律に基づく命令また
基本 は規則、審査基準、処分基準、行政指導指針をいいます（行政手続法2条8号）。
したがって、行政手続法が定める意見公募手続の対象となるのは、**法規命令**だけで
なく、**行政規則**（行政手続法上の**審査基準、処分基準、行政指導指針**）も対象とさ
れています。【3-2-3-④】

2 **○** 法律の規定を実施するために政令を定めるのは内閣の事務（憲法73条6号）であ
り、その法律による委任がある場合には、**政令に罰則を設けることもできます**（73
条6号ただし書参照）。【3-1-5-②】

3 **×** 権限を有する機関が取り消すまでは有効なものとして取り扱われる効力（公定
力）は、行政行為に認められるものであり、行政立法である委任命令に認められる
ものではなく、**法令の委任の範囲を超えた委任命令は無効**となります。【3-1-5-②】

4 **×** 判例（最判昭43.12.24）は、「**通達**は、行政機関内部を拘束するにすぎないので、
基本 国民や裁判所もこれに拘束されず、**取消訴訟の対象にもならない**」としています。
【3-4-2-②】

5 **×** 行政手続法が適用される不利益処分の処分基準において、過去に処分を受けたこ
基本 とを理由として後行の処分に係る量定が加重される旨の定めがある場合であって
も、当該処分基準の定めに反する後行の処分には公定力があり、**当然に無効となる
わけではありません**。【3-1-4-②】

| 関連過去問▶ | 19－42、22－9、23－9・12、24－42、26－9、27－10、29－42、R3－10 |

講師からのアドバイス

行政立法は、行政行為と並んで、一般的な法理論では頻出のテーマです。特に肢2にあるような、罰則に関する知識は重要ですから、どのような形で設けることができるかどうかについて整理しておきましょう。

| 問題 10 | 正解 4 | 行政法－一般的な法理論（行政法における一般原則） | 重要度 ★★★ | 正答率 80% |

1 × 判例（最判昭53.6.16）は、「特定の事業者の個室付浴場営業を阻止する目的で町が行った児童福祉法に基づく**児童福祉施設の認可申請**に対し、県知事が行った**認可処分**は、それが**営業の阻止を主たる目的**としてなされた場合には、**行政権の濫用**に相当する**違法性がある**」としています。【3-1-4-④】

2 × 判例（最判平16.12.24）は、「特定の事業者の廃棄物処理施設設置計画を知った上で定められた町の水道水源保護条例に基づき、当該事業者に対して規制対象事業場を認定する処分を行うに際しては、町は、事業者の立場を踏まえて十分な協議を尽くす等、その地位を不当に害することのないよう**配慮すべき義務**があり、このような配慮を欠く場合には当該認定処分は**違法**といわざるを得ない」としています。

3 × 判例（最判昭62.10.30）は、「憲法84条が租税法律主義を定めていることから、**租税分野**において具体的に**信義則が適用されうるのは**、納税者間の平等・公平という要請を犠牲にしてもなお当該課税処分に係る課税を免れさせて納税者の信頼を保護しなければ正義に反するといえるような**特別な事情が存する場合に限定される**」としています。したがって、争われた事案の個別の状況や特段の事情の有無にかかわらず、租税法律主義に反するものとして認められないわけではありません。【3-1-2-②】

4 ○ 判例（最判昭56.1.27）は、「地方公共団体による計画の変更によって、密接な交渉を持つに至っていた当事者に社会観念上看過することのできない程度の積極的損害を与えた場合には、その損害を補償するなどの代償的措置を講ずることなく、**やむを得ない客観的事情もないのに施策を変更した当該地方公共団体**は、当事者間に形成された信頼関係を不当に破壊するものとして**違法性を帯び、不法行為責任を負う**」としています。【3-1-5-③】

5 × 判例（最判平19.2.6）は、「国の通達に基づいて、地方公共団体が被爆者援護法等に基づく健康管理手当の支給を打ち切った後、当該通達が法律の解釈を誤ったものであると廃止されたにもかかわらず、廃止前の通達に基づいて打ち切られていた手当の支払いを求める訴訟において、地方公共団体が**消滅時効を主張**することは**信義則上許されない**」としています。

関連過去問▶ 24－8、30－9、R3－8、R5－9

講師からのアドバイス

行政法を学習する上で、基本原則は大変重要です。租税法律主義、信義則など、様々な原則が適用されるのかどうなのか、本問の判例も踏まえて、具体的な事例で判断できるようにしておきましょう。

| 問題 11 | 正解 5 | 行政法－行政手続法（行政手続法の適用） | 重要度 ★★ | 正答率 59% |

1　×　本件処分は、法人の免許を取り消す処分であるため、許認可等の効力を失わせる
基本　処分といえます。しかし、本件処分は、当該許認可等の基礎となった事実が消滅し
た旨の届出に対する応答としてなされるもの（行政手続法2条4号ニ）ではありま
せん。【3-2-2-②】

2　×　本件処分は、県知事Yが行う不利益処分であるので、行政手続法が**適用されま**
基本　す。この処分は、刑事事件に関する法令に基づいて検察官、検察事務官または司法
警察職員がする処分を契機とするものではありますが、行政手続法上、適用除外と
なる、「刑事事件に関する法令に基づいて検察官、検察事務官または司法警察職員
がする処分」（3条1項5号）に該当するものではありません。【3-2-2-②】

3　×　地方公共団体の機関がする処分であっても、その根拠となる規定が法律におかれ
基本　ている場合には、行政手続法が**適用されます**（3条3項反対解釈）。したがって、
その根拠となる規定が法律に置かれている本件処分には、行政手続法の規定は適用
されます。【3-2-1-②】

4　×　本件処分は、申請に対する処分ではなく、その処分を取り消す処分であるので不
基本　利益処分です（2条4号）。そして、不利益処分をするに際して、行政庁は、**処分**
基準を定めるよう**努めなければなりません**（12条1項）。なお、処分基準を定める
に当たっては、**不利益処分の性質に照らしてできる限り具体的**なものとしなければ
ならないものとされています（12条2項）。【3-2-2-②】

5　○　本件処分は、法令上必要とされる資格が失われるに至ったことが判明した場合に
必ずすることとされている処分であり（宅地建物取引業法66条1項3号）、その喪
失の事実が客観的な資料により直接証明されるものといえます。そして、「法令上
必要とされる資格がなかったこと又は失われるに至ったことが判明した場合に必ず
することとされている不利益処分であって、その資格の不存在又は喪失の事実が裁
判所の判決書又は決定書、一定の職に就いたことを証する当該任命権者の書類その
他の客観的な資料により直接証明されたものをしようとするとき」は、行政庁は意
見陳述のための手続（聴聞および弁明の機会の付与）をとる必要はありません（13
条2項2号）。【3-2-2-②】

| 関連過去問▶ | 19－13、26－13 |

講師からのアドバイス

行政手続法の適用があるかどうか、適用除外については、行政不服審査法の適用除外と
比較して覚えておきましょう。

| 問題 12 | 正解 2 | 行政法－行政手続法（行政指導） | 重要度 ★★★ | 正答率 87% |

ア ○
基本 行政指導に携わる者は、当該行政指導をする際に、行政機関が許認可等をする権限を行使し得る旨を示すときは、その相手方に対して、当該権限を行使し得る**根拠となる法令の条項**等、行政手続法が定める事項を示さなければならないものとされています（行政手続法35条2項）。【3-2-3-①】

イ ×
基本 地方公共団体の機関がする**行政指導**については、その根拠となる規定が法律で定められているか否かにかかわらず、行政指導に関する行政手続法の規定は**適用されません**（3条3項）。【3-2-1-②】

ウ ○
基本 法令に違反する行為の是正を求める**行政指導**で、その根拠となる規定が**法律**に置かれているものを受けた**相手方**は、当該行政指導が当該法律に規定する要件に適合しないと思料するときは、当該行政指導をした行政機関に対し、当該行政指導の中止その他**必要な措置をとることを求めることができる**ものとされています（行政指導の中止等の求め：36条の2第1項本文）。【3-2-3-①】

エ ×
基本 意見公募手続の対象である命令等には、審査基準や処分基準など、処分をするかどうかを判断するための基準が含まれる（2条8号ロハ）だけでなく、**行政指導に関する指針**も含まれます（2条8号ニ）。【3-2-3-④】

以上より、妥当なものは肢ア・ウであり、肢2が正解となります。

| 関連過去問▶ | 18－12、22－13、27－42、28－11、30－12、R元－11、R2－42、R3－13・44 |

講師からのアドバイス

行政指導は、一般的な法理論で出題可能性があるところです。行政手続法では頻出テーマとなりますので、行政手続法32条～36条の2、36条の3まで、必ず条文はチェックしておきましょう。

令和6年度　解答解説

問題 13	正解	1	行政法－行政手続法（審査基準と処分基準）	重要度 ★★★	正答率 70%

1 ○ 行政庁は、**行政上特別の支障があるときを除き、法令により申請の提出先とされ**
基本 ている機関の事務所における備付けその他の適当な方法により**審査基準を公にして**
おかなければならないものとされています（行政手続法5条3項）。したがって、
審査基準を公にすることによって行政上特別の支障が生じる場合は、審査基準を公
にする義務はなく、行政庁が当該審査基準を公にしなかったとしても違法とはなり
ません。【3-2-2-①】

2 × 行政庁は、**処分基準を定め、かつ、これを公にしておくよう努めなければならな**
いものとされています（12条1項）。したがって、処分基準は、不利益処分を行う
に際して、その名あて人からの求めに応じ、当該名あて人に対してこれを示せば足
りるというように、限定的に規定されてはおらず、誤りです。【3-2-2-②】

3 × 行政庁は、**審査基準を定める**ものとされています（5条1項）。また、行政庁は、
基本 行政上特別の支障があるときを除き、法令により申請の提出先とされている機関の
事務所における備付けその他の適当な方法により**審査基準を公にしておかなければ**
ならないものとされています（5条3項）。したがって、行政庁が審査基準を作成
し、それを公にすることは努力義務ではなく、法的義務であり、行政庁が審査基準
を公にしなければ、原則として違法となります。【3-2-2-①】

4 × 行政庁は、行政上特別の支障があるときを除き、法令により申請の提出先とされ
基本 ている機関の事務所における備付け**その他の適当な方法により審査基準を公にして**
おかなければならないものとされています（5条3項）。したがって、審査基準を
公にする方法としては、法令により申請の提出先とされている機関の事務所におけ
る備え付ける方法以外の適当な方法も許容されています。【3-2-2-①】

5 × 行政庁は、**処分基準を定め、かつ、これを公にしておくよう努めなければならな**
基本 **い**ものとされています（12条1項）。したがって、行政庁は、処分基準を定める努
力義務を負います。また、処分基準を公にすることについても努力義務を負い、法
的義務を負うわけではありません。【3-2-2-②】

関連過去問 ▶	19－12、20－11、25－13、26－11・12、30－11、R4－41

講師からのアドバイス

申請に対する処分をする際の審査基準、不利益処分をする際の処分基準は、制定・公に
することの要否など、両者を比較して押さえておくようにしましょう。

208

問題 14	正解	5	行政法－行政不服審査法（審査請求）	重要度	正答率
				★★★	85%

1 **×** 審査請求は、**代理人**によってすることができると規定されています（行政不服審
基本 査法12条1項）。【3-3-2-②】

2 **×** 利害関係人（審査請求人以外の者であって審査請求に係る処分または不作為に係
基本 る処分の根拠となる法令に照らし当該処分につき利害関係を有するものと認められ
る者）は、審理員の許可を得て、当該審査請求に**参加**することができます（13条1
項）。【3-3-2-②】

3 **×** 多数人が共同して審査請求をしようとするときは、**3人を超えない総代**を互選す
基本 ることができると規定されています（11条1項）。【3-3-2-②】

4 **×** **審査請求人が死亡**したときは、相続人その他法令により審査請求の目的である処
基本 分に係る**権利を承継した者**は、**審査請求人の地位を承継する**と規定され（15条1
項）、当該審査請求が当然に終了するわけではありません。【3-3-2-②】

5 **○** 法人でない社団または財団で**代表者**または**管理人の定めがある**ものは、その名で
基本 **審査請求をすることができる**と規定されています（10条）。【3-3-2-②】

関連過去問▶	29－15、30－15、R2－14

━━ 講師からのアドバイス ━━

行政不服審査法は、いまだ記述式での出題がありません。現在まで、行政法の記述式で
出題されるテーマは、5肢択一式の過去問で問われているテーマです。本問のような条
文知識は特に重要ですから、本問で問われている条文10条～15条も要注意です。

令和6年度 解答解説

行政不服審査法（以下〔行審法〕という。）によって不服申立ての対象となるのは、行政庁の「**処分**」と「**不作為**」であり（行審法２条、３条）、これにあたれば、原則として、不服申立てができます（一般概括主義）。しかし、例外として、７条１項各号に掲げられた処分・不作為は除外されます。

1　× 　納付すべき金銭の額を確定し、一定の額の金銭の納付を命じ、または金銭の給付
　基本　決定の取消しその他の金銭の給付を制限する不利益処分は、「処分」として不服申立ての対象となり（２条）、行審法の規定が**適用されます**。【3-3-2-①】

2　× 　不服申立ての対象となる「不作為」は、法令に基づき行政庁に対して処分について申請した者が審査請求できるのであり（３条）、法令に違反する事実がある場合において、その是正のためにされるべき処分がされていない場合の不服申立ては、**審査請求の対象ではありません**。【3-3-2-①】

3　× 　**地方公共団体の機関がする処分**でその根拠となる規定が**条例**または**規則**に置かれているものは、「処分」として不服申立ての対象となり（２条）、行審法の規定が**適用されます**。【3-3-1-②】

4　○ 　国の機関または地方公共団体その他の公共団体もしくはその機関に対する処分
　基本　で、これらの機関または団体がその**固有の資格**において当該処分の相手方となるものおよびその不作為については、行審法の規定は、**適用しない**と規定されています（７条２項）。【3-3-1-②】

5　× 　行政事件訴訟法では、国または公共団体の機関の法規に適合しない行為の是正を求める訴訟で、**選挙人たる資格**その他自己の法律上の利益にかかわらない**資格**で提起する**民衆訴訟**が規定されています（行政事件訴訟法５条）。しかし、**行審法**においては、このような審査請求は**規定されていません**。なお、処分についての審査請求は、「行政庁の処分に不服がある者」がすることができると規定されており（２条）、選挙人たる資格その他自己の法律上の利益にかかわらない資格で審査請求をすることはできません。【3-3-2-①】

| 関連過去問▶ | 25－15、29－14、30－14、R5－14 |

―――― 講師からのアドバイス ――――
行政不服審査法の適用除外は、行政手続法の適用除外と間違えないように、比較して、整理しておきましょう。

210

問題16	正解	5	行政法－行政不服審査法・行政事件訴訟法（比較）	重要度 ★★★	正答率 68%

解説において、行政不服審査法を「行審法」とし、行政事件訴訟法を「行訴法」とします。

ア × **行訴法**においては、「取消訴訟は、処分または裁決があったことを知った日から6箇月
基本 を経過したときは、提起することができない」として出訴期間の制限を規定するととも
に、「ただし、正当な理由があるときは、この限りでない」（行訴法14条1項）とただし
書を置いています。また、**行審法**においても、「処分についての審査請求は、処分があっ
たことを知った日の翌日から起算して3月を経過したときは、することができない」と
して出訴期間の制限を規定するとともに、「ただし、正当な理由があるときは、この限り
でない」（行審法18条1項）とただし書を置いています。【3-3-2-②・3-4-2-②】

イ × **行審法**においては、「行政庁は、不服申立てをすることができる処分をする場合には、処
基本 分の相手方に対し、当該処分につき不服申立てをすることができる旨ならびに不服申立てを
すべき行政庁および不服申立てをすることができる期間を書面で**教示しなければならない**」
（行審法82条1項本文）と定めています。また、**行訴法**においても、「行政庁は、取消訴訟を
提起することができる処分または裁決をする場合には、当該処分または裁決の相手方に対
し、必要な事項を書面で**教示しなければならない**」（行訴法46条1項本文）」と定めています。
【3-3-4-①・3-4-4-①】

ウ ○ **行訴法**において、判決の拘束力について「処分または裁決を取り消す判決は、その事
基本 件について、処分または裁決をした行政庁その他の関係行政庁を**拘束する**」（行訴法33条
1項）と定めています。一方、**行審法**において、裁決の拘束力について「裁決は、関係
行政庁を**拘束する**（行審法52条1項）」と定めています。【3-3-2-④・3-4-2-⑤】

エ × **行審法**では、**行訴法**における取消訴訟と同様に、審査請求について**執行停止**の規定を
基本 置いています（行訴法25条、行審法25条）。これに対し、**行訴法**においては、「**執行停止**
の申立てがあつた場合には、**内閣総理大臣**は、裁判所に対し、**異議**を述べることができ
る」（行訴法27条前段）旨を定めていますが、**行審法**においては、執行停止に対して**内閣
総理大臣の異議**についての定めはありません。【3-3-2-⑤・3-4-2-⑥】

オ ○ **行訴法**においては、行政庁がその処分又は裁決をしてはならない旨を命ずることを求
基本 める訴訟として「**差止めの訴え**」を設けています（行訴法3条7号、37条の4）。しかし、
行審法においては、このような処分の差止めを求める不服申立てについての明文規定は
置いていません。【3-4-3-④】

以上より、妥当なものはウ・オであり、肢5が正解となります。

関連過去問▶	18－16・19、19－18、21－17・44、22－15・18、23－18、24－16、25－18、26－15、27－17・18、29－17・18・19・26、30－16・17、R元－17、R2－14・18、R3－17、R4－16・17、R5－15・17・18・43

＝ 講師からのアドバイス ＝

行審法・行訴法の比較問題も、それぞれの制度の仕組みを正確に理解しておけば、確実
に解くことはできます。ただし、本問や、過去問で出題されている点が、比較問題を出
しやすいところですから、本問や他の比較問題を整理しておくとよいでしょう。

令和6年度　解答解説

問題17　正解 2　行政法－行政事件訴訟法（訴えの利益の消滅）　重要度 ★★★　正答率 89%

1　× 　判例（最大判昭40.4.28）は、公務員に対する免職処分の取消訴訟における訴えの利益につき、**免職処分を受けた公務員が公職の選挙に立候補した後においては**、公務員たる地位を回復するものではないが、免職処分の効力を排除する判決を求めることは、給料請求権等を回復するために必要な手段であると認められるとしており、給料請求権等の回復可能性がある以上、**訴えの利益は消滅しない**としています。【3-4-2-②】

2　○ 　判例（最判昭57.9.9）は、**保安林指定解除処分**の取消訴訟における**訴えの利益**は、原告適格の基礎とされた個別具体的な利益侵害状況が**代替施設の設置**によって解消するに至った場合には**消滅する**としています。【3-4-2-②】

3　× 　判例（最判平14.2.28）は、公文書非公開決定処分の取消訴訟において、公開請求の対象である**公文書が書証として提出**された場合であっても、公開請求権者は、条例に基づき公文書の公開を請求して、所定の手続により請求に係る公文書を閲覧し、または写しの交付を受けることを求める法律上の利益を有するとして、**訴えの利益は消滅しない**としています。【3-4-2-②】

4　× 　判例（最判昭55.11.25）は、**運転免許停止処分**の取消訴訟において、**免許停止期間が経過した場合、訴えの利益は消滅する**としています。運転免許停止処分により原告が名誉・感情・信用等を損なう可能性が認められるとしても、それは当該処分がもたらす事実上の効果にすぎないものであって、取消しの訴えによって回復すべき法律上の利益を有することの根拠とはならないとしています。【3-4-2-②】

5　× 　判例（最判平21.11.26）は、**市立保育所廃止条例を制定**する行為の取消訴訟における**訴えの利益**は、当該保育所で保育を受けていた原告らに係る**保育の実施期間がすべて満了した場合、消滅する**としています。【3-4-2-②】

関連過去問▶　20－17、26－17、R2－17

講師からのアドバイス

訴訟要件の中でも、「処分性」「原告適格」「狭義の訴えの利益」は判例も多いところです。事例のキーワードを見て、それぞれの訴訟要件が認められるのか、認められないのかを瞬時に判断できるようにしておきましょう。

| 問題 18 | 正解 4 | 行政法－行政事件訴訟法（抗告訴訟における判決） | 重要度 ★★★ | 正答率 76% |

ア　○　裁判所は、相当と認めるときは、終局判決前に、判決をもって、処分または裁決が違法であることを宣言することができます（行政事件訴訟法31条2項）。

イ　×
基本　申請を却下し、もしくは**棄却**した処分、または、**審査請求を却下**し、もしくは**棄却した裁決が判決により取り消された**ときは、その処分または裁決をした行政庁は、判決の趣旨に従い、**改めて申請に対する処分**または**審査請求に対する裁決**をしなければなりません（33条2項）。したがって、速やかに申請を認める処分をしなければならないとする点は誤りです。【3-4-2-⑤】

ウ　○　処分または裁決を取り消す判決により権利を害された第三者で、自己の責めに帰することができない理由により訴訟に参加することができなかったため判決に影響を及ぼすべき攻撃または防御の方法を提出することができなかったものは、これを理由として、確定の終局判決に対し、**再審の訴え**をもって、不服の申立てをすることができます（34条1項）。【3-4-2-③】

エ　○　直接型（非申請型）義務付け訴訟（3条6項1号）において、その訴訟要件（37条の2第1項・3項）がすべて満たされ、その義務付けの訴えに係る処分につき、行政庁がその**処分をすべきである**ことがその処分の根拠となる**法令の規定から明らか**であると認められまたは行政庁がその**処分をしない**ことがその裁量権の範囲を超えもしくはその**濫用**となると認められるときは、裁判所は、行政庁がその**処分をすべき旨を命ずる判決**をするものとされています（37条の2第5項）。【3-4-3-③】

オ　×
基本　処分を取り消す判決は、その事件について、処分をした行政庁その他の関係行政庁を拘束すると規定されています（33条1項）。そして、この規定は、取消訴訟以外の抗告訴訟に準用されています（38条1項）。【3-4-3-①】

以上より、誤っているものはイ・オであり、肢4が正解となります。

| 関連過去問▶ | 21－44、30－17、R元－18、R2－19、R4－17 |

講師からのアドバイス

「却下判決」「棄却判決」「認容判決」という判決の種類をまずは覚えてください。また、事情判決や、肢エの義務付け訴訟や差止め訴訟の本案勝訴要件、肢オの拘束力のような判決の効力まで押さえておきましょう。

令和6年度　解答解説

| 問題 19 | 正解 **3** | 行政法－行政事件訴訟法（民衆訴訟・機関訴訟） | 重要度 ★ | 正答率 40% |

1　×　機関訴訟とは、国または公共団体の**機関相互間における権限の存否またはその行**
基本 使**に関する紛争についての訴訟**のことです（行政事件訴訟法6条）。そして、機関
訴訟は、法律に定める場合において、**法律に定める者に限り提起することができる**
ものとされています（42条）。したがって、特に個別の法律の定めがなくとも訴え
を提起することができるとする後半は誤りです。

2　×　民衆訴訟とは、国または公共団体の機関の**法規に適合しない行為の是正を求める**
基本 訴訟で、選挙人たる資格その他自己の法律上の利益にかかわらない資格で提起する
もののことです（5条）。そして、民衆訴訟は、法律に定める場合において、**法律**
に定める者に限り提起することができるものとされています（42条）。したがって、
何人も提起することができるものであるとする後半は誤りです。

3　○　機関訴訟で、処分または裁決の取消しを求めるものについては、9条（原告適
難問 格）および10条1項（取消しの理由の制限）の規定を除き、取消訴訟に関する規定
を準用するものとされています（43条1項）。

4　×　公職選挙法が定める地方公共団体の議会の**議員の選挙の効力に関する訴訟**（公職
選挙法203条）は、選挙に関する法規の違法な適用の是正を求め、選挙人たる資格
で提起するものであり、**民衆訴訟の一例です。**【3-4-3-⑥】

5　×　行政事件訴訟法においては、行政事件訴訟に関し、同法に定めがない事項につい
難問 ては、民事訴訟の例によるとの規定がなされています（行政事件訴訟法7条）が、
当該規定に、**民衆訴訟および機関訴訟を除くとする限定は付されていません。**【3-
4-1-①】

| 関連過去問▶ | 25－18、26－42、27－16・25、28－19 |

講師からのアドバイス

本問のような民衆訴訟、機関訴訟という客観訴訟はマイナーなテーマです。それぞれの
訴訟の意義は押さえておきましょう。

214

問題 20	正解	1	行政法－国家賠償法（国家賠償一般）	重要度	正答率
				★★★	78%

ア　誤　判例（最判平5.3.16）は、**検定意見の付与**について、**看過し難い過誤**があって、
基本　文部大臣（当時）の判断がこれに依拠してされたと認められる場合には、その判断
は、**裁量権の範囲を逸脱**したものとして、国家賠償法上**違法となる**としています。
したがって、原則として、国家賠償法上違法とならないとする本肢は誤りです。

イ　誤　判例（最判昭57.7.15）は、政府が**物価の安定等の政策目標を実現**するためにとる
基本　べき**具体的な措置**について、仮に政府においてその判断を誤り、ないしはその措置
に適切を欠いたため当該目標を達成することができなかったとしても、政府の政治
的責任が問われることがあるのは格別、法律上の義務違反ないし違法行為として国
家賠償法上の**損害賠償責任の問題を生ずるものとすることはできない**としていま
す。したがって、これを国家賠償法上の損害賠償責任の問題が生ずるとする本肢は
誤りです。

ウ　正　判例（最判昭58.2.18）は、本問と同様の事例において、事故につきバレーボール
基本　部顧問の教諭が代わりの監督者を配置せずに体育館を不在にしていたことが同教諭
の過失であるとするためには、本件のトランポリンの使用をめぐる喧嘩が同教諭に
とって**予見可能であったことを必要**とするものというべきであり、もしこれが予見
可能でなかったとすれば、本件事故の過失責任を問うことはできないとしていま
す。したがって、立ち会っていなかったからといって、必ずしも教諭に過失がある
とはいえません。

エ　正　判例（最判昭59.11.29）は、本問と同様の事例において、市内の河川について市
が法律上の管理権をもたない場合でも、地域住民の要望にこたえて都市施設である
排水路としての機能の維持、都市水害の防止という地方公共の目的を達成するべ
く、本件改修工事を行い、それによって本件溝渠（こうきょ）について**事実上の管
理**をすることになったものというべきであって、本件溝渠の管理に瑕疵があったた
めに他人に損害を生じたときは、国家賠償法２条に基づいてその**損害を賠償する義
務を負う**としています。【3-5-1-③】

以上より、**アー誤、イー誤、ウー正、エー正**となり、**肢1**が正解となります。

関連過去問▶	24－20、25－20、28－21、29－20

講師からのアドバイス

国家賠償法は判例からの出題が中心です。事案と結論を瞬時に正誤判断できるようにし
ておきましょう。

令和６年度　解答解説

215

| 問題 21 | 正解 **3** | 行政法－国家賠償法（1条に基づく責任） | 重要度 ★★★ | 正答率 88% |

1 ✕ 判例（最判平17.6.24）は、指定確認検査機関による建築確認に係る建築物について、確認をする権限を有する建築主事が置かれた地方公共団体は、**指定確認検査機関の当該確認に係る事務の帰属する国または公共団体に当たる**としています。したがって、公共団体に当たるとされることから、国家賠償法1条1項の国または公共団体としての**責任を負う**可能性があります。【3-5-1-②】

2 ✕ 判例（最判昭30.4.19）は、公権力の行使に当たる国または公共団体の公務員が、その職務を行うについて、過失によって違法に他人に損害を加えた場合について、国または公共団体が賠償の責に任じられるのであって、公務員が行政機関としての地位において賠償の責任を負うものではなく、また公務員個人もその責任を負うものではないとしています。したがって、公務員の故意または重過失の場合であっても、**公務員個人が被害者に対して直接に賠償責任を負うことはありません。**【3-5-1-②】

3 〇 判例（最判令2.7.14）は、国または公共団体の公権力の行使に当たる複数の公務員が、その職務を行うについて、**共同して故意によって違法に他人に加えた損害**につき、国または公共団体がこれを賠償した場合においては、当該公務員らは、国または公共団体に対し、**連帯して国家賠償法1条2項による求償債務を負う**としています。【3-5-1-②】

4 ✕ 判例（最判昭31.11.30）は、公務員が主観的に権限行使の意思でする場合に限らず、自己の利をはかる意図でする場合でも、**客観的に職務執行の外形をそなえる行為**をして、これによって、他人に損害を加えた場合には、国または**公共団体は損害賠償の責任を負う**としています。【3-5-1-②】

5 ✕ 判例（最判昭54.7.10）は、都道府県警察の警察官が**交通犯罪の捜査**を行うにつき違法に他人に加えた損害については、国は、原則として、国家賠償法1条1項による賠償責任を負わないとしています。したがって、原則として、**都道府県が損害賠償責任を負う**ことになります。【3-5-1-②】

関連過去問▶ 23－20、26－19、27－19、28－20、R2－20・21、R4－21、R5－21

講師からのアドバイス

国家賠償法1条に関する判例問題は、2条の判例問題と同様、頻出します。本問で取り上げられている判例に加えて、過去問で出題履歴のある判例は、事案と結論を丁寧に押さえておいてください。

| 問題 22 | 正解 1 | 行政法－地方自治法（普通地方公共団体の事務） | 重要度 ★★ | 正答率 65% |

1 ○ 普通地方公共団体は、地域における事務およびその他の事務で法律またはこれに
基本 基づく政令により処理することとされるものを処理します（地方自治法2条2項）。

2 × 第一号法定受託事務とは、法律またはこれに基づく政令により都道府県、市町村
または特別区が処理することとされる事務のうち、**国が本来果たすべき役割に係る**
ものであって、国においてその適正な処理を特に確保する必要があるものとして法
律またはこれに基づく政令に特に定めるものをいいます（2条9項1号）。都道府
県が処理することとされる第一号法定受託事務は、**地方公共団体の事務**であり、都
道府県知事が国の機関として処理するものではありません。【3-6-1-②】

3 × 普通地方公共団体は、**条例で**普通地方公共団体に関する事件（法定受託事務に係
るものにあっては、国の安全に関することその他の事由により議会の議決すべきも
のとすることが適当でないものとして政令で定めるものを除く）につき**議会の議決**
すべきものを定めることができます（96条2項）。したがって、法定受託事務につ
き、市町村は、国の安全に関することその他の事由により議会の議決すべきものと
することが適当でないものとして政令で定めるものを除き、条例を定めることがで
きます。【3-6-3-①】

4 × **自治事務**とは、地方公共団体が処理する事務のうち、**法定受託事務以外のものを**
基本 いいます（2条8項）。したがって、法定受託事務は、**自治事務に含まれません。**
【3-6-1-②】

5 × 現行法の下で普通地方公共団体が処理する事務は、**自治事務**のほか、**法定受託事**
基本 **務**があるため（2条8項、9項1号・2号）、その全てが自治事務ではありません。
【3-6-1-②】

| 関連過去問▶ | 26－23、28－23、30－23・24、R2－23、R3－23、R4－24 |

講師からのアドバイス

地方公共団体の事務は、地方自治法の中でも特に重要なテーマです。自治事務、第1
号、第2号それぞれの法定受託事務がどのような内容のものかは確実に押さえておきま
しょう。

問題23　正解 5　行政法－地方自治法（住民監査請求および住民訴訟）　重要度 ★★★　正答率 61%

1　○　普通地方公共団体の住民は、監査委員に対し、住民監査請求をすることができます（地方自治法242条1項）。【3-6-2-③】
基本

2　○　普通地方公共団体の住民は、住民監査請求をした場合において、裁判所に対し、住民訴訟を提起することができます（審査請求前置主義：242条の2第1項）。【3-6-2-③】
基本

3　○　普通地方公共団体の住民は、裁判所に対し、住民監査請求に係る違法な行為または怠る事実につき、住民訴訟を提起することができます（242条の2第1項）。【3-6-2-③】
基本

4　○　普通地方公共団体の住民は、裁判所に対し、住民監査請求に係る違法な行為または怠る事実につき、訴えをもって①当該執行機関または職員に対する当該行為の差止めの請求、②行政処分たる当該行為の取消しまたは無効確認の請求、③当該執行機関または職員に対する当該怠る事実の違法確認の請求、④当該職員または当該行為もしくは怠る事実に係る相手方に損害賠償または不当利得返還の請求をすることを当該普通地方公共団体の執行機関または職員に対して求める請求をすることができます（242条の2第1項）。【3-6-2-③】

5　×　損害賠償請求をすることを普通地方公共団体の執行機関または職員に対して求める訴訟について、損害賠償請求を命ずる判決が確定した場合においては、普通地方公共団体の長は、当該判決が確定した日から60日以内の日を期限として、当該請求に係る損害賠償金の支払を請求しなければなりません（242条の3第1項）。したがって、原告住民の請求を認容する判決が確定した場合は、長は、当該判決が確定した日から60日以内の日を期限として、当該請求に係る損害賠償金の支払を請求することになるため、当該原告住民に対して、当該損害賠償請求に係る賠償金が支払われることになるわけではありません。【3-6-2-③】
難問

関連過去問▶　18－24、19－25、20－24、21－24、22－24、23－21、25－21・24、26－22、27－21、29－24、R2－24、R4－23・26

講師からのアドバイス

出題が読みにくい地方自治法ですが、この住民の権利（特に、直接請求、住民監査請求、住民訴訟）は、毎年のように出題されるところですから、地方自治法の中で一番得点の見込めるところです。このテーマは捨てたりせずに、それぞれの制度の内容を正確に覚えておくようにしましょう。

		重要度	正答率
問題 24	**正解 4** 行政法－地方自治法（条例または規則）	★★★	69%

1 ×　普通地方公共団体の長は、法令に違反しない限りにおいて、その権限に属する事
基本　務に関し、規則を制定することができ（地方自治法15条1項）、その際に、法律ま
たは条例による個別の委任がある場合に限られるわけではありません。【3-6-4-②】

2 ×　普通地方公共団体は、法令に違反しない限りにおいて地方公共団体の事務に関
し、条例を制定することができ（14条1項）、その条例中に、条例に違反した者に
対し、2年以下の懲役もしくは禁錮、100万円以下の罰金、拘留、科料もしくは没
収の刑または5万円以下の過料を科する旨の規定を設けることができます（14条3
項）。条例において罰則を定めるために、その旨を委任する個別の法令の定めは必
要ではありません。【3-6-4-①】

3 ×　普通地方公共団体は、当該普通地方公共団体の事務で特定の者のためにするもの
基本　につき、手数料を徴収することができるが（227条）、手数料に関する事項について
は、条例でこれを定めなければなりません（228条1項前段）。【3-6-3-④】

4 ○　普通地方公共団体の委員会は、法律の定めるところにより、法令または普通地方
公共団体の条例もしくは規則に違反しない限りにおいて、その権限に属する事務に
関し、規則その他の規程を定めることができます（138条の4第2項）。

5 ×　普通地方公共団体は、法令に特別の定めがあるものを除くほか、その条例中に、
条例に違反した者に対し、2年以下の懲役もしくは禁錮、100万円以下の罰金、拘
留、科料もしくは没収の刑または5万円以下の過料を科する旨の規定を設けること
ができます（14条3項）。禁錮、罰金、科料などの行政刑罰のほか、行政上の秩序
罰である過料についても、条例で定められ、長が定める規則によらなければならな
いわけではありません。【3-6-4-①】

関連過去問 ▶	18－19、20－21、25－22、27－23、28－22・24、30－23、R3－23、R4－22

━━━ 講師からのアドバイス ━━━

地方自治法の中でも、条例は頻出します。ここも得点しやすいところですから、規則と
の比較も含め過去問を丁寧に潰しておきましょう。

令和6年度　解答解説

問題25 正解 3 行政法－行政法総合（公立学校をめぐる裁判） 重要度 ★ 正答率 67%

ア × 【難問】 判例（最判平8.3.8）は、「裁判所がその処分の適否を審査するに当たっては、校長と同一の立場に立って当該処分をすべきであったかどうか等について判断し、その結果と当該処分とを比較してその適否、軽重等を論ずべきものではなく、**校長の裁量権の行使としての処分が、全く事実の基礎を欠くか又は社会観念上著しく妥当を欠き、裁量権の範囲を超え又は裁量権を濫用してされたと認められる場合に限り**、違法であると判断すべきものである」としています。【3-1-4-④】

イ ○ 【難問】 判例（最判平4.12.15）は、教育委員会が、公立学校の教頭で勧奨退職に応じた者を**校長に任命した上で同日退職を承認する処分**をした場合、「本件昇格処分及び本件退職承認処分が著しく合理性を欠きそのためにこれに予算執行の適正確保の見地から看過し得ない瑕疵が存するものとは解し得ないから、…これに伴う所要の財務会計上の措置を採るべき義務があるものというべきであり、…本件支出決定が、その職務上負担する財務会計法規上の義務に違反してされた**違法なものということはできない**」としています。【3-6-2-③】

ウ ○ 【基本】 判例（最判平18.2.7）は、「**学校施設の目的外使用を許可するか否かは、原則として、管理者の裁量にゆだねられている**ものと解するのが相当である。すなわち、学校教育上支障があれば使用を許可することができないことは明らかであるが、そのような支障がないからといって当然に許可しなくてはならないものではなく、行政財産である学校施設の目的及び用途と目的外使用の目的、態様等との関係に配慮した**合理的な裁量判断により使用許可をしないこともできるもの**である」としています。【3-1-4-④】

エ × 【難問】 判例（最判平24.2.9）は、「**懲戒処分が反復継続的かつ累積加重的**にされる危険が現に存在する状況の下では、…処分がされた後に取消訴訟等を提起して執行停止の決定を受けることなどにより容易に救済を受けることができるものであるとはいえ、**処分がされる前に差止めを命ずる方法によるのでなければ救済を受けることが困難なものである**ということができ、その回復の困難の程度等に鑑み、本件差止めの訴えについては『**重大な損害を生ずるおそれ**』があると認められるというべきである」としています。【3-4-3-④】

オ × 【難問】 判例（最判昭61.10.23）は、「**市立学校教諭が同一市内の他の中学校教諭に補する旨の転任処分**を受けた場合において、当該処分がその身分、俸給等に異動を生ぜしめず、客観的、実際的見地からみて勤務場所、勤務内容等に不利益を伴うものでないときは、他に**特段の事情**がない限り、右教諭は転任処分の取消を求める**訴えの利益を有しない**」としています。

以上より、妥当なものはイ・ウであり、肢3が正解となります。

| 関連過去問▶ | 20－24、R元－26、R2－26、R3－26 |

講師からのアドバイス

1つのテーマに関連する行政法の横断知識を問うものです。各判例の争点を押さえましょう。

問題26 正解 2　行政法－行政法総合（公文書管理法）　重要度 ★★　正答率 59%

1　○　公文書管理法では、「行政文書」とは、行政機関の職員が職務上作成し、または取得した文書（図画および電磁的記録）であって、当該行政機関の職員が組織的に用いるものとして、当該行政機関が保有しているものをいうと規定されています（公文書管理法2条4項本文）。

2　×　公文書管理法は、行政機関の職員に対し、当該行政機関における経緯も含めた意思決定に至る過程ならびに当該行政機関の事務および事業の実績を合理的に跡付け、または検証することができるよう、処理に係る事案が軽微なものである場合を除き、一定の事項について、文書を作成しなければならないという文書作成義務を定めています（4条）。しかし、違反した職員に対する罰則規定はありません。【6-3-2-②】

3　○　行政機関の職員が行政文書を作成し、または取得したときは、当該行政機関の長は、政令で定めるところにより、当該行政文書について分類し、名称を付するとともに、保存期間および保存期間の満了する日を設定しなければならないと規定されています（5条1項）。【6-3-2-②】

4　○　行政機関の長は、行政文書の管理が法に基づき適正に行われることを確保するため、行政文書の管理に関する定め（行政文書管理規則）を設けなければならないと規定されています（10条1項）。【6-3-2-②】

5　○　行政機関の長は、行政文書ファイル管理簿の記載状況その他の行政文書の管理の状況について、毎年度、内閣総理大臣に報告しなければならないと規定されています（9条1項）。【6-3-2-②】

関連過去問▶　R5－26

講師からのアドバイス

公文書管理法は公文書に関する行政法の一種ですが、情報公開法と並んで、試験科目として明示されている法令の次に重要な法令といえます。本問で重要事項を押さえておくようにしましょう。

	重要度	正答率
問題 27 正解 **1** 民法－総則（失踪の宣告）	★	76%

1 ○ 不在者の生死が**7年間**明らかでないときは、家庭裁判所は、利害関係人の請求により、失踪の宣告をすることができ（民法30条1項）、失踪の宣告を受けた者はその期間が満了した時に、**死亡**したものとみなされます（31条）。【2-1-3-①】
基本

2 × 失踪の宣告は、不在者の生死が不明な場合、その者の利害関係人に生じる不都合な法律関係を解消し確定させるための制度ですから、失踪の宣告を受けた者が実際には生存するときに、その者の権利能力を否定するものではありません。したがって、**失踪の宣告を取り消さなくても、その者が不法行為により身体的被害を受けていた場合には、損害賠償請求権は発生します**。【2-1-3-①】

3 × 失踪者が生存することの証明があったときは、家庭裁判所は、**本人または利害関係人の請求**により、失踪の宣告を取り消さなければならないとされています（32条1項）。したがって、必ず本人の請求によらなければならないわけではなく、**利害関係人の請求**によることもできます。【2-1-3-①】

4 × 失踪の宣告によって財産を得た者は、その取消しによって権利を失いますが、**現に利益を受けている限度**においてのみ、その財産を**返還する義務**を負います（32条2項）。したがって、その受けた利益の全部を返還する必要はありません。【2-1-3-①】

5 × 失踪の宣告が取り消された場合において、その取消しは、失踪の宣告後その取消し前に善意でした行為の効力に影響を及ぼしません（32条1項）。この場合、判例（大判昭13.2.7）は、その行為が契約であるときは、**当事者双方ともに善意である**ことが必要であるとしています。したがって、失踪の宣告により失踪者の所有する甲土地を相続した者が、甲土地を第三者に売却した後に、失踪者の失踪宣告が取り消された場合には、相続人が失踪者の生存について善意であっても、**第三者が悪意**であれば、甲土地の売買契約による所有権移転の効果は影響を受けます。【2-1-3-①】

関連過去問 ▶	22－35、24－27

講師からのアドバイス

失踪宣告は、民法総則の中でもマイナー分野です。連続しての出題の可能性は高くないので、本問を中心に、基本的な失踪宣告の知識を一度見ておく程度でよいでしょう。

222

問題 28	正解	1	民法－総則（無効および取消し）	重要度	正答率
				★★	66%

1　×　無効な行為に基づく債務の履行として給付を受けた者は、原則として、相手方を原状に復させる義務（原状回復義務）を負います（民法121条の2第1項）。しかし、例外として、無効な無償行為に基づく債務の履行として給付を受けた場合に、給付を受けた当時その行為が無効であることを**知らなかった**ときは、その行為によって**現に利益を受けている限度**においてのみ、返還の義務を負います（121条の2第2項）。したがって、贈与契約は無償契約ですから、贈与契約に基づき贈与者の履行が完了している場合、受贈者は受け取った目的物が滅失して返還できないときは、受贈者は贈与契約が無効であることを知らなければ、その目的物の**現存利益の返還で足ります**。

2　○　肢1の解説どおり、無効な行為に基づく債務の履行として給付を受けた者は、原
基本　則として、相手方を原状に復させる義務（原状回復義務）を負います（121条の2第1項）。売買契約は有償契約ですから、売主が受け取った金銭を善意で費消していた場合、その**全額を返還**しなければなりません。

3　○　秘密証書による遺言は、法が定める**方式に欠ける**ものであるときは無効ですが、それが**自筆証書遺言の方式を具備**しているときは、**自筆証書による遺言**としてその**効力を有する**とされています（971条）。【2-4-2-②】

4　○　未成年者が法律行為をするには、その法定代理人の同意を得なければならず（5条1項本文）、これに反する法律行為は、取り消すことができます（5条2項）。未成年者が親権者の同意を得ずに締結した契約について、未成年者本人が、制限行為能力を理由にこれを**取り消す場合、親権者の同意を得る必要はありません**。【2-1-2-④】

5　○　取り消すことができる行為について、取消権を有する当事者が、追認をすることができる時以後に、異議をとどめずにその履行を請求した場合、追認をしたものとみなされます（**法定追認**：125条2号）から、これにより、取消権を有する当事者は取消権を失います。【2-1-2-④】

関連過去問▶	18－27、23－27

講師からのアドバイス

民法上、「無効」「取消し」の概念はよく出てくる概念なので、無効なのか、取消しうるものなのか、さらに、無効・取消しの効果を正確に理解しておきましょう。

問題 29	正解	4	民法－物権（相続と登記）	重要度 ★★★	正答率 81%

1 ○ 判例（最判昭38.2.22）によれば、共同相続した不動産につき、**ある相続人が勝手**
基本 に単独所有権取得の登記をし、それを**第三取得者に移転登記をしたとしても、他の**
相続人は自己の持分を**登記なくして対抗できる**としています。したがって、本問で
は、相続人であるCは、第三取得者Dに対して、Cの法定相続分に基づく持分権を
登記なくして主張することができます。【2-2-2-④】

2 ○ 相続による権利の承継は、遺産の分割によるものかどうかにかかわらず、法定相
続分や代襲相続人の相続分の規定により算出した相続分が**法定相続分を超える部分**
については、登記、登録その他の対抗要件**を備えなければ、第三者に対抗すること**
ができません（民法899条の２第１項）。したがって、本問の相続登記手続をしてい
ない相続人Cは、Eに対して、持分権が自己に帰属する旨を主張することはできま
せん。【2-2-2-④】

3 ○ 被相続人の所有不動産の遺贈を受けた者がその旨の所有権移転登記をしない間
に、相続人の１人に対して**差押えをした債権者**は、民法177条にいう**第三者に該当**
すると解されており（最判昭39.3.6参照）、受遺者は**登記がなければ自己の所有権取**
得をもって第三者に対抗することはできません。したがって、本問のFは民法177
の第三者に該当し、受遺者であるCは登記なくして、Fに対して、Fの持分権が自
己に帰属する旨を主張することはできません。【2-2-2-④】

4 × 判例（最判昭42.1.20）は、相続人は、相続の放棄をした場合には相続開始時にさか
基本 のぼって相続開始がなかったと同じ地位に立ち、当該**相続放棄の効力**は、登記等の有
無を問わず、**何人に対してもその効力を生ずる**としています。したがって、Cは甲土
地の所有権取得については、**登記がなくても、何人に対しても主張することができる**
ため、Gに対しても、登記なくして差押えの無効を主張することができます。【2-2-2-④】

5 ○ 判例（最判平3.4.19）は、「**相続させる**」旨の遺言は、**遺産分割の方法を定めたもの**と
していますから、本問のCは遺産分割により、法定相続分を超える甲土地の所有権を
取得したことになります。そうすると、相続分が法定相続分を超える部分については、
登記、登録その他の対抗要件**を備えなければ、第三者に対抗することができません**
（民法899条の２第１項）。したがって、本問の相続登記手続をしていない相続人Cは、
Hに対して、Hの持分権が自己に帰属する旨を主張することはできません。【2-2-2-④】

関連過去問▶	30－29、R3－35

講師からのアドバイス

相続と登記は物権の重要テーマです。判例も数多くありますから、具体的な事例で問わ
れた場合でも、自分の持っている知識と結び付けられるように、事例問題を数多く解い
ておきましょう。

問題 30	正解	3	民法－物権（抵当権と賃借権）	重要度	正答率
				★★★	64%

1 ✕ 抵当権は、債務者または第三者が占有を移転しないで債務の担保に供した不動産について、他の債権者に先立って自己の債権の弁済を受ける権利であるため（369条1項）、債務不履行により抵当権が実行されるまでは、**抵当不動産の使用収益権は抵当権設定者に存します**。したがって、甲建物に対してBの抵当権に劣後するCの賃借権が設定され、使用が開始されたとしても、**直ちに抵当権に基づいて妨害排除請求として甲建物の明渡しを求めることはできません**。【2-2-7-①】

2 ✕ 抵当権者に対抗することができない賃貸借により抵当権の目的である建物の使用または収益をする者であって、競売手続の開始前から抵当建物を使用または収益をする者は、その建物の競売における買受人の買受けの時から**6か月を経過するまでは、その建物を買受人に引き渡すことを要しない**とされています（395条1項1号）。したがって、Dは、Cに対してただちに所有権に基づく妨害排除請求として甲の明渡しを求めることはできません。【2-2-7-①】

3 〇 判例（最判平10.1.30）は、抵当権者は、物上代位の目的債権が譲渡され第三者に
（難問）対する**対抗要件が備えられた後**においても、自ら目的債権を差し押さえて**物上代位権を行使することができる**としています。したがって、Cは、Bの物上代位権に基づく賃料支払請求を拒むことはできません。【2-2-7-①】

4 ✕ 判例（最判平17.3.10）は、本肢にあるように、抵当権に基づく妨害排除請求をできる状態にある場合に、抵当不動産の所有者において抵当権に対する侵害が生じないように抵当不動産を**適切に維持管理することが期待できない場合**には、抵当権者は、当該占有者に対し、**直接自己への抵当不動産の明渡しを求めることができる**としています。したがって、Aが抵当不動産を適切に維持管理することが期待できるときには、Bは、Cに対して、抵当権に基づく妨害排除請求として甲の直接自己への明渡しを求めることはできません。【2-2-7-①】

5 ✕ 判例（最決平12.4.14）は、抵当権者は、抵当不動産の賃借人を所有者と同視する
（基本）ことを相当とする場合のような特段の事情がない限り、賃借人が取得する**転貸賃料債権について物上代位権を行使することができない**としています。したがって、Bは、特段の事情のない限り、CがFに対して有する転貸賃料債権につき、物上代位権を行使することはできません。【2-2-7-①】

関連過去問 ▶	21－30、26－30、29－31、30－30

講師からのアドバイス

抵当権は担保物権の最重要テーマです。記述式での出題も考えられます。特に肢3・5の物上代位や、肢4の抵当権に基づく妨害排除は、要件、効果ともに重要です。記述で問われた場合でも書けるように、知識をブラッシュアップしておきましょう。

令和6年度　解答解説

| 問題 31 | 正解 | 2 | 民法－債権（保証） | 重要度 ★★★ | 正答率 46% |

1 〇 債務者が保証人を立てる義務を負う場合には、その保証人は、弁済をする資力を
難問 有する必要があります（民法450条1項2号）。そして、保証人がこの要件を欠くに
至ったときは、債権者は、弁済をする資力を有する者をもってこれに代えることを
請求することができるのが原則です（450条2項）。しかし、**債権者が保証人を指名
した場合**には、債務者に対して、この請求をすることが**できません**（450条3項）。
したがって、本肢においては、債権者であるBがCを指名しているため、Cが弁済
をする資力を有しなくなったとしても、Bは、Aに対して、Cに代えて資力を有す
る保証人を立てることを請求することはできません。【2-3-5-④】

2 × 債務者が保証人を立てる義務を負う場合には、その保証人は、行為能力者である
難問 必要があります（450条1項1号）。しかし、これは、債務者が債権者に負う義務で
あり、**債権者が自らの意思で保証人を指名する場合**には、債権者の意思により**行為
能力者でない者を指名する**ことができます（450条3項）。したがって、BがCを指
名するときは、Cは、行為能力者である必要はありません。【2-3-5-④】

3 〇 主たる債務者に対する履行の請求その他の事由による時効の完成猶予および更新
基本 は、保証人に対しても、その効力を生じます（457条1項）。したがって、BのAに
対する履行の請求その他の事由による時効の完成猶予および更新は、Cに対して
も、その効力を生じます。【2-3-5-④】

4 〇 保証債務は、主たる債務に関する利息、違約金、損害賠償その他その債務に従た
基本 るすべてのものを包含します（447条1項）。したがって、Cの保証債務は、Aの債
務に関する利息、違約金、損害賠償その他その債務に従たるすべてのものを包含し
ます。【2-3-5-④】

5 〇 保証人は、その**保証債務についてのみ**、**違約金**または**損害賠償の額**を約定するこ
基本 とができます（447条2項）。したがって、Cは、その保証債務についてのみ、違約
金または損害賠償の額を約定することができます。【2-3-5-④】

| 関連過去問▶ | 23－27 |

講師からのアドバイス

多数当事者の債権債務関係において、連帯債務と並んで重要なのが、本問の保証・連帯
保証です。記述式の出題も考えられますので、保証における債権者・債務者・保証人の
それぞれの関係を押さえておきましょう。

| 問題 32 | 正解 | 5 | 民法－債権（売買契約を素材とする横断問題） | 重要度 ★★★ | 正答率 41% |

1 ✕ 民法は、他人の権利を売買の目的とすることを認めたうえで、他人の権利を売買の目的としたときは、売主は、その権利を取得して買主に移転する義務を負うと規定しています（民法561条）。そして、判例（最判昭25.10.26）は、その目的物の所有権者が売買契約成立時から目的物を他に譲渡する意思がなく、売主がその所有権を買主に移転することができない場合でも、売買契約は有効に成立するとしています。したがって、Bが、他人物売買を行っても、契約は原則として有効であり、Aから甲の所有権を取得してCに移転する義務を負い、たとえ、その契約が成立の当初から実現不能であったとしても、契約は有効です。【2-3-7-②】

2 ✕ 〔難問〕 肢1の解説のとおり、BC間の売買は有効であり、Bが所有権を取得してCに移転する義務を負います。そして、判例（最大判昭49.9.4）は、他人の権利の売主を、その権利者が相続し、債務者としてその履行義務を相続した場合でも、権利者は、信義則に反すると認められるような特別の事情のないかぎり、その履行義務を拒否できるとしています。したがって、Bが死亡し、AがBを単独相続した場合、Cが当然に甲の所有権を取得することにはなりません。【2-3-7-②】

3 ✕ 即時取得は、動産の有効な取引行為を保護する制度です（192条参照）。無権代理行為による売買契約は、動産の取引の安全のための保護すべき法律行為には該当しないため、無権代理の相手方は、即時取得により売買の目的物の所有権を取得することはできません。したがって、Cは即時取得により甲の所有権を取得できません。【2-2-4-①】

4 ✕ 〔基本〕 他人の代理人として契約をした者は、自己の代理権を証明したとき、または本人の追認を得たときを除き、相手方の選択に従い、相手方に対して履行または損害賠償の責任を負います（117条1項）。この場合、無権代理人が自己に代理権がないことを知っていたときは、その相手方が、契約をした者が無権代理人であることを知らなければ、そのことに過失があったとしても、履行または損害賠償の請求をすることができます（117条2項2号ただし書）。したがって、Cは、Bに対して、履行または損害賠償の請求をすることができます。【2-1-5-②】

5 ◯ 〔難問〕 判例（最判昭60.11.29）は、法人の理事が、理事会の承認を得ないまま、法人を売主、相手方を買主とする売買契約を締結した場合、相手方が、理事が理事会の承認を得たことにより土地を売却するという正当な権限を持っているものと信じ、そう信じるにつき過失がないのであれば、民法110条（権限外の行為の表見代理）の正当な理由を具備したことになり、契約は有効であるとしています。したがって、Bが、理事会の承認を得ないままにAを売主、Cを買主とする売買契約を締結したとき、Cが理事会の承認を得ていると過失なく信じていたときには、契約は有効となります。

| 関連過去問▶ | 19-27 |

講師からのアドバイス

無権代理と他人物売買の違いを押さえておく必要があります。特に、無権代理人の負う責任と、他人物売買の売主の負う責任の違いを押さえておきましょう。

令和6年度 解答解説

問題 33	正解	5	民法－債権（組合）	重要度	正答率
				★	26%

1 × 　組合の業務の決定および執行は、組合契約の定めるところにより、１人または数
（難問） 人の組合員または第三者に**委任**することができます（民法670条２項）。【2-3-7-⑧】

2 × 　肢１の解説のとおり、組合の業務の執行も、１人または数人の組合員または第三
（難問） 者に**委任**することができます（670条２項）。【2-3-7-⑧】

3 × 　各組合員の出資その他の組合財産は、**総組合員の共有に属し**（668条）ますが、
（難問） 組合員は、清算前に組合財産の**分割**を求めることが**できません**（676条３項）。

4 × 　組合契約で組合の**存続期間を定めなかった**とき、またはある組合員の終身の間組
（難問） 合が存続すべきことを定めたときは、各組合員は、**いつでも脱退**することができま
す（678条１項本文）。しかし、組合の**存続期間を定めた場合**は、原則いつでも脱退
できるとの規定はありません。

5 ○ 　組合契約の定めるところにより１人または数人の組合員に業務の決定および執行
（難問） を委任したときは、その組合員は、正当な事由がなければ、**辞任**することができな
い（672条１項）とされ、組合員は、**正当な事由がある場合に限り**、他の組合員の
一致によって**解任**することができます（672条２項）。【2-3-7-⑧】

関連過去問▶	30－27

━━━━ 講師からのアドバイス ━━━━

組合は債権各論でも極めてマイナーなテーマです。令和７年度の出題可能性は低いの
で、この問題を確認しておく程度でよいでしょう。

| 問題 34 | 正解 3・5 | 民法－債権（不法行為に基づく損害賠償） | 重要度 ★★ | 正答率 全員正解 |

1 × 他人の**生命**を侵害した者は、被害者の父母、**配偶者**および子に対しては、その財産権が侵害されなかった場合においても、**損害の賠償をしなければならない**（民法711条）と規定されていますが、**兄弟姉妹が相続人の場合は当然には損害賠償を請求できるわけではなく**、判例（最判昭49.12.17）は、711条に該当しないものであっても、被害者との間に同条所定の者と**実質的に同視しうべき身分関係**が存し、被害者の死亡により**甚大な精神的苦痛**を受けた者は、同条の類推適用により、**慰謝料を請求できる場合がある**としています。【2-3-8-③】

2 × 判例（最判昭39.1.28）は、法人の名誉権侵害の場合は金銭評価の可能な無形の損害の発生することが必ずしも絶無ではなく、そのような損害は加害者をして金銭でもって賠償させるのを社会観念上至当とすべきであり、この場合は民法723条に被害者救済の格段な方法が規定されているとの故をもって、金銭賠償を否定することはできないとしています。 **難問**

3 ○ 判例（最判昭43.11.15）は、加害者が交通事故により会社の代表者を負傷させた場合において、会社がいわゆる個人会社で、代表者に会社の機関としての**代替性**がなく、代表者と会社とが**経済的に一体**をなす等の事実関係があるときは、**会社は、代表者の負傷のため利益を逸失したことによる損害の賠償を加害者に請求することができる**としています。 **難問**

4 × 判例（最判令2.7.9）は、民法は、不法行為に基づく損害賠償の方法につき、一時金による賠償によらなければならないものとは規定しておらず（722条1項、417条参照）、他方で、民事訴訟法117条は、定期金による賠償を命じた確定判決の変更を求める訴えを提起することができる旨を規定しており、交通事故の被害者が事故に起因する後遺障害による逸失利益について定期金による賠償を求めている場合において、相当と認められるときは、同逸失利益は、**定期金による賠償の対象となるもの**としています。 **難問**

5 ○ 判例（最判平8.4.25）は、交通事故の被害者が後遺障害により労働能力の一部を喪失した場合における逸失利益の算定に当たっては、事故後に別の原因により被害者が死亡したとしても、事故の時点で、死亡の原因となる具体的事由が存在し、近い将来における死亡が客観的に予測されていたなどの特段の事情がない限り、死亡の事実は就労可能期間の認定上考慮すべきものではないとしています。 **難問**

| 関連過去問 ▶ | 26−34 |

講師からのアドバイス

不法行為は、毎年のように出題されるテーマです。ただし、本問は、かなり細かい判例知識を問うもので、復習の必要性はあまり高くありません。一度目を通す程度でよいでしょう。

問題35	正解	2	民法－相続（共同相続における遺産分割）	重要度	正答率
				★★★	37%

1 × 判例（最判平元.2.9）は、共同相続人間において遺産分割協議が成立した場合に、
難問 相続人の1人が他の相続人に対して協議において負担した**債務を履行しないとき**であっても、他の相続人は民法541条によって遺産分割協議を**解除することができない**と解するのが相当であるとしています。【2-4-2-①】

2 ○ 相続による権利の承継は、遺産の分割によるものかどうかにかかわらず、**法定相続分**および算定した相続分を超える部分については、登記、登録その他の**対抗要件**を備えなければ、第三者に対抗することができません（民法899条の2第1項）。【2-2-2-④】

3 × 遺産の分割前に遺産に属する財産が処分された場合であっても、共同相続人は、
難問 その全員の同意により、当該処分された財産が遺産の分割時に**遺産として存在する**ものとみなすことができます（906条の2）。

4 × 共同相続人は、908条により被相続人が遺言で禁じた場合を除き、いつでも、そ
難問 の協議で、遺産の全部または一部の分割をすることができる（907条1項）とし、遺産の分割について、共同相続人間に協議が調わないとき、または協議をすることができないときは、各共同相続人は、その全部または一部の分割を家庭裁判所に請求することができる（907条2項本文）と規定されていますが、**調停または審判の申立てに期間制限はありません**。

5 × 各共同相続人は、**遺産に属する預貯金債権**のうち相続開始の時の債権額の**3分の**
難問 1に900条および901条の規定により算定した当該共同相続人の相続分を乗じた額（標準的な当面の必要生計費、平均的な葬式の費用の額その他の事情を勘案して預貯金債権の債務者ごとに法務省令で定める額を限度とする。）については、**単独でその権利を行使することができます**（909条の2前段）。

関連過去問▶ 24－35、R3－35、R4－35

講師からのアドバイス

家族法分野では、3年連続、相続法からの出題でした。令和7年度は親族法分野での出題可能性が高いので、相続は、本問も含めて、過去問を一通り解いておく程度でよいでしょう。

問題 36	正解	2	商法－商法（匿名組合）	重要度	正答率
				★	34%

1　〇　匿名組合員の出資は、**営業者の財産**に属します（商法536条1項）。

2　×　匿名組合員は、自己の氏もしくは氏名を営業者の**商号中に用いる**ことまたは自己

（難問）の商号を営業者の**商号として使用**することを**許諾**したときは、その使用以後に生じた債務については、**営業者と連帯**してこれを弁済する責任を負います（537条）。しかし、当該匿名組合員が匿名組合の当事者であることをその債務に係る債権者が**知**っていたからといって、**それだけで当該営業者と連帯して弁済する責任を負うわけではありません**。

3　〇　出資が損失によって減少したときは、その損失をてん補した後でなければ、匿名

（難問）組合員は、利益の配当を請求することができません（538条）。

4　〇　匿名組合員は、営業年度の終了時において、営業者の営業時間内に、営業者の業

（難問）務および財産の状況を**検査**することができます（539条1項）。

5　〇　営業者または匿名組合員が**破産手続開始の決定**を受けた場合、匿名組合契約は終

（難問）了します（541条3号）。

関連過去問▶	なし

■ 講師からのアドバイス ■

匿名組合は商法分野ではマイナーテーマです。今年の出題可能性は低いので、本問を利用して、匿名組合の基本的な事項を押さえる程度にしておきましょう。

令和6年度　解答解説

231

| 問題 37 | 正解 4 | 商法－会社法（株主の議決権） | 重要度 ★★★ | 正答率 54% |

ア ✕ 株主総会における議決権の全部を与えない旨の定款の定めは、その効力を生じま
基本 す。このような株式を**完全無議決権株式**といい、種類株式として定款で定めて発行
することができます（会社法108条1項3号）。【4-2-3-⑥】

イ 〇 株式会社は、自己株式については、**議決権を有しません**（308条2項）。【4-2-3-
基本 ③】

ウ ✕ 取締役の選任は、株主総会の決議で行われます（329条1項）。そして、株主総会
基本 の決議においては、**特別な利害関係を有する者であっても議決権の行使が認められ
ています**。【4-2-4-②】

エ ✕ 監査役の選任における株主総会の決議は、議決権を行使することができる株主の
基本 議決権の過半数を有する株主が出席し、出席した当該株主の議決権の過半数をもっ
て行います（329条1項、341条）。一方、**監査役を解任する株主総会決議は、議決
権を行使することができる株主の議決権の過半数を有する株主が出席し**、出席した
当該株主の**議決権の3分の2以上に当たる多数をもって行います**（339条1項、309
条2項7号）。【4-2-4-④】

オ 〇 役員等がその任務を怠ったために株式会社に生じた損害を賠償する責任を負うこ
ととなった場合に、当該責任を免除するには、議決権のない株主を含めた**総株主の
同意がなければなりません**（423条1項、424条）。【4-2-4-③】

以上より、正しいものはイ・オであり、肢4が正解となります。

| 関連過去問▶ | 28－38、R4－40、R5－38 |

━━━━ 講師からのアドバイス ━━━━

本問の株主の議決権は重要ですので、肢1や肢2は株式の問題として再度出題されるこ
とにも備えて学習をすすめましょう。

1 ○ 監査等委員会設置会社においては、取締役の報酬等に関する事項は、監査等委員である取締役とそれ以外の取締役とを区別して定めなければなりません（会社法361条2項）。

2 ○ **監査等委員である取締役**は、株主総会において、監査等委員である取締役の報酬等について**意見を述べる**ことができます（361条5項）。

3 ○ 監査等委員会が選定する**監査等委員**は、株主総会において、監査等委員である取締役以外の取締役の報酬等について監査等委員会の**意見を述べる**ことができます（361条6項）。

4 × 監査等委員である各取締役の報酬等について定款の定めまたは株主総会の決議がないときは、当該報酬等は、株主総会で決議された取締役の報酬等の範囲内において、**監査等委員である取締役の協議**によって定めます（361条3項）。**多数決**によって定めるものとはされていません。

5 ○ 監査等委員である取締役を除く取締役の個人別の報酬等の内容が定款または株主総会の決議により定められている場合を除き、当該取締役の個人別の報酬等の内容についての決定に関する方針として法務省令で定める事項を**取締役会で決定**しなければなりません（361条7項2号）。

| 関連過去問 ▶ | 25-39、29-39 |

講師からのアドバイス

監査等委員会設置会社は、会社法でもマイナーテーマです。本問は一度見返しておく程度でよいでしょう。

| 問題 39 | 正解 | **3** | 商法－会社法（株式交換） | 重要度 ★★ | 正答率 37% |

1 × 株式会社のほか、**合同会社**でも**株式交換完全親会社**となることができます（会社法767条かっこ書）。【4-2-6-②】

2 × 株式交換完全親会社は、株式交換完全子会社の発行済株式の**全部を取得**すること
基本 となる**株式交換**を行うことができます（2条31号）。【4-2-6-②】

3 ○ 株式交換完全親会社は、株式交換完全子会社の株主に対し、当該株式交換完全親会社の株式に代わる金銭等を交付することができます（768条1項2号）。

4 × 株式交換完全親会社の**反対株主**は、当該株式交換完全親会社に対し、**自己の有する株式を公正な価格で買い取ることを請求**することができます（782条1項かっこ書、785条1項）。

5 × 株式交換契約新株予約権が付された、株式交換完全子会社の**新株予約権付社債の社債権者**は、当該株式交換完全子会社に対し、株式交換について**異議**を述べることができます（782条1項かっこ書、789条1項3号）。

| 関連過去問▶ | 27－40 |

講師からのアドバイス

完全親子会社にするための方式として、本問の株式交換と、さらに株式移転もその概要を押さえておくようにしましょう。

| 問題 40 | 正解 | 1 | 商法－会社法（会社訴訟） | 重要度 ★★★ | 正答率 20% |

1 × 　株主総会の決議の内容が法令に違反するときは、株主総会決議が無効であること **難問** の確認を訴えをもって請求するのであって、株主総会決議の取消しを請求するわけ ではありません（会社法830条2項）。【4-2-4-②】

2 〇 　会社の設立無効は、会社の成立の日から2年以内に、訴えをもってのみ主張する **基本** ことができます（828条1項1号）。【4-2-2-①】

3 〇 　新株発行無効の訴えに係る請求を認容する判決が確定したときは、当該判決にお **基本** いて無効とされた行為は、将来に向かってその効力を失います（839条、834条2 号）。

4 〇 　6か月前から引き続き株式を有する株主は、公開会社に対し、役員等の責任を追 及する訴えの提起を請求することができます（847条1項）。【4-2-4-③】

5 〇 　株式会社の役員の解任の訴えは、当該株式会社および当該解任を請求された役員 **難問** を被告とします（855条、854条1項）。

| 関連過去問▶ | 22－36、25－38、26－39、29－37、R元－38、R2－37 |

講師からのアドバイス

会社に関する訴えは、条文知識が問われます。2年連続での出題も可能性があります。 会社法828条以下、どのような訴訟があるか、条文で確認しておくようにしましょう。

令和6年度　解答解説

| 問題 41 | 正解 | ア 8 | イ 2 | 憲法－統治（違憲判断の効力）基本 | 重要度 ★★ |
| | | ウ 4 | エ 10 | | |

| | 正答率 | ア－17%　イ－22%　ウ－65%　エ－86% |

本問は、非嫡出子相続分規定違憲事件判決（最大決平25.9.4）からの出題です。

　ア と イ の前後には「本決定の違憲判断が…という形で既に行われた遺産の分割等の効力にも影響し」とあることから、ア と イ には違憲判断の影響に関する語句が入ることになります。したがって、ア には「8－先例」、イ には「2－事実上の拘束性」が入ります。次に、ウ には、その前後に「解決済みの事案にも効果が及ぶと…を害することになる」とあり、また、これは「法に内在する普遍的な要請」でもあることから、「4－法的安定性」が入ります。そして、「既に関係者間において裁判、合意等により エ なものとなったといえる法律関係までをも現時点で覆すことは相当ではない」とあることから、エ には「10－確定的」が入ります。

| 関連過去問▶ | 28－7、R元－4 |

講師からのアドバイス

　著名な違憲判決です。憲法の多肢選択式では、有名な判例が素材となることが多いといえます。憲法判例（特に違憲判決）を読むことは、多肢選択式の対策となります。

問題 42	正解	ア 13　イ 18 ウ 4　エ 10	行政法－損失補償（土地収用と損失補償）	重要度 ★★★

正答率　アー62%　イー38%　ウー78%　エー74%

　本問は、輪中堤の文化財的価値が損失補償の対象となるか否かが争われた事件の最高裁判所判決（最判昭63.1.21）についての理解を問うものです。【3-5-2-①】

　特定の公益事業の用に供するために、私人の特定の財産権を強制的に取得し、または消滅させることを公用収用といいますから、ア には「13－公用収用」が入ります。次に、土地収用法88条は、土地を収用し、または使用することによって発生する土地所有者または関係人の通常受ける損失を補償する旨を定めていますから、イ には「18－通常受ける」損失が入ります。そして、この通常受ける損失について、判例は、客観的社会的にみて経済的な損失をいうと述べていますから、ウ には、「経済的」と類似する意味をもつ「4－財産的」が入ります。さらに、文化財的価値なるものが当該物件の「取引価格」に反映し、その エ を形成する一要素となる場合には、その物件の補償されるべき価格となると判断していますから、エ には「10－市場価格」が入ります。

関連過去問▶	なし

講師からのアドバイス

　土地収用に関する判例問題です。この判例を知らなくても、空欄の前後やその内容から、ア・ウ・エは比較的容易に言葉を入れることができます。知らない判例が出てもあきらめずに、文章理解のような感覚で解くことで、1つ、2つ正解を拾えるようにしましょう。

令和6年度　解答解説

237

| 問題 43 | 正解 | ア 16　イ 7
ウ 13　エ 3 | 行政法－行政事件訴訟法
（実質的当事者訴訟）　難問 | 重要度
★★★ |

正答率　ア－42%　イ－58%　ウ－7%　エ－33%

　本問は、憲法53条後段の規定により国会の臨時会の召集を決定することを要求した国会議員が、内閣による臨時会招集の決定の遅滞を理由として国家賠償を請求した訴訟に関する最高裁判所判決（最判令5.9.12）の理解を問うものです。【3-4-3-⑤】

　裁判所は、原告たる国会議員は、内閣による臨時会招集の決定の遅滞を理由として、国家賠償法の規定に基づく損害賠償請求をすることはできないと判示しました。

　問題文は、その判断とともになされた、国が原告たる国会議員に対して負う法的義務または原告たる国会議員が国との間で有する法律上の地位の確認を求める訴えが適法か否かについて述べられた部分から出題されています。

　判例は、本件確認の訴えを、個々の国会議員が臨時会召集の要求に係る権利を有するという憲法53条後段の解釈を前提に、参議院議員が同条後段の規定によりこの権利を行使した場合に、国が原告たる参議院議員に対して負う法的義務または原告たる参議院議員が国との間で有する法律上の地位の確認を求める訴えであると解していますから、ア には、憲法上の権利関係である「16－公法上の法律関係」が入ります。

　また、この訴えは、当事者間の具体的な権利義務または法律関係の存否に関する紛争であって、法令の適用によって終局的に解決することができるものであるということができると述べていますから、イ には「7－法律上の争訟」が入ります。

　そして、本件各確認の訴えは、将来、上告人を含む参議院議員が憲法53条後段の規定により臨時会召集要求をした場合における臨時会召集決定の遅滞によって上告人自身に生ずる不利益を防止することを目的とする訴えであると解したうえで、将来、臨時会召集要求がされるか否かや、それがされた場合に臨時会召集決定がいつされるかは現時点では明らかでないといわざるを得ないと述べています。そうすると、原告には不利益が生ずる現実の危険がないということになるため、ウ には「13－現実の危険」が入ります。さらに、原告に不利益が生ずる現実の危険がないのであれば、本件確認の訴えには、確認の利益がないことになります。したがって、エ には、「3－確認の利益」が入ります。

| 関連過去問▶ | なし |

―講師からのアドバイス―
行政事件訴訟法の実質的当事者訴訟に絡む最新判例です。行政書士試験では比較的新しい判例が出題されることが多いですから、新しい判例にも注意しておきましょう。

問題44　行政法−行政事件訴訟法（原告適格と訴訟選択）　基本

重要度 ★★★　難易度 A

【3-4-2-②】

解答例

国を被告として、免許処分又は拒否処分のいずれかに対する取消訴訟を提起できる。（38字）

本問は、テレビ放送局開設の免許付与に際し、5社の競願となり、ある者に対し免許処分がなされたところ、免許拒否処分を受けた者が裁判上の救済を求め、自己に対する免許拒否処分の取消訴訟を提起したが、訴えの利益の存否が問題となった判例（東京12チャンネル事件：最判昭43.12.24）を題材として、同判例の考え方に照らし、本問におけるXが裁判上の救済を求めるため、①誰を被告として、②どのような処分に対する取消訴訟を提起することができるかの2点を問うものです。

① 誰を被告とするか

処分をした行政庁が国または公共団体に所属する場合には、取消訴訟は、当該処分をした行政庁の所属する国または公共団体を被告として提起しなければなりません（行政事件訴訟法11条1項1号）。本問においては、総務大臣Yがした処分の取消しを求めるため、被告は総務大臣Yの所属する国となります。

② どのような処分に対する取消訴訟を提起することができるか

上記判例は、「本件のごとき場合においては、被上告人は、自己に対する拒否処分の取消しを訴求しうるほか、競願者（訴外財団）に対する免許処分の取消しをも訴求しうる」としています。本件における免許拒否処分と免許処分は表裏の関係にあり、処分が取り消された場合には、白紙の状態に立ち返り、あらためて申請の優劣についての決定をすることとなります。そして、いずれの訴えも、自己の申請が優れていることを理由とする場合には、申請の優劣に関し再審査を求める点において目的を同一にするものであり、免許処分の取消しを求める場合も、拒否処分のみの取消しを求める場合にも、再審査の結果によっては、既になされた免許を取り消し、免許拒否処分を受けた者に対し免許を付与するということもあり得るためです。したがって、YのAへの**免許処分**またはYのXへの**拒否処分**のいずれかに対する**取消訴訟**を提起することができることとなります。

以上を40字程度にまとめて解答することとなります。

＊ 採点基準 ＊

配点の上限は以下の通りである。用語の使用や文章の表現が不適切・不自然なもの、他の事項が記載されているもの、誤字・脱字等については、減点されることとなる。

1. 国を被告として……………………………………………………………………8点
2. 免許処分又は拒否処分のいずれかに対する取消訴訟……………………………12点

関連過去問▶

20−44、21−16、23−16、29−26、R3−18、R5−44

講師からのアドバイス

被告適格は記述で複数回問われているテーマです。また、訴訟選択も行政事件訴訟法での頻出テーマです。いかなる場合に、いかなる訴訟を、誰を被告として提起するかを常に意識して、行政事件訴訟を理解するようにしましょう。

| 問題 45 | 民法－物権（動産売買の先取特権） 難問 | 重要度 ★ | 難易度 C |

【2-2-7-④】

解答例

Ａは、動産売買の先取特権に基づき、一般債権者に優先して売買代金を確保することができる。（43字）

本問では、ＡＢ間の動産甲の売買契約における売主であるＡが、まだ買主Ｂから売買代金が支払われていないため、他の一般債権者もいる状況で、①甲についていかなる権利に基づき、②どのような形で売買代金を確保することができるかの２点が問われています。

① いかなる権利に基づくかについて

本問におけるＡＢ間の債権は、動産の売買を原因として生じた債権であり、この債権を有する者は、債務者の売買の目的物たる動産について先取特権を有します（民法311条５号、321条）。Ａは、この権利に基づいて売買代金を確保すればよいので、①については、**動産売買の先取特権**である旨を記述します。

なお、先取特権は、債務者がその目的である動産をその第三取得者に引き渡した後は、その動産について行使することができませんが（333条）、本問においては、甲はＢ所有の倉庫内に第三者に転売されることなくそのまま保管されているため、先取特権の行使は可能です。

② どのような形で売買代金を確保することができるかについて

先取特権は、債務者の財産について、他の債権者に先立って自己の債権の弁済を受ける権利です（303条）。先取特権者は、対象となる財産を差し押さえ、競売にかけ、その競売代金を他の一般債権者に優先して得ることができ、これにより売買代金を確保することが可能です。したがって、Ａは、**一般債権者に優先して売買代金を確保することができる**旨を記述します。

以上２点を40字程度にまとめて記述することとなります。

＊ 採 点 基 準 ＊

配点の上限は以下の通りである。用語の使用や文章の表現が不適切・不自然なもの、他の事項が記載されているもの、誤字・脱字等については、減点されることとなる。
1．動産売買の先取特権……………………………………………………………… 10点
2．一般債権者に優先して売買代金を確保する…………………………………… 10点

関連過去問▶ 19－30、26－30

講師からのアドバイス

記述対策としてこの問題を復習する意義はあまりありませんが、マイナーテーマであっても、民法上の制度の意義・趣旨・仕組みは押さえておくようにしましょう。

問題 46　民法－債権（債権者代位権）　基本　重要度 ★★★　難易度 A

【2-3-2-①】

解答例

A	は	、	B	に	対	す	る	登	記	請	求	権	の	保
全	の	た	め	、	B	の	C	に	対	す	る	登	記	請
求	権	を	、	B	に	代	位	し	て	行	使	す	る	。	

(45字)

　本問は、Aが、Bとの間で、BがCから購入した甲土地（以下、「甲」という。）を買い受ける契約を締結したが、甲の登記名義がいまだCのままである状況において、Aが早期に甲の所有権取得の対抗要件として登記を具備する方法を問うものです。

　本問において、Aが登記を備えるためには、その前提として、Bが登記を備える必要があります。BはCに対して甲の所有権の移転登記を求める請求権を有しているので、この権利をAが行使する手段を検討します。

① 「何のために」

　債権者は、自己の債権（被保全債権）を保全するため必要があるときは、債務者の一身に専属する権利および差押えを禁じられた権利を除き、債務者に属する権利（被代位権利）を行使することができます（債権者代位権：民法423条1項）。そして、登記または登録をしなければ権利の得喪および変更を第三者に対抗することができない財産（甲）を譲り受けた者（A）は、その譲渡人（B）が第三者（C）に対して有する登記手続または登録手続をすべきことを請求する権利を行使しないときは、その権利を行使することができます（423条の7前段）。したがって、**Aは、Bに対する登記請求権を保全**するため、債権者代位権を行使すればよいこととなります。

② 「誰の誰に対するいかなる権利を、どのように行使できるか」

　債権者代位権の対象は、債務者に属する権利（被代位権利）です。本問における被代位債権は、**BのCに対する登記請求権**です。この権利を代位行使することとなります。

　以上を、40字程度にまとめて記述することになります。

＊ 採 点 基 準 ＊

配点の上限は以下の通りである。用語の使用や文章の表現が不適切・不自然なもの、他の事項が記載されているもの、誤字・脱字等については、減点されることとなる。
1．Bに対する登記請求権を保全するため……………………………………………6点
2．BのCに対する登記請求権…………………………………………………………6点
3．代位して行使する……………………………………………………………………8点

関連過去問▶ 20－27、28－32、R3－32、R4－46

講師からのアドバイス

債権者代位権の基本を問う問題です。制度の仕組みを択一用に復習しておきましょう。

令和6年度　解答解説

1 ○ 政党助成法は、衆議院または参議院に一定数以上の議席を有するか、議席を有し
難問 て一定の国政選挙で有効投票総数の一定割合以上の得票があった政党に対して、政
党交付金による助成を行う旨を規定しています。具体的には、①当該政治団体に所
属する衆議院議員または参議院議員を5人以上有する政党か、②衆議院議員または
参議院議員を有し、前回の衆議院議員の総選挙における小選挙区選出議員の選挙・
比例代表選出議員の選挙、前回または前々回の参議院議員の通常選挙における比例
代表選出議員の選挙・選挙区選出議員の選挙における当該政治団体の得票総数が当
該選挙における有効投票総数の2％以上である政党を対象としています（政党助成
法2条1項）。【6-1-1-②】

2 ○ マス・メディアなどの情報に対して、主体的に世論を形成するためなどに、それ
基本 らを**批判的に読み解く能力**は、**メディア・リテラシー**と呼ばれます。

3 ○ 政治資金規正法は、政治資金の収支の公開や寄附の規制などを通じ政治活動の公
基本 明と公正を確保するためのルールを規定しています（政治資金規正法1条）。【6-1-
1-②】

4 ○ 有権者のうち、特定の支持政党を持たない層は、無党派層と呼ばれます。
基本

5 × ポピュリズムとは、**大衆迎合的な政治運動**を指す用語であり、政治変革を目指す
基本 勢力が、既成のエリート層を批判し、人民に訴えてその実現を目指すものです。性
差に起因して起こる女性に対する差別や不平等に反対し、それらの権利を男性と同
等にして女性の能力や役割の発展を目指す主張や運動のことではありません。本肢
は**フェミニズム**に関する説明です。

関連過去問▶ 22-47、26-47

講師からのアドバイス

政治資金の問題は、時事的にもホットなところです。引き続き、出題される可能性が高
いところです。総務省のホームページでも政治資金についての解説がありますので、イ
ンターネットで「政治資金」と検索して、そちらを参照してみるのもよいでしょう。

1 ○ 1947年、国際連合総会において、パレスチナをアラブ人国家とユダヤ人国家と国
(難問) 際管理地区とに分割する決議が採択されています。
2 ○ 1948年、イスラエルの建国が宣言されると、これに反発したアラブ諸国との間で
第一次中東戦争が勃発しました。
3 ○ 1987年、イスラエルの占領地で始まり、大規模な民衆蜂起に発展したパレスチナ
(難問) 人による抵抗運動は、第一次インティファーダ（民衆蜂起）と呼ばれています。
4 ○ 1993年、パレスチナ解放機構（PLO）とイスラエルとの間で暫定自治協定が結
ばれ、（ヨルダン川）西岸地区・ガザ地区でパレスチナの先行自治が始まりました。
5 × 2020年に、**アメリカが仲介**して、**イスラエルとアラブ首長国連邦（UAE）**が国
交の正常化に合意しました。日本の仲介によるものではありませんし、イスラエル
とイランが国交の正常化に合意したわけではありません。

| 関連過去問▶ | なし |

講師からのアドバイス

戦争の絶えない中東・パレスチナ問題です。国際紛争は、時事問題としても関心の高い
ところです。パレスチナ問題に限らず、ウクライナ侵攻や、アフガニスタン紛争、リビ
ア内戦、シリア内戦などについても、概略を確認しておくとよいでしょう。

1 × 1931年、世界恐慌が進行する状況下において、金輸出は禁止されました。また、イギリス、アメリカ、日本などは、世界恐慌に対応するため、自国を保護する名目でブロック経済の政策をとっていました。1931年に、日米英の自由経済圏が成立したわけではありません。

2 ○ 1949年、固定相場制の下、1ドル＝360円の単一為替レートが設定されていました。その後、1971年のニクソンショックを受けて、ドルと金との交換を停止したまま固定相場を続ける枠組みであるスミソニアン体制が採られ、1ドル＝308円に変更されました。

3 × 1973年、ジャマイカ合意（キングストン合意）により、固定相場制が廃止され、変動相場制への移行が承認されました。変動相場制の下では、各国の通貨の信用により為替レートは変動します。ＩＭＦ（国際通貨基金）理事会が為替レートを決定するわけではありません。

4 × 1985年のプラザ合意とは、主に日本の対米貿易黒字を削減するために円高ドル安へ誘導するための合意であり、先進5か国（G5）により行われたものです。これにより、合意直前の1ドル＝240円から、数年後には1ドル＝120円へと円高ドル安が起きました。

5 × アベノミクスとは、大胆な金融政策、機動的な財政政策、民間投資を喚起する成長戦略の3つを柱とする、2012年12月から始まった第二次安倍内閣による経済政策のことです。なお、ワシントン・コンセンサスとは、1980年代に、先進国やＩＭＦ等が、共通認識として途上国へ勧告した政策の考え方のことです。また、2014年の為替レートはおおむね1ドル＝101円～121円程度であり、アベノミクスにより1ドル＝360円になったわけではありません。

関連過去問▶ 24－50、R2－49

講師からのアドバイス

為替の問題は、国際経済分野では重要テーマとなります。固定相場制から変動相場制への移行の流れを押さえつつ、現在の為替（円安・円高）による経済の影響などについても押さえておきましょう。

問題 50	正解	2	基礎知識－一般知識（日本における外国人）	重要度 ★★★	正答率 75%

ア ○（難問）　外国籍の生徒も、全国高等学校体育連盟や日本高等学校野球連盟が主催する大会に参加することができます。

イ ×（難問）　2019年から新たに設けられた在留資格特定技能1号は、人手不足解消のため、建設業、造船・船用工業、飲食料品製造業、外食業などの特定産業分野での就労を可能とする在留資格です。特定産業分野に**医師は含まれていません**。【6-2-3-①】

ウ ×　地方公務員に外国籍の者を採用するかどうかは地方公共団体の判断に委ねられています。ただし、**公権力の行使にあたる業務**については**日本国籍**が必要と考えられており、公権力の行使に当たる業務も含め、外国籍の者も全国の全ての自治体で公務員として就労することができるとしている本肢は誤りです。【1-2-1-①】

エ ○（基本）　名古屋出入国在留管理局の施設に収容されていたスリランカ人女性が2021年に**死亡する事件**が起こり、その遺族が国家賠償請求訴訟を行いました。

オ ×（難問）　外国人には、日本への入国時に指紋と顔写真の情報の提供が義務付けられています。ただし、**特別永住者**はこれらの提供は**免除**されているので、特別永住者を含むとしている本肢は誤りです。

以上より、妥当なものはア・エであり、肢2が正解となります。

関連過去問▶	28−52、30−47

［講師からのアドバイス］

外国人に関してはその範囲が広いので、連続して出題される可能性もあります。特定技能制度や出入国管理制度については、時事問題としての要素も強いといえます。基本的な制度の仕組みは押さえておきましょう。

令和6年度　解答解説

| 問題51 | 正解 3 | 基礎知識－一般知識（ジェンダー） | 重要度 ★★★ | 正答率 72% |

1 ×　ジェンダーギャップ指数は、世界経済フォーラムが毎年発表しているものです。
難問 2024年の日本のジェンダーギャップ指数は**世界118位**であり、毎年**低い水準**になっており、日本は常に上位10位以内に入っているとはいえません。

2 ×　フェムテックとは、Female（女性）とTechnology（技術）の造語であり、**女性**
難問 **特有の健康課題を先進的な技術で解決すること**です。出生時に割り当てられた性別に対し苦痛を感じている人が受けるホルモン療法や性別適合手術等の医療技術のことではありません。

3 ○　レインボーフラッグは、**性の多様性を尊重するシンボルとして用いられています**。
基本

4 ×　複数の大学の医学部の入学試験で、性別を理由に不当に減点されていたのは、男性ではなく、女性の受験生です。

5 ×　カスタマー・ハラスメントとは、**顧客等からの理不尽な迷惑行為のこと**です。働
基本 く女性が妊娠・出産を理由に解雇・雇止めをされることや、妊娠・出産にあたって職場で受ける精神的・肉体的なハラスメントのことではありません。なお、本肢はマタニティ・ハラスメントに関する説明です。

| 関連過去問▶ | R3-54 |

講師からのアドバイス

ジェンダー・性差の問題やＬＧＢＴＱの問題は、マイノリティの人権保障とも絡んで社会的関心の強いところです。まずは、よく出てくる言葉の意味を押さえておくようにしましょう。また、日ごろから関心を持っておいて、アンテナを立てておくようにしましょう。

| 問題 52 | 正解 | 1 | 基礎知識－業務関連法令（行政書士法） | 重要度 ★★★ | 正答率 87% |

1　○　行政書士は、その事務所の見やすい場所に、その業務に関し受ける**報酬の額**を掲
基本　示しなければなりません（行政書士法10条の２第１項）。【6-2-1-③】

2　×　行政書士は、行政書士が作成した官公署に提出する書類に係る許認可等に関する
審査請求、再調査の請求、再審査請求等行政庁に対する**不服申立ての手続**について
代理し、およびその手続について官公署に提出する**書類を作成**することができます
（１条の３第１項２号）。なお、この業務を行う場合、当該業務について日本行政書
士会連合会がその会則で定めるところにより実施する研修の課程を修了した行政書
士（**特定行政書士**）である必要があります（１条の３第２項）。【6-2-1-①】

3　×　国または地方公共団体の公務員として**行政事務を担当**した期間および行政執行法
基本　人または特定地方独立行政法人の役員・職員として**行政事務に相当する事務**を担当
した期間が通算して**20年以上**（学校教育法による高等学校を卒業した者等にあっ
ては17年以上）になる者は、行政書士となる資格を有します（２条６号）。【6-2-1-
①】

4　×　行政書士の資格を有しないのは、破産手続開始の決定を受けて**復権を得ない場合**
です（２条の２第２号）。【6-2-1-①】

5　×　行政書士の資格を有しないのは、地方公務員が**懲戒免職の処分**を受けて、当該処
基本　分の日から**３年を経過しない**場合です（２条の２第４号）。【6-2-1-①】

| 関連過去問▶ | なし |

─(**講師からのアドバイス**)─

令和６年度から出題されることとなった行政書士法ですので、まだ本問の５肢しか出題
実績がありません。条文は必ず目を通すようにして、基礎知識での得点源となるように
しておきましょう。

令和６年度　解答解説

住民基本台帳法では、7条において住民票の記載事項を明示しています。

1 ×　前年度の住民税納税額は、住民基本台帳法に明示されている住民票の記載事項ではありません。

2 ×　緊急時に連絡可能な者の連絡先は、住民基本台帳法に明示されている住民票の記載事項ではありません。

3 ×　地震保険の被保険者である者については、その資格に関する事項は、住民基本台帳法に明示されている住民票の記載事項ではありません。

4 ×　海外渡航歴は、住民基本台帳法に明示されている住民票の記載事項ではありません。

5 ○　**世帯主**についてはその旨、**世帯主でない者**については**世帯主の氏名**および世帯主
基本　との**続柄**は、住民基本台帳法に明示されている**住民票の記載事項**です（住民基本台帳法7条4号）。

関連過去問▶	なし

講師からのアドバイス

行政書士法等行政書士業務と密接に関連する諸法令として、行政書士法の他、住民基本台帳法が出題されました。令和7年度では、戸籍法からの出題可能性が高いとされています。住民基本台帳法に加えて、戸籍法についても基本事項を押さえて、基礎知識の得点源としましょう。

| 問題 54 | 正解 1 | 基礎知識－情報通信（デジタル環境での情報流通） | 重要度 ★★ | 正答率 40% |

1 ✕ **難問** 生成ＡＩが、利用者からの質問を受けて、誤った情報をあたかも真実であるかのように回答する現象は、**ハルシネーション**といいます。なお、アノテーションとは、データに対して関連するメタデータを注釈として付与することです。

2 〇 **難問** 情報が大量に流通する環境の中で、人々が費やせるアテンションや消費時間が希少になり、それらが経済的価値を持つようになることを、**アテンションエコノミー**といいます。

3 〇 ＳＮＳなどを運営する事業者が、違法コンテンツや利用規約違反コンテンツを削除することなどを、**コンテンツモデレーション**といいます。

4 〇 **基本** ＳＮＳなどで流通する情報について、第三者がその真偽を検証して結果を公表するなどの活動のことを、**ファクトチェック**といいます。

5 〇 ＳＮＳなどのアルゴリズムにより、自分の興味のある情報だけに囲まれてしまう状況のことを、**フィルターバブル**といいます。【6-3-1-１】

| 関連過去問▶ | なし |

講師からのアドバイス

情報分野では、デジタル環境に関しての情報通信用語を理解している必要があります。ニュースや新聞等で、意味が分からない言葉が出てきたときには、すぐに調べて言葉の意味を理解しておくようにしましょう。

令和6年度　解答解説

問題 55	正解	**2**	基礎知識－情報通信（欧米の情報通信法制）	重要度	正答率
				★	7％

1 ○ ＥＵのデジタルサービス法（ＤＳＡ：Digital Services Act）とは、オンライン
難問 での違法で有害な活動や偽情報の拡散防止を目的とし、マーケットプレイス、ソー
シャルネットワーク、コンテンツ共有プラットフォーム、アプリストア、オンライ
ン旅行および宿泊プラットフォームなどのオンライン仲介者およびプラットフォー
ムを規制する法律です。同法は、ＳＮＳなどのプラットフォーム事業者に対して、
事業者の規模などに応じた利用者保護などのための義務を課しています。

2 × ＥＵのデジタル市場法（ＤＭＡ：Digital Market Act）とは、ビジネスユーザー
難問 と消費者との間に重要なゲートウェイを提供するデジタル・プラットフォームをゲ
ートキーパーと呼び、ゲートキーパーとして活動する企業による不公正な行為の規
制を目的として、**ゲートキーパーが遵守しなければならない義務等を定めた法律で
す**。ＳＮＳなどのプラットフォーム事業者に対して、著作権侵害コンテンツへの対
策を義務付けるものではありません。

3 ○ ＥＵの一般データ保護規則（ＧＤＰＲ：General Data Protection Regulation）で
難問 は、個人データによる**プロファイリングに異議を唱える権利**（21条）や、**データポ
ータビリティの権利**（20条）が個人に付与されています。

4 ○ 米国では、児童オンラインプライバシー保護（ＣＯＰＰＡ：Children's Online
難問 Privacy Protection Act、1998年制定）など分野ごとに様々な個人情報保護関連の
連邦法が存在します。

5 ○ 米国では、包括的な個人情報保護を定めた州法が存在する州があります（カリフ
難問 ォルニア州の包括的な個人情報保護を定めた州法として「カリフォルニア州消費者
プライバシー法（ＣＣＰＡ：California Consumer Privacy Act）」が2020年１月１
日に施行されています）。

関連過去問▶	なし

> **講師からのアドバイス**
>
> 欧米のみに限らず、日本の情報通信法制と比較しながら学習を進めていくとよいでしょ
> う。

| 問題56 | 正解 4 | 基礎知識－情報通信（デジタル庁） | 重要度 ★★★ | 正答率 52% |

1 × デジタル庁は内閣に置かれています（デジタル庁設置法2条）。

基本

2 × 個人情報保護委員会は、デジタル庁に対して行政指導を行うことができます（個人情報保護法157条、2条11項・8項1号）。

3 × サイバーセキュリティ基本法に基づくサイバーセキュリティ戦略本部は内閣に置かれています（サイバーセキュリティ基本法25条）。

4 ○ デジタル庁は、官民データ活用推進基本計画の作成および推進に関する事務を行っています（デジタル庁設置法4条2項2号）。

難問

5 × デジタル庁の所掌事務には、マイナンバーとマイナンバーカードに関する事務が含まれています（4条2項4号）。

| 関連過去問▶ | なし |

講師からのアドバイス

デジタル庁など、国家の行政組織については一般知識分野での出題も考えられます。今一度デジタル庁がどのような組織で、また、どのような役割を担っているのかを整理しておきましょう。

令和6年度 解答解説

| 問題57 | 正解 4 | 基礎知識－個人情報保護法（個人情報保護法の適用） | 重要度 ★★★ | 正答率 64% |

1 ○ 個人情報取扱事業者は、個人データの漏えい等が発生し、個人の権利利益を害するおそれが大きい場合には、個人情報保護委員会への報告を行わなければなりません（個人情報保護法26条1項本文）。【6-3-3-②】

2 ○ 基本 個人情報取扱事業者は、違法または不当な行為を助長し、または誘発するおそれがある方法により個人情報を利用してはなりません（19条）。【6-3-3-②】

3 ○ 基本 個人情報取扱事業者は、個人データの第三者提供をした場合には、原則として、当該個人データを提供した年月日、当該第三者の氏名または名称その他の個人情報保護委員会規則で定める事項を記録しなければなりません（29条1項本文）。【6-3-3-②】

4 × 学術研究機関が学術研究目的で個人情報を取り扱う場合、個人情報取扱事業者の義務に関する規定のうち、①18条（利用目的による制限）の規定（18条3項5号・6号）、②20条2項（要配慮個人情報の取得制限）の規定（20条2項5号・6号）、③27条（第三者提供の制限）の規定（27条1項5号・6号・7号）については適用除外とされることがありますが、その他の規定については適用されます（なお、個人情報取扱事業者の義務に関する規定が一律に適用されない場合については、57条参照）。【6-3-3-②】

5 ○ 基本 国の行政機関や地方公共団体の機関は「行政機関等」に該当し（2条11項・8項）、個人情報保護法の規定は適用されます（第5章参照）。【6-3-3-①】

| 関連過去問 ▶ | 29－57 |

講師からのアドバイス

個人情報保護法からは1問の出題でした。個人情報保護法も、基礎知識の得点源にしたいところです。ただし、かつて2問出題されていましたが、出題数が1問となったため、効率的に学習をすすめる必要があります。個人情報保護法は、過去問のストックもありますので、過去問を完璧に仕上げておきましょう。

| 問題 58 | 正解 2 | 基礎知識－文章理解（空欄補充）　基本 | 重要度 ★★★ | 正答率 87% |

【6-4-1-②】

Ⅰ　「自問自答」が入る

基本　本問では、あたりまえに納税しているけれども、何のために納めなければならないのかと自分に対して疑問を投げかけています。したがって、自分に出した問いに自分で答えを出すことを意味する「**自問自答**」が入ります。「自家撞着」とは自己矛盾の意味、「自暴自棄」とは破れかぶれになることですが、自己矛盾を起こしているわけでもありませんし、破れかぶれになっているわけでもありませんから、この二つは入りません。

Ⅱ　「進退」が入る

基本　鬼に追いかけられて、どうにもこうにもならなくなり、タイムをかける、ということですから、「どうにもこうにもならない」という意味の「**進退**」きわまった、が入ります。鬼に追いかけられて、タイムをかける状況は「退屈」きわまる場面でも、「感慨」きわまる場面でもありませんから、この二つは入りません。

Ⅲ　「追及」が入る

基本　鬼ごっこの鬼は、鬼ではない人を「追い詰めていく」わけですから、その意味に沿う「**追及**」が入ります。「追求」「追窮」には、追い詰めるという意味がないので、入りません。

Ⅳ　「天下御免」が入る

基本　無税、つまり、「国が税金は納めなくてよいとしてくれた」ことを言い換えた語句が入ります。そうすると、「公然と許される」ことを意味する「**天下御免**」が入ります。物事がいつまでも続くことを意味する「天長地久」や、世の中が良く治まっていることを意味する「天下泰平」は入りません。

Ⅴ　「不可思議」が入る

基本　1段落目の、何のために税を納めなくてはならないのか、という作者の疑問は、「庶民には重税感は否めない」という「税金は重いもの」という認識のもとで生ずる疑問であるといえます。これに対して、5段落目の、「無税だとかえって困り、税を納めたい」という部族もあることが、不思議に感じるということになります。したがって、端的に不思議に感じることを意味する「**不可思議**」が入ります。

以上より、Ⅰ には「自問自答」、Ⅱ には「進退」、Ⅲ には「追及」、Ⅳ には「天下御免」、Ⅴ には「不可思議」が入り、肢2が正解となります。

| 関連過去問▶ | 19－60、20－60、21－58、22－59・60、23－60、24－59・60、25－60、26－58、27－60、29－59、30－60、R2－60、R3－59、R4－60、R5－59 |

講師からのアドバイス

空欄補充問題は、空欄の前後から入る語句が確定できる場合もあります。解答時間がないときには、頭から文章すべてを読むのではなく、空欄の前後だけを読んで解答することも有用です。

令和6年度　解答解説

問題 59	正解	**4**	基礎知識－文章理解（並べ替え） **基本**	重要度 ★★★	正答率 89%

【6-4-1-①】

　並べ替え問題は、接続詞や指示語から文章と文章との前後関係を検討しながら、選択肢1～5の組合せを通じて正解を絞っていくことが重要です。

　まず、ア～エの冒頭にある接続詞のうち、アの冒頭を見ると、「また、原因がはっきりしたら」とありますから、アの前には、原因をはっきりさせる内容と並立する文があることがわかります。イ～エのうち、原因をはっきりさせる内容の文は、イ（そして、ではそんな成績だったのは、自分がダメな人間だからかとか、先生が点数をつけ間違えたのではないかなどと、原因を究明するかも知れない）ですから、「イ→ア」の順に並ぶと考えられます。したがって、この時点で、「イ→ア」の並び順が含まれる肢4が正解になることがわかります。

　次に、念のため、肢4の並び順に不自然な点はないかを確認します。

　肢4の最初に並ぶエ（たとえば、「自分はこれだけ勉強したのだからこれくらいの成績がとれるはずなのに、なぜこんな成績だったのだろう」というふうな疑問が湧くかも知れない）の冒頭には、「たとえば」という接続詞（抽象→（たとえば）具体の流れをつくる接続詞）がありますから、エの前には、エの具体的な内容について抽象的な内容の文があることになります。空欄の前の「試験の成績がわかると、実際にはもっといろいろなことを思う」ということを受けて、エの「『…なぜこんな成績だったのだろう』というふうな疑問が湧く」という具体的な内容が続くことになりますから、エは、空欄の後に続く最初の文として不自然な点はありません。そして、エの「なぜこんな成績だったのだろう」ということと、イの「…そんな成績だった」とのつながりに不自然な点はありません（エ→イ）。そして、上記の解説により、「イ→ア」の順に並ぶことがわかっていますから、「エ→イ→ア」となります。残るウ（いずれにしても、予想に反した結果が起きたことを知ると、なぜなのだろうと自分に問いかけることが多いのではないだろうか）についても、原因の究明に関するイの内容と原因がはっきりするアの内容を受けて、「いずれにしても」と続く内容に不自然な点はありません（イ→（また）ア→（いずれにしても）ウ）。

　以上より、エ→イ→ア→ウと並びますから、肢4が正解となります。

関連過去問▶	24－58、25－58、26－60、27－59、28－58・60、29－58・60、30－59、R2－59、R4－58

講師からのアドバイス

　並べ替え問題は、論理的に文章を把握して、並べる必要があり、文章理解の中では難易度の高い問題です。ただし、並べ替え順の候補が選択肢に用意されていることも多いので、分からない場合には、その並べ替え順の候補に従って一つ一つ読んでみて、流れが良いものを選ぶというのも一つの方法です。

問題 60	正解 1	基礎知識－文章理解（脱文挿入）　基本	重要度 ★★★	正答率 90%

【6-4-1-③】

　空欄の後には、「こうした情報は自分が何を食べるかを判断するための材料となるだろう」とあるため、空欄には、「体験していない人であっても（以下、①という）」、「その情報に基づいて自分の行動を決定すること（以下、②という）」と整合性のある文が入ることになります。

1　〇　「他人から『あそこに新しくできたラーメン屋は味噌ラーメン専門店だったよ』」
基本　ということは、「実際に行かなくても」（①）、「その店に行けば味噌ラーメンが食べられる、豚骨ラーメンや醤油ラーメンは食べられない、と知ることができる」（②）ため、本肢は、空欄に入る文章として妥当です。

2　×　「自分から『あそこに新しくできたラーメン屋は味噌ラーメン専門店だったよ』」ということは、体験している情報であり（①）、また、体験していない情報に基づいて自分の行動を決定すること（②）でもありません。したがって、本肢は、空欄に入る文章として妥当ではありません。

3　×　「実際に行かなければ、その店に行けば味噌ラーメンが食べられる、豚骨ラーメンや醤油ラーメンは食べられない、と知ることができない」ということは、体験していない情報であっても（①）、その情報に基づいて自分の行動を決定することができる（②）とはいえません。したがって、本肢は、空欄に入る文章として妥当ではありません。

4　×　「実際に行かなければ、その店に行けば味噌ラーメンが食べられる、豚骨ラーメンや醤油ラーメンは食べられない、と知ることができない」ということは、体験していない人であっても（①）、その情報に基づいて自分の行動を決定すること（②）とはいえません。したがって、本肢は、空欄に入る文章として妥当ではありません。

5　×　「自分から『あそこに新しくできたラーメン屋は味噌ラーメン専門店だったよ』と言っても、実際に行っていない」場合には、そもそも体験していないわけですから、他人や自己の実際の体験を前提とする①と整合性はありません。したがって、本肢は、空欄に入る文章として妥当ではありません。

関連過去問▶	23－58、27－58、28－59、30－58、R元－58・60、R2－58、R3－60、R4－59、R5－58・60

講師からのアドバイス

脱文挿入については、空欄補充と同じように、空欄の前後から答えを導き出すことができることも多いのが特徴です。うまく確定できない場合には、すべての空欄に脱文を入れて読んでみて、通りがいいところはどこか、また、脱文を挿入せずに読んでみて、文章の流れが飛んでいるようなところがないか、といった検証をしながら文章を読んで、挿入場所を確定させるという解き方もできます。

〈作問・校正 講師等一覧〉
　　神田 理生
　　小池 昌三
　　佐藤 リサ
　　田代 薫
　　濱 多鶴子
　　溝口 隆幸
　　高良 正弘
　　細越 雄二

〈装丁デザイン〉
　　ATOZデザイン（小川 あづさ）

〈イラスト〉
　　matsu（マツモト ナオコ）

2025年度版　本試験をあてる　TAC直前予想模試　行政書士

2025年4月21日　初　版　第1刷発行

編 著 者	Ｔ Ａ Ｃ 株 式 会 社	
	（行政書士講座）	
発 行 者	多 田 敏 男	
発 行 所	ＴＡＣ株式会社　出版事業部	
	（ＴＡＣ出版）	

〒101-8383
東京都千代田区神田三崎町3-2-18
電 話 03（5276）9492（営業）
FAX 03（5276）9674
https://shuppan.tac-school.co.jp

組 版	株 式 会 社 グ ラ フ ト
印 刷	株 式 会 社 ワ コ ー
製 本	東 京 美 術 紙 工 協 業 組 合

© TAC 2025　　　Printed in Japan

ISBN 978-4-300-11479-7
N.D.C. 327

本書は，「著作権法」によって，著作権等の権利が保護されている著作物です。本書の全部または一部につき，無断で転載，複写されると，著作権等の権利侵害となります。上記のような使い方をされる場合，および本書を使用して講義・セミナー等を実施する場合には，小社宛許諾を求めてください。

乱丁・落丁による交換，および正誤のお問合せ対応は，該当書籍の改訂版刊行月末日までといたします。なお，交換につきましては，書籍の在庫状況等により，お受けできない場合もございます。また，各種本試験の実施の延期，中止を理由とした本書の返品はお受けいたしません。返金もいたしかねますので，あらかじめご了承くださいますようお願い申し上げます。

行政書士講座のご案内

出題可能性の高い予想問題が満載
全国公開模試 [2025年合格目標]

TACでは本試験さながらの雰囲気を味わえ、出題可能性の高い予想問題をそろえた公開模擬試験を実施いたします。コンピュータ診断による分野別の得点や平均点に加え、総合の偏差値や個人別成績アドバイスなどを盛り込んだ成績表（成績表はWebにて閲覧）で、全国の受験生の中における自分の位置付けを知ることができます。

TAC全国公開模試の3大特長

1 厳選された予想問題と充実の解答解説
TACでは出題可能性の高い予想問題をこの全国公開模試にご用意いたします。全国公開模試受験後は内容が充実した解答解説を活用して、弱点補強にも役立ちます。

2 全国レベルでの自己診断
TACの全国公開模試は全国各地のTAC各校舎と自宅受験で実施しますので、全国レベルでの自己診断が可能です。
※実施会場等の詳細は、2025年7月頃にTACホームページにてご案内予定です。お申込み前に必ずご確認ください。

3 本試験を擬似体験
本試験同様の緊迫した雰囲気の中で、真の実力が発揮できるかどうかを擬似体験しておくことは、本試験で120%の実力を発揮するためにも非常に重要なことです。

高い的中率を誇る問題が勢揃い！

2025年9月・10月 実施予定！

ご注意 2025年合格目標TAC行政書士講座の「全国公開模試」がカリキュラムに含まれているコースをお申込みの方は、「全国公開模試」を別途お申込みいただく必要はございません。
※上記のご案内は2024年10月時点の予定です。本試験日程やその他諸事情により変更となる場合がございます。予めご了承ください。

資格の学校 TAC

いつでもどこでも学習スタート！ TACのオススメ講座

TAC行政書士講座では、短期合格を目指すための教材・カリキュラムをご用意しているのはもちろん、Webフォローなどのフォロー体制も万全です。教室講座・ビデオブース講座・Web通信講座をご用意しておりますので、お仕事が忙しい方にもおすすめです。

2025年合格目標

プレミアム本科生
2024年10月より随時開講

「実力完成講義」・「記述対策講義」もついて初学者にも安心！

法律を初めて学習する方はもちろん、基本からしっかりと学びたいという方も対象にしたコースです。基礎期でじっくりと時間をかけて定着させた知識がしっかりと身についているかを、科目別答練などのアウトプットでその都度チェックしていきながら進みます。さらに【実力完成講義】では、「問題の解き方（＝解法テクニック）」というプラスアルファの要素を取り入れた解説講義を展開することにより、本試験への対応力を高めていきます。しかも【記述対策講義】まで設定。記述式問題の解法テクニックも学べます。

答練本科生S
2025年2月より開講予定

2Stepの講義（上級講義）と3Stepの答練（スーパー答練）で着実・確実に実力UP！

受験経験者を対象としたコースです。3段階に分かれた問題演習を通じて、基礎力の確認と、実戦力を養います。インプットに不安がある方や知識レベルを落としたくない方も、ポイントを押さえた「上級講義」がついているので安心です。上級講義でインプット＆スーパー答練でアウトプットが行える、受験経験者必見の"革命的"答練コースです！

直前オプション
2025年9月より開講予定

ポイント整理＆弱点補強の決定版！

毎年多くの受験生に受講していただいている「直前オプション」。直前期に必要な重要ポイントの整理、弱点補強など多彩な講座をご用意します。出題予想も兼ねて講義をしますので、最後の総仕上げに最適です。

最新情報はTACホームページをご覧ください ⬇

TACホームページ
https://www.tac-school.co.jp/

TAC 行政書士 検索

通話無料 ゴウカク イイナ
0120-509-117
月～金 10:00～19:00／土日祝 10:00～17:00
※営業時間短縮の場合がございます。詳細はHPでご確認ください。

TAC出版 書籍のご案内

TAC出版では、資格の学校TAC各講座の定評ある執筆陣による資格試験の参考書をはじめ、資格取得者の開業法や仕事術、実務書、ビジネス書、一般書などを発行しています！

TAC出版の書籍

*一部書籍は、早稲田経営出版のブランドにて刊行しております。

資格・検定試験の受験対策書籍

- 日商簿記検定
- 建設業経理士
- 全経簿記上級
- 税理士
- 公認会計士
- 社会保険労務士
- 中小企業診断士
- 証券アナリスト
- ファイナンシャルプランナー(FP)
- 証券外務員
- 貸金業務取扱主任者
- 不動産鑑定士
- 宅地建物取引士
- 賃貸不動産経営管理士
- マンション管理士
- 管理業務主任者
- 司法書士
- 行政書士
- 司法試験
- 弁理士
- 公務員試験(大卒程度・高卒者)
- 情報処理試験
- 介護福祉士
- ケアマネジャー
- 電験三種　ほか

実務書・ビジネス書

- 会計実務、税法、税務、経理
- 総務、労務、人事
- ビジネススキル、マナー、就職、自己啓発
- 資格取得者の開業法、仕事術、営業術

一般書・エンタメ書

- ファッション
- エッセイ、レシピ
- スポーツ
- 旅行ガイド (おとな旅プレミアム/旅コン)

TAC出版

(2024年2月現在)

書籍のご購入は

1 全国の書店、大学生協、ネット書店で

2 TAC各校の書籍コーナーで

資格の学校TACの校舎は全国に展開！
校舎のご確認はホームページにて

資格の学校TAC ホームページ
https://www.tac-school.co.jp

3 TAC出版書籍販売サイトで

24時間ご注文受付中

https://bookstore.tac-school.co.jp/

- 新刊情報をいち早くチェック！
- たっぷり読める立ち読み機能
- 学習お役立ちの特設ページも充実！

TAC出版書籍販売サイト「サイバーブックストア」では、TAC出版および早稲田経営出版から刊行されている、すべての最新書籍をお取り扱いしています。

また、会員登録（無料）をしていただくことで、会員様限定キャンペーンのほか、送料無料サービス、メールマガジン配信サービス、マイページのご利用など、うれしい特典がたくさん受けられます。

サイバーブックストア会員は、特典がいっぱい！（一部抜粋）

通常、1万円（税込）未満のご注文につきましては、送料・手数料として500円（全国一律・税込）頂戴しておりますが、1冊から無料となります。

専用の「マイページ」は、「購入履歴・配送状況の確認」のほか、「ほしいものリスト」や「マイフォルダ」など、便利な機能が満載です。

メールマガジンでは、キャンペーンやおすすめ書籍、新刊情報のほか、「電子ブック版TACNEWS（ダイジェスト版）」をお届けします。

書籍の発売を、販売開始当日にメールにてお知らせします。これなら買い忘れの心配もありません。

2025年度版 行政書士試験対策書籍のご案内

TAC出版では、独学用、およびスクール学習の副教材として、各種対策書籍を取り揃えています。学習の各段階に対応していますので、あなたのステップに応じて、合格に向けてご活用ください！

※装丁、書籍名、刊行内容は変更することがあります

入門書

『みんなが欲しかった！
行政書士
合格へのはじめの一歩』
A5判
● フルカラーでよくわかる、本気でやさしい入門書！資格や試験の概要、学習プランなどの「オリエンテーション編」と科目別の「入門講義編」を収録。

基本書

『みんなが欲しかった！
行政書士の教科書』
A5判
● こだわりの板書でイメージをつかみやすい、独学者のことを徹底的に考えた最強にわかりやすいフルカラーの教科書。分冊で持ち運びにも便利。

問題集

『みんなが欲しかった！
行政書士の問題集』
A5判
● 過去問題8割、オリジナル問題2割で構成された、得点力をアップする良問を厳選した問題集。

総まとめ

『みんなが欲しかった！
行政書士の最重要論点150』
B6判
● 見開き2ページが1論点で構成された、試験によく出る論点を図表で整理した総まとめ。

判例集

『みんなが欲しかった！
行政書士の判例集』
B6判
● 試験によく出る重要判例を厳選して収録。最重要判例には事案を整理した関係図付き。

過去問

『みんなが欲しかった！
行政書士の5年過去問題集』
A5判
● 過去5年分の本試験問題を、TAC講師陣の詳細な解説とともに収録。各問題に出題意図を明示。

一問一答式

『みんなが欲しかった！
行政書士の肢別問題集』
B6判
● 選択肢を重要度ランクとともに体系的に並べ替え、1問1答式で過去問題を攻略できる問題集。

記述対策

『みんなが欲しかった！
行政書士の40字記述式問題集』
A5判
● 解法テクニックと過去＋予想問題を1冊に集約した、40字記述式対策の1冊。多肢選択式問題も収録。

TAC出版

直前対策
※画像は2024年度版のものです。

『本試験をあてる
TAC直前予想模試 行政書士』
B5判
● 出題傾向の徹底分析に基づく予想問題3回分
＋最新本試験で本番力アップ！

『究極のファイナルチェック』
B5判
● 出題可能性の高い60テーマについて、直前期の1週間で学習できるように構成！

『無敵の行政書士 直前対策』
B5判
● 試験範囲を完全網羅した、直前総まとめの決定版！

スッキリ行政書士シリーズ

『スッキリわかる行政書士』
A5判
● 試験に出るとこだけを極限まで絞り込んだ、図表とイラストで楽しく読めるテキスト。

『スッキリとける行政書士
頻出過去問演習』
A5判
● 頻出論点・重要論点のみをモレなくカバーして、徹底的にていねいな解説の問題集。

『スッキリ覚える行政書士
必修ポイント直前整理』
A5判
● 試験に出るポイントが一目瞭然で、暗記用赤シートにも対応した最短最速の要点整理。

その他　以下は年度版ではありません

『しっかりわかる 講義生中継シリーズ』
A5判
● TAC人気講師の講義を再現した、科目別のテキスト。各法律科目をより深く学習したい方向け。
全4巻
1. 憲　法
2. 民　法
3. 行政法
4. 商法・会社法

TAC出版の書籍はこちらの方法でご購入いただけます

1 全国の書店・大学生協　**2** TAC各校 書籍コーナー　**3** インターネット

CYBER BOOK STORE　TAC出版書籍販売サイト
アドレス https://bookstore.tac-school.co.jp/

・2024年10月現在　・とくに記述がある商品以外は、TAC行政書士講座編です

書籍の正誤に関するご確認とお問合せについて

書籍の記載内容に誤りではないかと思われる箇所がございましたら、以下の手順にてご確認とお問合せをしてくださいますよう、お願い申し上げます。

なお、正誤のお問合せ以外の**書籍内容に関する解説および受験指導などは、一切行っておりません。**
そのようなお問合せにつきましては、お答えいたしかねますので、あらかじめご了承ください。

1 「Cyber Book Store」にて正誤表を確認する

TAC出版書籍販売サイト「Cyber Book Store」の
トップページ内「正誤表」コーナーにて、正誤表をご確認ください。

CYBER TAC出版書籍販売サイト
BOOK STORE

URL：https://bookstore.tac-school.co.jp/

2 1の正誤表がない、あるいは正誤表に該当箇所の記載がない ⇒ 下記①、②のどちらかの方法で文書にて問合せをする

★ご注意ください★

お電話でのお問合せは、お受けいたしません。
①、②のどちらの方法でも、お問合せの際には、「お名前」とともに、
「対象の書籍名（○級・第○回対策も含む）およびその版数（第○版・○○年度版など）」
「お問合せ該当箇所の頁数と行数」
「誤りと思われる記載」
「正しいとお考えになる記載とその根拠」
を明記してください。
なお、回答までに１週間前後を要する場合もございます。あらかじめご了承ください。

---

① ウェブページ「Cyber Book Store」内の「お問合せフォーム」より問合せをする

【お問合せフォームアドレス】

https://bookstore.tac-school.co.jp/inquiry/

---

② メールにより問合せをする

【メール宛先 TAC出版】

syuppan-h@tac-school.co.jp

※**土日祝日はお問合せ対応をおこなっておりません。**
※**正誤のお問合せ対応は、該当書籍の改訂版刊行月末日までといたします。**

乱丁・落丁による交換は、該当書籍の改訂版刊行月末日までといたします。なお、書籍の在庫状況等により、お受けできない場合もございます。
また、各種本試験の実施の延期、中止を理由とした本書の返品はお受けいたしません。返金もいたしかねますので、あらかじめご了承くださいますようお願い申し上げます。

TACにおける個人情報の取り扱いについて
■お預かりした個人情報は、TAC（株）で管理させていただき、お問合せへの対応、当社の記録保管にのみ利用いたします。お客様の同意なしに業務委託先以外の第三者に開示、提供することはございません（法令等により開示を求められた場合を除く）。その他、個人情報保護管理者、お預かりした個人情報の開示等及びTAC（株）への個人情報の提供の任意性については、当社ホームページ（https://www.tac-school.co.jp）をご覧いただくか、個人情報に関するお問い合わせ窓口（E-mail:privacy@tac-school.co.jp）までお問合せください。

（2022年7月現在）